企業結合法制の理論

中 東 正 文

企業結合法制の理論

学術選書
17
会社法・金融商品取引法

信 山 社

はしがき

本書は、筆者が『企業結合・企業統治・企業金融』（信山社、一九九九年）を上梓した後に公表した論文のうち、企業結合法制に関するものを所収したものである。

企業結合法制の展開や理論的な課題の検討を中心とするものを本書に収めている。理論の実践に重点を置いた論文等については、本書の姉妹編である『企業結合法制の実践』（近刊）に纏めることにした。

もとの諸論文を本書に所収するに際しては、形式的な体裁を整える修正を若干行ったが、内容面での変更はほとんど行っていない。理論の最前線を端的に示すことからはやや遠ざかるが、平成年間における会社法制および証券市場法制の展開において、結合企業法制がどのように変遷したのか、節々の転換点においてどのような理論的な課題が存したのかを、明らかにすることを目指した。歴史の検証を欠いては、現状の分析も十分に行うことができないし、まして、将来に向けた法制度の設計を考察することができないと考えたからである。本書は、企業結合法制の展開を考察しつつ、これまでの成果を検証し、今後の法の再構築のための礎を提供しようとするものである。

平成年間における規制緩和の大きな流れのなかで、会社法制の現代化が行われ、企業結合法制も重大な変更を受けた。事前規制から事後規制への転換を経て、新しい会社法制が既に本格的に稼働している。事後規制への転換の理念が基本的に妥当であったとしても、このような劇的な変化を日本社会が容易に受け止めることができるか否かは、今なお課題である。裁判所が従来にも増して活躍する場面が増えており、上場会社に関する裁判例が急増しているが、裁判所による法創造に全て委ねることが会社法制を安定的に運営する上で適切であるとは限らない。少なくとも一定の範囲で、企業結合法制に関する事前規制を法令等で定めて、当事者や関係者に明確な行為規範を示すことが妥当であるという問題意識を本書は示している。

保守的に過ぎるとの批判もあり得よう。としても、わが国の会社法制と証券市場法制は、伝統的に、比較法的な分析を踏まえて、想定される弊害を十分に考慮して、その時々の社会経済状況にふさわしい形で新しい知見を取り込んだり、新しい工夫を生み出したりしてきた。このような歴史観からは、平成年間の諸改正において、経験的に重視されてきた検討の過程が十分に経られたかが検証される必要がある。

本書の各章は、このような問題意識に基づくものであり、その時々の企業結合法制を取り巻く環境や議論状況を踏まえて、どのような法の再構築がなされたかを終局的な検討課題としている。その時々の状況において、将来に向けての提言も行っている。第一部第十三章は、会社法制の現代化において、とりわけ関心を持った課題について、具体的な解釈論や一定の立法論を展開しており、現時点での私の見解や姿勢を端的に示すものでもある。

本書は、第一部の「企業結合法制の展開と課題」と第二部の「企業結合法制の個別的課題」から構成されている。第一部では、平成年間を中心とする企業結合法制の変遷を全体的に分析しようと試みた。第二部では、とりわけ喫緊の個別的な課題について、その時点での筆者の分析と見解を示したものである。

このような本書の試みが、今後の解釈論はもちろん、企業結合法制を考える上での基礎を提供するものとなり、将来の理論と実践とを架橋するものとなること、とりわけ立法の過程において、幾らかでも検討の素材を提供するものとなることを願ってやまない。

二〇〇八年八月一七日

中東正文

目次

第二部　企業結合法制の個別的課題

企業結合法制の理論

第一部　企業結合法制の展開と課題

第一章　企業形態

第一節　はじめに

企業形態と一口に言っても、個人商人が細々と営業を行うものから、株式の時価総額が数兆円に至る株式会社まで、いろいろな形態が見られる。

商法が制定されてから今日に至るまで一〇〇年の歴史を眺めてみると、企業形態に関して幾つかの法制度上の変動があった。最大の改革期は、おそらくは戦後間もなくのことであり、財閥（持株会社組織）の解体（平成九年改正前独占禁止法九条参照）に象徴されている。(1) 商法の改正でも、GHQから示唆されたものではなかったが、株式合資会社という制度が廃止された。(2) その後、大小会社を区分するための立法についても随分と議論されたが、結局は従来の企業形態の枠を刷新するまでのものにはならなかった。(3) そのような中でも、昭和一三年には有限会社法が制定されたし、昭和四九年には商法特例法（株式会社の監査等に関する商法の特例に関する法律）が制定された。株式所有の大衆化に呼応して、昭和二三年には証券取引法が制定されている。

このように、従来の企業立法は、おおむね既存の会社形態の枠組みを大きくは踏み出さない形でなされてきたと評価することができよう。ところが、二一世紀を間近に控えて、この二年の間に、新しい企業形態が続々と生み出されている。このような新しい動きに際しても、立法者は、既存の企業法の枠組みを大きく変容させることは意図していないようである。しかしながら、本当にそれで収まっているのか疑問なしとしない。企業形態の多様化によって、これまでの企業法の枠組みが適切なものであったのか、今一度、問い直されているように思われる。

本章では、新しい各種の企業形態につき概観した上で（第二節）、それらが旧来の企業法に問いかける疑問を探求し、もって二一世紀の企業法の展望について考察することにする（第三節）。最後に、私なりの総括的な展望を述べて結びとしたい（第四節）。

第二節　新しい企業形態の出現

一　序　論

新しい企業形態は多いが、本稿では、持株会社、特定目的会社および投資事業有限責任組合についてのみ取り上げることにしたい。これらは、それぞれ別途の目的から認められるようになったものであるから、全体を通じた理念を見出すことは困難かもしれない。

ただ、急速な戦後の経済成長の後に残された課題について、近い将来に経済が急速に回復することは期待できないという今日の社会経済状況下にあってこそ、打開策が希求されたものであろう。

平成一〇年二月二六日に小渕恵三首相の直属の諮問機関である経済戦略会議が、「日本経済再生への戦略」という最終報告をまとめ、首相に提出しているが[4]、上述の企業形態についての直接的または間接的な提言も盛り込まれている。

二　持株会社

平成九年に独占禁止法九条が改正され、いわゆる純粋持株会社が解禁された。従来からも事業兼営持株会社は許されていたが、同年の改正によって、他社の株式を保有し支配することのみを目的とする企業形態が認められるに至った。戦後の高度成長とともに肥大化した企業のリストラクチャリングの一環として、分社化による経営責任の明確化、戦略的な会社の取得または売却が目指されている。より精緻な分析をすれば、所有者の機能が資本供給者と金融資産運用者とに分化していったように、経営者も事業経営者と戦略投資的経営者とに分化していったものであると言うことができよう(5)。

持株会社に関しては、そのような組織作りの道具が、現在の商法では不十分であることが指摘されてきた。既存の会社が事業部単位で別会社として分社化する方法にしても、既存の複数の会社が持株会社の下に集結する方法にしても、現在の商法では、少なからず問題が生じる。そこで、後者については、株式交換制度(6)の導入について検討が進んでおり、現在開催中の通常国会で商法改正法が成立し、今秋にも施行される見通しである(7)。

株式交換という手法は、持株会社への移行を促すための制度というよりは、企業結合手法を一般的に選択肢の多いものにしたと理解されるべきであるが、持株会社が株式会社であることを前提とする制度である。このような重畳的な株式会社組織に対して、商法がどのように対応していくかが問われる。

三　特定目的会社

特定目的会社とは、目的を特化して設立された会社である。従来から既存の種類の会社（株式会社や有限会社など）を利用して、特別目的会社を設立することもできたが(8)、平成一〇年に「特定目的会社による特定資産の流動化に関する法律（ＳＰＣ法）」が制定された。その趣旨は、資産をＡＢＳ（資産担保証券）という形で流動化させ、一二〇〇兆円とも言われる個人資産を資本市場に流入させることにある（ＳＰＣ法一条参照(9)）。広義のセキュリタイゼイションのうち、資産の証券化を促す目的を有するものである(10)。

ＳＰＣ法で規定されている特定目的会社は、商法上の会社と構造を異にする点も少なくないので、株式会社や有限会社との比較において、概略を述べることにしよう。[11]特定目的会社への出資は、社員たる地位を有する者と債権者たる地位を有する者とによってなされるが、前者には、①特定持分を有する特定社員と、②優先出資証券を有する優先出資社員の二種類が定められており、特定社員からなる特定目的会社を設立することもできれば（第一種特定目的会社）、特定社員と優先出資社員の双方からなる特定目的会社（第二種特定目的会社）を設立することもできる（SPC法二六条参照）。債権者たる地位を有する投資には、③特定社債という形と、④特定約束手形という形がある。以上の投資形態のうちで、②優先出資証券は、特定目的会社が発行する優先的配当または残余財産の優先的分配を内容とする証券であり、株式会社の優先株に似た性格を有する。③特定社債は、特定目的会社が発行する社債であるし、④特定約束手形は、特定目的会社が発行するCP（証取法二条一項八号）を意味する（以上につき、SPC法二条参照）。これらは、いずれも流通することが予定されている。[12]これに対して、①特定社員は、その責任を出資の限度に制限されている点で他の者と同様であるが、特定社員以外の者に持分を譲渡する場合には社員総会の承認を事前に受けることが必要である（SPC法二九条。なお、同法三三条参照）。優先出資社員は、取締役および監査役の任免や解散などの場面以外では、原則として議決権が与えられない（SPC法四七条）。[13]株式会社における無議決権株式の数量制限（商法二四二条三項）のような制限はないが、定款において資産流動化計画が規定されなければならず（SPC法一八条二項六号）、この計画などについて内閣総理大臣の登録を受けなければ業務を行ってはならないこと（SPC法七条）との比較から理解できなくもない。

内閣総理大臣は、申請の内容等が法令違反等の拒否事由に該当しない限り、登録をしなければならない（SPC法八条）。この点からも、SPC法がハイリスク・ハイリターンの証券化商品を投資者に提供することを予定しており、行政当局が投資商品の安全性をチェックしてお墨付きを与えることはしないという姿勢が明確に示されている。投資者の自己責任の下で適切なリスクを選択できるように、情報開示を拡充するための法的枠組みを整備することを基本としている。[14]

特定目的会社の機構についてみると、取締役を一人以上置かなくてはならず（SPC法六四条）、複数の取締役が存在する場合であっても、原則として各自が会社を代表する（SPC法六九条）。特定目的会社が資産流動化計画に従って適切に業務を行うことを確保するためには、監査役の役割が極めて重要であると考えられており、監査役の設置が強制されている（SPC法七九条）。さらには、会計監査人（監査法人または公認会計士）の監査を受けなければならない（SPC法八六条、八七条）。なお、特定社債権者の保護に関しては、特定社債管理会社の役割が一層期待されており、商法の社債管理会社と比べると、設置の免除の要件が厳しくされているし、調査権の行使についても裁判所の許可が不要である（SPC法一〇九条、一一一条）。

特定目的会社といえども、既存の商法上の会社形態を応用したものに過ぎない。既存の会社形態に比べて、税制面での恩恵を受けやすく[15]、しかも特定資産の流動化によって、オリジネーターに会計面でオフバランス効果があるという点を強調すれば、活用されるのかもしれない。とはいえ、SPC法だけによっては、担保不動産の処理は進展しないとの指摘もなされており[16]、経済戦略会議の最終報告書も、「SPCのスキームに加えて、本格的な不動産投資ファンドの創設が必要であり、『証券投資信託及び証券投資法人に関する法律』（投信法）の改善を行う。具体的には、会社型投信について、不動産に対する運用制限を撤廃し、取引に関わる税制上の優遇措置を行う必要がある」と提言している。現に、SPC法の施行後も、匿名組合を用いた不動産ファンドが作られている[17]。

四　投資事業有限責任組合

平成一〇年には、「中小企業等投資事業有限責任組合契約に関する法律」（以下では投資事業有限責任組合法という）が制定され、中小企業等への資金提供手段が多様化された[18]。資金需要者である中小企業等からみれば、資金調達の手段が多様化されたことを意味する。投資事業有限責任組合を受け皿として、幅広い投資者から資金を調達することができる。同法は、ベンチャー企業への資金供給が円滑に行われることを企図している（投資事業有限責任組合法一条）。

資金は組合を通過して中小企業等にわたるから、その意味では、間接金融から直接金融へというセキュリタイゼーションの一側面をも担う。

従来は、ベンチャー企業への出資は、民法上の組合という手法をとって行われていた。組合には法人格がないために、二重課税の排除や所得区分のパス・スルーが可能であったからである。ただ、民法上の組合では、組合員全員が無限責任を負う（民法六七五条参照）という問題や情報開示が不十分であるという問題（民法六七三条参照）が存在していた。このため、旧来の投資事業組合に対しては、幅広い出資がなされてはいなかった。

企業形態という観点から、投資事業有限責任組合を見てみると、次のような特色が存在する。第一に、契約によって成立しており法人格がないことなど、民法上の組合と基本的な枠組みが同一である。

第二に、投資事業有限責任組合は、業務執行にあたる無限責任組合員とそれ以外の有限責任組合員とから構成されている（投資事業有限責任組合法九条参照）。無限責任社員が数人あるときは各人が連帯責任を負い、この点でも、民法上の組合よりは合資会社に近い（商法一四七条、八〇条参照）。

第三に、組合契約につき登記制度を設けたことである（投資事業有限責任組合法一七条等）。法人格のない組合契約の登記は、わが国の登記制度史上初めてのことである。組合員の責任を有限化するための担保措置の一環として登記制度を創設したとの説明もあるが[19]、匿名組合の取り扱いとの関係からは一貫性がないかもしれない。

第四に、責任財産を充実させる趣旨から、財産の分配につき純資産額を上限としている（投資事業有限責任組合法一〇条一項）。匿名組合の場合と同様の規制をしているといえよう（商法五三八条）。なお、欠損状態で配当しても違法ではない合資会社との対比からは、若干の違和感がない訳ではない（商法一四七条、八〇条参照。また、同法一五七条二項参照）。

第五に、中小企業等の資金調達を容易にするという法の趣旨から、事業の範囲が限定されていることである（投資事業有限責任組合法三条一項参照）。

第六に、財務諸表の作成とその外部監査が義務づけられているが（投資事業有限責任組合法八条）、これは、有限責任組合員を広く集めるために、客観的な企業内容を開示させるものであろう。匿名組合や合資会社における取り扱い（商法三三二条一項、三三三条）との違いが注目される。

投資事業有限責任組合は、アメリカのリミテッド・パートナーシップにならって導入された制度であるとされる。もっとも、上述のような特徴からみると、比較的最近になってアメリカで急速に広まったリミテッド・ライアビィリティ・カンパニーに近いものかもしれない。

なお、投資事業有限責任組合は、投資者の側から見ると、投資の多様化を図るものであるが、組合員になることは中小企業等のポートフォリオを保有することを意味しよう。この点では、持株会社が複数の会社を傘下に収めてポートフォリオを作っているのと類似しよう。このようなポートフォリオの一部を投資者に提供することは、リスク分散を安価で可能とするという利点があるが、他方で、資金が豊かな投資者にとってはリスクの選択の幅を狭めることにもなりかねない。

第三節　企業形態の多様化から見た二一世紀の商法

一　序

新しい企業形態の開発ないし開拓を概観してくると、それを契機として、会社法の諸規定に数々の疑問が投げかけられる。その波及効果は想像を絶するものであり、会社法の全体にわたって、その伝統的な枠組みに再考を迫る威力を有するほどである。以下では、各論的な考察を通して、二一世紀の商法を展望するように試みたい。

二　配　当

既存の複数の会社が純粋持株会社組織に移行しようとすると、その初年度に配当を実施することが困難であるし、次年度以降も業績に応じた配当の加減ができなくなることが実務界から指摘されている。(20)

わが国でも、厳密な意味での配当ではないとされるが、中間配当という制度が存在している（商法二九三条ノ五）。ただ、取締役会の決議によって金銭の分配をなすことができる「一定の日」が、定款で定められていなければならないかについては、議論の余地がある。(21) 古くは、定款で定める必要がないという説もあったが、(22) 現在ではそのように説く論者を寡聞にして知らない。(23) この点が緩やかに解されるのならば、実務も中間配当を利用して、前述の問題に対処することができよう。

とはいえ、なぜ配当を取締役会限りで決めさせてはならないのか。リファイナンスの方法として、企業財務論上は自己株式取得も配当と同様の効果が生じるはずであるが、自己株式取得については、限定的ながらも、定款による授権を得て、取締役会決議でこれを行い得る（消却特例法三条）。(24) 配当よりも自己株式取得の方が株主等にとって危険が大きいことはかねてから示唆されており、この点からは、現行法は部分的ながら均整がとれていないと評することができよう。(25) 最終的には、余剰資金を返却させるインセンティブを市場等によって経営陣に与えることができるのならば、配当はこれを取締役会が決して、即時に配当決定を公表するとともに、適時に分配を実施するのが望ましいと考えられる。(26) よく知られているように、アメリカにおいては、取締役会が随時に配当を宣言することができる。(27)

基準日ないし株主名簿の閉鎖開始日から約三ヵ月も経ってから配当（利益処分）が決定されること自体の問題をも検討すべきであろう。つまり、議決権を行使して配当を受け取る株主と配当実施時の株主とは構成が異なる可能性が、一層大きくなるのである。株主総会が形骸化している現状で実際に行われるかどうかはともかく、基準日等が過ぎてから株式を大量に売却した後、株主総会において一般的には予想できないような多額の配当を決定させれば、そのような株主は新しい株主の犠牲において利益を得ることができよう。基準日等から株主総会までに株式を売買する投資者は、決算短信などに掲載された予想配当を一応の目安として売買価格を決定することになるのであろう。しかしながら、この予想と現実とが大きく食い違った場合には、どのように処理すべきことになるのか。[28]

さらには、配当の財源規制を考え直してみることが必要であろう。かねてから、資本概念は廃棄されるべきことが説得的に主張されてきている。[29]ここでは、新しい企業形態との関係も踏まえて、そのような見解を側面援助することを試みたい。

伝統的に存在してきた合名会社や合資会社にあっては、無限責任社員が存在しているため、[30]物的会社のように資本概念を用いてはこなかった。特定目的会社においては、配当可能利益の算定基準から資本準備金や利益準備金といった概念を放棄している（ＳＰＣ法一〇一条）。この点は、株式会社でも、資本準備金を用いた自己株式取得が時限的に認められているところであって、これに通じるものがあろう（消却特例法三条の二第一項）。さらに、投資事業有限責任組合においては、組合財産を貸借対照表上の純資産額を超えて分配してはならず、有限責任社員は五年間に限って違法な分配を受けた場合にそれを返却する義務を負う（投資事業有限責任組合法一〇条）。民法上の組合や匿名組合にならって、分配額の制限を設けないという立場にも相当の根拠があったろう。にもかかわらず、投資事業有限責任組合法は、一種の資産負債比率基準（比率は一対二）を採用したのである。株式会社や有限会社においては、有限責任社員しか存在しておらず一定のバッファーが必要であろうから、比率を調整することは必要であろうが、このような方向で今一度、現行法の財源規制を検討するべきである（商法八〇条、一四七条、一五七条二項参照）。[31]

三　子会社による親会社株式取得の制限

既存の会社の持株会社への移行に関しては、子会社による親会社株式取得の制限（商法二一一条ノ二）が、実務の妨げになるという懸念も持たれているようである。例えば、既存のＡ社、Ｂ社およびＣ社がＤ社の発行済株式の二〇％ずつを保有していたとする。ここで、Ｈ社を持株会社としてＡからＤの各社が傘下に入ろうとした場合に、Ａ～Ｃ社がＨ社の（完全）子会社になった段階で、Ａ～Ｃ社が有するＤ社の株式は合計で六〇％になるから、Ｄ社はもはやＨ社の株式を保有することが禁じられるのではないかというのである。

この点につき、解釈論としては、商法二一一条ノ二にいう「子会社」が複数の子会社であってもよいか否かが問題となろう。子会社が一つに限られるとは文言上限定されていないし、同条の趣旨からみてもそのように限定されるべきではないから、Ｄ社によるＨ社の保有は認められず[32]、もしもそのような関係が出来上がれば、相当の時期にＤ社がＨ社株を保有している状況を解消する必要があろう。

もしもＤ社がＨ社の株式を市場で売却すれば、Ｈ社の株価は下落することが予想され、これが実務で懸念される点となっている。そこで、商法二一一条ノ二を改廃して欲しいとの要望や、相互保有株式の受け皿に類似した機構を用意して欲しいとの要望なども出されるかもしれないが、このような課題があるとしても、実務的に乗り越えるべきである。すなわち、最も望ましいのは、株式交換を実施して、Ｄ社がＨ社の完全子会社となり、その際にＤ社が保有するＨ社の株式を消却してしまうことであろう。さもなくば、Ｄ社がＨ社株を原則通り処分するか、Ａ～Ｃ社がＤ社の株式を売却して持株比率を五〇％以下に下げるか、Ｈ社がＤ社から自己株式を取得することになろう。

四　多重代表訴訟

持株会社の構築によって重畳的な会社組織になった場合に、多重代表訴訟が現行法上認められるか、認められないとすれば立法によって可能とすべきでないかが議論されてきた（商法二六七条など参照）[33]。投資事業有限責任組合についても同様の問題が生じ、組合員が投資先の役員に対して代表訴訟を提起することができるかが問われよう[34]。

親会社の株主が子会社の取締役に対して代表訴訟を提起できるかという問題について、これを肯定するための理論を模索する動きも強い。例えば、復委任関係を手がかりに、多重代表訴訟を解釈論上も認めようとする試みもある[35]。

組合の関係がどのように法的に分析されるべきかは難問であるが、有限責任組合員が組合の投資先の取締役に対して代表訴訟を提起できるかについても、今後の検討が待たれる。さらには、会社型投資信託についても、同様の問題が生じる可能性があり[36]、一層の分析が必要であろう。

なお、持株会社の下にある会社が一〇〇％子会社である場合には、持株会社の代表取締役ないし取締役会の決定によって、子会社取締役の責任が免除される可能性があることに注意すべきである（商法二六六条五項）。このような場合には、そのような判断をした持株会社の取締役の善管義務違反などを問題とし得るが、持株会社の株主が子会社の取締役を直接訴えることを解釈論として導くことは困難ではないか[37]。

五　相互会社の株式会社化

株式交換を活用した持株会社組織を念頭におくと、持株会社は、戦前の財閥の頂点とは異なり、公開株式会社であることが想定される。わが国の現状で大きな機関投資家である生命保険会社の多くは相互会社という形態をとっており、これをどのようにして株式会社化するかが問題となる。

現行の保険業法でも、株式会社化は認められているが（保険業法八五条）、実際にこれを行おうとすると、大きな困難が伴うと考えられている[38]。様々な立法論が模索されている最中である[39]。

なお、持株相互会社方式については、広く持株会社としての規制を考慮する必要が生じ、とりわけ保険業を営むために設立された相互会社が、子会社の運営だけにあたる純粋持株会社となることができるのかという大問題が生じる[40]。相互会社が頂点となる形を認めていくには、相互会社のコーポレート・ガバナンス論を十分に踏まえて検討することが必要であろう。

六　帳簿閲覧権および検査役選任

持株会社の株主が傘下の子会社の帳簿を閲覧できるようにすべきか否かが議論されている。投資事業有限責任組合のような重畳的な機構を予定する企業形態においても、同様の問題が生じるであろう。

この点、法制審議会が平成一〇年二月一六日に法務大臣に答申した「商法等の一部を改正する法律案要綱[41]」によれば、親会社の株主で発行済株式総数の三％以上に当たる株式を有するものには、一定の要件の下で、子会社の帳簿を閲覧する権利を与えている（要綱二5。商法二九三条ノ七参照）。このような形で法制化されれば、親会社の株主の権利は一段と手厚くなろう。

さらに、同要綱は、検査役の選任の持株要件を発行済株式総数の三％に引き下げ、その上で、検査の対象を子会社に拡大しようとしている（要綱二8。商法二九四条参照）。この方向性は大変に優れたものであって、持株要件を更に引き下げ、最低でも株主提案権と同様に三〇〇株に（商法二三二条ノ二）、本来ならば単独株主権とすべきである[42]。株主が会社の情報に直接アクセスする場合と比べると、検査役には弁護士等が選任されるであろうから、機密文書をも含めてあらゆる書類等を調査する一方で、会社が守秘すべき事柄は社外に漏れ出すことを防ぐことが期待できる（商法二九三条ノ七第一号、二号参照）。このような検査であれば、会社としても受け入れやすいであろうし―そうでなければならないはずである―、株主としても目的を達成することができよう。

もし検査役の選任のための要件が、前述のように持株要件についても、さらには「会社ノ業務ノ執行ニ関シ不正ノ行為又ハ定款ニ違反スル重大ナル事実アルコトヲ疑フベキ事由アルトキ」という要件についても緩やかにされるのであれば、株主の帳簿閲覧権は、持株要件を再び上げるか、いっそのこと廃棄することすら検討されてよい。

このような方針は、何も今日に提起されたものではない。昭和二五年改正に際して、法制審議会での検討の段階において、日本側がＧＨＱに最も抵抗した事項の一つであった[43]。帳簿閲覧権を導入せよと迫るＧＨＱに対して、わが国の風土に合わないという理由などから、検査役制度を代案として提示しながらも、GHQに押し切られた点である。現在の状況でも、当時の法制審議会の判断は的確であったのであり、二一世紀を迎えるにあたって、そのような法制度を取り戻す時期であると考える。

七　議決権

持株会社組織においては、持株会社の株主は、傘下の子会社に対して間接的な支配しか有することができない。とりわけ、株式交換のように既存の会社の株主を持株会社の株主に多数決で転換できる仕組みが整えられた場合には、株主権の縮減が顕著に現れる。この現象に対して、議決権のパス・スルーを認めるべきかが議論される。それほど、議決権が脆弱化しないかが懸念されている。[44]

投資事業有限責任組合についても、投資先の株式会社の議決権を、一定の場合には、組合員にパス・スルーするべきではないかが論じられる必要があろう。税法上は組合の収益が組合員にパス・スルーされる形になり、この形態の利点であるとされるが、議決権についてはどうか。

他方で、特定目的会社の優先出資社員は、原則として議決権を有しない。そればかりか、株式会社については、無議決権株式の総数が発行済株式総数の三分の一を超えてはならないが（商法二四二条三項）、そのような数における制限もない。ただし、取締役の任免などのようにとりわけ重要な事項については議決権が認められているから、その意味では、株主総会が万能の機関ではなくなったこと（商法二三〇条ノ一〇）と連続的に捉えることができるのかもしれない。

八　目的の制限

持株会社については、定款に目的をどのように記載すべきかが論じられてきた。[45] 目的の範囲外の行為となると、能力外の理論の適否が議論されなければならないからである。

特定目的会社においては、目的のほか、資産流動化計画を定款に記載しなければならない（ＳＰＣ法一八条二項）。資産流動化計画は、特定目的会社の存在理由そのものを示すものであろうから、この記載事項が会社の目的とどのような関係に立つのかが問題となろう。(46)

もっとも、近時の注目すべき見解によれば、以上の問題も実際上はごく簡単に整理することができよう。すなわち、特定目的会社については、会社の目的が特定されていることが商号からさえ明らかであるにもかかわらず、商法七八条が準用されている（ＳＰＣ法一六条、六九条四項）。したがって、文理解釈を重んじる限り、代表権は特定目的の範囲にさえ限定されず、会社の営業に関する一切の裁判上または裁判外の行為に及ぶのが原則と解すべきである。(47)

投資事業有限責任組合もまた、組合契約書に「組合の事業」を記載すべきこととされているし、法律上も事業の範囲が限定されている（投資事業有限責任組合法三条）。ここでも特定目的会社と同様の問題が生じよう。ただし、法で認められた事業以外の行為を行った場合には、組合員がこれを追認できないことが明文で定められている（投資事業有限責任組合法六条四項）。

なお、会社の目的を巡る議論に対しては、商法一二条の悪意擬制説が大きな影響を及ぼしたことが指摘されている。(48)会社の目的の問題について戦後活発に議論された時期は、商法一二条の悪意擬制説が通説の地位を占めるようになりつつある時期と重なっており、この偶然は不幸なことであったとされる。(49)この点を指摘する論者は、商法一二条の主たる狙いは公示主義を機能させることにあると主張されるが（異次元説）、(50)筆者もこれに与したい。このような立場からみると、投資事業有限責任組合法四条が、「この法律の規定により登記を必要とする事項は、登記の後でなければ、これをもって善意の第三者に対抗できない」とのみ定め、商法一二条後段のように登記後の効力に関する規定を設けていないことが注目される。(51)これにより、異次元説が補強されることになろう。また、立法論的には商法一二条後段は削除されるべきであるが、(52)投資事業有限責任組合法四条の制定によって、商法一二条後段を削除しようとする動きが加速することが期待される。

第四節　結　語

以上で、持株会社、特定目的会社および投資事業有限責任組合という三つの新しい企業形態を中心に分析することを通して、二一世紀の商法を展望することを試みた。

十分に論じ切れたとはいえないが、既存の企業形態との比較をもとに考えると、今後一層検討すべき事項が企業形態法の全体に及んでいることが示されたであろう。

課税対策として新しい企業形態を編み出すのは美しい姿とは言えない。とはいえ、最近の新しい息吹を糧として、直前に迫った二一世紀には、立体的に整序された企業形態が整備されていくことが期待される。

（1）服部育夫「企業競争の基本的ルール――独占禁止法の制定とその後の諸改正」浜田道代編（北沢正啓先生古稀記念）『日本会社立法の歴史的展開』六三三頁（商事法務研究会、一九九九年）を参照。

（2）昭和二五年および昭和二六年改正の概要については、中東正文「GHQ相手の健闘の成果――昭和二五年・二六年の改正」浜田編・前掲注（1）二一八頁を参照。資料集としても完全を期したものとして、中東正文編著『商法改正〔昭和二五年・昭和二六年〕――GHQ／SCAP文書』（日本立法資料全集）（信山社、一九九九年）がある。

（3）北沢正啓「会社法根本改正の計画とその一部実現――昭和五六年の改正」浜田編・前掲注（1）四二六―三〇頁などを参照。

（4）要旨については、一九九九年二月二七日の新聞朝刊各紙を参照されたい。なお、〈http://www.kantei.go.jp/jp/senryaku/99026tousin-dex.html〉（一九九九年三月一日）を参照。

（5）浜田道代「持株会社の株主の地位」資本市場法制研究会編『持株会社の法的諸問題』四〇頁、四一―四二頁（資本市場研究会、一九九五年）

（6）柴田和史「持株会社による企業組織と商法」ジュリ一一二三号四七頁（一九九七年）、神田秀樹「持株会社と商事法」商事法務一四七九号六八頁（一九九八年）、川浜昇「株式交換制度の創設とその問題点」法律のひろば五一巻一一号四頁（一九九八年）、中東正文「アメリカ法上の三角合併と株式交換」中京法学二八巻二号一頁（一九九四年）、中東正文「株式取得型の企業結合――より柔軟な企業結合手法の導入に向けて」名古屋大学法政論集一七一号一二五頁（一九九七年）など。

（7）「M&Aマーケットを読む」MARR五一号五頁（一九九九年）。

（8）今後も従来の特別目的会社を利用した資産の流動化は排除されない。丸山秀平「債権流動化とSPC法」ジュリ一一四五号三四頁、三五頁（一九九八年）ほか。従来の特別目的会社の利用方法につき、丸山秀平「SPC（特別目的会社）の機能」浜田道代ほか編（田邊光政先生還暦記念）『現代企業取引法』二九七頁（税務経理協会、一九九八年）。

（9）国枝繁樹「『特定目的会社による特定資産の流動化に関する法律』およびその関係法律の整備法の概要（上）」NBL六四七号二五―二九頁（一九九八年）などを参照。

（10）SPC法の目的について疑問を提起するものとして、森田章「特定目的会社による特定資産の流動化に関する法律について（上）」金法一五二〇号六頁、七頁（一九九八年）。

（11）簡便な表にまとめたものとして、片山さつき「SPC法および資産の流動化」信託一九五号一五頁、一八―一九頁（一九九八年）。

（12）優先出資証券については譲渡を制限してはならない（SPC法四一条）。

（13）オリジネーター（特定資産の譲渡人）が特定社員になるとすると、特定目的会社の独立性について問題が生じ得ることを指摘するものもある。森田・前掲注（10）一一頁、森田章「特定目的会社による特定資産の流動化に関する法律について（下）」金法一五二一号二三頁、二四頁（一九九八年）。

（14）以上につき、国枝・前掲注（9）三一頁を参照。

（15）国枝繁樹「『特定目的会社による特定資産の流動化に関する法律』およびその関係法律の整備法の概要（下）」NBL六四九号二四頁、三〇頁（一九九八年）参照。また、川田剛「特定目的会社（SPC）と同関連税制」税経通信五三巻一〇号二一六頁（一九九八年）も参照。

（16）三國仁司「特定目的会社を不動産開発に利用できる枠組みが必要（上）」金融財政事情四九巻二三号二二頁（一九

九八年）ほか。経済戦略会議も現在のSPC法には改善の余地があるとする。

(17) 日本経済新聞一九九九年三月九日朝刊。

(18) 大井川和彦「中小企業等投資事業有限責任組合契約に関する法律について」ジュリ一一三八号五二頁（一九九八年）ほか参照。以下の叙述も多くを本論文に負う。

(19) 大井川・前掲注(18)五四頁。

(20) 都銀懇話会「『金融持株会社の調査・研究』報告書について（上）」商事一五〇〇号五六頁、五九頁（一九九八年）。

(21)「定款ヲ以テ」が条文のどの部分までかかるのかという問題であろう。

(22) 龍田節「商法改正による定款変更」大阪株懇二九七号一一頁（一九七三年）（河本一郎『新版注釈会社法（九）』二九三条ノ五注釈七（有斐閣、一九八八年）による）。

(23) 龍田節教授も後に考えを改められたようで、現在では、定款で一定の日を定めなければならないとされている。龍田節『会社法〔第六版〕』三二四頁（有斐閣、一九九八年）。

(24) 龍田節「自己株式取得の規制類型」法学論叢九〇巻四＝五＝六号二〇二頁（一九七二年）、吉原和志「自己株式取得規制の緩和に関する論点（一）（二・完）――取得目的の観点から」民商一〇七巻三号三二五頁、一〇八巻三号三三七頁（一九九二―九三年）ほか参照。

(25) 佐野角夫「M＆Aを促す株式交換解禁」週刊東洋経済五五四七号二二頁（一九九九年）は、株式交換が認められると、「企業経営者は株式の価値を高める努力が一層必要になる。株式交換をする際の交換比率は……株価がベースになるからだ」とする。

(26) 中東正文「企業統治と企業金融の接点――フリー・キャッシュ・フローの返却を巡って」名古屋大学法政論集一六六号四一頁、八四―八五頁およびそこで引用されている文献を参照。ただし、同八九頁注(10)参照。

(27) 模範事業会社法六・四〇条参照。

(28) 中村聡弁護士とアイシン精機法務部の大島典子氏からは、貴重なご教示を得た。

(29) 吉原和志「会社の責任財産の維持と債権者の利益（二）――より実効的な規制への展望」法協一〇二巻五号八八一頁、九四一頁（一九八五年）、小林量「資本制度と額面株式制度の変容」商事法務一三九八号一二頁、二〇頁（一九九五年）。同様に額面概念を放棄する契機にもなり得ると考える。

(30) 北沢正啓『会社法〔第五版〕』七八六頁（一九九八年）ほか。

(31) 吉原・前掲注(29)九四一頁、中東・前掲注(26)八六―八七頁参照。

(32) 菱田政宏『新版注釈会社法（五）』二四一条注釈四（有斐閣、一九八六年）は、相互保有規制に関して、子会社は複数であってもよいと明言する。本文の叙述に関しては、福島洋尚南山大学法学部助教授から貴重なご教示を得た。

(33) 関連する文献として、例えば、春田博「アメリカにおける重層代表訴訟」酒巻俊雄＝奥島孝康編（長濱洋一先生還暦記念）『現代英米会社法の諸相』一九一頁（成文堂、一九九六年）、畠田公明「純粋持株会社と株主代表訴訟」ジュリ一一四〇号一六頁（一九九八年）、柴田和史「二段階代表訴訟」岩原紳作＝神田秀樹編（竹内昭夫先生追悼）『商事法の展望』四八七頁（商事法務研究会、一九九八年）。

(34) 無限責任組合員は、組合の業務として、代表訴訟の提起も可能であろう（投資事業有限責任組合法七条、三条一項）。

(35) 浜田道代「サービス提供取引の法体系に関する一試論」浜田ほか編・前掲注(8)二頁、三二頁（一九九八年）、山田泰弘「親子会社・株式交換と多重的代表訴訟（一）（二・完）」名古屋大学法政論集一七七号三二一頁、一七八号二七三頁（一九九九年）。

(36) 春田・前掲注(33)二一一頁。

(37) 大隅健一郎「親子会社と取締役の責任」『商事法研究（下）』一一二頁、一一六頁（有斐閣、一九九三年）（初出は一九八八年）参照。

(38) 大塚英明「相互会社の株式会社化」法教二二〇号四三頁、四四頁（一九九九年）ほか。

(39) 意欲的で鋭い分析を行うものとして、洲崎博史「相互会社の株式会社化について」『京都大学法学部創立百周年記念論文集・第三巻』二七三頁（有斐閣、一九九九年）。

(40) 大塚・前掲注(38)四六頁。

(41) 「商法等の一部を改正する法律案要綱案」商事一五一六号八頁（一九九九年）、「ニュース」商事法務一五一八号四三頁（一九九九年）。

(42)　江頭憲治郎『結合企業法の立法と解釈』一五三頁、三三三頁（有斐閣、一九九五年）参照。また、中東正文「親子会社法制に関する立法の動向〔講演録〕」証券代行ニュース二七一号一頁、二二頁（一九九八年）。

(43)　中東正文「昭和二五年商法改正――GHQ文書から見た成立経緯の考察（三）」中京法学三一巻二号二一―四一頁（一九九六年）。この問題に関しては、高柳賢三「不在株主の保護と受託者倫理」曹時二巻一号一頁（一九五〇年）が極めて重要である。

(44)　前田雅弘「持株会社」商事法務一四六六号二三頁（一九九七年）参照。

(45)　森本滋「持株会社と定款の目的の記載」資本市場研究会編・前掲注(5)二一頁ほか。

(46)　森田・前掲注(10)一一頁。

(47)　浜田道代「会社の目的と権利能力および代表権の範囲・再考（下）」曹時五〇巻一一号一頁、四頁（一九九八年）。

(48)　浜田・前掲注(47)二八頁。

(49)　同二九頁。

(50)　浜田道代「商業登記制度と外観信頼保護規定（一）～（三・完）」民商八〇巻六号一頁、八一巻一号七二頁、二号一頁（一九七九年）など。

(51)　投資事業有限責任組合法四条は、商業登記に準ずるものであろうから（投資事業有限責任組合法三三条参照）、同条は商法一二条の特別規定であると考えられる。

(52)　浜田道代「商法一二条と外観信頼保護規定」北沢正啓＝浜田道代編『商法の争点Ⅰ』一二頁、一三頁（一九九三年）。

第二章　企業再編法制の変遷と今後の課題

第一節　はじめに

この数年の間、企業再編法制に関する動きがめまぐるしい。平成一二年五月二五日には、企業分割制度の導入を中心とする商法等改正法が成立し、企業再編に関する商法の改正は一段落したようにも見える。本章は、今般の企業再編法制の変遷をたどるとともに、その作業を梃子として、今後の課題を考察しようとするものである。

以下では、まず、企業再編に関する法制の変遷について概観する（第二節）。次に、歴史的な変遷をたどりつつ、外国法にも目を向けながら検討を加える（第三節〜第六節）。最後に、企業再編法制の今後の課題をまとめて、結語とする（第七節）。

第二節　企業再編法制の変遷

一　平成九年商法改正——合併法制の改革

企業再編に関する法制度が大きく動き出したのは比較的最近のことであり、今後の課題を探るためには、平成九年の商法改正にまで遡れば十分であろう。同年六月六日に公布された商法等改正法（平成九年法律第七一号）[1]では、合併に関する法制度が改善された[2]。すなわち、簡易合併制度（商法四一三条ノ三）の創設に象徴されるように、一方では、合併の利用がより簡便なものとされた。他方で、合併に関する情報開示の充実が図られた（商法四〇八条ノ二、四一四条ノ二）。

合併に関する改正がなされたとはいえ、従来型の企業結合のスキームを抜本的に見直すものではなかった。すなわち、わが国においては、資産融合型の企業結合[3]（合併および営業譲渡）については、諸外国に見劣りしないだけの法制度が既に用意されていたが、株式取得型の企業結合[4]については、株式公開買付が可能であるほかは[5]、特段の法整備がなされていた訳ではなかった。

二　平成九年独占禁止法改正――持株会社の解禁

このような状況を打破する契機となったのが、平成九年六月になされた独占禁止法九条の改正（平成九年法律第八七号）である。戦後の象徴としての二つの第九条のうち、独占禁止法九条が改正され、いわゆる純粋持株会社の形成が可能となった。すなわち、事業支配力が過度に集中することになりさえしなければ[6]、持株会社を設立しまたは既存の会社を持株会社に転化することができる[7]（独禁法九条一項二項）。ただし、この改正では残された課題が存在した。それは、会社法上、どのようにして持株会社組織を生み出すかという問題である。衆議院の商工委員会の附帯決議でも、「持株会社の設立等の企業組織の変更が利害関係者の権利等に配慮しつつ円滑に行われるよう、会社分割制度や株式交換制度等について検討を行うこと」について、適切な措置を講ずべきであるとされた[8]。同様の附帯決議は、参議院の商工委員会でもなされている[9]。

三　銀行持株会社創設特例法の制定――金融持株会社

平成九年の独占禁止法改正においても、金融持株会社については、その解禁がしばらく見送られた（平成九年改正独禁法一一六条)[10]。にもかかわらず、持株会社の設立に関する動きが素早かったのは、大蔵省であった。すなわち、同年一二月一二日には、「銀行持株会社の創設のための銀行等に係る合併手続の特例等に関する法律（銀行持株会社創設特例法）」（平成九年法律第一二一号）が公布され、いわゆる三角合併方式での持株会社の創設が認められた。これと同時に、「持株会社の設立等の禁止の解除に伴う金融関係法律の整備等に関する法律」（平成九年法律第一二〇号）が公布され、同法附則二条で、金融持株会社の禁止が解かれた。もっとも、後で述べるように銀行持株会社創設特例法は必ずしも利用が便利なものであるとはいえず、平成一一年商法改正による株式交換および株式移転制度の導入によって、歴史的意義以上のものを有しなくなったようにも思われる[11]。

四　平成一一年商法改正——株式交換・株式移転制度の導入

産業政策全般の見地から、商法改正に向けて大きな推進力になったのが、通産省の商法研究会であった[12]。同研究会は、平成九年七月に第一回の会合を開催し、六回の会合を経て、早くも平成一〇年二月には、「持株会社をめぐる商法上の諸問題に関する研究報告」を取りまとめている。ここでは、株式移転については取り上げられていないものの、株式交換については、ほぼ完成型のものが示されている。

通産省の商法研究会に時期的にはやや遅れはしたが、平成九年一二月一七日開催の法制審議会商法部会（第一四一回）の場をもって、法務省も公式な検討を始めている[13]。同日の部会では、「質疑の結果、持株会社の解禁に伴う会社法上の諸問題、資産の評価基準の見直し及びいわゆるコーポレート・ガバナンスに関する諸問題を今後の審議事項とすることが全会一致により了承された」。その後、平成一〇年七月八日開催の法制審議会商法部会（第一四二回）では、関係各界の意見を聴取するために「親子会社法制等に関する問題点」が取りまとめられた。これらの関係各界の意見[14]を踏まえた上で、平成一一年一月二七日開催の法制審議会商法部会（第一四三回）では、「商法等の一部を改正する法律案要綱案」が作成された。法制審議会総会はこれを承認し、同日、「商法等の一部を改正する法律案要綱」を法務大臣に答申した。

政府が法律案要綱を法律案の形にした後、「商法等の一部を改正する法律案」は、平成一一年三月一〇日に内閣提出法案として国会に提出された[15]。衆議院では同年七月二三日に可決され、参議院では同年八月九日に可決された。同年八月一三日には、同法は、法律第一二五号として公布された。この商法改正によって、株式交換および株式移転制度がわが国でも導入されることになった。株式交換および株式移転という制度が設けられたことは、持株会社の設立を容易にするという文脈でも捉えることができるが、より広く、株式取得型の企業買収のための手法が加えられたものとみるべきであろう。

五　産業活力再生措置法の制定

商法等改正法の制定にあわせて、通産省では事業再構築の円滑化を一つの柱とする「産業活力再生特別措置法（産業再生法）」の制定に向けて、精力的な活動がなされていた。平成一一年七月には、同法案の概要が公表されている[16]。同法案は、同年七月二一日に、国会に提出され、同年七月二九日に衆議院で可決され、同年八月六日に参議院で可決、成立した。商法等改正法と同時に成立すると予想されていたが、目を見張るまでのスピード審議で、商法を追い抜いて成立した。もっとも公布されたのは、商法と同じく同年八月一三日（法律第一三一号）であった。産業再生法の第二章では、「事業再構築の円滑化」という項目が掲げられているが、法律全体が恒久法であるにもかかわらず、第二章の施策は臨時の措置であり、とりあえずその適用期限を平成一五年三月三一日までとされた。

産業再生法は、事業再構築の円滑化のため、事業再構築計画の認定を主務大臣から受けたものにつき（認定基準につき、産業再生法二条六項）、商法上の手続の簡素化を三つの場面で講じている。第一に、現物出資等による分社化の際の検査役制度の特例であり、裁判所が選任する弁護士に代わって、企業が選任する弁護士、公認会計士または監査法人による調査で足りることとしている（産業再生法八条）。第二に、営業の全部の譲受に関する商法の特則であり、会社の純資産の二〇分の一以下の営業を譲り受ける場合には、株主総会の特別決議を不要として（商法二四五条一項三号参照）、取締役会決議で可能とする（産業再生法一〇条）。譲受会社の株主には、株式買取請求権は与えられない。第三に、営業譲渡の際の免責的債務引受に関する特例であり、全債権者の同意を得る必要はなく、債権者に対する個別の催告で足りるものとしている（産業再生法一一条）。

六　平成一二年商法改正——会社分割制度の導入、簡易営業譲渡

平成一一年商法改正が国会で進められているなか、法制審議会商法部会では、会社分割制度についての検討が進められていた(17)。同年四月から、企業再編のための法整備の一環としての会社分割法制の創設について審議が続けられており、同年七月七日の法制審議会商法部会（第一四四回）において「商法等の一部を改正する法律案要綱中間試案」が取りまとめられた。その後、法務省民事局参事官室において、この中間試案に対する意見照会が行われ、平成一二年一月二一日の同部会（第一四五回）では、「商法等の一部を改正する法律案要綱案」が取りまとめられた。平成一二年二月二二日には、法制審議会総会の承認を得て、法務大臣に答申がなされた。

法務省は右の法律案要綱をもとに法律案を作成し、法律案は、閣議決定を経て、平成一二年三月一〇日に国会に法律案が提出された。その後、衆議院において労働者保護の観点から若干の修正が加えられ、同年五月一一日には衆議院で可決された。修正された法律案は、そのまま参議院で同年五月二四日に可決され、法律第九〇号として同年五月三一日に公布された。これにより、新設分割と吸収分割という二つの型の会社分割が可能となった。

なお、会社分割は営業譲渡の一種であるとみることができるが、新設会社または承継会社が分割会社の債務を引き受ける場合につき、新設分割については、各別の催告で足りるとされ（商法三七四条ノ四第一項）、吸収分割については、合併と同様の公示手続で足りることとされた（商法三七四条ノ二〇）。これは、上述の産業再生法による特例の第三点目を商法において恒久化したものである。また、とりわけ新設分割は現物出資による分社化であるとみることが

できるが、検査役の調査は必要とされていない。これは、産業再生法による特例の第一点目を商法のなかに取り込んだものであると言ってよかろう。さらには、平成一二年の商法改正では、簡易な営業譲受の制度が導入され（商法二四五条ノ五）、株式買取請求権が譲受会社の株主に与えられることになったものの、前述の産業再生法による特例の第二点目が商法に取り入れられることになった。

七　ま と め

以上でみたように、企業再編の手法という観点からは、平成九年の簡易合併制度の導入に始まり、同年の持株会社の解禁を契機として、銀行持株会社を創設するための三角合併制度の導入、株式交換および株式移転制度の導入、産業再生法による企業再編の簡易化、会社分割制度の導入、簡易営業譲渡制度の導入が次々と行われてきた。これにより、複数の会社が、第一段階として、持株会社形式で統合して、第二段階としては、各社の事業部門を交換・統合するという一連の再編が可能になったとみることができる。

以下では、企業再編法制について、将来の展望を中心として、個別的に検討を加えることにしよう。

第三節　平成九年商法改正

一　簡易合併制度

平成九年の商法改正では、簡易合併（small scale merger）が導入された。簡易合併とは、鯨が金魚を飲み込むような場合であって、存続会社が格段に小さい消滅会社を吸収する場合に用いられる手法であり、存続会社の株主総会決議（商法四〇八条）を省略することができる（商法四一三条ノ第一項）[18]。このような場合には、存続会社の株主が受ける影響は僅かであり、存続会社の株主総会決議を要求することは、手間と費用の割には意味が乏しいからである。

存続会社の株主総会決議が省略できるのは、合併に際して発行される新株（合併新株）の総数が発行済株式総数の二〇分の一以下の場合である。合併新株が少なくても、純資産額の五〇分の一を超える合併交付金を支払う場合には、存続会社の株主総会決議を省略することはできない。というのも、多額の合併交付金が支払われた場合には、存続会社の株主にとって影響が軽微であるとは言えないからである。また、存続会社の発行済株式総数の六分の一以上にあたる株式を有する株主が反対する旨を通知した場合にも、株主総会決議を省略することはできない。この場合には、実際に株主総会を開いてみると、否決される可能性が存在するからである（１／２×１／３＝１／６）。

なお、金魚が鯨を飲み込むという逆の場合には、消滅会社の株主は受ける影響は僅かであろうが、会社が別法人になること自体を軽視することができないので、消滅会社の株主総会決議を省略することを認めていない[19]。例えば、株式の券面額を引き下げるために用いられる場合が典型的である[20]。

二　略式合併

簡易合併制度の充実だけではなく、アメリカ法で一般的な略式合併（short form merger）を導入することが考えられてよかろう。略式合併とは[21]、親会社が子会社の株式の一定数以上を有する場合に、通常の合併の手続を簡素化するものである。法域によって簡素化の程度は異なるが、模範事業会社法（Model Business Corporation Act）では、消滅会社となる子会社の株主総会決議と取締役会決議を要しない。このために親会社が保有すべき子会社株式の一定数は、九〇％以上と設定されている[22]。

模範事業会社法一一・〇五条の公式注釈（official comment）によれば、略式合併制度の制度趣旨は、「親会社が既に子会社株式の九〇％以上を有しているならば、子会社の株主総会の承認は既成の事実であろうし、また、社外株主がごく僅かの株式しか有していない場合に会社の構造を単純化するのを促進するという意義もある」ことに存在する[23]。子会社の株主総会決議や取締役会決議を要求したところで、前者については極めて容易に承認されるし、後者についても事実上は可能である。[24] とするならば、この点で手続を簡素化することは、特定の者に負担を負わせるものではないばかりか、取引の費用を軽減するために、むしろ望ましいというべきである。

模範事業会社法一一・〇五条は、一九九九年（平成一一年）の大改正[25]によって、親会社が株式の九〇％以上有する子会社同士の合併についても、簡易な手続を認めた。つまり、そのような子会社間で合併を行うためには、親会社の側での手続さえあれば足りることにしたのである。実は、このような略式合併は、アメリカに固有の制度ではない。カナダにおいては、法的規範力を有する連邦カナダ事業会社法（Canada Business Corporations Act）において、子会社間の略式の合併、つまり水平的略式合併（horizontal short-form amalgamation）が、完全子会社に限ってではあるが認められてきた。[26] ちなみに、連邦カナダ事業会社法が完全子会社に限って垂直的および水平的略式合併を認めているのは、略式合併を用いた締め出し合併（freezed-out merger; squeezed-out merger）が横行したアメリカ法を、模範とすべきではないと考えられたからである。[27]

もっとも、この点はカナダ法の保守的な側面が特徴的に現れているだけのことであると考えられる。略式合併が締め出し合併の契機となったのは事実であるが、そのことが直ちに締め出し合併を認めることには結びつかないことに注意すべきである。問題であるのは、合併の対価として存続会社の株式以外のものが許されるかどうかであって、さらには、許すとした場合に、少数株主の締め出しを正面からどのように規制するかである。後者については、別稿で明らかにしたように、カナダ法は緻密な規制を有するに至っている。[28] 合併対価の種類について、わが国では、合併に際しては存続会社の株式が交付されなければならず、合併交付金として許されるのは（商法四〇九条四号参照）、合併比率の調整のためのものと配当代わり金に限られると解するのが一般的である。[29] とするならば、カナダ法のように保守的である必要はない。

以上で述べたところから、わが国においても、垂直的および水平的な略式合併をアメリカの模範会社法に倣って導入することが望まれるであろう。

三　情報開示の充実

平成九年商法改正では、合併に関する情報開示の充実が図られた。

事前の開示としては、①合併契約書、②合併比率説明書、③各当事会社の貸借対照表（株主総会の前六か月内に作成したもの。最終の貸借対照表でないときは、最終の決算貸借対照表も）、および、④各当事会社の貸借対照表（最終の損益計算書。別に損益計算書を作成したときはそれも）が、株主総会の会日の二週間前から合併の日（商法四一六条一項、一〇二条）後六か月間、本店に備え置かれる（商法四〇八条ノ二第一項）。株主と会社債権者は、これらの書類の閲覧または謄写を請求することができる（商法四〇八条ノ二第二項）

さらに事後の開示として、合併説明書が、合併の日から六か月間、本店に備え置かれ、株主と会社債権者の閲覧と謄写に供される（商法四一四条ノ二）。

以上のような形で、合併に関する情報開示が充実されたが、同様の情報開示は、株式交換・株式移転制度や会社分割の導入の際にも、引き継がれることになる。

四　債権者保護手続の合理化

債権者保護手続については、従来は、いかなる場合でも知れたる債権者に対して個別の催告が必要であった（平成九年改正前商法四一二条）。

平成九年改正法はこれを合理化し、会社が公告を官報のほかに公告をなす方法として定款に定めた時事に関する事項を掲載する日刊新聞紙に掲げてなすときには、個別の催告は必要ではないものとした。実務的にも、従来、すぐに弁済をできてしまう債権者に対しては、個別の催告をしないことがあったとされる[30]。実態からみると、この改正は、法を現実にあわせたものであるとみることもできよう。

債権者保護手続のあり方については、会社分割についても課題となるが、この点については後述する。

五　会社以外の者との合併

平成九年改正では、合併を行うことができる会社の種類に関する組み合わせが多様化された。すなわち、従来可能な組み合わせに、新たに、①有限会社と有限会社が合併して株式会社を設立する合併（有限会社法五九条）と、②株式会社と株式会社が合併して有限会社を設立する合併（有限会社法六〇条）が認められることになった[(31)]。

模範事業会社法の一九九九年（平成一一年）改正に目を転じてみると、ここでも、より画期的な修正がなされている。同年の改正で最も注目すべき点の一つであるが、合併や株式交換を株式会社間に限らずにこれを行うことを認めた。

つまり、合併とは、第一一・〇二条に従って行われる企業結合（business combination）をいい[(32)]、第一一・〇二条では、「一つ以上の州内会社は、合併計画に従い、州内または州外の会社その他の企業体（entity）と合併することができる」とされている。ここでいう「企業体」とは、事業を行うために組織されたものであれば、どのような組織または法的存在でもよく、リミテッド・パートナーシップ（limited partnerships）、パートナーシップ（general partnerships）、リミテッド・ライアビリティ・パートナーシップ（limited liability partnerships）、有限責任会社（LLC: limited liability companies）、共同企業体（joint ventures）、ジョイント・ストック・カンパニー（joint stock companies）およびビジネス・トラスト（business trusts）が含まれる[(33)]。

合併による包括移転の効力を資産譲渡一般に与えるための法技術としての側面を有しているようにも思われるが、現在のわが国の企業再編法制を前提とすれば、一見するほどには、劇的な変動ではないことにも注目すべきである。わが国では、会社分割という形で、当事会社の解散ないし消滅を経ない包括承継を認めているからである。直ちに模範会社法の方針を取り入れようと主張するものではないが、将来の企業再編法制を考える上では、念頭におかれるべきものであろう。

第四節　銀行持株会社創設特例法による三角合併方式

一　銀行持株会社創設特例法の制定前の状況

平成九年の独占禁止法改正によって、持株会社が解禁されたものの、いかにして持株会社組織を作るのかという問題が残された。

もっとも単純な方式としては、買収方式と第三者割当方式が考えられた。

買収方式（図1）とは、持株会社となる会社（H）が、傘下におさめようとする対象会社（A）の株主から、公開買付などによって対象会社株式を買い集めようとするものである。しかしながら、この方式による場合には、多額の現金が必要となることが指摘されている。さらに、大きな妨げとなるのは、この方法によっては、完全親子会社関係を作り上げることが実際上は不可能なことである。

第三者割当方式（図2）とは、持株会社になる会社（H）が、対象会社（A）の株主に対して新株を割り当て、対象会社の株主からは対象会社の株式の提供を受けるという方法である。買収方式では、多額の現金を用意しなければならないという欠点があるとされるが、この方式では、現金の移動をなくして、持株会社の株式を利用する訳である。そのため、授権資本の枠（商法一六六条三項、三四七条）の存在が障害となる可能性がある。また、この方式によっても、新株発行に応じない株主が残る可能性を避けられず、完全親子会社の創設は実際上は不可能に近い場合が少なくない。

買収方式にせよ、第三者割当方式にせよ、持株会社となる会社が、傘下におさめるべき会社の株式を一〇〇％取得できないことが大きな難問となる。実際上、公開会社において一〇〇％の株式を取得できないのは、公開買付や新株発行が周知徹底され難いことにもよるが、株式について相続が発生して権利関係が確定していない場合にはスキーム設計をする側がいかに努力をしようとも、株式の提供を受けることができないことになる。株式を提供しない株主が存在する場合には、持株会社としては、これらの株主が非常にやっかいなものに感じられる可能性がある。というのも、企業再編に反対で持株を提供しなかったのであれば、今後の協力が容易に得られるとは考えられないからである。持株会社組織を機動的に動かすためには、反対株主を一掃しておくことが必要となろう。

その点で、法の手当がなされるまでの間に考えられた最も優れた方法は、抜け殻方式（図３）である。抜け殻方式では、持株会社となる会社（H）が、持株会社の本社機能のみを残して、営業の全部を完全子会社（A）に移転する。この移転の方法には、旧来の会社分割の方法と重複するが、①子会社の設立の際に親会社の営業の全部を現物出資する方法（商法一六八条一項五号）、②子会社の成立後の新株発行の際に営業の全部を現物出資する方法（商法二八〇条ノ二第一項三号）、③子会社が設

【図１】買収方式

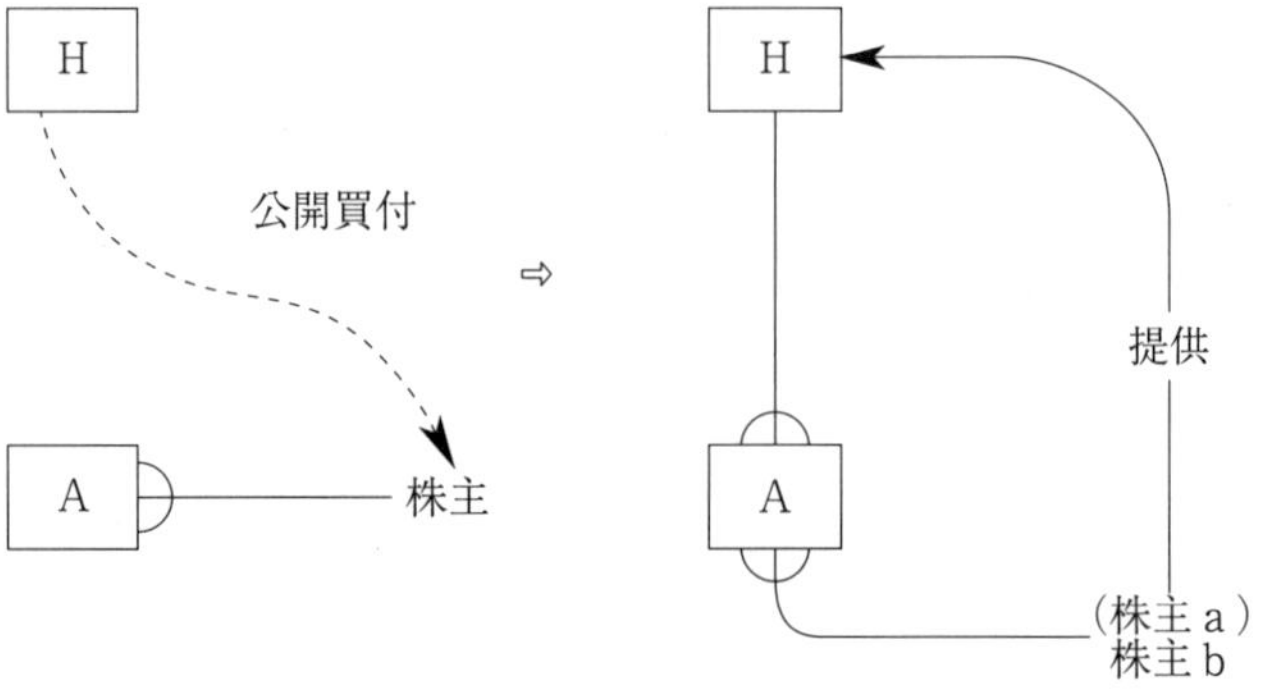

【図２】第三者割当方式

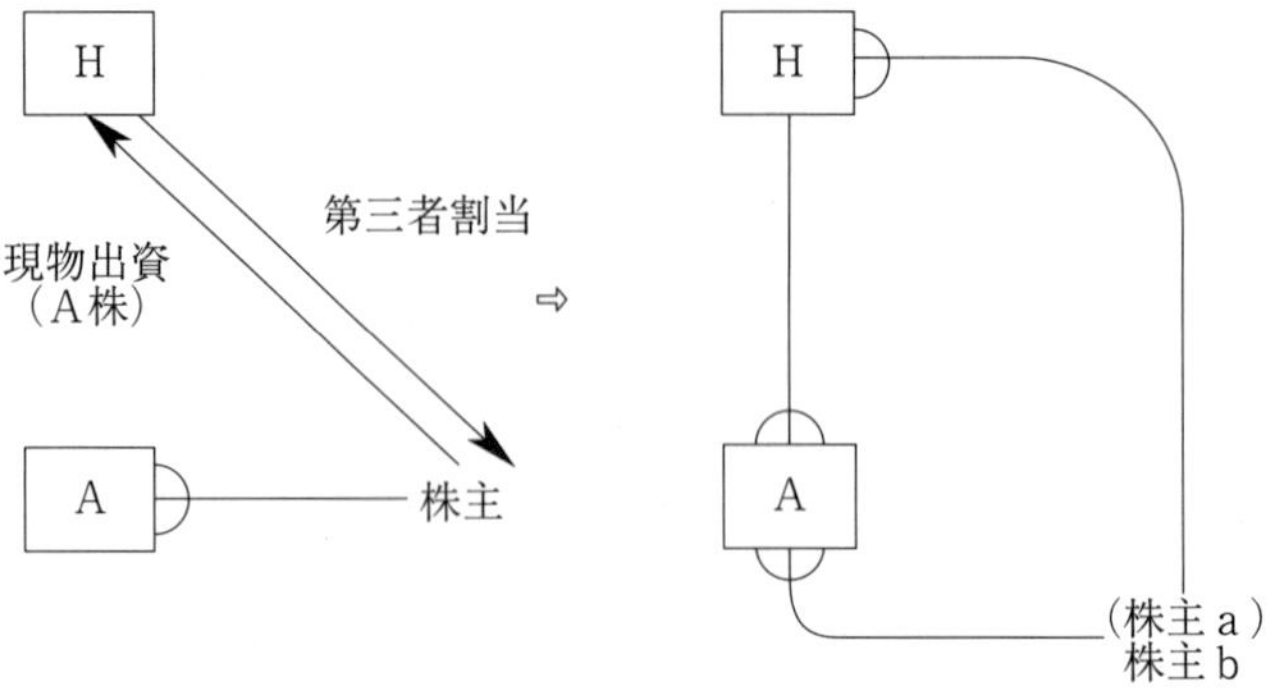

立の際に財産引受の形で営業の全部を譲り受ける方法（商法一六八条一項六号）、および、④子会社が成立後に事後設立の形で営業の全部を譲り受ける方法（二四六条一項）がある。[34]持株会社となる会社が、いわば抜け殻のようにして残るので、抜け殻方式と呼んでいる。

もっとも抜け殻方式といえども、欠点がなかった訳ではない。第一に、営業の全部の譲渡に際して、権利義務の移転手続が個々に必要となることである。とりわけ、持株会社が新設会社に免責的債務引受をさせようとする場合には、債権者からの個々の承諾が必要となる。また、元本の確定前の根抵当権の移転には、根抵当権設定者の承諾が必要とされており（民法三九八条ノ一二第一項。なお、民法三九八条ノ七第一項）、とりわけ銀行にとっては、この手続が著しく煩雑なものになる。第二に、上述のいずれの方法をとっても、原則として、裁判所の選任する検査役の調査が必要である（商法一七三条一項、一八一条一項、二八〇条ノ八第一項、二四六条二項参照）。検査役の調査は、手間と費用がかかる上に、調査が終わって取引が完了できるのが何時かが予め確定できないなどといった問題がある。[35]

二　銀行持株会社創設特例法上の三角合併

従来の買収方式、第三者割当方式および抜け殻方式には、それぞれ実務上の欠点があったため、新しく銀行持株会社創設特例法で、これらの欠点を全て解消するための立法がなされた。[36]

銀行が銀行持株会社を作る場合に、次のような段取りを経る（図4）。既存の銀行（A）は持株会社となる完全子会社（H）を設立し、その完全子会社は、さらに

【図3】抜け殻方式

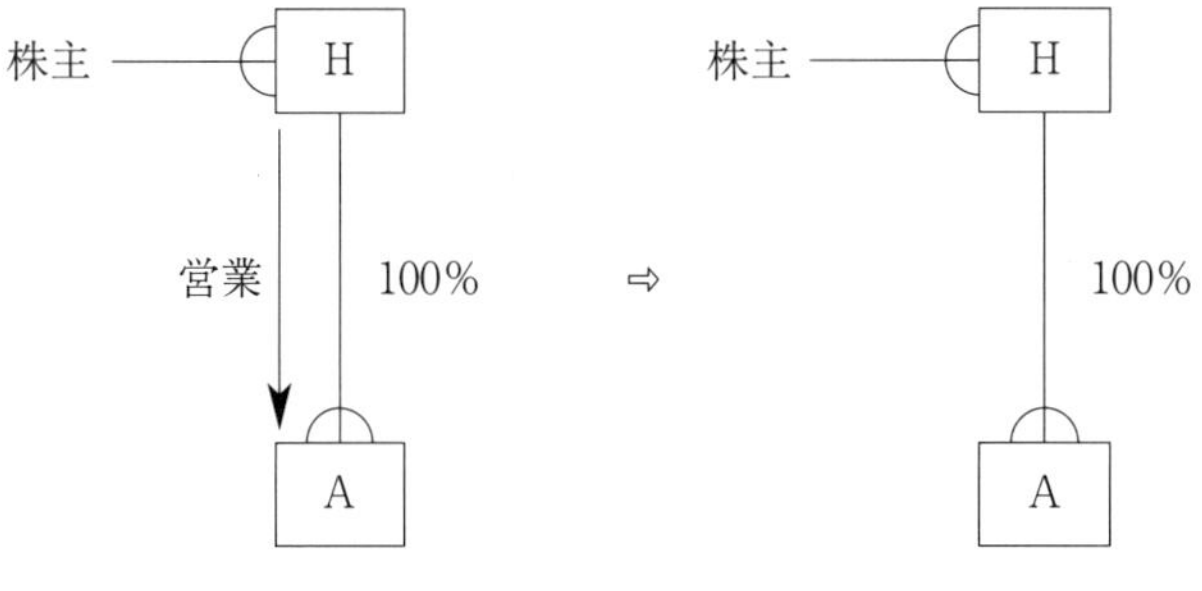

既存の銀行からみれば完全孫会社となる子会社（Ｂ）を設立する。そして、完全孫会社に既存の銀行が合併する際に、既存の銀行の株主には完全孫会社の株式が割り当てられるはずであるが、これを行わず、割り当てられるべき完全孫会社の株式を持株会社となる完全子会社に強制的に現物出資することが合併の条件として定められるのである。これにより、既存の銀行の株主は全て持株会社の株主となり、またその営業は全て存続会社となる完全孫会社に引き継がれることになる。

このような合併方法は、アメリカ法上の三角合併(37)に構造が良く似ているため、三角合併方式といわれることが多い。アメリカやカナダにおいては三角合併が活用されているが、やや形式的な言い方をすれば、存続会社または消滅会社の親会社の株式を合併対価として遂行される合併である。このような制定法上の合併を利用すれば、買収対象会社を独立の法人のままで、その発行済株式の全部を取得することが可能となっている。銀行持株会社創設特例法上の三角合併も、アメリカ法上の三角合併に類似するが、その違いは、合併対価の種類を拡張し、親会社の株式を合併に際して交付するという直接的な構造をとらず、いったんは存続会社の株式の割当てを受けながら、それを強制的に現物出資するという構成をとっていることである。

このような構成をとっているため、銀行持株会社創設特例法は、幾つかのウソをついていると批判されている。(38)合併の衣を纏いつつも、その中身は既存の銀行の株主に全員に現物出資を強制したものに過ぎない（同法三条参照）

【図４】銀行持株会社創設特例法

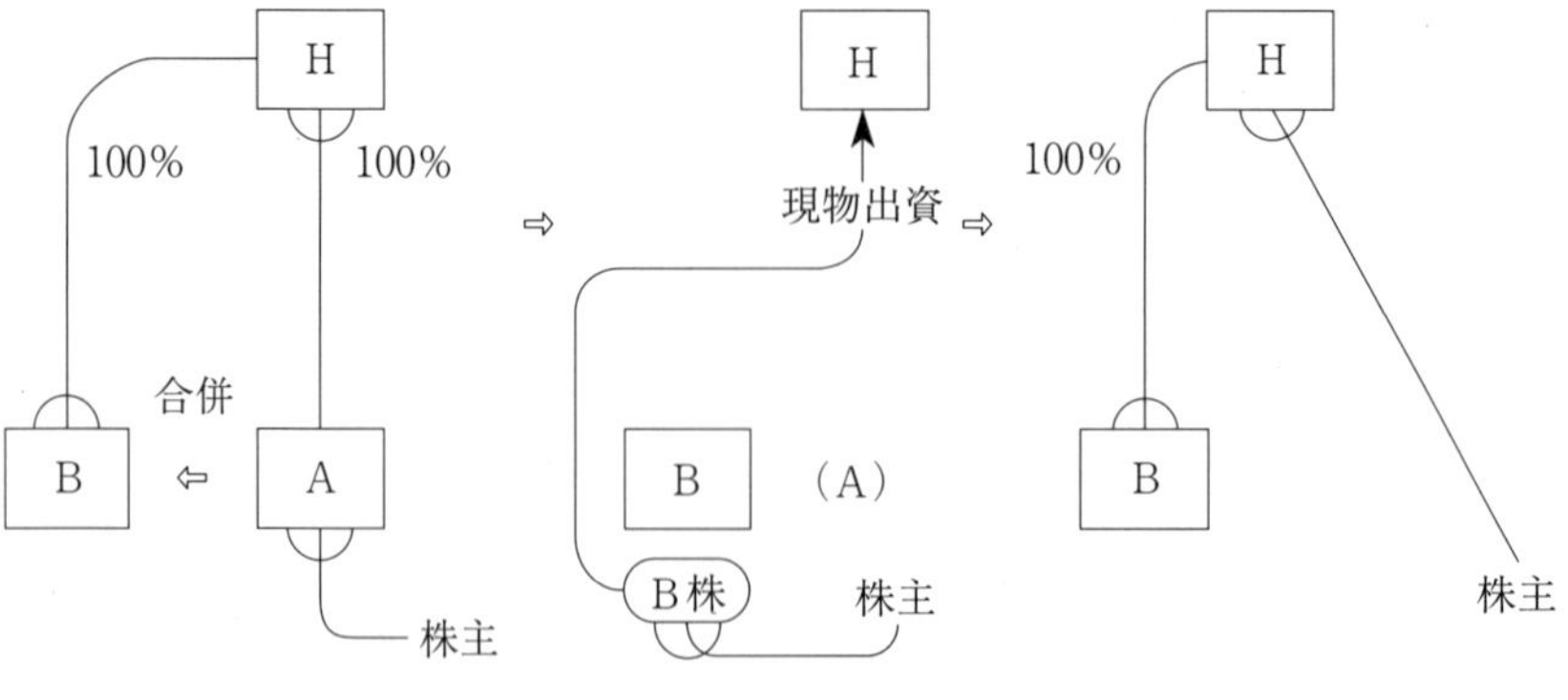

点も、そのウソの一つにあたる。この場面のみをとりだせば、銀行持株会社創設特例法上の三角合併は、株式交換そのものであるとみることもできる。

三　株式交換・株式移転制度の導入への架け橋

銀行持株会社創設特例法のついたウソに着目すると、皮肉なことに、同法が制定されたことは、株式交換制度の導入にあたって、大きな一歩であったと積極的に評価することもできる。[39]

もっとも、銀行持株会社創設特例法上の三角合併を遂行するためには、消滅会社となる銀行の株主総会において、特殊な決議が必要とされていた。すなわち、発行済株式総数の三分の二の賛成が必要とされたのである（同法五条一項）。親子会社法制について親会社株主の保護が適当に用意されていないのであれば、その親子会社関係の形成にあたっても要件を重くすることによって均衡を図るという意味で、このような重い要件を課すことも合理的であろう。[40]いわゆる株主権の縮減[41]には、何らかの形で対処することが必要である。

実際にも、平成一一年商法改正による株式交換・株式移転制度の導入にあたっては、株主権の縮減に対して一定の対応がなされた。この点については後述することにしよう。

第五節　平成一一年商法改正

一　株式交換制度の導入

平成一一年商法改正においては、アメリカの制度に倣って、株式交換制度が導入された。[42]株式交換（図５）とは、会社（交換会社（Ｈ））が別の会社（被交換会社（Ａ））の発行済株式の全部を取得する会社となる取引をいう（商法三五二条一項）。被交換会社の株主が有する交換会社の株式は、株式交換の日（商法三五三条二項六号）に株式交換によって交換会社に移転し、被交換会社の株主は、交換会社が発行する株式の割当てを受けて株式交換の日に交換会社の株主となる（商法三五二条二項）

株式交換をなすには、まず、株式交換の当事会社において、それぞれ取締役会決議を経て、株式交換契約書を締結することが必要である（商法三五三条一項）。株式交換契約書は、各当事会社の株主総会に付され、特別決議による承認が必要となる（商法三五三条一項四項）。株式交換後の完全親会社の定款に株式譲渡制限の定めがあり、当事会社にはそのような定めがない場合などには、特殊な決議（商法三四八条一項）を得ることを要する（商法三五三条五項六項）。株式交換に反対する株主には、株式買取請求権が与えられる（商法三五五条）。株式交換は、株主構成の変更のみを伴い、当事会社の債権者に大きな影響を与えないので、債権者保護手続は必要とされない。

株式交換についても、簡易合併と同様の要件の下で、交換会社の株主総会決議を省略する簡易株式交換制度が設けられている。すなわち、交換会社が株式交換に際して発行する新株の総数が、発行済株式総数の二〇分の一以下である場合には、交換会社の株主総会決議を省略することができる（商法三五八条一項本文）。ただし、株式交換交付金が交換会社の純資産額の五〇分の一を超えるときや、発行済株式総数の六分の一以上にあたる株式を有する株主が反対している場合には、株主総会を開催して、その承認を得ることが必要である（商法三五八条一項但書、八項）。簡易株式交換の場合でも、反対株主には、株式買取請求権が与えられる（商法三五八条五項〜七項）。

【図5】株式交換

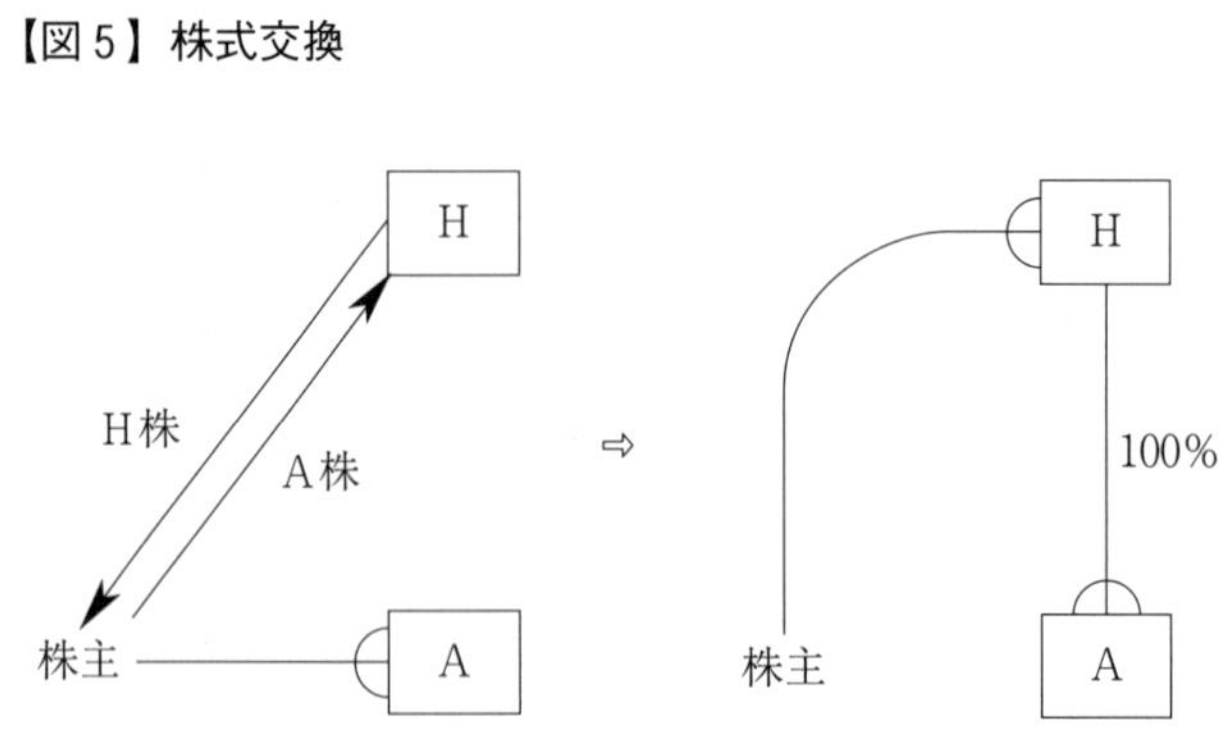

株式交換取引の情報開示についても、平成九年商法改正によってなされた合併における情報開示と同様の手当がな

されている。[43] ① 株式交換説明書、② 株式交換比率説明書、③ 貸借対照表（株式交換を承認する株主総会の日から六か月内に作られたもの。最終の決算貸借対照表ではない場合には、最終の決算貸借対照表も）、④ 損益計算書（最終の損益計算書。別に損益計算書を作成したときはそれも）が、株主総会の会日の二週間前から株主交換の日六か月を経過するまで本店に備え置かれ、株主の閲覧または謄写に供される（商法三五四条。商法四〇八条ノ二参照）。また、株式交換の日から六か月は、株式交換説明書が本店に備え置かれ、株主はこれを閲覧または謄写を求めることができる（商法三六〇条。四一四条ノ二参照）。

二　株式移転制度の導入

株式移転（図６）とは、株式会社（移転会社（A））が完全親会社（新設会社（H））を設立するために株式交換をなすことをいう（商法三六四条一項）。移転会社の株主が有する移転会社の株式は新設会社に移転し、移転会社の株主は、新設会社が株式移転に際して発行する株式の割当てを受けて新設会社の株主となる（商法三六四条二項）。株式交換と異なるのは、完全親会社となる会社が当初は存在せず、完全子会社となる会社がそれを設立する特殊な方法であるという点にある。[44]

株式移転をなすには、会社は、取締役会決議を経て、株式移転計画が移転会社の株主総会の特別総会で承認されなければならない（商法三六五条三項、三五三条四項）。株式譲渡制限の定めが新設会社におかれる場合には、特殊な決議が必要となる（商法三六五条二項）。株式移転に反対の株主には、株式買取請求権が与えられる（商法三七一条三項、三五五条）。

【図６】株式移転

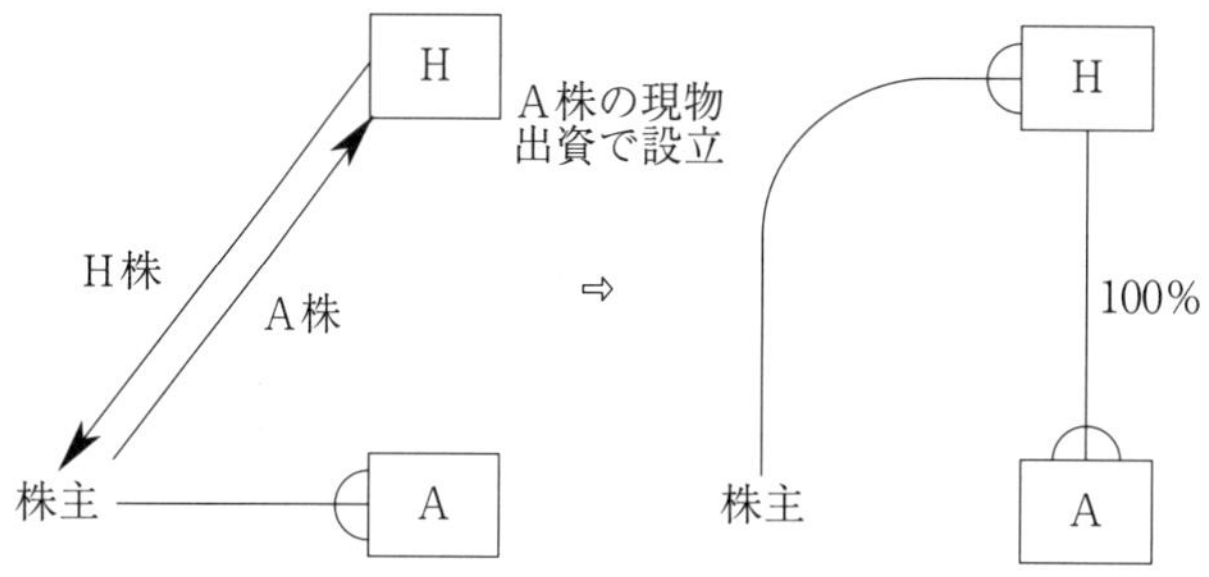

株式移転をなすべき時期（商法三六五条一項五号）は、株式交換の日とは異なり、効力が発生する日ではない。この日までに、株主は株券を提出して（三六八条）新設会社の株式の割当てを受け、反対株主からの株式買取（商法三七一条三項）も終わり、株式移転手続は事実上完了する。しかしながら、株式移転の効力が発生するのは、新設会社の設立登記の日であり（商法三七〇条）、この日に被移転会社の株主が新設会社の株主となる。

情報開示についても、株式交換と同様の措置が講じられている（商法三六六条、三七一条三項、三六〇条）。

三　株主権の縮減への対応

株式交換と株主移転のいずれがなされた場合でも、被交換会社または移転会社（A）の株主は、旧来の会社に対する支配が交換会社または新設会社（H）を通しての間接的なものになってしまう。これが株主権の縮減の問題である。これに対しては、会社法も対応が必要であると強く考えられた。そこで、平成一一年改正法は、株主の子会社の書類に対する閲覧・謄写権を新設するとともに（商法二六〇条ノ四、二六三条、二九三条ノ八）、業務検査役の選任の要件を緩和し（発行済株式総数の一〇分の一から一〇〇分の三に）、また、業務検査役が子会社の業務を調査する権限を有することにした（商法二九四条）。親会社の監査役の子会社に対する監査権限も強化された（商法二七四条ノ三）。これらの改正によって、一応は、株主の縮減に対する手当てがなされたとみることもできよう。

もっとも、平成一一年商法改正の時点では立法過程では実現までには至らなかったものの、さらに検討すべき事柄も残されている。

一つは、議決権のパス・スルーの問題である。この点は、古くから持株会社組織が発達したアメリカにおいても、実質的には親会社の基礎的な決定または変更とみられる行為については、子会社の議決権を親会社にパス・スルーさせ、親会社の株主に、議決に参加する機会と株式買取請求権を行使する機会を与えよと主張されているところである。(45)基本的にはこのような考えによるべきであり、解釈論としての限界を探るとともに、必要ならば立法を提言することが望ましい。解釈論としては、商法二四五条一項一号の「営業の全部又は重要なる一部の譲渡」を活用することが考えられよう。親会社が子会社の株式を処分する場合には、この規定を適用することによって対処できる場合があると考えられる。さらには、親会社が議決権を行使することを通して、子会社が営業の全部または重要な一部を譲渡する場合にも、親会社にとって重大な影響を与える限りは、この規定が適用されると解するべきではなかろうか。

　また、かねてから主張しているところであるが、[46]業務検査役制度に一層注目して、業務検査役選任のための要件（商法二九四条一項）を一段と緩和する措置を講じることが考えられる。持株要件にしても、株主の提案権と同様に三〇〇株以上とすることが少なくとも必要であると考える（商法二三二条ノ二参照）。さらには、単独株主権とすることすら検討されてよかったと考える。帳簿閲覧権（商法二九三条ノ六、二九三条ノ八）という方法とは異なり、業務検査役による調査は間接的な方法である。株主にとっても、専門家である弁護士や公認会計士の利用が容易になるし、[47]会社にとっても、企業秘密の漏洩に対する危惧を減らすという観点から望ましいのではあるまいか。子会社の帳簿閲覧権の行使のためには、裁判所の許可が必要であることを考えると、同じく裁判所の許可が必要なのであれば、業務検査役制度を活用することを考えるべきである。

第六節　平成一二年商法改正

一　会社分割制度の導入

　平成一二年度では、新たに会社分割制度が導入された。[48]会社分割には、新設分割と吸収分割の二種類がある。新設分割とは、会社（分割会社）がその全部または一部を設立する会社（新設会社）に承継させるものであり（商法三七三条）、吸収分割とは、会社が一方（分割会社）の全部または一部を他方（承継会社）に承継させるものである（商法三七四条ノ一六）。会社分割の制度は有限会社でも用いることができる。

平成一二年改正前は、商法に会社分割についての規定はなく、既存の制度を利用して行うほかなかった。例えば、新設分割をするには、会社が子会社となる新会社を設立し、① 子会社の設立の際に親会社の分離する部門の営業を現物出資する方法（商法一六八条一項五号）、② 子会社の成立後の新株発行の際に当該営業を現物出資する方法（商法二八〇条ノ二第一項三号）、③ 子会社が設立の際に財産引受の形で当該営業を譲り受ける方法（商法一六八条一項六号）、および、④ 子会社が成立後に事後設立の形で営業を譲り受ける方法（商法二四六条一項）があった。[49] これらのいずれの方法をとっても、抜け殻方式の欠点として述べた諸点が、そのまま残ってしまい必ずしも便宜ではない。

また、上述の方法を利用すると、会社の一部門が新しい会社として分離独立するが、子会社の株式は親会社が所有していることになる（物的分割・分社型）。さらに、親会社の個々の株主に子会社の株式を所有させようとすれば（人的分割・分割型）、さらに工夫が必要となる。すなわち、親会社はその株主に対して、資本減少の払戻金または利益配当として、子会社の株式を親会社の株主の持株数に応じて交付することになるが、このような株式の分配には、代物弁済として受領株主の同意が必要であるとの見解もある。[50]

新しく導入された会社分割制度は、以上のような諸問題を立法的に解決するものである。次に制度の概略をみてみることにしよう。

二　新設分割

新設分割とは、先に述べた通り、分割会社がその営業の全部または一部を新設会社に承継させる形で行う会社の分割である。営業の全部を新設会社に承継させれば、これは抜け殻方式と異ならない。また、取引の結果は、株式移転と全く同じになる。このように、会社分割は、既存の諸制度と関連性を有するものである。

新設分割には、新設会社が分割に際して発行する株式を、分割会社が割当てを受ける場合（物的分割・分社型）と分割会社の株主が割当てを受ける場合（人的分割・分割型）とが存在する。[51]

まず物的分割とは（図７）[52]、ａ事業とｂ事業を営むＡ社（分割会社）が分割を行おうとしているものとすると、分割に際してＢ社（新設会社）を設立し、このＢ社にｂ事業を分離移転し、それと引き替えにＡ社がＢ社の新株の割当てを受けるものである。これに対して、人的分割とは（図８）、Ａ社（分割会社）が新設のＢ社（新設会社）にｂ事業を分離移転して、その対価としてＢ社の株式の割当てをＡ社の株主が受けるものである。

新設分割を行うためには、分割会社において、取締役会の決議を経て分割計画書を作成し、株主総会の特別決議による承認を受けなければならない（商法三七四条）[53]。分割計画書には、「分割に因りて設立する会社が分割に際して発行する株式の種類及び数並に分割を為す会社又は其の株主に対する株式の割当に関する事項」を記載しなければならず、これにより物的分割、人的分割または一部分割（一部を分割会社に割り当て、残部を分割会社の株主に割り当てる）のいずれの型かを確定させる（商法三七四条二項二号）。また、分割計画書には、「分割に因りて設立する会社が分割を為す会社より承継する債権債務、雇傭契約其の他の権利義務に関する事項」を記載しなければならない（商法三七四条二項五号）[54]。

新設分割のための株主総会の会日の二週間前から分割の日（新設会社の設立登記のとき（商法三七四条ノ九））から六か月を経過する日まで、会社は、①分割計画書、②新株の割当てに関する説明書、③各会社の負担すべき債務に履行の見込みがあることとその理由を記載した書面、④分割会社の貸借対照表（株主総会の会日の前六か月以内のもの。それが最終の貸借対照表でないときには、最終の貸借対照表も）、⑤分割会社の損益計算書（最終の貸借対照表とともに作成されたもの。別に損益計算書を作成した場合にはそれも）を、本店に備え置かなければならない（商法三七四条ノ二第一項）。株主および会社債権者は、これらの書類の閲覧または謄写を請求することができる（商法三七四条ノ二第二項）。また、事後の開示として、新設分割説明書が分割の日から六か月間本店に備え置かれ、株主、会社債権者その他の利害関係人はこれらを閲覧または謄写をすることができる（商法三七四条ノ一一）。

分割に反対する株主は、株式買取請求権を行使することができる（商法三七四条ノ三）。新設分割に際して行われる

【図7】新設分割（物的分割）

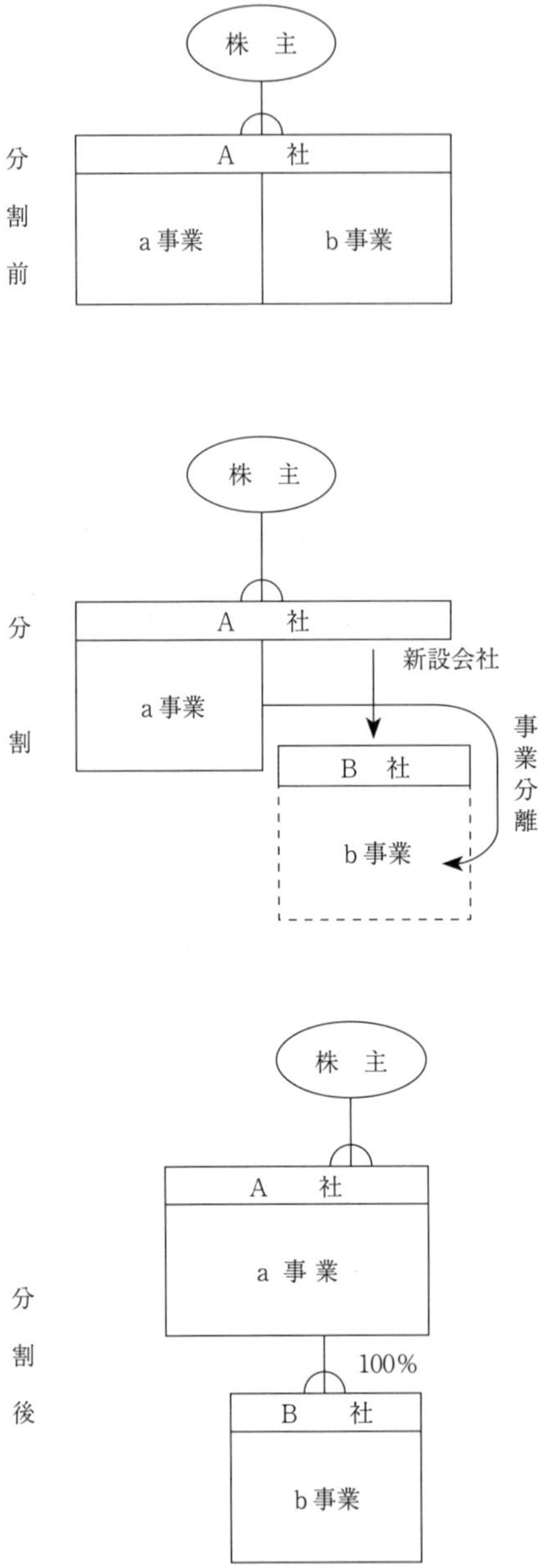

【図8】新設分割（人的分割）

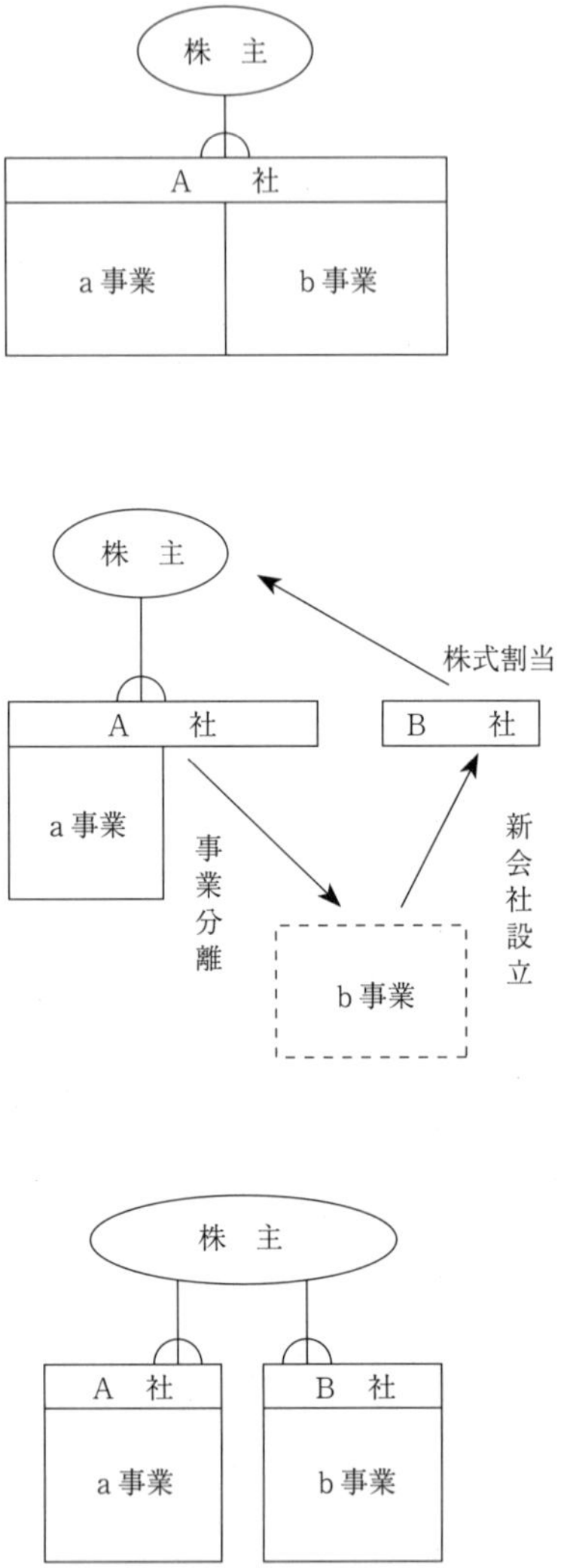

債権者保護手続は、資本減少の場合とほぼ同じであって、官報で公告するほか、知れたる債権者には個別の催告をしなければならない。ただし、物的分割の場合において、分割会社に対して債権の弁済の請求をすることができる債権者については、個別の催告は不要となる（商法三七四条ノ四）。

会社が分割したときは、分割会社については変更登記を、新設会社については設立登記をしなければならず（商法三七四条ノ八第一項）、新設会社における本店での登記が完了した時点で新設分割は効力を発生する（商法三七四条ノ九）。新設分割が効力を発生すると、新設会社は分割計画書の記載に従い分割会社の権利義務を承継する（商法三七四条ノ一〇第一項）。もっとも、個別の催告を受けていない債権者は、分割計画書の記載にもかかわらず、分割会社にも新設会社にも弁済を請求することができる（商法三七四条ノ一〇第二項本文）。分割計画書に記載がない会社も責任を負うことになる訳であるが、ここで興味深いのは、「分割の日に於て有したる財産の価額を限度とす」ることとされていることである（商法三七四条ノ一〇第二項但書）。

物的分割の場合には、簡易新設分割という制度が用意されている。すなわち、新設会社に移転する財産の合計額が分割会社の最終の貸借対照表の資産の合計額の二〇分の一を超えない場合には、株主総会決議が不要となる（商法三七四条ノ六第一項）。営業の全部または重要な一部の譲渡については株主総会決議が必要となるが（商法二四五条参照）、上述の場合には、分割会社の株主に与える影響が軽微であるとして、株主総会決議を不要としているのであろう[55]。分割会社は新株を発行しないので、発行株式数の発行済株式総数に対する比率によることができず、いわば資産基準が採られているとも説明される[56]。簡易分割が物的分割の場合にのみ認められ、人的分割の場合には認められないのは、人的分割の場合には分割会社の株主が新設会社の株式の割当てを受けて株主になるため、分割会社の株主の意思を無視できないと考えられているからであり、この点は株式移転に簡易な手続が認められていないのと同様であるとされる[57]。分割会社の反対株主には株式買取請求権が与えられないことに注意を要する（商法三七四条ノ六第三項）。

なお、人的分割においては、分割会社の持株数に比例しないで新株を割り当てることができる。このような形のものを非按分型の分割という（図9）。例えば、①家族的経営を行ってきた株式会社において、代表取締役であり株主でもある父親が、会社分割に際して、新設会社の株式を子の一部にのみ割当て、その者の有していた分割会社の株式を消去する方法によって、法人格も株主構成も別にする会社をその子らに別々に承継させる場合や、②合弁事業を解消するために、分割会社の株主に対して、別々の新設会社の株式を割り当てる場合などに活用される。[58]株主平等の原則の点で、このような非按分型の会社分割を行うためには、総株主の同意が必要であると考えられている。[59]

【図9】新設分割（非按分型）

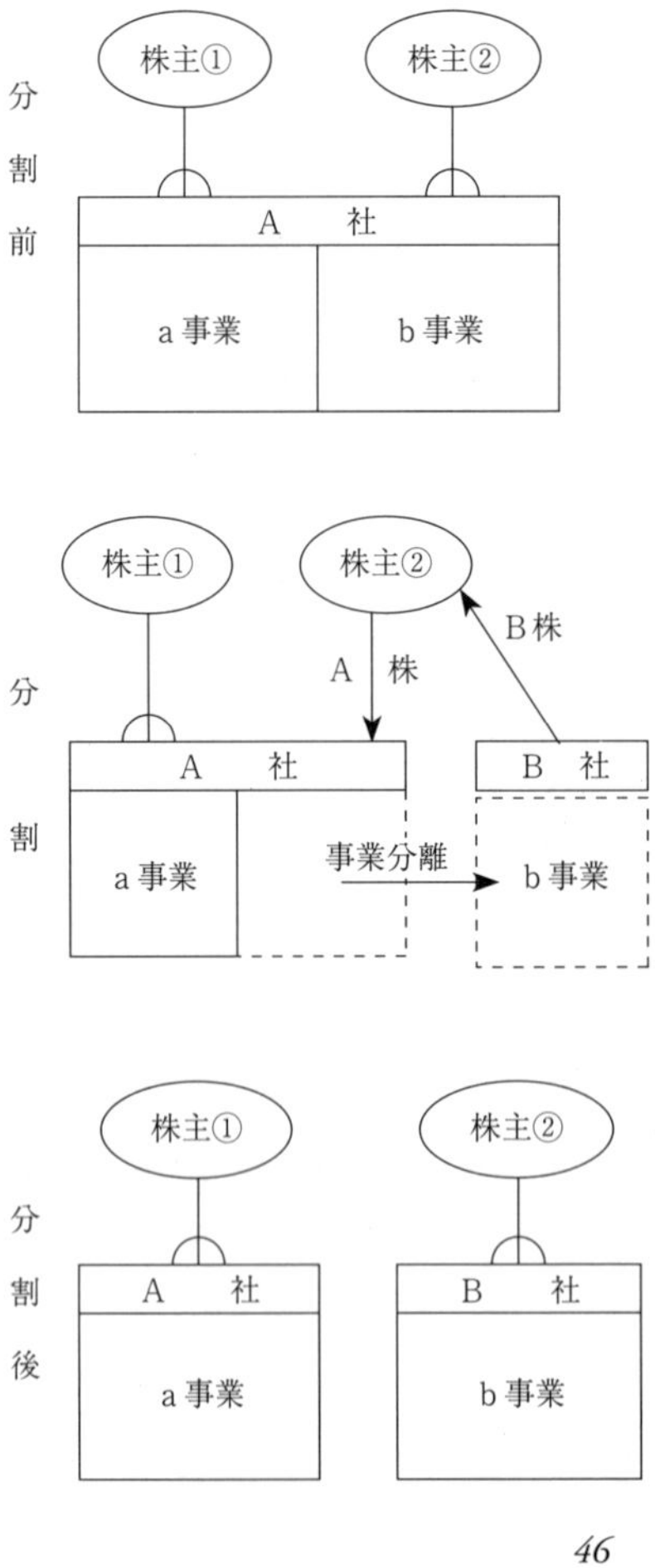

三　吸収分割

吸収分割とは、分割会社の全部または一部を承継会社に承継させる形で行う会社の分割である。これにも、承継会社が分割に際して発行する株式を、分割会社が割当てを受ける場合（物的分割・分社型）と分割会社の株主が割当てを受ける場合（人的分割・分割型）とが存在する。

物的分割とは（図10）、a事業とb事業を営むA社（分割会社）が分割を行い、b事業を既存のB社（承継会社）に分離移転し、それと引き替えにA社がB社の新株の割当てを受けるものである。これに対して、人的分割とは（図

11）、Ａ社（分割会社）が既存のＢ社（承継会社）にｂ事業を分離移転して、その対価としてＢ社の株式の割当てをＡ社の株主が受けるものである。

吸収分割を行うためには、両当事会社において、取締役会の決議を経て分割契約書を作成し、株主総会の特別決議による承認を受けなければならない（商法三七四ノ一七条）。分割契約書には、「承継する会社が分割に際して発行する株式の総数、額面無額面の別、種類及び数並に分割を為す会社又は其の株主に対する新株の割当に関する事項」を記載しなければならず、これにより物的分割、人的分割または一部分割（一部を分割会社に割り当て、残部を分割会社の株主に割り当てる）のいずれの型かを確定させる（商法三七四条の一七第二項二号）。また、分割契約書には、「承継する会社が分割を為す会社より承継する債権債務、雇傭契約其の他の権利義務に関する事項」を記載しなければならない（商法三七四条ノ一七第二項五号）。

吸収分割のための株主総会の会日の二週間前から分割の日（承継会社の変更登記のとき（商法三七四条ノ二五））から六か月を経過する日まで、会社は、①分割契約書、②新株の割当てに関する説明書、③各会社の負担すべき債務に履行の見込みがあることとその理由を記載した書面、④各会社の貸借対照表（株主総会の会日の前六か月以内のもの。それが最終の貸借対照表でないときには、最終の貸借対照表も）、⑤各会社の損益計算書（最終の貸借対照表とともに作成されたもの。別に損益計算書を作成した場合にはそれも）を、本店に備え置かなければならない（商法三七四条ノ一八第一項）。株主および会社債権者は、これらの書類の閲覧または謄写を請求することができる（商法三七四条ノ一八第二項、三七四条ノ二第二項）。また、事後の開示として、吸収分割説明書が分割の日から六か月間本店に備え置かれ、株主、会社債権者その他の利害関係人はこれらを閲覧または謄写することができる（商法三七四条ノ三一第五項、三七四条ノ一一）。

分割に反対する株主は、株式買取請求権を行使することができる（商法三七四条ノ三一第五項、三七四条ノ三）。吸収分割に際して行われる債権者保護手続としては、官報で公告するほか、知れたる債権者には個別の催告をしなければ

【図10】新設分割（物的分割）

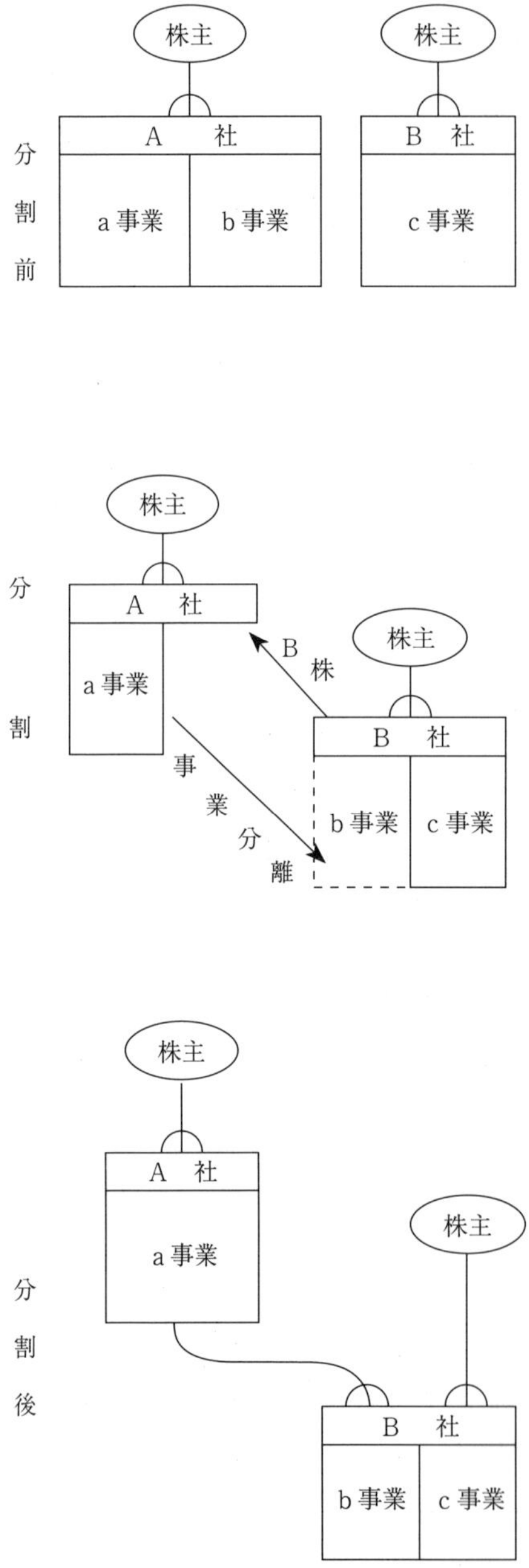

【図11】新設分割（人的分割）

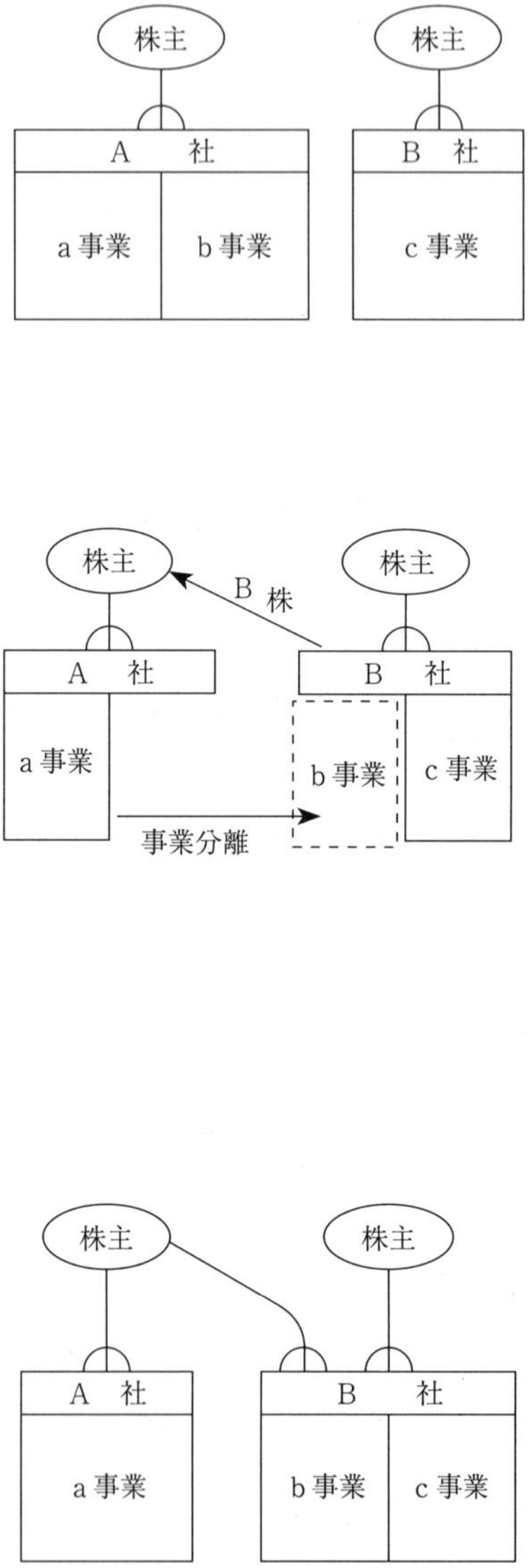

ならない。但し、承継会社の側では、合併におけるのと同様に、定款に定めた時事に関する事項を掲載する日刊新聞紙に掲げて公告を行うときは、個別の催告を省略することができる（商法三七四条ノ二〇）。また、物的分割の場合において、分割会社に対して債権の弁済の請求をすることができる債権者については、個別の催告は不要となる（商法三七四条ノ二〇第二項、三七四条ノ四第一項但書）。

会社が分割したときは、分割会社についても承継会社についてもは変更登記をしなければならず（商法三七四条ノ二四第一項）、承継会社における本店での登記が完了した時点で吸収分割は効力を発生する（商法三七四条ノ二五）。吸収分割が効力を発生すると、承継会社は分割契約書の記載に従い分割会社の権利義務を承継する（商法三七四条ノ二六第一項）。もっとも、個別の催告を受けていない債権者は、分割契約書の記載にもかかわらず、分割会社にも承継会社にも弁済を請求することができる（商法三七四条ノ二六第二項本文）。分割契約書に記載がない会社も責任を負うことになる訳であるが、ここで興味深いのは、分割会社については、「分割の日に於て有したる財産の価額」を、承継会社については、「承継したる財産の価額」を限度とすることとされていることである（商法三七四条ノ二六第二項但書）。この点で、法人格否認の法理の効果に関して、営業用財産の譲受会社が当該財産に限定された責任を負うとした近時の判決例[60]が注目される。また、比較法的にも、アメリカ法上の企業承継者責任（successor liability）[61]の運用にも関心が持たれるべきであろう。

吸収分割については、二つの面で、簡易な手続が認められている。分割会社の側での手続の簡易化については、物的分割の場合にのみ認められ、承継会社に移転する財産の合計額が分割会社の最終の貸借対照表の資産の合計額の二〇分の一を超えない場合には、株主総会決議が不要となる（商法三七四条ノ二二第一項）。このような場合には、分割会社の株主に与える影響が軽微であるとして、株主総会決議が不要されているが、この点の手続の簡素化については、既に新設分割で述べたことが妥当する。反対株主には株式買取請求権が与えられない（商法三七四条ノ二二第三項）。

吸収分割ではさらに、承継会社側での手続の簡易化についても規定が設けられている。物的分割でも人的分割でも利用可能な制度であるが、簡易合併にならった制度枠組みとなっている。すなわち、承継会社が分割に際して発行する株式の総数が発行済株式総数の二〇分の一を超えないときは、承継会社は株主総会の承認決議を受けることを要しない（商法三七四条ノ二三第一項本文）。但し、分割会社または分割会社の株主に支払うべき金銭を定めた場合に、その金額が承継会社に現存する純資産額の五〇分の一を超えるときには、株主総会決議を省略することができない（商法三七四条ノ二三第一項但書）。さらには、承継会社の発行済株式総数の六分の一にあたる株式を有する株主から反対の通知があった場合にも、承継会社の株主総会決議を省略することはできない（商法三七四条ノ二三第八項）。

さらに吸収分割の特色としては、のれんの計上が認められることがあげられる（商法二八五条ノ七）。会社の分割は営業の承継であり、承継の対象となる財産には、得意先、仕入先などの経済的価値のある事実関係も含まれる。ここにのれんの計上を認める根拠が存在する。もっとも、新設分割では、のれんの計上が認められない。というのも、新設分割ではのれんの計上が分割会社の意思のみで決定され、自家創設のれんと結果的に同一に帰するからである。(62)

四　簡易な営業譲受

平成一二年改正商法は、他の会社の営業の全部を譲り受ける場合に関して、簡易な手続を設けた（商法二四五条ノ五）。すなわち、営業の全部の譲受の対価が最終の貸借対照表により会社に現存する純資産額の二〇分の一を超えないときは、譲受会社は株主総会決議を省略することができる。簡易な営業譲受に反対の株主は、株式買取請求権を行使することができる。また、発行済株式総数の六分の一以上の反対がある場合には、株主総会決議を省略することができない。

第七節　企業再編法制の今後

最後に、ここまでの検討をもとにして、今後の課題についてまとめることにしよう。

上述のように、アメリカの模範事業会社法は、一九九九年（平成一一年）の改正で、会社ではない企業体と会社との企業結合（合併、株式交換）を認めた。直ちに、アメリカにならうべきであるとは、判断できる訳ではない。しかしながら、会社以外の者が主体となる企業買収や企業結合についても、その手法を導入する準備が必要ではないか。この点では、わが国では当面、イギリス法[63]やカナダ法[64]にならって、株式強制買取（compulsory acquisition）制度を導入することが検討されるべきである。株式強制買取とは、株式公開買付で対象会社の株式の九〇％の株式の提供を受けた場合には、残余の株式もまた、同一の条件で強制的に買い取ることができる制度である。

この方法の優れた点の一つは、対価が現金で良いことである。それ故に、株式会社ではない企業体が株式会社を買収ないしは結合しようとする場合にも、用いることができる。株式会社が買収主体となる場合であっても、対価を現金にしたいと欲する場合もあろう。ちなみに後者については、将来的に、ゴーイング・プライベート（going private）[65]への厳格な基準を立法的に設けつつも、交付金合併（cash merger）などが認められることも視野に入れて検討するべきである[66]。この場合には、合併制度と株式強制買取制度との役割分担が問題となるが、少数株主を排除するための審査基準が後者では緩やかになることが期待されよう。

また、長年の問題であったとも言えるが、企業結合に関する商法の諸規定の置かれている場所を検討すべきである。現在では、空いている場所を用いたりという立法的な便宜が優先されたために、企業結合に関する諸規定が散在している。合併についても、当事会社の清算手続を経ない解散という側面が強調されたからであろうが、会社の解散の項目の下に置かれている。企業結合に関する規定は、企業再編で単一の項目を新たに起こして、その中に整合的に配置されるか、個別に項目を起こして連続してならべるべきである[67]。

（1）　平成九年商法改正について詳しくは、北沢正啓「合併法制の整備、ストック・オプションの導入等、および罰則の強化――平成九年の改正（三回）」浜田道代編『日本会社立法の歴史的展開』五三七頁（商事法務研究会、一九九九年）などを参照。

（2）吸収合併においては、消滅会社が存続会社の「軍門に降る」思いがしそうであるが、実際には対等の合併も、この方式でなされることが多く、新設合併という方式でなされることは少ない。龍田節『会社法〔第七版〕』（有斐閣、二〇〇〇年）三六〇頁参照。概説書の類で企業結合を大きな項目として設けることは少ないが、同書はそのような体系を組み立てている点でも傑出している。

（3）資産融合型の企業結合とは、資産を融合してしまう形で行う企業結合をいう。企業結合を、本文で述べたように、資産融合型の企業結合と株式取得型の企業結合に分類した上で、英米法を素材に比較法的研究をするものとして、中東正文『企業結合・企業統治・企業金融』三九七頁以下（信山社、一九九九年）（初出は、中東正文「株式取得型の企業結合――より柔軟な企業結合手法の導入に向けて」名古屋大学法政論集一七一号一二五頁（一九九七年））を参照。

（4）株式取得型の企業結合とは、当事会社の資産を別個に分けたままで結合を図る形の企業結合をいう。

（5）公開買付については、証券取引法などで規制がなされている。ただ、公開買付は、元来、対象会社の株主に直接的に株式の提供を呼びかける取引であるから、何らかの法的な根拠がなければ実施できないような類のものではない。

（6）「事業支配力が過度に集中すること」の意義については、独占禁止法九条五項を参照。

（7）持株会社とは、子会社の株式の取得価額の合計額の会社の総資産の額に対する割合が一〇〇分の五〇を超える会社である（独占禁止法九条三項）。

（8）通商産業省産業政策局産業組織課編『持株会社をめぐる商法上の諸問題――株式交換制度の創設に向けて』別冊商事法務二〇六号七九～八〇頁（一九九八年）に所収されている。

（9）通商産業省産業政策局産業組織課編・前掲注（8）八〇頁に所収されている。

（10）同条は、木下信行編『解説改正銀行法』一三七頁（日本経済新聞社、一九九九年）にも所収されている。本段落の叙述については、同書一三六～一三九頁によるところが大きい。

（11）実際にも、利用された例あるいはこれから利用しようとする例は、寡聞にしてこれを知らない。

（12）商法研究会の活動状況などについては、通商産業省産業政策局産業組織課編・前掲注（8）を適宜参照されたい。以下の叙述も、本書による。

（13）法制審議会での議論については、http://www.moj.go.jp/ を参照。

(14)　各界の意見については、原田晃治ほか『親子会社法制等に関する各界意見の分析――親子会社法制・金融資産の評価』別冊商事法務二一一号（一九九八年）を参照。
(15)　国会での審議経過については、http://www.shugiin.go.jp/top/gianseigan.htm を参照。
(16)　産業活力再生特別措置法案の概要については、http://miti.go.jp/press-j/industry/r90721a1.html（二〇〇〇年）を参照。
(17)　原田晃治「会社分割法制の創設について（上）――平成一二年改正商法の解説」商事法務一五六三号四頁、七頁（二〇〇〇年）。平成一二年商法改正の経緯については、同論文の六～九頁が詳しい。
(18)　龍田・前掲注(2)三六七～三六八頁。本章の以下の叙述も、同書に負うところが大きい。
(19)　同三六八頁。
(20)　同三六一頁。
(21)　略式合併については、龍田節「アメリカ法上の略式合併」民商法雑誌五九巻一号三頁（一九六八年）が詳しい。また、少数株主の締め出しとの関係では、中東・前掲注(3)二〇～二三頁（初出は、中東正文「アメリカにおける締め出し合併とテイクオーバー（一）～（四・完）」名古屋大学法政論集一三七号六九頁、一三八号一七七頁、一三九号四八三頁、一四〇号四四九頁（一九九一～一九九二年））なども参照。
(22)　3 Model Business Corporation Act Annotated §11.05 (3d ed. Supp. 1998/99).
(23)　Id.
(24)　敵対的企業買収によって対象会社の株式の大多数を取得した場合を考えると、成功後直ちに略式合併を行うことができるとは限らない。定款において、取締役の員数に現員と同数の上限が付されており、しかも取締役の選任について累積投票（cumulative voting）と期差（staggered board）が設けられていれば、買収会社が対象会社の取締役会で支配を有するまでには相当の時間を要する可能性がある（中東・前掲注(3)九一～九二頁参照）。もっとも、発行済株式総数の九〇％以上をも所有することになれば、ロック・アップ（定款変更の要件を厳しくすること）をはずすことも容易ではあろう。いずれにしても、早晩、取締役会決議は得られる状況になる。
(25)　Proposed, 54 Bus. Law. 685 (1999), adopted, 55 Bus. Law. 405 (1999).

(26) Canada Business Corporations Act §184(2). "Two or more wholly-owned subsidiary corporations of the same holding body corporate may amalgamate and continue as one corporation without complying with sections 182 and 183 if..." という表現で示されている。条文の引用は、Consolidated Canada Business Corporations Act and Regulations 2000（Carswell, 19th ed. 1999）による。この場合には、親会社の取締役会のみがあれば足りる。カナダ法における水平的略式合併については、中東・前掲注（3）四六三頁（初出は、中東正文「カナダ企業結合法（一）～（三・完）――少数株主の締め出しを中心として」民商法雑誌一一九巻三号三二三頁、四＝五号七二八頁、六号九一〇頁（一九九八～一九九九年））で紹介したことがある。カナダ法上の合併の全体像については、同書の四六一～四六四頁を参照。

(27) 中東・前掲注（3）四六三頁。See 1 R. V. W. Dickerson, & J. L. Getz, Proposals for a New Business Corporations Law for Canada: Commentary（Ottawa: Information Canada, 1971）at121（ディカーソン・レポートとして有名な報告書である）。

(28) 中東・前掲注（3）五二四～五四二頁などを参照。

(29) 議論状況については、中東・前掲注（3）四二一～四二三頁（初出は、中東正文「株式取得型の企業結合――より柔軟な企業結合手法の導入に向けて」名古屋大学法政論集一七一号一二五頁（一九九七年））などを参照。

(30) 中西敏和「会社分割法制の実務的対応」企業会計五二巻七号五六頁、六五頁注（9）（二〇〇〇年）。

(31) 詳しくは、北沢・前掲注（1）五四五～五四七頁を参照。

(32) 3 Model Business Corporation Act Annotated §11.01(b).

(33) 3 Model Business Corporation Act Annotated §11.01(d).

(34) 北沢正啓『会社法〔第五版〕』七一六頁（有斐閣、一九九八年）を参考にした。

(35) 原田・前掲注(17)商事法務一五六四号九頁。

(36) 銀行持株会社創設特例法については、堀裕「銀行持株会社の創設のための合併手続特例法による合併方式の健闘」商事法務一四七七号二七頁（一九九七年）、中東・前掲注（3）四四八～四四九頁（初出は、中東正文「株式交換による持株会社の設立」商事法務一四八二号二頁（一九九八年））およびそこで引用されている文献を参照。

(37) アメリカ法上の三角合併については、岸田雅雄教授によって、二〇数年も前に緻密な分析がなされていた。岸田雅雄「企業結合における公正の確保（二）」神戸法学雑誌二六巻二号二三四頁（一九七六年）。また、中東・前掲注（3）四〇一～四〇三頁、四四六～四四八頁も参照。

（38）神田秀樹「持株会社と商事法」商事法務一四七九号六八頁、七四頁（一九九八年）。神田論文の七二頁は、持株会社の三つの設立方式（抜け殻方式、合併方式、株式交換方式）を図によって比較しており、分かりやすい。

（39）中東・前掲注（3）四四九～四五〇頁参照。

（40）同四五一～四五二頁参照。

（41）株主権の縮減については、前田雅弘「持株会社」商事法務一四六六号二三頁（一九九七年）がとりわけ優れた分析を行う。この他にも多くの文献があるが、網羅する余裕がないので、前田論文で引用されている文献を適宜参照されたい。

（42）株式交換・株式移転については、数多くの実務の手引が刊行されている。例えば、緑川正博編著『株式交換・移転の法務と税務』（ぎょうせい、一九九九年）、梶川融ほか『株式交換の使い方』（商事法務研究会、一九九九年）、居林次雄『商法改正の重点逐条解説』（税務経理協会、一九九九年）、斎藤奏『平成一一年商法改正――Q＆A　株式交換・移転、時価評価等の会計と税務』（財経詳報社、一九九九年）、今野裕之監修『平成一一年八月改正商法レポート』（日本法令、一九九九年）、岸田雅雄『平成一一年改正商法解説』（税務経理協会、一九九九年）、原田晃治ほか『一問一答平成一一年改正商法――株式交換・時価評価』（商事法務研究会、一九九九年）、元木伸『株式交換・移転制度の逐条解説』（中央経済社、二〇〇〇年）など。

（43）株式交換においては合併におけるのと異なり、債権者には、本文で述べた書類の閲覧・謄写請求権が認められていないことに注意を要する。また、株式交換に瑕疵がある場合には、無効の訴えを提起することができるが、提訴権者には債権者が含まれていない（商法三六三条。四一五条対照）。

（44）龍田・前掲注（2）三九六頁。

（45）Melvin A. Eisenberg, The Structure of the Corporation 277-307 (1976). アイゼンバーグ教授は、① 実質上全ての資産の譲渡および合併、② 取締役の選任、③ 重要な定款変更について、議決権のパス・スルーが必要であると説かれる。また、日本での立法論として、前田・前掲注（41）二八～二九頁が重要である。

(46) 中東正文「企業形態」ジュリスト一一五五号一一一〜一一二頁（一九九九年）、中東・前掲注(3)一二八頁。

(47) 費用は会社が負担すべきであると解する。

(48) 実務の手引書として、例えば、あさひ法律事務所＝アーサーアンダーセン編『平成一二年商法改正会社分割のすべて』（中央経済社、二〇〇〇年）。

(49) 北沢・前掲注(34)七一六頁。以下の叙述も、同書に負うところが大きい。

(50) わが国の会社法の下で会社分割の方法としてアメリカのスピンオフやスプリットオフと同じことができるかどうかについて論じたものとして、江頭憲治郎「会社分割」奥島孝康教授還暦記念論文集編集委員会編『比較会社法研究――奥島孝康教授還暦記念第一巻』一八五頁、一九三〜一九五頁（成文堂、一九九九年）。アメリカ法については、同論文の一八八〜一九一頁を参照。

利益配当が金銭に限られるかどうかについては議論の余地がある。伝統的には、明文の規定はないものの、利益配当は金銭によって行わなければならないと考えられてきた。株主平等の原則が徹底される限りは、資本減少の払戻金にしても利益配当にしても、金銭以外のものであっても構わないと考えられるが、単位未満株や端株に対する配当をも考えると、実際には金銭ほどに株主の平等を貫き得るものは少ないであろう。

(51) 分割に際して、新設会社（新設分割の場合）または承継会社（吸収分割の場合）が発行する株式の一部を分割会社に、残りを分割会社の株主に割り当てる分割を、一部分割という。改正法は、このような一部分割を否定してはいない（原田・前掲注(17)商事法務一五六三号一〇頁）。

(52) 図7から図11までは、名古屋大学大学院法学研究科の院生である滝澤美菜子君が起案したものを、筆者が加筆修正し、桑原亮弁護士と神谷紀子税理士の協力を得て加工したものである。

(53) 新設分割の流れを分かりやすく図示したものとして、編集部「商法等の一部を改正する法律案要綱の概要」商事法務一五五二号四頁、六頁（二〇〇〇年）がある。吸収分割については、同七頁を参照。

(54) 法律案が提出された段階では、「分割に因りて設立する会社が分割を為す会社より承継する権利義務に関する事項」とされていたが、衆議院での修正の結果、本文で述べたように改められた。また、労働契約の取り扱いについては、平成一二年商法改正附則5条が設けられるとともに、「会社の分割に伴う労働契約の承継等に関する法律（労働契約承継法)」が制定された。労働契約に関する法改正の経緯については、「ニュースＮＥＷＳ」商事法務一五六〇号四三～四四頁（二〇〇〇年）などを参照。労働契約承継法については、労働省労政局労政課「労働契約承継法の概要」商事法務一五六五号二四頁（二〇〇〇年）

(55)　この点からみると、商法は、総資産額の二〇分の一以下にあたる営業の譲渡については、商法二四五条一項一号にいう「重要なる一部」の譲渡にはあたらないとの判断姿勢を示しているとも解することができよう。

(56)　前田庸「商法等の一部を改正する法律案要綱の解説（中）」商事法務一五五四号四頁、一一頁（二〇〇〇年）。

(57)　前田・前掲注(56)商事法務一五五四号一一頁。

(58)　原田・前掲注(17)商事法務一五六三号一〇頁。

(59)　前田庸「商法等の一部を改正する法律案要綱の解説（上）」商事法務一五五三号四頁、一一頁（二〇〇〇年）、原田・前掲注(17)商事法務一五六三号一〇頁。

(60)　京都地判平成一一年四月一五日金判一〇六八号三頁。

(61)　アメリカ法上の企業承継者責任については、中東正文「資産譲渡における企業承継者責任――製造物責任を中心として」奥島孝康教授還暦記念論文集編集委員会編『比較会社法研究――奥島孝康教授還暦記念第一巻』二〇一頁（成文堂、一九九九年）。

(62)　前田庸「商法等の一部を改正する法律案要綱の解説（下）」商事法務一五五五号四頁、一〇～一一頁（二〇〇〇年）。もっとも、新設分割に際してのれんの計上を禁止したところで、新設分割を用いて、自家創設のれんと同様のものを計上することもできてしまうかもしれない。すなわち、物的分割型の新設合併を行い、その直後に新設会社と分割会社とが合併すれば、この時点でのれんを計上することができてしまう。

(63)　中東・前掲注(3)四一三～四一六頁ほかを参照。

(64)　同四六八～四七〇頁ほかを参照。

(65)　同五二四～五四六頁を参照。

(66)　同五四三～五四六頁を参照。

(67)　この点、有限会社法は、第六章として、「合併、分割及組織変更」という項目を設けている。

第三章　株式交換・株式移転制度の目的

第一節　平成一一年商法改正に至る経緯

一　持株会社組織の利便性

産業構造が複雑になるにつれ、それに相応しい企業形態が模索されるようになって久しい。産業の発達とともに、持株会社組織を活用した企業結合の要望が、経済界から折に触れて出されてきた。

Ａ社とＢ社という二つの企業が結合を計画しているときに、従来型の合併であると、両社は完全に統合してしまう訳であるから、存続会社の社長には誰がなるのかといった問題を避けられない。Ａ社とＢ社の上にＨ社という持株会社を創設し、Ｈ社の傘下にＡ社とＢ社とを設けるといった持株会社組織をとるにせよ、Ｈ社の経営陣をどのように構成するかという問題を避けることはできない。しかしながら、Ａ社とＢ社の内部では経営陣の人事に劇的な影響を与えるものではない。

持株会社方式によれば、緩和されるのは経営陣の人事の違和感だけではない。企業文化が異なるＡ社とＢ社とが完全に融合しようとするのは大変なことである。実務上も、最も問題となる課題の一つである。無用の摩擦を、持株会社方式によれば回避することができるであろう。

二　持株会社組織に対する警戒と平成九年独占禁止法改正

もっとも、持株会社組織に対する根強い不信感があったのも事実である。それは、「財閥の復活」といったフレーズで最も端的に示されているであろう。そのような感傷的な言い回しを使わないとしても、経済力の過度の集中に対しては、学界を中心に強い警戒感が示された。持株会社組織であれば、集中の排除もまた容易ではないかという反論も、それほど強いものにはならなかった。

戦後まもなく制定された独占禁止法九条に示されていた純粋持株会社の設立等の禁止については、幾度となく経済界からその解禁が要望され、学界の反対により封じ込められていたという歴史が存在する。

その封印が解かれたのは、平成九年のことであった。この年の独占禁止法改正によって、純粋持株会社の設立等が解禁され、経済界の要望に応え得るような企業組織の構築の基盤が形成された。戦後を象徴する二つの九条のうち、その一つが終焉を迎えたのである。

三　持株会社組織の形成

そこで問題とされたのが、どのようにして持株会社組織を作るのか、あるいは既存の会社が持株会社組織に移行するかである。この点については、平成九年独占禁止法改正に際して、衆参両院の商工委員会で、それを可能とするような法整備がなされるべきとの附帯決議がなされていた。そこで、当面の課題は、既存の会社をどのようにして持株会社組織にするのか、言い換えれば、持株会社組織を形成するための企業結合の手法を編み出すことにあった。

第二節　銀行持株会社創設特例法

一　序　論

この問題に対して、最も動きが素早かったのは、大蔵省であった。財政的な負担に苦しんでいた金融機関を早急に再編する必要があると考えられたためであろうか。

平成九年独占禁止法改正では、実は、金融持株会社の解禁については若干の先送りがなされたのであるが、結局のところ、法制度の確立で一歩先んじたのは、銀行持株会社であった。すなわち、同年のうちには、銀行持株会社創設特例法（「銀行持株会社の創設のための銀行等に係る合併手続の特例等に関する法律」）が制定されたのである。同法による持株会社創設の手法は、三角合併と言われることがある。厳密にいえば、アメリカやカナダなどで頻繁に利用されている三角合併とは法的に異なるものであるが、三つの当事会社が合併に関与する点では、それらと共通する。

二　銀行持株会社創設特例法による持株会社の設立

銀行持株会社創設特例法に基づく持株会社の設立方法について、簡単に見ておくことにしよう（図1）。まず、持株会社を作ろうとするA銀行は、将来持株会社となるべきH銀行を完全子会社として設立する。このH銀行は、さらに完全子会社であるB銀行を設立する。その上で、A銀行をB銀行に吸収合併させる。この合併によって、旧A銀行の株主は、存続会社であるB銀行の株式の割り当てを受けるはずであるが、この株式はB銀行のもとに留められる。そして合併新株はH銀行に現物出資され、結局、旧A銀行の株主は、H銀行の株式を合併対価として受け取ることになる。

A銀行とC銀行という二つの銀行が持株会社を作る場合を考えると、A銀行についてもC銀行についても同様の手続を踏んだ上で、両銀行が新しく設立した銀行どうしを合併させればよい。

三　銀行持株会社創設特例法方式に対する批判

銀行持株会社創設特例法による持株会社の設立には、批判が強い。簡便さの問題として、持株会社を設立するために二つの完全子会社を設立しなければならないのは、いかにも迂遠である。また、金融持株会社一般に利用が認められているものではなく、銀行持株会社に限って利用が認められている。このような実務的な難点からか、現在のところ、銀行持株会社創設特例法が利用された例は、寡聞にして知らない。

また、理論的な問題点も指摘されている。神田秀樹教授によれば、特例法は三つのウソをついているとされるが、最も深刻な点は、先の例で、B銀行の株式を強制的にH社に現物出資させていることである。これでは、財産権の強制的な収用ではないかという批判も生じる可能性が高い。

第三節　平成一一年商法改正前の方法

一　序　論

それにしても、銀行持株会社創設特例法が、随分と無理をして、射程範囲

【図1】銀行持株会社創設特例法

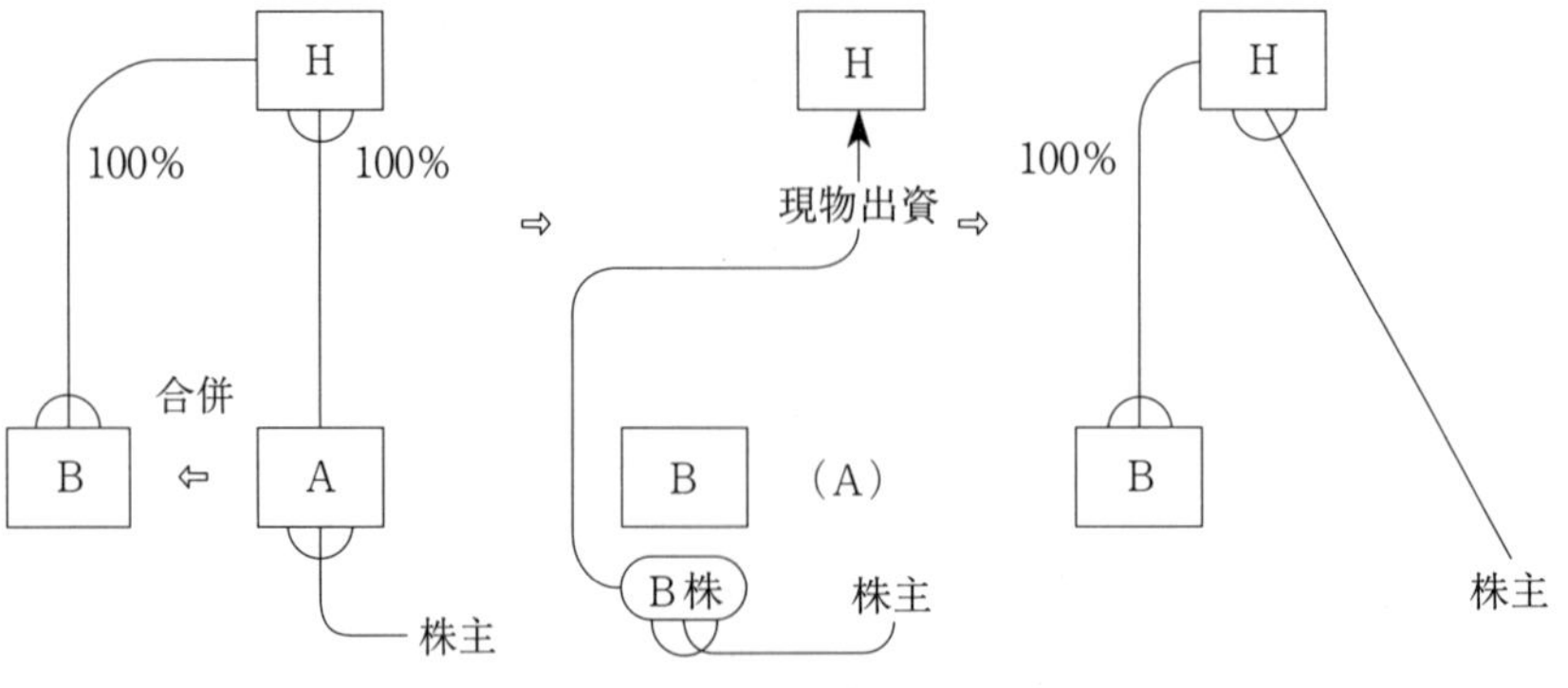

が狭く利便性が悪い方法を採用したのはなぜか。それは、既存の方法では、経済界が望むような持株会社組織の形成が困難であったからである。結論を先取りするようではあるが、この困難さを回避しようとしたのが、平成一一年商法改正による株式交換・株式移転制度の導入であった。

では、株式交換等の制度が導入されるまでは、どのような方法によって、持株会社組織を創設することが可能であったのか。いずれの方式によっても、ひとつの親子会社関係ができれば、複数の親会社を合併することによって、持株会社組織を創設することができる。

二　買収方式および第三者割当方式

買収方式とは、既存の会社（A社）が持株会社となるべき会社（H社）を設立し、H社がA社の株主に対して公開買付をする方式である（図2）。これに対して、第三者割当方式とは、いわば買収方式で買収対価がH社の株式になった場合で、H社が第三者割当増資を行い、A社の株主がこれにA社株で応じるというものである（図3）。

いずれの場合も、簡便な方法には違いがない。しかしながら実務上問題となるのは、A社の株主に株式を提供しない者が残ってしまう可能性が高いことである。A社の個々の株主にとっては、いずれも個別的な相対取引であって、その申込に応じるかどうかは全くの任意である。H社から見れば、経営陣に対して最も敵対的な者こそが、残存してしまうという懸念もある。さらには、A社の株主について相続などの問題が生じていて、権利関係がはっきりせず、株式を提供しようにもできない場合が、大規模公開会社においては少なからず存在するであろう。

三　抜け殻方式

買収方式および第三者割当方式の弱点を克服し、完全親子会社関係を創設するための工夫として、抜け殻方式と呼ばれるものが最も優れたものである（図4）。

【図２】買収方式

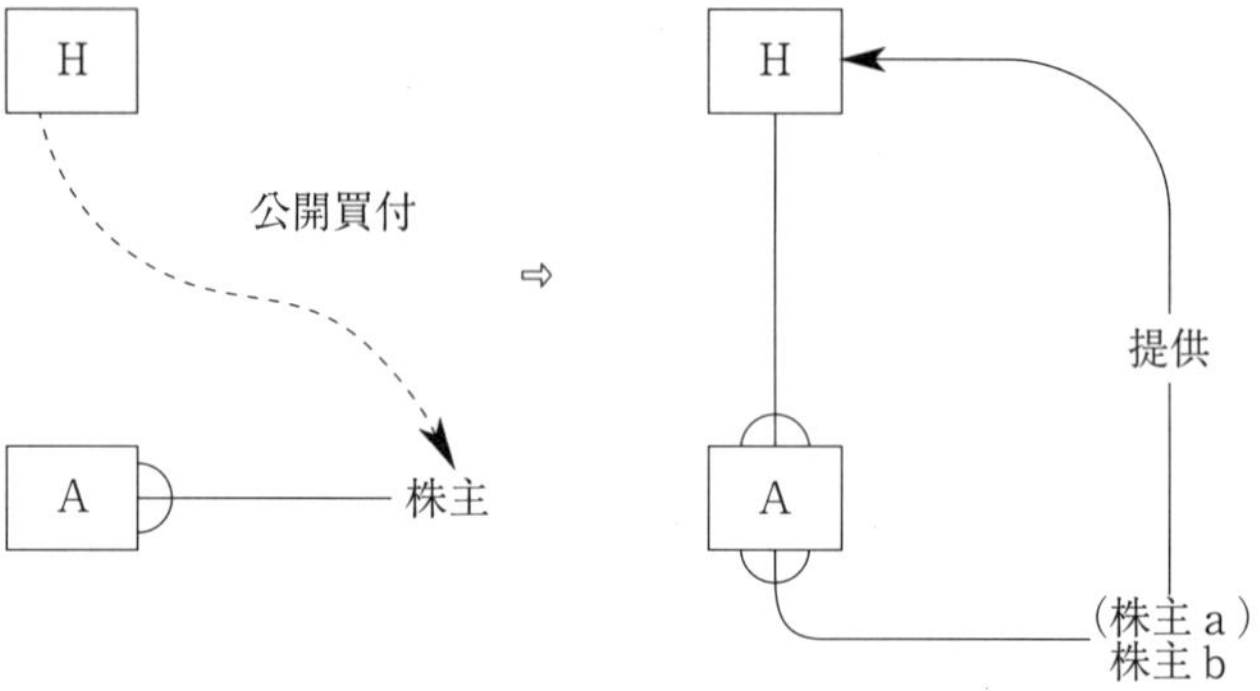

【図３】第三者割当方式

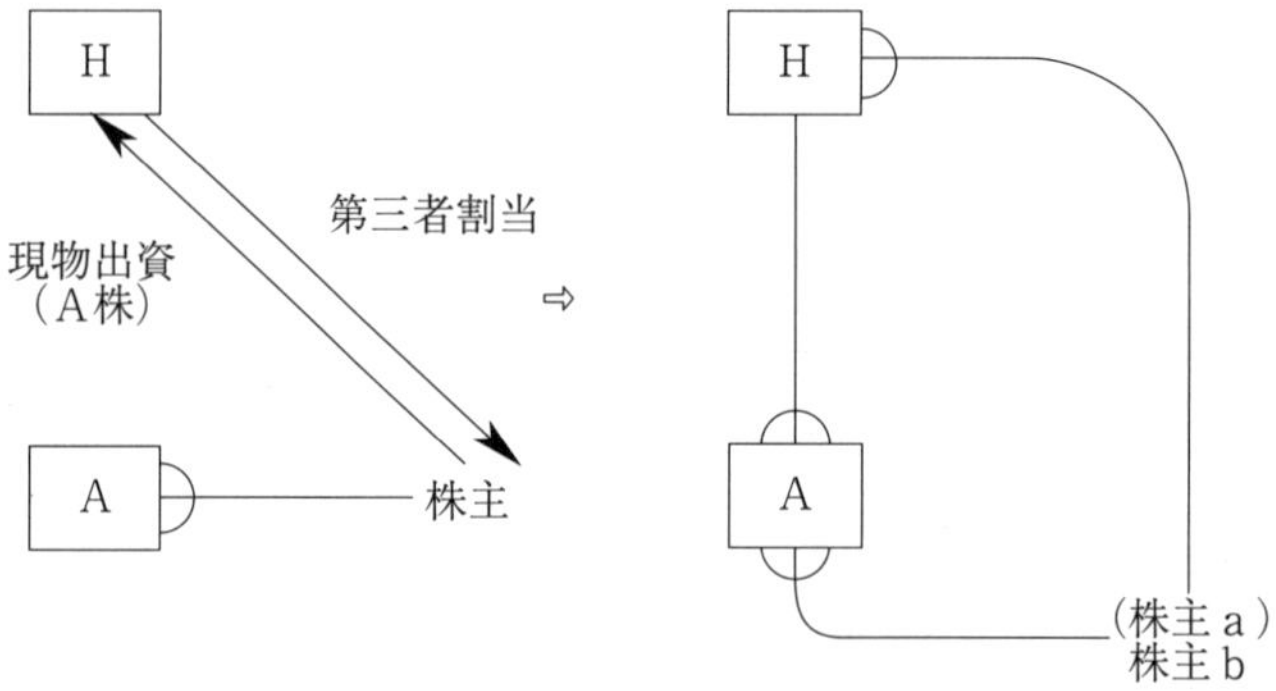

【図４】抜け殻方式

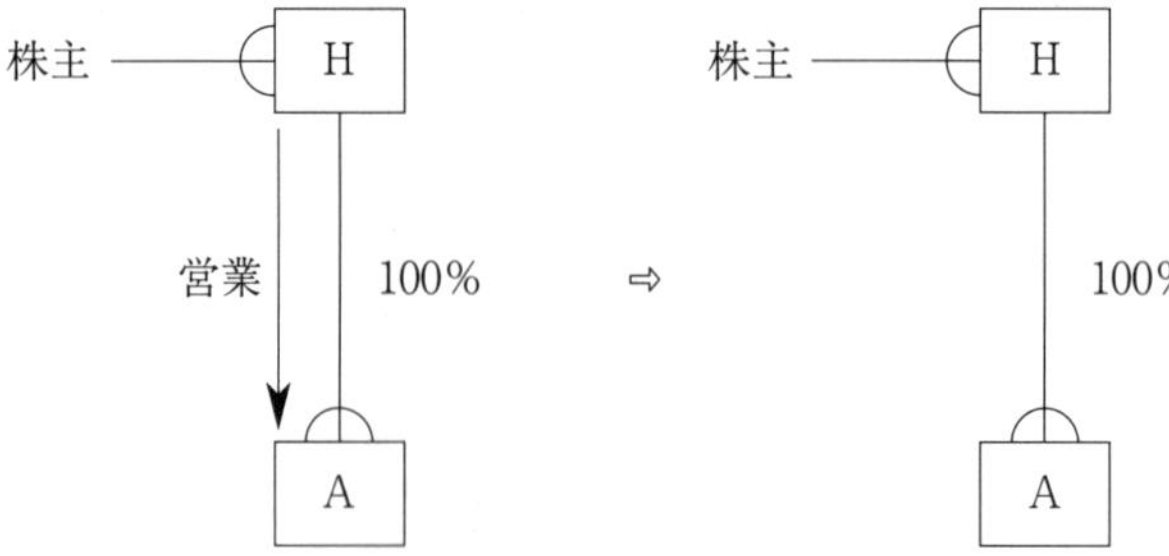

抜け殻方式においては、既存の会社（H社）が完全子会社（A社）を設立し、A社に営業の全部を譲渡するものである。この営業譲渡は、現物出資（商法一六八条一項五号）、財産引受（商法一六八条一項六号）または事後設立（商法二四六条一項）のいずれの形態をとっても行われ得る。H社が抜け殻のようになって持株会社を設立するので、抜け殻方式と呼ばれるのである。

ここで問題となるのは、Ｈ社がＡ社に営業譲渡を行う場合に、Ａ社の資本充実の観点から、裁判所が選任する検査役の調査を受けなければならないことである（商法一七三条一項・一八一条一項・二八〇条ノ八第一項・二四六条二項参照）。検査役の調査が必要となると、時間がかかるだけではなく、調査の期間中は営業を停止しなければならないなどの不利益が生じるとされている。

さらには、営業譲渡という方式を採ったとしても、個別の権利義務関係について承継のための手続が必要となることが実務上不便であるとされる。債権譲渡に関しては、Ｈ社から債務者への通知か債務者からの承諾が必要となる（民法四六七条）。債務引受については、Ｈ社が免責されるためには、債権者の承諾が必要となる。とりわけ金融機関にとって難問とされたのは、根抵当権の移転について、根抵当権設定者の個別的な同意が必要とされていることである（民法三九八条ノ一二第一項）。

このような問題がありながらも、株式交換・株式移転制度の導入前において、抜け殻方式は実際にも用いられた。さらに、平成一二年商法改正によって、会社分割制度が整備されたことが重要である。分社型（物的分割）の新設分割を利用すれば、包括承継を伴った形で、しかも検査役の選任の必要がなく、抜け殻方式を活用することができる。

第四節　株式交換・株式移転制度の導入

一　株式交換・株式移転とは

持株会社組織の創設のための手続の不備を補うため、平成一一年商法改正で、株式交換・株式移転制度が導入された。

株式交換とは、交換会社（Ｈ社）が被交換会社（Ａ社）の株式全部を、Ａ社株主の個々の同意を必要とせず、Ａ社の株主総会の特別決議で取得する取引である（商三五二条・三五三条一項四項・三四三条）（図５）。Ａ社の株主の個別的な同意が必要ではないことから、完全親子会社関係の創設にあたって、個々の株主の意思や都合に振り回されることはなくなった。Ａ社は株式交換取引の前後で、持株関係が変わるだけで、その資産には変更がないから、合併のような債権者保護手続も必要ではない。

株式交換によれば、いったんは持株会社となるＨ社を設立しなければならない。この手間を省いて、一気に完全親子会社関係を作り出そうとするものが、株式移転制度である（商法三六四条）（図６）。このような制度はわが国に固有のものであるが、このことからも、株式交換・株式移転制度の沿革的なねらいを見出すことができよう。

二　株式交換の手続

株式交換の手続は、債権者保護手続が不要であるほかは、ほぼ合併に準じたものとなっている。

株式交換をするためには、各当事会社において、株式交換契約書につき取締役会決議を経ることを要する（商法二六〇条二項参照）。両当事会社において株式交換契約書が締結されれば、それは各当事会社の株主総会の議に付されるが（商法三五三条一項）、この場合の決議要件は、特別決議である（商法三五三条四項・三四三条）。

【図５】株式交換

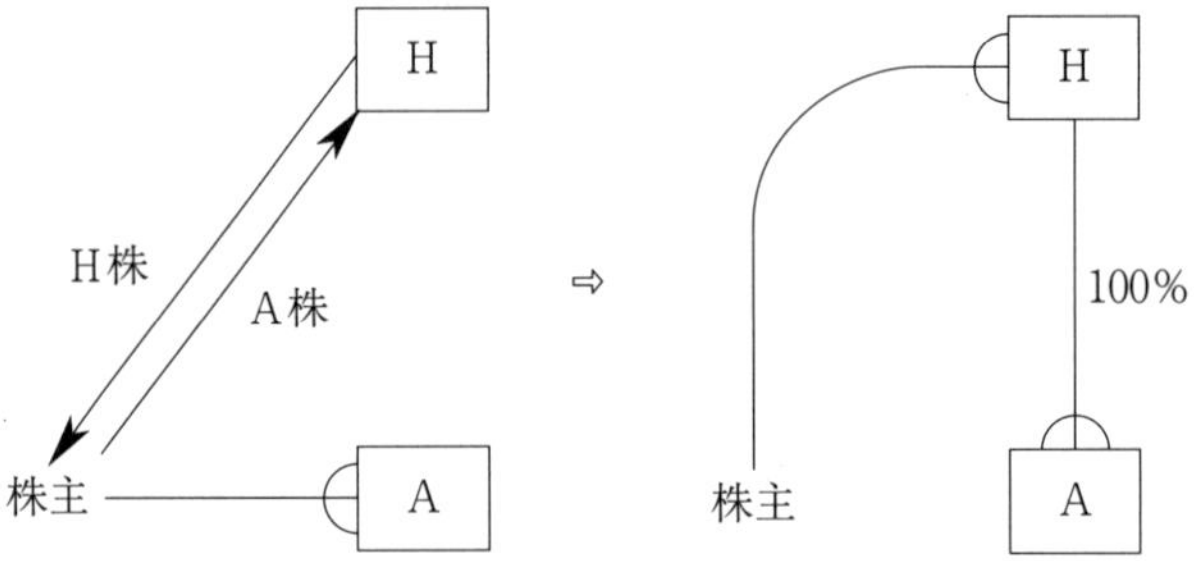

【図６】株式移転

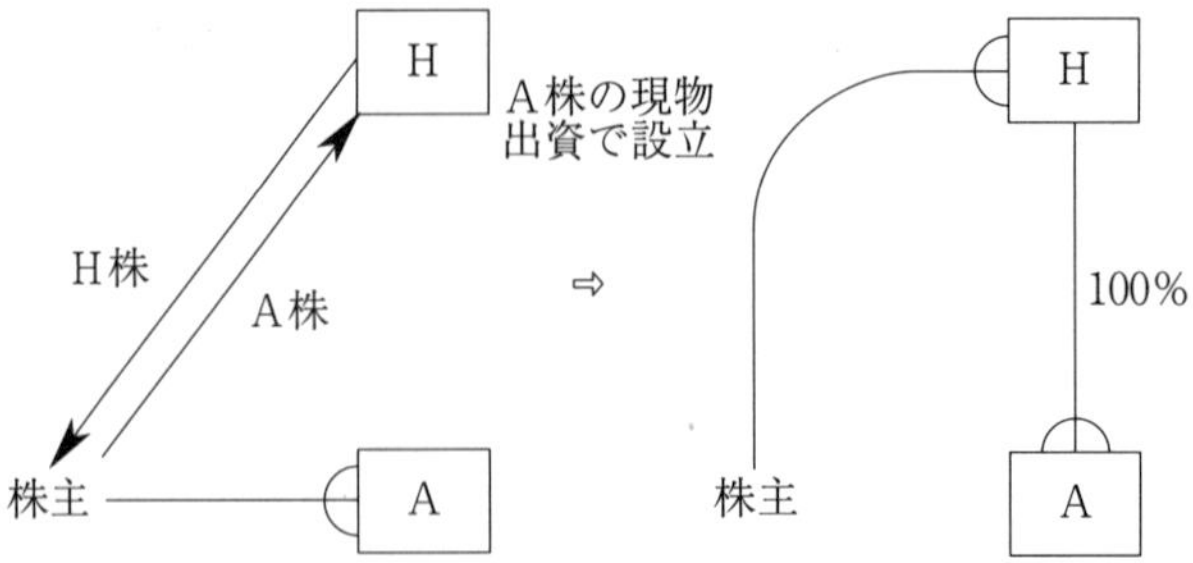

株式交換取引の情報開示についても、平成九年商法改正によってなされた合併における情報開示と同様の手当がなされている。① 株式交換説明書、② 株式交換比率説明書、③ 貸借対照表、④ 損益計算書が、株主総会の会日の二週間前から株式交換の日より六か月を経過するまで本店に備え置かれ、株主の閲覧または謄写に供される（商法三五四条。商法四〇八条ノ二参照）。また、株式交換の日から六か月は、株式交換説明書が本店に備え置かれ、株主はこれを閲覧または謄写を求めることができる（商法三六〇条。商法四一四条ノ二参照）。

株式交換の効力が発生するのは、株式交換契約書において定められた日においてである（商法三五三条一項六号）。この日から六か月間、各当事会社の株主、取締役、監査役または清算人は株式交換無効の訴えを提起することができる（商法三六三条）。

なお、株式交換についても、簡易合併と同様の要件の下で、交換会社の株主総会決議を省略する簡易株式交換制度が設けられている。すなわち、交換会社が株式交換に際して発行する新株の総数が、発行済株式総数の二〇分の一以下である場合には、交換会社の株主総会決議を省略することができる（商法三五八条一項本文）。ただし、株式交換交付金が交換会社の純資産額の五〇分の一を超えるときや、発行済株式総数の六分の一以上にあたる株式を有する株主が反対している場合には、株主総会を開催して、その承認を得ることが必要である（商法三五八条一項但書八項）。後者の例外が認められているのは、発行済株式総数の六分の一以上にあたる株式について反対票が投じられると、特別決議が成立しない可能性が存在するからである。簡易株式交換の場合でも、反対株主には、株式買取請求権が与えられる（商法三五八条五項〜七項）。

三　株式移転の手続

株式移転をなすには、会社は、取締役会決議を経て、株式移転計画が移転会社の株主総会の特別総会で承認されなければならない（商法三六五条三項・三五三条四項・三四三条）。株式譲渡制限の定めが新設会社に新たにおかれる場合には、特殊な決議が必要となる（商法三六五条二項）。株式移転に反対の株主には、株式買取請求権が与えられる（商法三七一条三項・三五五条）。

株式移転をなすべき時期（商法三六五条一項五号）は、株式交換の日とは異なり、効力が発生する日ではない。この日までに、株主は株券を提出して（商法三六八条）新設会社の株式の割当てを受け、反対株主からの株式買取（商法三七一条三項）も終わり、株式移転手続は事実上完了する。しかしながら、株式移転の効力が発生するのは、新設会社の設立登記の日であり（商法三七〇条）、この日に被移転会社の株主が新設会社の株主となる。

情報開示についても、株式交換と同様の措置が講じられている（商法三六六条・三七一条三項・三六〇条）。

四　株式交換・株式移転制度のねらい

株式交換・株式移転制度のねらいは、沿革からみると、持株会社組織の形成にあたって、従来の方式が有していた弱点を補い、それを円滑に行うことができるようにすることにある。株式移転制度の創設がまさにこれを端的に示している。

もっとも株式交換の目的はそれにとどまるものではない。企業結合の方法として、わが国では、合併や営業譲渡のように、資産を融合させる形での企業結合（資産融合型の企業結合）が制度上も発達し、実務上も活用されてきた。ところが、株式を取得する形での企業結合（株式取得型の企業結合）については、公開買付が一般的になりつつあるほかは、とくに制度が設けられてきた訳ではなかった。株式交換制度の導入は、株式取得型の企業結合に大きく資するものであって、従来の公開買付では困難であった対象会社株式の一〇〇％取得を可能とするものである。

このように、株式交換制度は、株式取得型の企業結合の有力な手法として、企業結合ないし企業買収で活用されるであろう。

五　会社分割制度との連携

株式交換や株式移転によって持株会社組織を形成しただけでは、企業戦略上、十分ではないことも多い。重複する事業を統廃合する必要が存在するからである。

このためには、平成一二年商法改正によって導入された会社分割制度の活用が期待される。すなわち、第一段階として、株式交換・株式移転によって企業を統合し、第二段階として、吸収分割によって、事業部門の統廃合を行うのである。

このように、平成一一年商法改正による株式交換・株式移転制度の導入と、平成一二年商法改正による会社分割制度の導入とは、連続して捉えられる面も存在する。

第五節　今後の課題

株式取得型の企業結合については、株式交換という手法だけではなく、公開買付の延長線上に、対象会社株式の一〇〇%取得という装置を用意しておくことが必要となるであろう。株式強制買取という手法であるが、対象会社株式の九〇%以上の提供を受けた場合に、買付者は、その残余の株式を強制的に取得できることとしておくのである。と同時に、親会社に九〇%の株式を保有されることになれば、子会社の少数株主は親会社に対して、株式の買取を請求することができるようにしておくことも必要であろう。

株式強制買取のひとつの利点は、買収の対価が株式に限られず、現金などであってもよいことである。少数株主を完全に排除したいと願う買付者にとっては、このような買収が望ましいかもしれない。あるいはまた、余剰の現金を多く抱えている会社（キャッシュ・カウという）が、手持ちの現金を効率的に活用するために、公開買付と株式強制買取を利用することを欲することもあろう。

　買収の対価として現金を用いるという文脈では、合併についての対価の種類についての争いに関して、立法的に決着をつけるべきである。伝統的な通説は、合併の対価は存続会社の株式に限られ、現金などを合併対価と利用することはできないとする。現金は、合併比率の調整のためのものと配当代わり金とにのみ、利用できるとするのである。これに対しては、現金を合併対価として利用しても構わないとする解釈論も有力になりつつある。

　筆者は、少数株主の締め出しに対する歯止めがない現状では、通説に与するものであるが、立法論的には、合併対価として現金を利用することも認められてよいと考える。情報開示の質を高め、中立的な評価人が合併比率を精査した上で、少数株主の多数が合併を望むのであれば、現金を用いた合併（交付金合併）も可能とすべきである。

第四章　株式交換・株式移転

第一節　序　　論

一　株式交換・株式移転とは何か

株式交換と株式移転は、企業組織再編の手法のうちで、完全親子会社関係を形成するためのものである。平成一一年の商法改正によって導入された。

株式交換は、複数の当事会社による契約であり、会社の一方が他方の発行済株式の総数を有する会社（完全親会社）となる取引である（商法三五二条一項）。完全子会社となる会社の株主が有する株式は、株式交換によって、完全親会社となる会社に移転する。完全子会社となる会社の株主は、その代わりに、完全親会社となる会社から新株の割当てまたは代用自己株式の移転を受け、完全親会社の株主となる（同条二項、三五六条）。完全子会社の株主と完全親会社との間で株式が交換されるから、株式交換と呼ばれる[1]。

他方、株式移転は、通常は単独の当事会社の行為であり、会社が完全親会社を設立するために行うものである（商法三六四条一項）[2]。完全子会社となる会社の株主が有する株式は、株式移転によって、完全親会社に移転する。その代わりに、完全子会社となる会社の株主は、完全親会社となる会社から新株の割当てを受け、完全親会社の株主となる

（同条二項）。

二　株式交換・株式移転の目的

完全親子会社関係を形成する法技術が必要とされたのは、平成九年の独占禁止法改正によって、純粋持株会社が解禁されたことを契機とする（平成九年改正前独禁法九条参照）[3]。

既存の会社が持株会社を作ろうとする場合に、最も洗練された手法の一つは、抜け殻方式である[4]。持株会社となるべき会社が、完全子会社を設立して、既存の営業の全部を完全子会社に譲渡する。

もっとも、抜け殻方式には実務上の障害が小さくない。第一に、営業について個別承継が生じるから、資産や債権債務関係の移転の手続が個別的に必要になり、手続が煩雑である。第二に、債務の承継について、持株会社を債務から切り離すために免責的債務引受をさせるならば、債権者の個別的な同意が必要となる。第三に、この方式では、通常、現物出資または財産引受の規制が適用されることになる（商法一六八条一項五号六号、一七三条）。検査役の調査が原則として必要となり、調査の終了時期が不確定であるなどの難点がある[5]。

このような問題を解決するのに、株式交換・株式移転という方法が導入された。既存の会社が完全子会社となり、持株会社の傘下に収まるという枠組みである。

株式交換は、持株会社組織の形成に役立つだけではなく、企業結合の手法としても活用が期待されている。株式を取得する形での企業結合として、対象会社の株式の全部を取得することが可能になるし、買収会社は買収資金を調達する必要がないなどの利点がある。

レコフの調べによれば、制度が導入された一九九九年には三〇件、二〇〇〇年には六九件、二〇〇一年には八八件、二〇〇二年上半期には六一件の株式交換が実施されており[6]、急速に普及している。グループ内再編に積極的に活用されているとされ、完全子会社化によって上場廃止になった企業も、合計で七三社にのぼっている。また、野村證券の調べによると、一九九九年には六件、二〇〇〇年には一一件、二〇〇一年には一九件の株式移転が実施されている(7)。

第二節　アメリカ法の歴史と現状

一　緒　論

株式交換は、アメリカで生まれた企業結合手法である。ドイツにも、「編入」と呼ばれる方法があり(8)、少数株主を排除して完全親子会社関係を創設することができるが、この方法は採用されなかった。株式移転は、株式交換の枠組みを基礎にするが、わが国に特有の制度である。ここでは、アメリカ法の歴史と現状を考察する(9)。

二　模範事業会社法の概要

現在の模範事業会社法（Model Business Corporation Act）によれば、株式会社間で行われるものに限ると(10)、株式交換（share exchange）とは、一方の会社が他の会社の株式の全部を取得する取引である（§11.03(a)(1)）。この点の大きな枠組みを、日本法は承継している。

株式交換を行うには、各当事会社の取締役会が株式交換計画を承認したうえで（§11.04(a)）、原則として、各当事会社の株主総会の議に付さなければならない（§11.04(b)）。ただし、買収会社については、株式交換に伴う株式発行によって、議決権の総数が二〇％を超えては増加しない（§6.20(f)）などの条件を満たせば、株主総会決議を省略することができる(11)（§11.04）。定款または取締役会決議で別段の定めがなければ、株主総会決議の定足数は、行使することができる議決権の過半数であり、賛成票が反対票を上回れば、株式交換が承認されたことになる（§11.04(e)）。

このほか、模範事業会社法の下では、発行済株式の全部を対象とせずに、特定の種類や組の株式のみを対象とすることが許されていて（§11.03(a)）、この点も日本法と異なる。最大の違いは、買収の対価は、買収会社の株式に限られておらず、株式以外の証券、現金その他の財産であっても許されている点である（§11.03(a)）。株式対株式の交換でなくても、株式交換である[12]。株式交換は、後で述べるように、合併対価の柔軟化の歴史の中で開発された手法であるから、株式交換においても、買収会社が対象会社の株主に支払う対価が柔軟に定められることは、自然であろう。

三　株式交換規定の歴史

(1)　模範事業会社法の一九七六年改正

アメリカで実際に株式交換が行われることは少ないが、株式交換規定は、大多数の州会社法で採用されている。模範事業会社法が一九七六年に株式交換を導入したことが契機となって、同様の動きが州会社法に広がった。現在までに、約四〇の州が株式交換規定を設けている[13]。

模範事業会社法が株式交換規定を導入する前から、少ないながら会社法に同様の規定を設けていた州もあったし、保険法や銀行法で株式交換手続を定めている州もあった。模範事業会社法の当初の規定は、バージニア州が一九七五年に導入した株式交換規定[14]をそのまま取り入れたものである。

(2)　株式交換規定の立法趣旨

模範事業会社法の公式注釈によれば、株式交換制度の趣旨は、対象会社を別法人のまま、その株式を取得して結合することを（株式取得型の企業結合[15]）、一段と簡潔な仕組みで実現することにある[16]。逆三角合併（reverse triangular merger）によっても、同じ結果が得られるが、迂遠な方法である。

逆三角合併においては、買収会社が完全子会社（殻会社）を設立し、この殻会社を対象会社に合併させる。買収する側の殻会社が消滅会社となり、買収される側の対象会社が存続会社になるために、逆方向の合併であるといわれる。この合併の準備として、殻会社に買収会社の株式を保有させておくのが通常であり、合併に際しては、この株式が対象会社の株式に割り当てられる。合併の対価が、当事会社の株式に限られておらず、親会社の株式でもかまわないことから、このような計画が可能となる[17]。

以上のような事情を踏まえると、株式交換制度は、合併対価の柔軟化の歴史[18]の中でこそ、的確に把握されるべきものである。

(3)　ニュージャージー州会社法の動き

模範事業会社法と連動するものとして、ニュージャージー州会社法の動きが注目される[19]。同州では、一九六七年に、対象会社の株式の全部を取得する手法を導入していた。模範事業会社法の株式交換規定の制定にあたっては、ニュージャージー州会社法もまた参照されている。

ニュージャージー州のこの規定は、現在でもなお、会社法に残されている[20]。会社は、一定の要件の下で、その株式と交換に、他の会社の株式（または特定の種類または組の株式）の全部を取得することができる。このためには、買収会社が対象会社の株主に対して株式買付申込を行い、この申込が一二〇日以内に九〇％以上の株式を有する株主（申込時に買収会社が有する株式を除いて計算する）によって受け入れられることが必要である。この条件が満たされれば、買収会社は提供されなかった株式を強制的に買い取ることができる。

内容から窺われるように、この規定の起源は、イギリス法やカナダ法における強制買取制度（compulsory acquisition）に求められる[21]。イギリスにおいては、強制買取に関する規定が、早くも一九二八年に導入されており[22]、数次の改正を経て、基本的な枠組みを維持しながら、現在では、おおよそ次のような仕組みになっている[23]。株式買付申込（takeover offer）の日から四か月以内に、対象会社株式の九〇％以上（申込時に買付者が保有していた株式を除く）の提供を受けた場合に、買付者はその時点から二か月以内に、残余株主に対して持株の買取りを行う旨の通知をすることができる。このような通知を行うと、買付者は残りの株式を買い取る権限を有し義務を負う。

以上のように、ニュージャージー州会社法は、イギリス型の強制買取制度を基本とするものである[24]。ところが、模範事業会社法は、一九六九年に合併対価の柔軟化を一段と進め、三角合併を可能とし[25]、さらには株式交換規定を導入した。この動きが州会社法に広がるようになると、独自の存在意義が失われる。というのも、同じように対象会社の株式の全部を取得するためには、株式交換を利用する方が、承認を得るべき株主の数が少なくてすむからである。

このような状況にあって、ニュージャージー州も、一九八八年になって、模範事業会社法と同様の株式交換規定を導入するに至った(26)。従来の規定は、もはや存在価値をなくしたと考えられるが、なお残されている。

四　アメリカにおける株式交換規定の位置づけ

以上でみた歴史的な経緯をも踏まえると、株式交換規定が、合併対価の柔軟化の流れの中で生み出されたものであり、その構成は合併に準じて組み立てられているとみることができよう。対象会社の株式の移転についてみると、個々の株主の意思決定によって行われるのではなく、対象会社の行為として、多数決によって決せられる。このような基礎的な変更について、多数決によって反対の少数株主を拘束できるかは、まさに多数決の限界の問題である(27)。

第三節　銀行持株会社創設特例法上の三角合併

一　日本式の三角合併

持株会社の創設という目的に向けて、平成九年には、早くも対応がなされた。銀行持株会社創設特例法（以下「特例法」という）が制定され、日本式の三角合併が可能となった(28)。

三つの会社が当事会社となるので三角合併と呼ばれているが、合併の対価として親会社の株式を交付するわけではない。合併の対価としては消滅会社の株式を割り当てたことにして、その株式を強制的に存続会社の親会社に現物出資させるという手法がとられた。

二　特例法の仕組み

特例法は、銀行持株会社創設のために限って、商法の合併手続等に対する特例を認めたものである。ある金融機関（消滅金融機関）が、銀行持株会社を創設して、銀行持株会社の完全子会社となるためには、次の段取りを踏むことになる（特例法三条）。

① 消滅金融機関は、その完全子会社として、銀行持株会社を設立する。
② 銀行持株会社は、別の金融機関（存続金融機関）を完全子会社として設立する。
③ 消滅金融機関を存続金融機関に吸収合併させる。消滅金融機関の株主は、通常の合併と同様に、存続金融機関の株式を合併対価として割り当てられる。しかし、合併契約書に合併の条件として記載しておけば、割り当てられた存続金融機関の株式は、消滅金融機関の旧株主の手に渡ることなく（特例法七条一項）、現物出資の目的として、銀行持株会社に給付される。銀行持株会社は、消滅金融機関の旧株主に対して、新株を発行する。

以上のようにして、消滅金融機関の旧株主は、銀行持株会社の株主となり、銀行持株会社の傘下には、元と同じ内容の会社が完全子会社として残る。全体としてみれば、合併に際して、消滅金融機関の株主に対して、存続金融機関の親会社の株式が交付される取引である。

消滅金融機関においては、株主総会の決議が必要となる。制定当初は、特別決議では足りずに、発行済株式総数の三分の二以上にあたる多数をもって行うこととされていた（平成一一年改正前特例法五条一項）。消滅金融機関の株主から受け取るべき株式を、強制的に現物出資させることになるので、これを特例として行うために、普通の合併決議よりも要件を重くした。(29)もっとも、株式交換制度を導入する平成一一年商法改正に伴い、要件が特別決議に引き下げられている。

特例法上の三角合併は、現物出資という構成がとられているが、一定の要件を満たした場合に、検査役の調査の免除を認めている（特例法一〇条一項）[30]。

三　特例法の果たした役割

(1)　特例法のウソ

苦心の作の特例法であったが、実際には、使われることはなかった。平成一一年には商法に株式交換・株式移転が導入されたから、今後も使われることはないであろう。というのも、子会社を二段階に設立しなければならないなど迂遠な方法であるし、所期の目的は株式移転によって完全に達成されるからである。

特例法に対しては、法案の段階から、合併新株を消滅金融機関の株主に渡したことにしながら、実際には渡さないで、現物出資の目的として給付してしまう点など、ウソを三度ぐらいつかなければならないのか、疑問が提示されていた[31]。むしろ、商法の合併規定について、合併の対価として渡せるものを改正するのが正道であると主張されていた[32]。

このような建設的な批判にも示されているように、株式交換に関する規定の導入への道筋は、アメリカとわが国とで異なっている。アメリカにおいては、合併対価の柔軟化の歴史の中で、親会社株式を合併の対価として用いることができるという法制度を前提に、株式交換が組み立てられた[33]。わが国では、そのような前提をもたないまま、銀行持株会社創設特例法を梃子にして、株式交換・株式移転が導入された。

(2)　株式交換・株式移転の法律構成

この差異が、株式交換・株式移転の法律構成を組み立てる際に影響を与えていたことが、興味深い。平成一〇年七月八日に法務省民事局参事官室が公表した「親子会社法制等に関する問題点」によれば[34]、株式交換は、「一方の会社が有する当該会社の株式の全部の現物出資により他方の会社が新株を発行する手続」であると表現されている（第一編第一章二）[35]。ところが、各界から、現物出資と新株発行と分析的に構成するのではなく、株式交換が完全親子会社関係の形成を目的とする制度であることに着目し、合併と類似の企業結合制度と構成すべきであるとの意見が多数寄せられた(36)。

その結果、平成一一年一月二七日法制審議会商法部会決定の「商法等の一部を改正する法律案要綱案」では、「株式交換によって完全子会社となる会社の株主を有するその会社の株式は…株式交換により完全親会社となる会社に移転し、その完全子会社となる会社の株主は、その完全親会社となる会社が株式交換に際して発行する新株の割当てを受けることにより…その会社の株主となる」取引であると表現が改められた（一の1の（一）の1）(37)。つまり、株式交換は、現物出資として構成されるのではなく、合併に類似する行為として構成されている。このことは、完全親会社となる会社の株主総会決議が必要であること（商法三五三条一項、五項）、検査役の調査が必要とされていないことなどにも示されている(38)。

(3)　株式交換・株式移転の導入へ

以上の変遷にも表れているように、特例法の果たした役割は次のように整理することができよう。

第一に、何よりも、株式交換制度の導入への橋渡しとなった(39)。わが国では、合併対価として当事会社の親会社株式を認めてきていない。後発の利として、三角合併の段階をスキップすることが重要であったと思われる(40)。株式交換・株式移転制度が導入されるうえで、特例法は大きな推進力になったであろう。

第二に、同じ結果にたどり着くにしても、特例法が現物出資という構成をとらざるをえなかったために、商法改正においても、株式交換の完成形に至るまでに、回り道をすることになった。マイナスの効果のようにもみえるが、株式交換の内実が賛成しない株主からも持株も収容することにあることを明らかにして、慎重な議論を可能としたであろう。適度なブレーキがかかった形での推進力であった。

第三に、特例法が存在したからこそ、株式移転というわが国に固有の方式が編み出されたのかもしれない。特例法を反面教師としてみるならば、完全親子会社関係の形成にあたって、会社設立という準備行為をすることは不便であることが分かる。他方で、頭上に持株会社を新しく設立するという目的が、明確に示されたという効用もあったろう。

第四節　株式移転・株式交換の手続

株式交換・株式移転の手続は、合併に準じて構成されている。ここでは、要点のみを、簡単にみておくことにしよう。

一　緒　論

二　株式交換の手続

(1)　株主総会の承認

株式交換を行うためには、おのおのの当事会社において、株式交換契約書を作成することが必要である（商法三五三条一項、二項）。株式交換契約書は、原則として、株主総会の特別決議によって承認されなければならない（同条一項、五項）。株式譲渡制限が新たに課される場合には、特殊な決議が必要となる（同条六項）。完全親会社の側でも株主総会決議が必要とされるのは、合併に準じた取引として構成されたからである。もっとも、完全親会社の既存の株主に与える影響の点で、合併とどのように類似するのか、さらに明らかにされる必要があろう[41]。

ただし、簡易株式交換の要件を満たせば（商法三五八条）、完全親会社となる会社の側では、取締役会決議のみで足りるし、さらに委員会等設置会社においては、取締役会の決議によって、簡易株式交換の決定を執行役に委任することもできる（平成一四年改正商法特例法二一条の七第三項一八号）。簡易株式交換と認められるためには、株式交換に際して発行する新株の総数が発行済株式総数の二〇分の一以内であり、株式交換交付金の金額が純資産額の五〇分の一以内であることが必要である。ただし、完全親会社となる会社の総株主の議決権の六分の一以上を有する株主が反対の意思を通知したときは、株主総会決議を省略することができない[42]。

株式交換契約書において、当事会社の株主に最も利害が関わるのは、株式交換比率である（商法三五三条二項二号、三五四条一項二号）。すなわち、完全子会社の株式と完全親会社の株式との交換の比率である。公正な株式交換比率の決定は、株式交換の手続の中で、最も重要な点であろう。(43) 独立当事者取引であれば、私的自治が支配する範囲が大きくなるが、子会社との株式交換の場合などでは、公正な比率で定まっているかが慎重に問われる（同法二四七条一項三号、二六三条参照）。(44) 立法論としては、専門家の調査を導入すべきである。(45) 比率の調整のためには、株式交換交付金を用いることができる（同法三五三条二項四号）。

株式交換に反対する株主には、株式買取請求権が認められている（商法三五五条、三五八条五項六項七項・三七一条二項）。

(2)　債権者保護手続は不要

前記以外の手続についても、合併の場合とほぼ同様である。ただし、以下の諸点では、株式交換の内実がよく表れている。最も特徴的なのは、株式交換においては、債権者保護手続が予定されていないことである。株式交換では、株式の移転だけが生じ、当事会社の資産の内容は、基本的に変化しないからである。事前開示（商法三五四条）や事後開示（同法三六〇条）に関しても、合併の場合と異なり、閲覧・謄写を請求できるのは株主に限られており、会社債権者には認められていない。

(3)　株券提出手続

株式交換においては、完全子会社となるべき会社が別会社として存続するから、株式交換前の株券が出回らないような措置を講じる必要がある。(46) 会社は株券を提出すべき旨を公告および通知しなければならず、株券提出期間内が過ぎると、求めに応じて提出された株券かどうかを問わず、すべての株券が無効になる（商法三五九条一項。商業登記法八九条の二第七号参照）。(47) 他方で、完全子会社となる会社の株主が有する株式は、株式交換によって、完全親会社となる会社に「移転」するという表現がとられているが（商法三五二条二項）、(48) 株券の全部を無効にすることと矛盾しない。

(4)　新株予約権の取扱い

完全子会社となるべき会社が新株予約権を発行している場合に、何ら手当てをしないと、株式交換に際して不都合が生じる[49]。つまり、会社としても、新株予約権が行使されると一〇〇％の持株関係が崩れるという不都合が生じるし、新株予約権者としても、流通しない完全子会社株式を受け取って換価が困難になる。そこで、新株予約権の発行条件に定めを置いて、株式交換または株式移転の際に適切な条項を盛り込めば、完全親会社が新株予約権を承継することができる（商法三五二条三項・三五三条二項四号ノ二）。

(5)　効力の発生

株式交換の場合には、効力の発生が登記に結び付けられていない。株式交換契約書においては、株式交換の日が記載され（商法三五三条二項六号）、この日に取引が事実上完了するとともに、株式交換の効力が生じる。

(6)　完全親会社の資本の部

株式交換契約書においては、完全親会社となる会社が増加すべき資本の額と資本準備金に関する事項が定められなければならない（商法三五三条二項三号）。

増加すべき資本の額は、上限についてのみ商法で制限されている（商法三五七条）[50]。増加資本の上限は、株式交換の日において完全子会社となる会社に現存する純資産額に、発行済株式総数に対する株式交換により完全親会社となる会社に移転する株式の数の割合を乗じた額から、①株式交換交付金の額と②代用自己株式（同法三五六条）の簿価を控除した額である。完全親会社が受け入れるのは完全子会社の株式であるところ、株式交換により移転する株式を、純資産帳簿価額によって評価したものとして取り扱う（一種の持分プーリング方式）[51]。

完全子会社の純資産額の算定にあたっては、株式交換に際して、資産の評価替えをすることが認められる[52]。さらに、完全親会社の貸借対照表上、完全子会社株式を、暖簾を勘案した価額で評価することもできよう[53]。

増加資本の上限額が資本の増加額を超える場合に、株式交換差益は、全額が資本準備金となる（商法二八八条ノ二第一項二号）。剰余金の引継ぎを認めると、完全親会社と完全子会社の両方で二重に剰余金が計上されるから、これは許されないと考えられた。(54) 合併や会社の分割とは異なり、会社間の財産等の移転のない株式交換において、完全子会社から完全親会社に留保利益が移転することを理論的に説明することは困難であるともされる。(55)

三　株式移転の手続

株式移転をするためには、取締役会において株式移転計画書を作成し、これを議案として、株主総会の特別決議による承認を受ける必要がある（商法三六五条一項、三項、三五三条五項）。完全親会社で新たに株式譲渡制限がなされる場合には、特殊な決議が必要となる（同法三六五条二項）。(56) 株式移転の決議では、会社が共同して株式移転によって完全親会社を設立するときは、その点につき承認を得なければならない（商法三六五条一項八号）。この規定がなくても、共同株式移転は当然に可能であるから、注意規定にすぎない。(57)

株式交換と同様に、株式移転においては株式の移動があるだけであるから、債権者保護手続は予定されていない。株主のために、事前と事後の情報開示がなされる（商法三六六条、三七一条二項、三六〇条）。株式移転においても、株券提出手続が必要となる（同法三六八条）。株式移転は、設立した完全親会社が設立の登記をすることによって、効力が生じる（同法三七〇条）。

設立する完全親会社の資本は、株式移転の日において完全子会社となる会社に現存する純資産額から、株主に支払をなすべき金額を控除した額を超えることができない（商法三六七条）。完全親会社の資本の部は、資本と資本準備金のみになるから、初年度の配当財源に困る。この点は、①株式移転の翌日が中間配当の基準日になるようにして、完全子会社から完全親会社に中間配当を支払う、②株式交換の後に、子会社株式を有償消却する、③完全親会社の法定準備金を原資とする分配を行うといった方法で対応することができる。(58) 将来的には連結ベースでの配当規制によ

り、完全親会社の配当可能限度額が決定されることになろう。(59)

第五節　株式交換・株式移転の現代的課題

一　債務超過会社が完全子会社となる株式交換・株式移転

債務超過会社が完全子会社となる株式交換ができるか。ここでいう債務超過とは、資産を評価替えし、暖簾を計上してもなお負債額が資産額を上回り、純資産がマイナスである場合をいう。通説的な見解によれば、このような株式交換は許されない。(60)

合併の場合に、債務超過会社を消滅会社とする合併は許されない。存続会社においてマイナスの出資に対して株式を割り当てることになり、資本充実の原則に反するからである。(61)この通説的な見解は、株式交換についても同様に考えるべきことを示唆する。

しかしながら、株式交換の場合に完全親会社が受け入れるものは、完全子会社そのものではなくて、完全子会社の株式である。(62)株主は有限責任の利益を享受するから、完全子会社の破綻が確実でない限りは、株式の価値はプラスである。(63)株式の価値をオプションとして考えると、オプションの行使期間内に会社の価値がプラスになる可能性がわずかでもあれば、このオプションはプラスの価値を有する。したがって、一般に考えられているところとは異なるが、債務超過会社を完全子会社とする株式交換も適法であると考える。(64)

実務的にも多くの公開会社が多数の子会社を有しているが、債務超過会社をも含めて完全子会社化することによって、戦略的なグループ経営が可能となる。(65)子会社に少数株主がいると、この少数株主と親会社との利益の衝突が懸案の事項となってしまうが、株式交換を行えば、この障害を取り除くことができる。また、連結納税制度の適用範囲が一〇〇％の持株関係の会社に限られている現状では、課税面での効果も大きいであろう。

二　クロスボーダー株式交換

クロスボーダー株式交換（国際的株式交換）が認められるか。例えば、株式交換によって、外国の会社が完全親会社となり、日本の会社を完全子会社にすることができるか。

伝統的な発想からは、商法三五二条一項にいう「会社」には外国会社は含まれないことから、クロスボーダー株式交換は許されない(66)。このような見解に対しては、実務の要請に応えたものではないとの批判もある(67)。ところが、比較的最近になって、国際私法上のいわゆる配分的適用の問題であると整理されるようになった(68)。当該外国会社が日本法上の株式会社に相当するものであり、かつ、当該外国会社の準拠法がその行為を認めるならば、可能と解するべきであるとする(69)。

配分的適用の問題であると考える場合には、適用すべき実質的な法規範が何かを具体化する必要がある。内国会社が対象会社となる場合に、外国会社の株式の換金性を疑問とするなら、完全親会社が譲渡制限会社であるときに準じて、株主総会では特殊決議による承認を要求すべきことになろう（商法三五三条六項）(70)。カナダやアメリカでは、法域の移転（カリフォルニア州の会社がデラウエア州の会社になるなど）の手続が明確に定められている(71)。国内の株主および債権者の保護は、そのような準則を参考にして規律されるべきであろう。

なお、外国会社が完全親会社になる場合に、その設立準拠法で株式交換規定が設けられている必要があるか。完全親会社における取引の実体は、完全子会社の株式を現物出資とする新株発行にほかならないから、これが禁止されていない限りは、クロスボーダー株式交換も可能であろう。ニューヨーク州会社法は、州内会社と州外会社との株式交換につき、州外会社が対象会社となる場合には、その設立準拠法が株式交換を許容しているときにのみ株式交換ができると規定している(72)。この裏返しとして、買収会社（完全親会社となる会社）の側では、株式交換規定がなくてもかまわないと考えられているようである。

三　株式交換の対価の柔軟化

(1)　問題の所在

株式交換の対価として、完全親会社となる会社が完全子会社となる会社の株主に対して、完全親会社の株式をまったく支払わず（株式交換比率の比率の調整に必要な限度を超えて）、現金のみを交付してもよいか。

これを認めれば、完全親会社で現金の大量の流出が生じるにもかかわらず、債権者保護手続が設けられていないことになる。そこで、合併の対価として現金の利用を認める論者も、株式交換においては現金の交付が認められないとする。(73) もっとも、株式が対価として入ってきているから、単純な売買と何が違うのかを明らかにする必要がある。現金の流出に対する規制がない点では、営業の全部の譲受けについても同様であり、統一的な法制度の整備が期待される。

株式交換の対価として現金を用いることを認めるならば、多数決による少数株主の締め出し（freeze-out; squeeze-out）を許すことにもつながる。(74) もっとも、現在でも、ジャパニーズ・スクイーズ・アウトと称される方式が開発されている。(75) 株式交換や株式移転で対象会社の完全親会社を作り、その親会社から対象会社の株式全部を譲り受けた後に、親会社を清算するという方法である。とはいえ、一連の取引の全体を見て、少数株主にとって不公正なスキームであれば、第一段階の株式交換や株式移転は無効であるとして争う余地があろう。(76)

(2)　交付金合併に関する議論

少数株主の締め出しについては、交付金合併（cash merger; cash-out merger）が認められるかという形で、合併の対価の種類について議論が深められてきた。(77) 伝統的な通説によれば、合併対価は株式に限られ、交付金合併は認められない。(78) これに対して、近時は、比較法的考察、(79) 実務の必要性、商法の文言や沿革などに照らしても、交付金合併は解釈論上も許容されるとの見解が有力になってきている。(80) 少数株主を排除する目的で行われる懸念についても、制度の濫用の危険性が交付金合併をおよそ認めない理由となるべきではなく、特別利害関係人の議決権行使による著しく不公正な決議として（商法二四七条一項三号）、合併承認決議の瑕疵を理由に、合併無効によって少数株主を救済すればよいとされる[81]。

しかしながら、第一に、合併無効の訴えが効果的な濫用防止策となるか大いに疑問である。①事後的な救済策に過ぎず、それゆえに、②原状回復（会社の分割）が困難であるから、③裁判所は決断をしづらいのではないか。新株発行無効の訴えにしても、最高裁は、著しく不公正な新株発行を無効原因とはせずに[82]、事前の救済策に重点を置いている[83]。衡平法（equity）の伝統を有しないわが国の裁判所ではなおさら、適法に交付金合併を行うための明確な基準を、すみやかに定立することが期待できない。第二に、実務にとっても、将来に争訟が生じることを覚悟して、交付金合併を行うことには躊躇があろう。当事会社としても、法律において明確な運用基準が示され、所定の手続を踏めば効力が覆ることがない保証があることを好むのではないか。

(3)　少数株主の締め出しに対する法規制

以上の観点からは、法律によって明確な基準を提示することが、少数株主と多数株主の双方にとって、望ましいと考えられる。このような立場にとって参考になるのは、カナダ法上のゴーイング・プライベート取引（going private transaction）に対する法規制である[84]。カナダにおいては、合併、資産譲渡、株式併合などの形態を問わず、少数株主を締め出すことになる取引が統一的に規制されている。

具体的な基準については、カナダのオンタリオ州の証券取引規制が参考になる[85]。基本は次の三つの柱であり、ゴーイング・プライベート取引の定義を明確にしたうえで、それに該当すると、①取引についての質の高い情報開示、②独立した評価人による評価、および、③少数派（取引に利害関係がない者）の多数の賛成が求められる。

少数派の多数が賛成する取引であれば（③）、その集団において会社を解散するのと同様の判断がなされたとみることもできるから、個々の投資家が有する株式の評価が清算されるのも、やむをえない[86]。この決定が十分な情報の下で行われるために、質の高い情報開示（①）と独立した評価人による評価（②）が必要である。わが国でも、このような基準を法規範で明確にしたうえで、少数株主の締め出しを可能とすべきである。このような基準が確立できたなら、株式交換についても、現金を対価とすることが認められてよかろう。[87]

なお、政府は、平成一七年商法改正に向けて、会社法の現代化のための検討に着手し、交付金合併や三角合併の解禁も検討項目として浮上していると報じられているところであり、本章における分析や提言が参考とされることを期待したい。[88]

(4)　強制買取制度の導入

前述のように、ニュージャージー州では、模範事業会社法が株式交換規定を導入する前から、イギリス法やカナダ法の強制買取制度を基礎とする一種の株式交換規定が制定されていた。ところが、すでに述べたように、合併対価が柔軟化されていき、また、一般的な形の株式交換規定を導入したことから、強制買取制度を基礎とする規定は、実際上の意味を失った。

このようなニュージャージー州の経験にもかかわらず、わが国では、イギリス法やカナダ法に倣った株式強制買取制度を導入すべきである。[89]第一に、株式交換において現金を対価とすることを認めないとする立場を商法が今後も維持するならば、現金を対価とした対象会社の株式全部の買収を認める必要性があり、このような実務の要請に応えることに、法論理上の支えを見出すことができるからである。[90]第二に、株式交換による少数株主の締め出しを認めるとしても、前述のような厳格な手続の下でのみ許容すべきと考えられるが、株式強制買取制度ならば、このような厳しい手続規制を踏まずに用いることを認めてよいからである。[91]

実務からも、株式強制買取制度の導入の要望が出されており[92]、可及的速やかに商法がこれに応えるべきであると考える。

四　完全子会社となる会社に関する代表訴訟の帰趨

完全子会社となる会社の株主が、同社の取締役や監査役に対して代表訴訟を提起した後に、株式交換・株式移転が行われると、係属中の代表訴訟はどのような運命をたどるか。株式移転・株式交換の後には、完全子会社の旧株主は、代表訴訟の前提となる株主たる地位を失う。

この点、原告株主は当事者適格を欠くことになるから、代表訴訟は却下されざるをえないとする見解がある[93]。この見解を採用した裁判例もある[94]。

しかしながら、現在では、株式交換・株式移転によっても、原告株主の原告適格は失われないと考えるのが一般的であり[95]、妥当である。

五　簡易株式交換の要件緩和と新株発行規制

すでに述べたように、アメリカにおいても、わが国においても簡易株式交換に相当する規定が設けられている。模範事業会社法においては、買収会社については、株式交換に伴う株式発行によって、議決権の総数が二〇％を超えて増加しない場合には（§6.20(f)）、株主総会決議を省略する余地がある（§11.04(g)）。わが国では、発行済株式総数の五％以内の新株発行の場合にのみ簡易株式交換を認めているから、模範事業会社法との比較においては、要件が厳しくなっている。

州会社法では、何らの制限を設けずに、買収会社の株主総会の決議の省略を認める例も多い。ニューヨーク事業会社法も、そのような規定になっている[96]。ただし、ニューヨーク証券取引所に上場している会社は、株式交換を含む企業組織再編において、普通株式の個数または議決権数が二〇％以上増加することになる場合に、原則として、株主総会決議を経なければならない[97]。

簡易な株式交換を認めてよいかの政策判断は、完全親会社となる会社の株主に与える影響が、株主総会で決定を必要とするほど大きいかによって決まる[98]。株式交換に際して完全親会社となる会社は、完全子会社となる会社の株式を受け取り、その対価として完全子会社となる会社の株主に対して新株を発行する。完全親会社となる会社が受け入れるものは、株式であるからマイナスの価値であることはない（商法二〇〇条一項）。この点のみでは、受入対象がマイナスとなる可能性がある合併、会社分割または営業譲受けとは異なり、株主への影響は相対的に小さい場合が多いであろう。しかしながら、株式交換によって結合企業が形成されるから、その後の経営に与える影響が大きい。この面を強調するならば、他の企業組織再編（受入側）と同様の規律に服させるべきことになろう。

対価として社外に流出するものは新株または代用自己株式であり、資産の部からの流出は、現存純資産の二％以内の株式交換交付金がありうるのみである。既存の株主の持分を希釈させるという点では、株主割当によらない新株の発行と同様の効果が生じる。ニューヨーク証券取引所の規則では、現金による公募の場合などを除いて、新株発行一般に、先ほどの二〇％基準が採用されている。

以上の比較からは、第一に、簡易株式交換の要件を、現在の五％から二〇％程度にまで緩和をすることも合理的であり、実務的にも機動的な企業組織再編を可能とするから、望ましい法改正となろう。他の企業組織再編の手法についても、営業等を受け入れて新株を発行する側の会社には、同様に考えることができよう[99]。第二に、他面において、新株発行の規制を現行法よりも厳格にする必要があると考える。発行済株式総数の二〇％を超える第三者割当には、たとえ公正な発行価額でなされようが、株主総会の決議を必要とすべきである[100]。以上のように、新株発行の各場面において整合的な規制がなされるべきであると考えられるし、しかも、その規制は理解が容易なものでなければならないであろう[101]。

この点、平成一三年四月一八日に法務省民事局参事官室から公表された「商法等の一部を改正する法律案要綱中間試案[102]」では、①株主以外の者に対して、発行済株式の総数の一定の比率（例えば、五分の一）を超える新株を発行するときは、株主総会の特別決議がなければならないものとするとされ（第一の二の２）、② 簡易合併、簡易株式交換等の要件の見直しについても、これとあわせて、なお検討するとされていた（第一の二の注２）。ところが、平成一三年九月五日に法制審議会総会で決定された「商法等の一部を改正する法律案要綱」[103]では、これらの試案の内容は盛り込まれておらず、平成一四年五月の商法改正でも実現されなかった。

この理由は、「企業の資金調達や事業再編の機動性を著しく損ない、窮境に陥った会社の再建ができなくなる事態が生ずるおそれがあることを理由とする消極意見が強かったため、見送ることとされた」[104]という。さらなる検討と説得の論理が必要であろう[105]。

第六節　結　語

株式交換・株式移転制度が導入され、活用されていることは喜ばしい。しかしながら、本章で述べたような課題が、今なお残されている。また、導入時に株主権の縮減が大きく危惧されたが、結合企業法制について、立法と解釈による整備が必要である。株式交換・株式移転そのものは、相当に完成度が高い制度であるが、これに安住することなく、より大きな視野から制度の位置づけを検討していくことが必要であろう。

（１）　株式交換という用語が用いられることになった理由については、神田秀樹ほか『持株会社の理論と実務』（別冊商事二三一号）六頁〔原田晃治発言〕（商事法務研究会、二〇〇〇年）が興味深い。平成九年独占禁止法改正の際の附帯決議において、すでに株式交換という言葉が用いられていたことや（衆議院商工委員会平成九年五月一四日、参議院商工委員会平成九年六月一〇日）、商法学者の間で講学上の概念として定着していたという事情があげられている。

（２）　株式移転という用語が選ばれたのは、① 株式交換が講学上の用語として定着しており、これと類似の用語を用いるのが適当と考えられたこと、② 会社が単独で行う行為の効果の本質的な部分は、既存の会社から設立する会社への株式の移転であると考えられたこと、③ 株式移転の本質から、現物出資による会社の設立を表すような用語は避けるのが適当であったことなどの事情があったからである。原田晃治「株式交換等に係る平成一一年改正商法の解説〔中〕」商事一五三七号五頁以下（一九九九年）。

（3）詳しい立法の経緯については、原田晃治「株式交換等に係る平成一一年改正商法の解説〔上〕」商事一五三六号五頁以下（一九九九年）を参照。

（4）従来からの方法については、通商産業省産業政策局産業組織課編『持株会社をめぐる商法上の諸問題――株式交換制度の創設に向けて』（別冊商事二〇六号）一六頁以下（商事法務研究会、一九九八年）、原田・前掲注（3）論文一〇頁、中東正文「株式交換・株式移転制度の目的」法教二四三号一六頁以下（二〇〇〇年）などを参照。

（5）平成一四年改正商法の下では、弁護士等から相当であることについて証明を受けた場合には、検査役の選任は免除される（商法一七三条二項三号）。

（6）「データを読む／株式交換」MARR九三号〔統計とデータ〕二頁以下（二〇〇二年）。アクセスの容易な情報源として、日本経済新聞社の「NIKKEI@IR」がある（http://ir.nikkei.co.jp）。

（7）小塚隆史＝坂本裕「最近のM＆A動向（一）制度改正にみる企業再編の潮流」M&A Review 一六六号一二頁（二〇〇二年）。

（8）編入制度について詳しくは、神作裕之「株式交換・編入・会社分割」岩原紳作＝神田秀樹編『商事法の展望』二七九頁以下（商事法務研究会、一九九八年）。同論文は、株式交換制度の導入を批判的かつ建設的に検討するものであり、以後の企業組織再編法制の将来をも見通した優れた文献である。

（9）詳しくは、中東正文『企業結合・企業統治・企業金融』一八二頁以下（信山社、一九九九年）（初出は、「アメリカ法上の三角合併と株式交換」中京法学二八巻二号一頁（一九九四年））。以下の叙述についても、本書を参照されたい。

（10）一九九九年の改正によって、会社以外の組織体（entity）が株式交換の当事者となることができることとされた（§11.03(a)(2)）。ここでいう組織体は、いかなる組織や法人をも意味し、例えば、パートナーシップ、有限責任会社（limited liability companies）、ビジネス・トラストなども含まれる（11.01(d)）。この前提には、株式交換の対価が完全親会社となる会社（買収会社）の株式に限られてこなかったという事情がある（§11.03(c)(3)）。

（11）わが国の簡易株式交換に相当する規定であるとみることもできよう。

（12）　他方で、株式を対価とする公開買付なども、株式対株式の交換であり、株式交換申込（share exchange offer）などと表現されているので、注意が必要である。株式交換規定による場合には、対象会社の株主は多数決によって全員が株式を提供することになるから、強制的株式交換（compulsory share exchange）と表現して区別することがある。川浜昇「株式交換制度の創設とその問題点」ひろば五一巻一一号五頁（一九九八年）参照。

（13）　3 Model Business Corporation Act Annotated §11.03 Statutory Comparison（1998/99 Supplement）. 各州会社法の類型については、同書を参照されたい。多くの州会社法は、一九八四年模範事業会社法か、改訂前の一九五〇年模範事業会社法の一九七六年改正にならった規定を設けている。カリフォルニア州は、① 組織再編（reorganization）の一類型としての交換組織再編（exchange reorganization）と、② 組織再編以外の株式交換公開買付（share exchange tender offer）について定めを置いているが、多数決による強制的株式交換を認めたものではない（Cal Corp. Code §181(b), 183. 5, 1201, etc.（2002））。また、デラウエア州は、現在でも、株式交換規定を有しない。

（14）　現行規定は、Va. Code Ann. §13. 1-717（2002）.

（15）　中東・前掲注（9）三九七頁以下（初出は、「株式取得型の企業結合——より柔軟な企業結合手法の導入に向けて」名古屋大学法政論集一六六号一二五頁（一九九七年））を参照。

（16）　3 Model Business Corporation Act Annotated §11. 03 Official Comment 1（1998/99 Supplement）.

（17）　さらには、わが国においてとは異なり、子会社による親会社株式の保有が禁止されておらず、しかも、合併では、存続会社の株式もが転換の対象とできることから、このような手法が可能となる。

（18）　アメリカにおける合併対価の柔軟化の歴史については、Elliott J. Weiss, The Law of Take Out Mergers: A Historical Perspective, 56 N. Y. U. L. Rev. 624（1981）を参照。邦語文献では、柴田和史「合併法理の再構成（三）（四）（五）」法協一〇五巻四号四七〇頁以下、一〇五巻七号八九九頁以下（一九八八年）、一〇六巻一一号二〇〇一頁以下（一九八九年）が詳しい。中東・前掲注（9）一一頁以下（初出は、「アメリカにおける締め出し合併とテイクオーバー（一）」名古屋大学法政論集一三七号六九頁（一九九一年））も参照。また、三角合併に関する優れた研究として、岸田雅雄「企業結合における公正の確保（二）——アメリカ法を中心として」神戸法学雑誌二六巻二号二五三頁以下（一九七六年）がある。

(19) 中東・前掲注(9)一九六頁以下参照。

(20) 現行規定は、N. J. Stat. § 14A: 10-9 (2002).

(21) イギリス法の概要は、中東・前掲注(9)四一三頁以下を参照。カナダ法の概要は、中東・前掲注(9)四六八頁以下を参照（初出は、「カナダ企業結合法（一）（二）（三・完）――少数株主の締め出しを中心として」民商一一九巻三号三二三頁、一一九巻四＝五号七二八頁、一一九巻六号九一〇頁（一九九八年～一九九九年））。

(22) イギリスでは、資産を融合する形での合併を活用できる法制度になっておらず、企業結合は、株式取得を通じて発達した。浜田道代「国際的な株式公開買付けを巡る法的問題」証券研究一〇二号七六頁以下（一九九二年）参照。

(23) Companies Act 1985, Ch. 6, ss. 428-430F, as amended by Financial Services Act 1986, Ch. 60, Sch. 12.

(24) 多くの共通点が存在するが、発想において異なる点もあるように思われる。イギリス法においては、株式公開買付の延長線上で個別取引として位置づけられている。これに対して、ニュージャージー州会社法では、全株式の取得が対象会社の会社行為によるものとして構成されているのではないか。

(25) 岸田・前掲注(18)二五三頁参照。

(26) 現行規定は、N. J. Stat. § 14A: 10-13 (2002)。

(27) 少数株主の締め出しをも検討対象とした優れた研究として、神田秀樹「資本多数決と株主間の利害調整（五・完）」法協九九巻二号二二六頁以下（一九八二年）。

(28) 同法については、堀裕「銀行持株会社の創設のための合併手続特例法による合併方式の検討」商事一四七七号二七頁（一九九七年）参照。

(29) 神田秀樹「持株会社と商事法」商事一四七九号七四頁（一九九八年）。

(30) 神田・前掲注(29)七四頁参照。もっとも、検査役の調査の免除が認められるのは、消滅金融機関の株式が取引所の相場ある株式である場合に限られており、株式評価額以下で銀行持株会社が受け入れることを条件としているから、これらの要件を満たすならば、商法上も、検査役の調査は免除されえたのではないか（商法二八〇条ノ八第二項・一七三条二項後段）。

(31) 同七四頁。

(32)　同七四頁。
(33)　ニュージャージー州会社法の歩みは、やや特殊である。中東・前掲注(9)二〇三頁注(80)参照。
(34)　法務省民事局参事官室「親子会社法制等に関する問題点」商事一四九七号一八頁（一九九八年）。
(35)　原田晃治ほか「『親子会社法制等に関する問題点』の解説」商事一四九七号七頁以下（一九九八年）参照。
(36)　原田晃治ほか「『親子会社法制等に関する問題点』に対する各界意見の分析」商事一五〇六号七頁（一九九八年）、原田晃治ほか『親子会社法制等に関する各界意見の分析――親子会社法制・金融資産の評価』（別冊商事二一一号）二〇頁（商事法務研究会、一九九八年）。
(37)　法制審議会商法部会「商法等の一部を改正する法律案要綱案」商事一五一六号八頁（一九九九年）。
(38)　株式交換の法律構成については、前田庸「商法等の一部を改正する法律案要綱（案）の解説〔上〕」商事一五一七号八頁以下（一九九九年）、土田亮「我が国における株式交換制度の法的性質（二・完）」上智法学論集四三巻一号八三頁以下（一九九九年）などを参照。必要な手続などの説明の道具としては役立つが、演繹的に結論を導き出す手段となるべきではない。
(39)　堀裕「株式会社の再編に係る法制化にみる株主の地位――銀行持株会社設立特例法・株式交換におけるその地位の変容」商事一五三九号四八頁（一九九九年）。
(40)　中東・前掲注(9)四四九頁（初出は、「株式交換による持株会社の設立」商事一四八二号二頁（一九九八年））。
(41)　株式交換は、実質的には、営業の全部の譲受けと評価することもできる（商法二四五条一項三号）。土田亮「簡易企業再編」法教二四三号四二頁（二〇〇〇年）参照。そうであれば、合併や営業譲受けとも、整合的な規制がなされていることになろう。このように考えるならばなおさら、重要な子会社株式の全部の譲渡は、営業の重要な一部の譲渡と評価すべきであり（同法二四五条一項一号）、株主総会の特別決議が必要になると解するべきである。立法論としても、そのような見解が強かった（前田雅弘・持株会社二九頁（一九九七年）ほか）。ところが、平成一三年四月一八日に法務省民事局参事官室から公表された「商法等の一部を改正する法律案要綱中間試案」（商事一五九三号二八頁（二〇〇一年））の第十一の一では、このような提案がなされていたものの、平成一四年商法改正では実現されなかった。
(42)　特別決議の成立を妨げる最少の議決権数が基準となっている（１／６＝１／２×１／３）。平成一四年商法改正で、特別決議の定足数を定款で引き下げることが可能となったが（平成一四年改正商法三四三条）、簡易株式交換を妨げることができる議決権の数は変更されていない。

(43) 土橋博雄「株式交換制度を利用した完全子会社化」商事一五四九号二五頁（二〇〇〇年）。

(44) 部分的な子会社の完全子会社化についての具体例として、株式交換の第一号を実施したソニーの事例が有益である。詳しくは、土橋・前掲注(43)二五頁以下参照。

(45) 同様の主張をする者として、川浜・前掲注(12)七頁ほか。合併の場合にも、合併検査役の調査を要求すべきである。尾崎安央「親会社の設立とその問題点」ひろば五一巻一一号一五頁注(5)（一九九八年）、吉本健一「株式交換・株式移転と会社分割の理論的検討」商事一五四五号六頁（一九九九年）。また、江頭憲治郎『結合企業法の立法と解釈』二八五頁（有斐閣、一九九五年）も、立法論として、当事会社の少なくとも一方が大会社である支配・従属会社間の合併に合併比率につき専門家が検査し、その報告書を合併貸借対照表とともに公示する制度を導入すべきであるとする。

(46) 合併についても、合併比率が一対一でない場合には、株式の分割や併合をあらかじめ行うことによって、割当期日に一対一で割当てがなされるものと観念するのが一般的である（江頭憲治郎『株式会社・有限会社法』五六八頁（有斐閣、二〇〇一年））。従来、吸収合併に伴う変更登記では、株式の併合をしたときは株券の提供公告をしたことを証する書面が申請書の添付書類とされてきたから（平成一三年改正前商業登記法九〇条五号・八七条二号・八四条の二）、このような解釈が有力であり、実務も多くの場合にそのような準備行為をしてきた。ところが、平成一三年六月商法改正（法律第七九号）により、商法四一六条三項が削除され、合併と株式併合との関係が切断された。同時に行われた商業登記法の改正（法律第八〇号）によって、株式併合に伴う株券提出手続をしたことを証する書面が添付書類ではなくなったことから（商業登記法九〇条五号が削除）、登記実務でも、株式併合と合併とは別個の手続と取り扱われることになった（平成一三年九月一二日民事局商事課第二一八五号通達の第一の三の（1）のア（http://office-doi.com/shouhou13/で入手できる））。平成一四年商法改正によって、株券の提出手続についての定めが設けられ（商法四〇九条九項・四一三条ノ四）、旧株券の流通を阻止する手続が用意されたが、その手続を行ったことは、登記申請書の添付書類とはなっていない（平成一四年法律第四五号参照）。

(47) 株券提出公告等に応じなかった株券のみを無効とすると、無効になった株券と有効な株券とを区別することができず、株式の取引の安全を害することになるので、すべての株券を無効とすることとされた。原田・前掲注(3)一八頁、江頭・前掲注(46)五九二頁。

(48) 完全親会社となる会社が完全子会社となる会社の株式を有する場合に、株式交換に際して発行する新株を割り当てることができないことを明らかにしたものである。原田・前掲注(3)一三頁。

(49) 合併の場合には、新株予約権は存続会社に当然には承継されないと考えるのが通説的な見解である。この点については、最近も、今井宏「会社の合併・分割とストック・オプションの承継」河本一郎＝仲田哲編『会社法・金融取引法の理論と実務』一頁(商事法務、二〇〇二年)において、強い批判が展開されている。

(50) 株式交換を現物出資と新株発行と分析的に構成するときは、新株発行に関する商法二八四条ノ二に準じた規制をすることになったであろう。原田・前掲注(3)二二頁。

(51) 江頭・前掲注(46)五八六頁注(4)。検査役の調査を課すことに実務界の反対が強かったことから、完全子会社の株式の価値が純資産帳簿価額を下回ることは通常ないとの考えに基づいた苦肉の策であった(同前)。

(52) 原田・前掲注(3)二二頁、江頭・前掲注(46)五八六頁注(4)。完全子会社の帳簿価額を変更することはできない。

(53) 弥永真生「株式交換・移転制度、会社分割法制と企業結合会計」企会五二巻九号三九頁(二〇〇〇年)、江頭・前掲注(46)五八六頁注(4)。反対、原田・前掲注(3)一七頁。

(54) 原田・前掲注(3)二二頁以下。

(55) 江頭・前掲注(46)五八六頁注(5)。

(56) 商法は、株式の上場が廃止される場合について、特に配慮をしていない。そのような事態が想定されなかったのかもしれないが、具体的な例がすでに出始めている。例えば、株式会社西洋フードシステムズ(東証一部)は、株式移転によって完全親会社を設立するが、完全親会社は上場の申請を予定していない。さらには、大株主が株式の一〇〇%を取得することを希望しているため、新設された完全親会社が、しかるべき時期に解散・清算あるいは株式併合等を行う可能性があると公表された(平成一四年八月七日(http://www.seiyofood.co.jp/corporation/press/20020807.pdf))。

(57) 株式交換についても、明文の規定はないが、複数の会社が同時に完全子会社となる取引を行うことができる。吸収合併についても、同様である。

(58)　江頭・前掲注(46)五八六頁注(5)。

(59)　弥永真生「現行法の下で連結ベースの配当はできるか」旬刊経理情報九五八号一四頁（二〇〇一年）。

(60)　岩原紳作ほか「改正商法に基づく株式交換・株式移転の実務〔座談会〕」商事一五三九号一八頁〔原田晃治発言・岩原発言〕（一九九九年）、安田荘助ほか・株式交換と株式分割二六六頁〔高谷晋介〕（日本経済新聞社、二〇〇〇年）、丸山秀平ほか『企業再編と商法改正――合併、株式交換・移転、会社分割の理論的検討』七八頁〔小宮靖毅〕（中央経済社、二〇〇〇年）。

(61)　岩原ほか・前掲注(60)一八頁〔原田発言・岩原発言〕。平成一三年商法改正前は、額面による純資産価額規制が存在しており、額面株式を発行するならば、増加資本の最低限の基準を満たすことが通常はできないという課題もあった。原田・前掲注(3)一二頁。

(62)　資本の増加額の上限は、前述のように、完全子会社となる会社の純資産額によって決定される。この制約と、完全子会社の株式を完全親会社となる会社が受け入れることが資本の充実に反するかは、別次元の問題であろう。

(63)　丸山ほか・前掲注(60)七八頁〔小宮〕は、完全子会社となる会社が債務超過状態であることは、完全親会社となる会社の資産を減少させる原因になるに過ぎないとするが、株式交換の効果を理解しないものであり、賛成できない（江頭・前掲注(46)五八三頁注(1)参照）。

(64)　中東・前掲注(9)一一七頁、中東正文「視点／株式交換制度を戦略的に活用する経営者たれ」ＭＡＲＲ五巻四号三頁（一九九九年）。

(65)　香田温子ほか「最近のM&A動向（二）個別案件のスキーム分析・その一」M&A Review 一六七号一六頁（二〇〇二年）。なお、債務超過会社を完全子会社とする株式交換が許されないとすると、実務的には、完全親会社となる会社が完全子会社となる会社の第三者割当増資を引き受けて、完全子会社の債務超過状態を解消してから株式交換を行うことになろう。債務超過会社が完全子会社となる株式交換が解釈論上も認められるならば、そのような第三者割当増資の引受けは、完全親会社の利益を損なうものである可能性もある。完全子会社に資金需要があるならば、株式交換後に資金を投入すればよい。

(66)　江頭憲治郎ほか「株式交換・株式移転――制度の活用について〔座談会〕」ジュリ一一六八号一二〇頁以下〔原田

発言〕（一九九九年）、安田ほか・前掲注(60)二六七頁以下〔高谷〕、西村総合法律事務所編『M＆A法大全』八〇〇頁〔佐藤丈文〕（商事法務研究会、二〇〇一年）。

(67)　瓜生健太郎＝山田寛「外国会社との合併・株式交換をめぐる法的規律〔Ⅱ〕実務的な観点からの分析」商事一六二三号三八頁以下（二〇〇二年）、落合誠一ほか「外国会社との合併・株式交換をめぐる法的規律〔上〕〔ワークショップ〕」商事一六三五号二五頁〔松古樹美発言〕（二〇〇二年）。海外からの要望につき、在日米国商工会議所商法タクス・フォース「日本におけるクロス・ボーダー株式交換によるＭ＆Ａに関する意見書」（二〇〇二年五月末まで有効）も参照。

(68)　早川吉尚「外国会社との合併・株式交換をめぐる法的規律〔Ⅰ〕問題の所在・国際私法からの分析」商事一六二二号三〇頁（二〇〇二年）。国際的合併に関する先駆的な研究として、落合誠一「国際的合併の法的対応」ジュリ一一七五号三八頁（二〇〇〇年）（当事会社の準拠法を結合ないし配分的に連結）。配分的適用という分析に対して批判的な見解として、落合誠一ほか「外国会社との合併・株式交換をめぐる法的規律〔下〕〔ワークショップ〕」商事一六三六号三六頁以下〔道垣内正人発言〕（二〇〇二年）。

(69)　江頭・前掲注(46)五八一頁。クロスボーダーの完全親子会社関係の創設として考えられる方法につき、松井秀征「外国会社との合併・株式交換をめぐる法的規律〔Ⅳ〕会社法からの分析」商事一六二五号四七頁以下参照（二〇〇二年）。

(70)　落合ほか・前掲注(67)二二頁〔武井一浩発言〕参照。

(71)　会社の転出（別の法域への会社の移転）については、カナダ事業会社法一八八条（Canada Business Corporation Act, R. S. C. 1985, c. C-44, s. 188）（連邦法）、オンタリオ州事業会社法一八一条（Business Corporation Act, R. S. O. 1990, c. B. 16, s. 181）、ブリティッシュ・コロンビア州会社法三七条（Company Act, R. S. B. C. 1996, c. 62, s. 37）、デラウエア州会社法三九〇条（Del. Code. Ann. tit. 8, § 390（2001）（transfer））などを参照。カナダにおいては、連邦会社法と各州会社法が存在するが、法域を異にする会社の合併は認められておらず、クロスボーダー合併をする際には、まず法域の移転を行い、準拠法を同じにしてから合併を行う。

(72)　New York Bus. Corp. Law § 913(f)(1)(2002).

(73)　江頭・前掲注(46)五八〇頁注(6)。完全子会社となる会社において債権者保護手続がとられないから、減資払戻金という形で金銭を分配することも許されない。合併に際しての減資につき、鈴木竹雄ほか・株式会社の合併六二頁以下（有斐閣、一九六五年）、上柳克郎ほか編代・新版注釈会社法(13)四〇九条注釈七三〔今井宏〕（有斐閣、一九九〇年）、江頭・前掲注(46)五五六頁注(5)。また、柴田和史「合併法理の再構成（一）」法協一〇四巻一二号一六四四頁以下（一九八七年）参照。なお、平成九年商法改正により、減資と合併とでは、債権者保護手続が異なることになったから（商法三七六条、四一二条）、合併の手続を経たからといって、当然に減資の効力を結びつけることはできないであろう。

(74)　なぜ少数株主の締め出しが規制されなければならないのか。現金を受け取る株主の利害は、公正さの問題として表現することもできる（神田秀樹「合併と株主間の利害調整の基準——アメリカ法」江頭憲治郎編（鴻常夫先生還暦記念）『八十年代商事法の諸相』三三八頁以下（有斐閣、一九八五年）、中東・前掲注(9)三二六頁以下参照）。交付金合併においては、①合併シナジーの分配が難しく、②保有株式に対する評価が尊重されないまま、受け取る現金の額によって価値が確定してしまう。

それでは、なぜ保有株式に対する評価が尊重されなければならないのか（②）。資本市場での価格形成は、個々の投資家の投資判断の集積によって成り立っている。個々人の評価に反して株式が強制的に収容されることになれば、資本市場の前提が損なわれることになる（中東・前掲注(9)一三六頁以下）。不本意な価格でキャッシュ・アウトされる可能性があるとすれば、投資家は株式市場から遠ざかるであろう。

もっとも、いかなる評価をも保護すべきかといえば、そうでもない。多数決で解散を決定することもできるから、持分の継続は絶対的な保障ではない。ただし、多数株主が投資を継続しながら、少数株主のみ会社から排除される事態を簡単に認めるべきではない。問題は、どの程度の期待まで法的に保護すべきかである。紛争が多発したアメリカにおいても、大いに揺れ動いた末に、多くの州では、判例によって審査基準を作り出した（公正性基準や事業目的基準）（江頭・前掲注(45)二六三頁以下、中東・前掲注(9)三九頁以下など）。保守的で知られるカリフォルニアでは、立法によって基準が設けられた（Cal Corp. Code §1101 (2002)）。カナダにおいては、ゴーイング・プライベート取引（going private transaction）といっているが、各州の証券取引法で詳細な規制が確立されている。

(75)　落合ほか・前掲注(68)三二頁〔藤縄憲一発言〕参照。前述の西洋フードシステムズの事例も、これにあたるのかもしれない。

(76)　もっとも、株式交換・株式移転無効の訴えの提訴期間の制限が障害となる可能性がある（商法三六三条・三七二条）。

(77)　株式交換制度が導入された以上、親会社の株式を合併対価として認めてよいことは、立法政策の判断として、すでに決着済みの問題であると考える。親会社株式の利用が可能となるような法改正が行われれば（商法四〇九条と二一一条ノ二の改正）、複数の完全子会社を合併によって一社に統合する場合にも、完全子会社化したままにすることが可能となる。クロスボーダーM&Aにも道を広げることになろう。

(78)　議論の状況については、江頭・前掲注(46)五四五頁(2)、中東・前掲注(9)四二二頁、同三三五頁注(36)（初出は、「閉鎖会社における少数株主の締め出しと除名――アメリカ法を素材として」中京法学三〇巻四号三九頁（一九九六年））を参照。

(79)　アメリカにおける締め出し合併を検討する諸文献は、中東・前掲注(9)二九七頁注(15)を参照。

(80)　柴田和史「合併法理の再構成（六）・完」法協一〇七巻一号五八頁以下（一九九〇年）、江頭・前掲注(45)二五九頁以下、江頭・前掲注(46)五四四頁以下。

交付金合併を認める立場によれば、クロスボーダー株式交換等についても、株主に株式買取請求権さえ与えておけば、実質法として認められてよいという結論を導きやすいであろう（落合ほか・前掲注(67)一五頁〔藤田友敬発言〕）。このような発想に対しては、株式買取請求権の排他性に関して、「株式会社は、手切金でカタをつけるほかない身分関係とはちがう（freeze-out）」との批判が妥当しよう（龍田節「株主総会における議決権ないし多数決の濫用」末川博先生古稀記念『権利の濫用〔中〕』一三三頁（一九六二年））。

(81)　江頭・前掲注(46)五四五頁注(2)、五七五頁注(1)。

(82)　最一判平成六・七・一四金融・商事判例九五六号三頁、判時一五一二号一七八頁。

(83)　最一判平成五・一二・一六民集四七巻一〇号五四二三頁、金融・商事判例九四四号三頁、最三判平成九・一・二八民集五一巻一号七一頁、金融・商事判例一〇一五号二七頁ほか。

(84)　中東・前掲注(９)五四四頁。カナダは、とりわけ連邦法において、少数株主の保護について裁判所がうまく機能しなかったという歴史を有する。また、多数株主の少数株主に対する信認義務が認められていないことからも、わが国での制度設計にとって、参考になるところが多いであろう。

(85)　Ontario Securities Commission Rule 61-501, "Insider Bids, Issuer Bids, Going Private Transactions and Related Party Transactions", & Companion Policy 61-501CP（2002）. 規則61-501については、http://www.osc.gov.on.ca/en/Regulat ion/Rulemaking/Rules/61-501fr_20000414.html で入手することができる（二〇〇三年）。二〇〇〇年五月一日から、この一段と詳細な規制が施行された。改正前と枠組みは大きく変わるものではない。同改正前の規制については、中東・前掲注(９)五三一頁以下を参照。

(86)　株式交換の決議要件は特別決議よりも厳格なものが望ましいと主張していた論者は、親会社となる会社の議決権を排除することも検討されるべきであると主張されていた。森本滋「銀行持株会社について」金法一五二一号二〇頁、二二頁注(14)（一九九八年）。

(87)　経済産業省は、事業再編の手続を簡素化するために、産業再生法の改正を準備している。この改正案には、子会社の出資比率を高めて完全子会社化する場合に、少数株主への対価を現金にすることも含まれているようである（日本経済新聞二〇〇二年九月八日朝刊）。認定に際してどのような条件を要求するかが注目されるが、本章で述べた基準が参考にされるのが望ましいと考える。

(88)　日本経済新聞二〇〇二年九月一〇日朝刊。法制審議会の会社法（現代化関係）部会では、平成一四年九月二五日から会社法制の現代化について、検討を開始している。三角合併についての解禁については、本章の前掲注(77)を参考されたい。また、交付金合併の解禁については、本文で述べたように、ゴーイング・プライベート取引を包摂した規制が必要と考える。

(89)　中東・前掲注(９)四三二頁以下参照。

(90)　利害関係のない株式の九〇%以上をも有する株主が公開買付に応じたのであれば、公開買付価格を超える株価への期待は、法的にこれを尊重しなくても、資本市場の核が害されることはないであろう。

(91)　中東・前掲注(９)五四四頁以下。OSC Rule 61-501s. 1.1（３）を参照。また、日本法では、株式交換は株式会社間でしか認められていないから、その他の会社、会社以外の法人、組合、自然人などが対象会社の株式の全部を取得する方法としては、株式交換を用いることができない。

(92)　内間裕「視点／残された課題――現金合併と強制的公開買付」ＭＡＲＲ九一号六頁（二〇〇二年）ほか。

(93)　江頭ほか・前掲注(66)一一五頁〔原田発言〕。

(94)　東京地判平成一三・三・二九本誌一一二〇号五三頁、判時一七四八号一七一頁〔日本興業銀行事件〕。

(95)　江頭ほか、前掲注(66)一一五頁〔江頭発言〕、江頭・前掲注(46)五九二頁注(3)など。原告は、任意に完全子会社の株主資格を放棄した訳ではないし、完全親会社の株主として、完全子会社に対して利害を継続しているからであるとする。これにならって、提訴後の継続保有要件を、任意に資格を放棄せず、かつ、完全子会社への利害を継続していることと再構成する見解もある（佐合美佳「判批」名古屋大学法政論集一九一号二五二頁（二〇〇二年））。この点の議論について、詳しくは、山田泰弘「結合企業と代表訴訟（一）（二・完）」高崎経済大学論集四五巻二号、四五巻三号（二〇〇二年）を参照されたい。原告適格の維持という形で、いわば手続法的なアプローチをするだけでなく、二重代表訴訟を認めるかという形で、いわば実体法的なアプローチをすることも考えられる（佐合・前掲判批二四八頁以下参照）。二重代表訴訟についての議論については、前掲の山田論文のほか、山田泰弘『株主代表訴訟の法理――生成と展開』二四五頁以下（信山社、二〇〇〇年）を参照。

(96)　New York Bus. Corp. Law §913 (2002).

(97)　New York Stock Exchange, Listed Company Manual para. 312. 03(c), available at http://lcm.nyse.com/cpgdata/nlcs/lcm/lcm.nsf/LaunchFrames.

(98)　土田・前掲注(41)四一頁以下参照。

(99)　経済産業省は、事業再編の手続を簡素化するために、産業再生法の改正を準備している。簡易な会社分割のための要件を、総資産の二〇％以下という基準に引き下げる模様である（日本経済新聞二〇〇二年九月八日朝刊）。商法でも、同様の引き下げが検討される必要があろう。

(100)　新株発行による支配関係の変動につき、倍額増資のように支配関係が絶対的に変更するときには、機関の権限分配秩序原理からいって、立法論として常に株主総会の特別決議を必要とすべきとする見解がある。業務提携のための新株発行についても、原則として取締役会によって決定させればよいが、一定量を超える新株の第三者割当には、株主総会の特別決議が必要であると説かれる。森本滋「新株の発行と株主の地位」法学論叢一〇四巻二号二一頁（一九七八年）。また、市場取引参加者には取引の均等な機会が保障されなければならないとして（市場法的平等原則）、時価発行増資は公募によるべきであるとし、しかも、取締役会の時価発行の権限には、年間に株式数二五％増までといったスピード制限を課するべきとの見解もある。この見解は、簡易合併制度が設けられるなら、それと同規模の第三者割当増資を取締役会の判断に委ねることが整合的であり得るとする。浜田道代「企業金融と多数決の限界」商事一三九八号三三頁（一九九五年）。

(101)　簡易組織再編の要件の定め方にしても、債権者保護手続の内容にしても、緻密さを追い求めるあまり、相当にわかりにくい規制になってしまっているように思われる。最近の立法の傾向であるかもしれないが、利用者にとって分かりやすい内容の法律であることが大切であり、会社法の利用者には、法律の専門家だけではなく、一般の株主や投資家も含まれることを銘記すべきである。

(102)　商事一五九三号二八頁（二〇〇一年）に所収。法務省のホームページでも入手できる<http://www.moj.go.jp/PUBLIC/MINJI12/pub_minji12-2.html>（二〇〇三年）。

(103)　商事一六〇五号七頁（二〇〇一年）に所収。法務省のホームページでも入手できる<http://www.moj.go.jp/SHINGI/010905-1-1.html>（二〇〇三年）。

(104)　始関正光「平成一四年改正商法の解説〔Ｉ〕」商事一六三六号八頁（二〇〇二年）。

(105)　資金調達の機動性が損なわれるのは、消極意見の述べる通りである。しかしながら、事業再編の機動性は、簡易な企業組織再編の要件が緩和されるなら、むしろ高まるべきものである。会社の再建については、手続が厳格になることと実効性のある再建計画が立案できることとは、別次元の事柄であろう。再建を要する会社が増資の引受先を探すなら、一〇〇％減資などにより、株主の責任を明確にすべきであるともいえる。再建に助力する会社も、取締役会限りでは、体力を要する救済に乗り出すべきではない。

第五章　M＆A法制の現代的課題――実務と理論の架け橋――

第一節　はじめに

本章では、M＆A法制の現代的課題について、実務と理論の架橋を試みる。

実務における要望や工夫は、理論によって裏づけられなければ、安定的な形で実現ないし維持することはできない。他方で、実務に役立たない理論は、生きた法制度の支えとなることができない。

実務の要望や動向については、連載で先行する松古論文[1]と藤縄論文[2]が、情報の発信と理論への呼掛けを行った。本章は、理論の側から、これに応えるように試みる。

折しも、産業活力再生特別措置法（以下、「産業再生法」という）の改正法案が今国会で審議されており、本年四月一日から施行が予定されている（以下では原案どおり成立することを想定して述べる）。提案理由では、「我が国産業の活力の再生を速やかに実現するためには、過剰供給構造の解消に資する共同事業再編、その他の事業活動を促進することが重要であることにかんがみ、これらを支援するために合併等の組織の再編に係る簡易な手続に関する商法の特例措置、その他の措置を講ずる必要がある」と説かれており、機動的な企業組織再編の要望に商法が対応しきれていない部分が、浮彫りにされている。

また、法制審議会においても、会社法の現代化の検討が進められているところ、「各種組織再編行為に係る規律の不整合の調整の問題が重要であるほか、国内外からの実現要望の強い合併等における対価の柔軟化の問題が重要なものとして位置づけられ」ており、また、現物出資等に係る検査役制度等の見直しも検討の対象とされている。(3)

第二節　M&Aの対価の柔軟化（その１・親会社株式）

一　活用方法

買収会社が対象会社を買収する際に、買収の対価として、買収会社の株式または現金を用いることが一般的である。合併、吸収分割および株式交換においては、わが国の商法では、対価が買収会社（存続会社、承継会社、完全親会社となる会社）の株式に限られると解されてきており、実務もこれを前提として企業組織再編を行ってきた。

これらの企業組織再編において、買収の対価として利用できる財貨の種類を柔軟化するようにと、実務からの要請がある。柔軟化にはいくつかの段階があり得るが、ここではまず、買収会社の親会社の株式の利用について検討する。

親会社の株式を対価にすることができれば、合併においては、三角合併(4)が可能となる。そればかりか、親会社が完全子会社に部分子会社（その他の対象会社）を吸収合併する際に、既存の完全子会社に対する一〇〇％支配を、企業組織再編後もそのまま維持することができる。(5)吸収分割においても、親会社が完全子会社を承継会社として、他の会社の営業を承継する場合に、同様である。株式交換においても、完全子会社が株式交換によって対象会社を買収する場合に、親会社の株式を交付することができれば、従前の完全親子会社関係は維持される。

改正産業再生法では、株式交換、吸収分割または吸収合併に際して特定金銭等（金銭または他の株式会社の株式（譲渡制限会社の株式を除く））を交付することを認めている（産業再生法一二条の九）。企業組織再編の当事会社の親会社の株式を対価として利用できる。

二　株式交換制度の導入と合併対価の柔軟化

(1)　株式交換と三角合併（完全親会社株式）

まずは、三角合併についてのみ論じることにしよう。[6] 三角合併とは、二つの当事会社が直接合併するのではなく、買収会社が完全子会社（殻会社）を用意して、この完全子会社と対象会社が合併をするものである。対象会社の株主には、合併に際して、買収会社の株式、つまり合併当事会社の親会社の株式が交付される。三つの会社が当事会社となることから、三角合併と呼ばれる。この点での合併対価の柔軟化の問題は、株式交換制度の導入との関係において検討するのが適当である。

わが国では、平成一一年（一九九九年）商法改正によって、株式交換制度が導入された。[7] 手本となったアメリカでは、模範事業会社法（Model Business Corporation Act）が一九七六年に株式交換規定を導入し、それが契機となって、約四〇州の会社法で採用されているものの、[8] 実際に活用されてはいない。後発のわが国では、大いに活用されており、株式交換と株式移転は重要な手法として定着した感がある。[9] 危惧された強制収容の問題も、[10] 現時点では、大きな弊害として表面化しているわけではない。

模範事業会社法の公式注釈によれば、株式交換制度の趣旨は、対象会社を別法人のまま、その株式を取得して結合することを、一段と簡潔な仕組みで実現することにある。[11] 逆三角合併によっても、同じ結果が得られるが、迂遠な方法である。

逆三角合併においては、買収会社が完全子会社（殻会社）を設立し、この殻会社を対象会社に合併させる。この合併の準備として、殻会社に買収会社の株式を保有させておくのが建前であり、[12] 合併に際しては、この株式が対象会社の株式に割り当てられる。[13] 合併の対価が、当事会社の株式に限られておらず、親会社の株式でも構わないことから、このような計画が可能となる。

株式交換制度は、合併対価の柔軟化の歴史の中でこそ、的確に把握されるべきものである。とするならば、株式交換を導入するという政策判断をすでに行った以上、しかも、制度が濫用されているわけではないと評価できるならば、合併対価として完全親会社の株式を利用することを否定すべき理由はない。

(2)　完全親会社ではない親会社の株式

部分親会社、つまり完全親会社ではない親会社の株式の利用を認めてもよいか。株式交換にせよ、三角合併にせよ、対象会社の株主にとっては、企業組織再編の前後で、異なった会社の株式を保有することになる。とはいえ、新しい会社は、従前の営業を完全子会社を通して間接的に所有しており、その限りで株主の投資ないし持分の継続性が見いだせる。持分は希釈されるが、これは当事会社が直接合併を行う場合でも避けられない。部分親会社の株式の交付を認めると、持分は一段と希釈されることになる(14)。どの程度の希釈ならば許容され得るかは、合併対価を柔軟化の検討において、現金の交付を認めるかとも連続的な課題であり、多数決原理の限界の問題となろう(15)。

(3)　提　言

立法論としては、合併、株式交換および吸収分割において、当事会社の完全親会社の株式を対価として利用することを認めてよい。これを可能とする商法改正を行うべきである。

完全親会社以外の株式については、さらなる検討を必要とするが、当事会社の支配会社と判定できる会社の株式であれば、積極的に考えることが許されよう。積極的な立場を採り得ないならば、あるいは支配会社と判定されない事例では、後述の現金の利用に適用されるべき規制が課されるべきである。

第三節　Ｍ＆Ａの対価の柔軟化（その２・現金）

一　少数株主の締出し

企業組織再編の対価を柔軟化して、会社の持分に関係がない財貨、典型的には現金の交付を認めると、少数株主の締出しの問題が生じる。

なぜ少数株主の締出しは制限されるべきなのか。① 締出しという行為が不公正であると考えられることと、[16] ② 意に反して締め出された少数株主は、持株に対する評価を尊重されないが、資本市場は本来的に個々の市場参加者のさまざまな株式評価の集積によって成り立っているから、締出しを許すことになると、この前提を害する危険性があること、③ 無制限に認めると、威圧的な買収手段（front-end-loaded two-tier tender offer など）を可能にしてしまうことなどに根拠を求めることができる。[17] 公開会社においては②と③が、閉鎖会社については①が強調されることになろう。[18]

これまで学界で論じられてきたのは、主として合併に際して生じる少数株主の締出しである。とはいえ、締出しが生じるのは、合併の場合に限られない。営業譲渡と解散、株式併合などの方法が想定できる。[19] 合併に伴う少数株主の締出しでは、合併そのものの目的と少数株主の締出しという目的とが混同してとらえられる恐れがあり、審査対象が曖昧になりがちである。[20] 株式併合が用いられる場合には、合名会社における除名（商法八六条）に近い程度で、多数株主と少数株主の利害対立がもっとも鮮明に浮彫りになる。

二　従来の議論状況

少数株主の締出しについては、交付金合併が認められるかという形で、合併の対価の種類について議論が深められてきた。伝統的な通説によれば、合併対価は株式に限られ、交付金合併は認められない。[21] これに対して、近時は、比較法的考察、実務の必要性、商法の文言や沿革などに照らしても、交付金合併は解釈論上も許容されるとの見解が有力になっている。[22]

少数株主を排除する目的で行われる懸念についても、制度の濫用の危険性が交付金合併をおよそ認めない理由となるべきではなく、特別利害関係人の議決権行使による著しく不公正な決議として（商法二四七条一項三号）、合併承認決議の瑕疵を理由に、合併無効によって少数株主を救済すればよいとされる。[23]

三　安定的な規制の必要性

しかしながら、第一に、合併無効の訴えが効果的な濫用防止策となるか、大いに疑問である。①事後的な救済策にすぎず、それゆえに、②原状回復（会社の分割）が困難であるから、③裁判所は決断をしづらいのではないか。[24]新株発行無効の訴えにしても、最高裁は、著しく不公正な新株発行を無効原因とはせずに、事前の救済策に重点を置いている。[25]衡平法（判決による創造的な法形成）の伝統を有しないわが国の裁判所ではなおさら、適法に交付金合併を行うための明確な基準を、すみやかに定立することが期待できない。

第二に、実務にとっても、将来に争訟が生じることを覚悟して、交付金合併を行うことには躊躇があろう。当事会社としても、法律において明確で安定的な運用基準が示され、所定の手続を踏めば効力が覆ることがない保証があることを好むのではないか。

以上の観点からは、法律によって明確な基準を提示することが、少数株主と多数株主の双方にとって、望ましいと考えられる。以下では、アメリカ法とカナダ法を参考としつつ、あるべき法規制を追究する。

四　あるべき法規制

(1)　アメリカ法

少数株主の締出しに関して、もっとも議論が活発であり、判例の蓄積が豊富なのは、アメリカである。ここでは、二つのタイプの裁判所の審査基準と一つの立法例を紹介しておこう[26]。

第一は、デラウエア州最高裁の到達点であり、公正性基準である[27]。締出しを伴う合併の適法性の審査においては、完全な公正さの存否が問われ、具体的には、①公正な行動がとられていたか、②公正な価格が少数株主に支払われたかが精査される。公正さを立証する責任は、第一次的には会社（多数株主）の側にあるが、合併決議に際して情報が十分に与えられ、少数株主の多数の賛成を得られたものであるなら、立証責任が少数株主の側に転換され、少数株主が合併が不公正であることを立証しなければならなくなる。ただし、この厳格な基準は、略式合併による少数株主の締出しには適用されない[28]。

第二は、ニューヨーク州最高裁が堅持するものであり、事業目的基準である[29]。デラウエア州と同様の公正性基準に加えて、会社にとっての適切な事業目的が存在したか否かが問われる。

第三は、カリフォルニア州が伝統的に採用してきたもので、制定法によって締出しに対処する[30]。カリフォルニア会社法では、五〇％超の多数株主が関係する合併においては、原則として、非償還株式は非償還株式に転換されなければならない。少数株主の締出しを認めないという出発点に立つ。その上で、例外として、多数株主が社外株式の九〇％以上を有する場合には、このような規制を外す。さらに、会社局長は、取引条件が公正であると判断した場合に、例外を認める裁決をできる。この裁決がなされる一つの目安は、少数株主の過半数の賛成が得られているかである。

アメリカの法状況を概観すると、公正さの実現に精力が注がれていることがわかる。その審査基準を満たすか否かの見極めには、少数株主の多数の賛成があったか、言い換えれば、利害関係のある多数株主が決議に参加しなくても合併が承認されたかが重視されている。また、圧倒的な支配株主が存在する際には、投資の継続に関する少数株主の期待を、一歩後退させている。

⑵　カナダ法

立法による安定的な規制を目指す立場からは、カナダ法上のゴーイング・プライベート取引に対する法規制が、大いに参考になる[31]。カナダにおいては、合併、資産譲渡、株式併合などの形態を問わず、少数株主を締め出すことになる取引が統一的に規制されている。

具体的な基準については、オンタリオ州の証券規制が注目される[32]。基本は次の三つの柱であり、ゴーイング・プライベート取引の定義を明確にした上で、それに該当すると、①取引についての質の高い情報開示、②独立した評価人による評価、および③少数派の多数の賛成が求められる。

カナダにおけるこのような規制は、アメリカの裁判所と立法者が試行錯誤の末に到達したのと同様の価値判断を、制定法の形で、一段と明確にしたものであると高く評価することができよう。

⑶　提　言

わが国でも、カナダ法にならって、基準を制定法で明確にした上で、少数株主の締出しを可能とすべきである[33]。少数派の多数が賛成する取引[34]であれば（③）、その集団において会社を解散するのと同様の判断がなされたとみることもできるから、個々の投資家が有する株式の評価が清算されるのも、やむを得ない[35]。この決定が十分な情報のもとで行われるために、質の高い情報開示（①）と独立した評価人による評価（②）が必要である。

公開買付けに続いて第二段の締出取引をする場合などについては、一定の条件の下で、一連の取引ととらえることが望ましい[36]。公開買付けで非利害関係人から提供された株式も、少数派の多数の賛成（③）の計算上、少数派に算入することが許されよう。

このような基準が確立できたなら、企業組織再編に際して、現金を対価とすることが認められてよかろう。

五　強制買取制度の導入

強制買取りとは、公開買付けにおいて、法で定められた割合（買付者およびその関係者が保有していない株式の九〇％など）の株式の提供を受けた場合には、残余の株式を、公開買付けと同一の条件で、強制的に買い取ることができる制度である。イギリスが一九二八年に最初に導入して、カナダでも採り入れられている[37]。アメリカにおいても、ニュージャージー州が、一九六七年にイギリス法に類似する規定を導入し、これが株式交換制度の開発にも影響を与えている。

圧倒的な支配株主が存在する場合に少数株主の排除を可能とする発想は、近年、ドイツにおいても採り入れられている[38]。株式の九五％を有する多数株主は、株主総会決議を経て、少数株主が有する株式を、現金を支払って排除することができる。株主の保護に関しては、対価の適正さについて、裁判所によって選任された検査役の調査がなされ（株式法三二七c条）、裁判所の事後的な審査も用意されている（同三二七f条）。

ドイツ法のように、少数株主の締出しを直截に認めることは、利害関係を明確にできるという利点もあり、制度の設計に際しても、理念形として想定すべきではある。しかしながら、少数株主を強制的に排除することが、どのように正当化され得るのか、理論的な根拠が明確ではないと思われる。対価の公正さのみが重要であり、それを担保するための装置を用意するという枠組みであろうか。とするなら、すべての現在の株主は、現在の株価以上に株式を評価しているという事実を無視するものである[39]。

現時点では、少数株主の締出しのプロセスに、正当化の契機を求めるべきである。正当化の道筋の一つは、前述のように、少数株主の多数の賛成が得られたというものであり、これが十分な情報の中で行われるように、質の高い情報開示と独立した評価人の評価という仕掛けを用意しなければならない。

もう一つの正当化の道筋は、買収者が利害関係のない株主から九〇％もの株式の提供を受けたという事実に由来するものである。この点から、わが国では、イギリス法やカナダ法にならった株式強制買取制度を導入すべきである(40)。この制度においては、単純に数の審査のみで足り、実体審査を省略することが許される(41)。実務からも、強制買取制度の導入の要望があり(42)、商法はこれに応えるべきである(43)。

第四節　ジャパニーズ・スクイーズ・アウト

一　意　義

ジャパニーズ・スクイーズ・アウトとは、現行法の解釈として合併や株式交換の対価が現金であってはならないことを前提にした場合に、その他の方法を用いて、少数株主を締め出す手法である(44)。

現行法の下では、①対象会社を株式移転した後に、完全親会社から対象会社株式を現金を対価に譲り受けて、完全親会社を解散させてしまう方法と、②株式交換などを用いて、少数株主に端株を与えて、これを現金で処理する方法が典型的な例である(45)。ここでは、①を念頭に置きながら、検討を進める。

二　実務の運用状況の評価

ジャパニーズ・スクイーズ・アウトの実務においては、多数株主が取引の時機を選択でき（時機の選択性）、しかも、多数株主が少数株主に比べて情報の点で優位に立っていることが（情報の非対称性）、十分に意識されている。これらの問題は、価格の公正さを歪めることにつながる。

実務では、上場会社において特定株主の持株比率がきわめて大きくなった場合には、適正な対価が支払われる限りは、取引は適法であるという考えが支配的になりつつある。過去の例でも、特定株主の議決権比率が九〇％を超えている場合がほとんどであり、この数値を満たせば安心という感覚があるという(46)。

この九〇％という数字の根拠の一つには、特別決議を必ず可決することができる三分の二に、残りの三分の一に対して三分の二を乗じたものを、念のために加えた数字がもとになり、これを丸めておけば大丈夫という感覚がある。この発想は、本章が提言する締出しに対する法規制との関係で眺めると、理論的な根拠に沿ったものである。経験豊かな実務の感覚を組み立て直すと、③少数株主の多数が賛成した場合に、締出しが許されると構成することができよう。少数株主が判断をする際には、情報の非対称性の問題を軽減する必要があるから、①質の高い情報開示と②独立した評価人の評価がなされるべきである。実務の側から私見を検討すれば、すでに実践されているか、そうでなくても意識はされていることであって、これらを制定法で明確にすることには、異論が少ないのではないか。

さらに、九〇％という数値には、これだけ集められたのであれば、買付価格が妥当であると説明しやすいとの示唆がなされている。この実務の感覚には、強制買収制度を導入するという形での理論の実践によって、対応することができよう。これだけ集めたという感覚は、残りの株主が、公開買付けに気づいていない、気づいてはいても、相続で株式の所有関係が争われているなどして提供することができない、あるいは、実現がおよそ不可能な評価を持株に与えているといった者に限られるとの判断に支えられているのであろう。(47) これらは、洗練された合併制度を有しないイギリスにおいて、強制買取制度を導入した際の根拠とされていたものである。

三　濫用の可能性への対処

現在までのところ、実務では、ジャパニーズ・スクイーズ・アウトについて、慎重な運用がされているようである。もっとも、明らかにより低いレベルでの少数株主排除を試みる過程にあるとされる。(48)

現状では、必要な決議の瑕疵を争うにしても（商法二四七条一項三号）、「株式移転＋子会社株式譲渡」の場合であると、株式移転無効の訴えの提訴期間が経過すれば、取引を覆す方法はないのかもしれない。(49)

このような濫用の危険に対応するためにも、少数株主の締出しを明文で規制し、迂回を必要としないスクイーズ・

アウトを正面から認めた上で、複合的な手法によるスクイーズ・アウトに対しても、一連の取引を一体のものとみなして、締出規制に服させるのが適当である。

第五節　M&Aの手続の簡素化

一　序　論

平成九年（一九九七年）商法改正によって、簡易合併（商法四一三条ノ三）が導入されて以来、徐々に企業組織再編の手続が簡素化されてきている。現在では、営業等の受入れ側については、合併のほか、営業譲受け（同二四五条ノ五）、株式交換（同三五八条）および吸収分割（同三七四条ノ二三）で、移転側については、新設分割（同三七四条ノ六）および吸収分割（同三七四条ノ二二）の各場面で、株主総会決議を省略することができる。当事会社への影響が少ないことを理由として、簡易な（small scale）手続を認めている。

手続における簡素化が進められれば、一段と機動的な企業組織再編が可能となる。この点での規制緩和は望ましいと思われる。また、実務では、基準を満たすために、取引を複数回に分けるという対応もされているようであり、このような工夫が法の不備に起因するものならば、立法による対応が必要である。

二　簡易な企業組織再編の要件の緩和

改正産業再生法は、簡易な手続のための要件が緩和されている。たとえば、合併についてみると、商法では、交付する株式が発行済株式総数の二〇分の一以内でなければならないが、これを五分の一に引き下げている（産業再生法一二条の七第一項）[50]。

アメリカの模範事業会社法においては、合併に伴う株式発行によって、議決権の総数が二〇%を超えて増加しない場合には、存続会社の株主総会決議を省略することができるし、株式交換でも完全親会社となる会社について、同様の取扱いが認められている（同法六・二一条（f）項、一一・〇四条（g）項）。また、ニューヨーク証券取引所に上場している会社は、株式交換を含む企業組織再編において、普通株式の個数または議決権数が二〇％以上増加することになる場合にのみ、株主総会決議が要求されている(51)。

簡易な企業組織再編のための基準に関する政策判断は、当事会社の株主に与える影響が、株主総会で決定を必要とするほど大きいかによって決まる。株式を対価とする場合については、持分の希釈化が問題となるが、アメリカ法との比較においても、株式数基準を二〇％とすることが認められてよかろう。

もっとも、他面において、新株発行の規制を現行法よりも厳格にする必要があると考える。発行済株式総数の二〇％を超える第三者割当増資には、たとえ公正な価額で発行されようが、株主総会の決議を必要とすべきである(52)。なお、企業組織再編の対価を柔軟化すると、簡易かどうか、つまり規模が小さいかどうかが、株式数を基準に判断することができなくなる。交付金の限度額に関する規制も、意味をなさなくなる。新しい基準を策定することが必要になるが、「営業の重要なる一部」（商法二四五条一項一号）の基準の明確化とともに、今後の課題としたい。

三　略式な企業組織再編の制度の導入

改正産業再生法においては、略式な（short form）企業組織再編という新しい概念が導入されている(53)。認定事業者が総株主の議決権三分の二以上を有する子会社（特定関係事業者）と合併する場合（垂直的略式合併）、あるいは、そのような子会社同士が合併する場合（水平的略式合併）には、子会社の株主総会決議を不要とするものである（産業再生法一二条の七第二項(54)）。

アメリカとカナダは、略式合併に関する規定を、以前から整備してきている(55)。アメリカでは、垂直的略式合併が古くから認められているが、株式保有基準は、九〇％などと高く設定されている(56)。カナダでは、略式合併制度の導入は遅れたものの、水平的略式合併に関する規定の整備が早かった。カナダ事業会社法（連邦法）においては、完全子会社との関係でのみ、略式合併が認められている[57]。

　略式合併を認めてよい理由の一つは、子会社の株主総会決議を要求したところで、その株式の大部分を親会社が保有している以上、実際には承認という結果が待っているだけで、株主総会を開催した分だけ費用がかかってしまうという点にある。その限りでは、わが国の改正産業再生法のように、特別決議を確実に可決できるだけの株式を親会社が所有していればよいともいえよう。

　とするならば、なぜアメリカでは、九〇％という高い比率が求められているのか。おそらくは、略式合併制度を導入した時点で、合併対価も柔軟化したという経緯に由来するのであろう[58]。カナダにおいて一〇〇％の株式保有関係に限定されたのは、略式合併を用いた締出しが横行したアメリカが、模範とするべきものではないと評価されたからである[59]。

　合併対価が存続会社または親会社の株式に限られている限りにおいては、総株主の議決権の三分の二が保有されている子会社について、略式の手続を認めてよかろう。他方で、合併対価が柔軟化され、現金等の交付が許されるようになれば、株主総会における少数株主の多数決という基準を用いることができなくなるから[60]、持株比率の基準を引き上げることが必要となる。当面は、略式な企業組織再編においては、株式以外の対価を利用することを禁止すべきであろう。

第六節　債務超過会社のＭ＆Ａ

一　債務超過会社の再編の必要性

企業組織再編は、業績が悪い会社の再建策の一環としても行われる。実質的な債務超過[61]にある会社を、当事会社に組み込むことができるのか。可能であるとすれば、既存の手法の活路が拡がる。債務超過会社が関係する企業組織再編の可否が議論されてきたのは、主として合併についてである。救済合併という言葉にも示されているように、実際にも活用されてきた。

債務超過会社を株式交換によって完全子会社とすることには、実務上の要請が強い。実務的にも、多くの公開会社が多数の子会社を有しているが、債務超過会社をも含めて完全子会社化することによって、戦略的なグループ経営が可能となる。子会社に少数株主がいると、この少数株主と親会社との利益の衝突が懸案の事項となってしまうが、この障害を取り除くことができる。

二　債務超過会社の合併

伝統的な見解によれば、債務超過会社を消滅会社とする合併は許されない。存続会社においてマイナスの出資に対して株式を割り当てることになり、資本充実の原則に反するからである。この理屈からは、債務超過会社が存続会社となる合併は認められ（逆さ合併）、しばしば利用されてきた(62)。

なお、資本充実の観点からは、消滅会社の株主に対して、何も割り当てずに合併を行えばよいとの考えもある(63)。債務超過会社の一〇〇％減資を多数決でなし得るかという問題にも関係し、これが可能とする見解もある(64)。しかしながら、株式が無価値ということは考えにくく、これを許すとしても、締出しに関するのと同様の規制に服させるべきである。

三　債務超過会社の株式交換

合併に関する伝統的な考え方を援用して、債務超過会社が完全子会社となる株式交換も許されないと解するのが、通説的な見解である(65)。

しかしながら、株式交換によって完全親会社が受け入れるものは、完全子会社そのものではなく、完全子会社の株式である。株主は有限責任の利益を享受するから、完全子会社の破綻が確実でない限りは、株式の価値はプラスである。株式の価値をオプションとして考えると、オプションの行使期間内に会社の価値がプラスになる可能性が僅かでもあれば、このオプションはプラスの価値を有する。債務超過会社が完全子会社となる株式交換も適法であると考える。(66)

なお、資本の増加額の上限が完全子会社となる会社の純資産額を基準として定められるため（商法三五七条）、これが前述の解釈の障害にならないではない。しかし、純資産額がマイナスの場合には、資本の増加額の上限がゼロであると解すれば足りる。立法論的には、完全親会社が実際に受け入れているものは子会社株式であるから、資本の増加額の上限は、移転を受けた株式の価額によって画されるべきである。

第七節　M&A関連法制

一　間接分割

株主に対して子会社株式を分配して、人的分割と類似する効果を得ることができるか。子会社の設立とその株式の分配は、段階的に会社分割を行うことができるので（間接分割）、実務上も利点がある。(67)

アメリカにおける会社分割の方法と比べると、(68) ① 有償消却で子会社株式を分配することは（split-off）、わが国でも認められることに異論はなかろう。② 清算手続において残余財産として分配することも（split-up）、可能であろう。どちらも手続が重たい。そこで、③ 子会社株式を現物配当として用いることができるか（spin-off）。

期末の利益配当に際して、従来は金銭以外の現物を分配することはできないと考えられてきたが、少なくとも子会社株式については、解釈論上も許されるとする見解が有力になっている。(69) 端数が現金処理をしても差し支えない程度に僅かであれば[70]、子会社株式の分配を禁止する理由はない。

中間配当に際しては、子会社株式を利用できないことが、文言から明らかである（商法二九三条ノ五）。立法論として適当かは、疑問もある。改正産業再生法では、子会社株式を中間配当の手続に従って分配することが認められている（産業再生法一二条の八）。株主の立場からは、株主総会決議が必要か否かの違いは存在する（商法二八三条一項、二八一条一項四号）。委員会等設置会社においては、この違いがなくなる可能性があるし（商特法二一条の三一）、監査役設置会社においても、取締役会の決議によって、期末配当を決定させるのが望ましい[71]。

期末配当であれ、中間配当であれ、子会社株式の分配を認める場合には、①分配の内容を決定する時期と、②分配を受ける株主を決定する時期との関係の歪みが、一段と大きな問題となろう。現行法では、②分配を受ける株主が基準日等で決められた後に、①株主総会または取締役会で分配の内容が決定される。この間は、どのような分配がなされるのか不確定なまま、株式の取引が行われている[72]。金銭の分配であれば、予想もつきやすいかもしれないが、子会社の株式が分配されるかとなると、株式売買の当事者にとっては予想は不可能に近い。①分配の内容を決した上で、②分配する株主を特定することになるように、時間の先後を変更する立法が不可欠である。

二　事後設立規制

Ｍ＆Ａの際に子会社を利用することが少なくない。営業または株式を譲り受けるための受け皿とするためである。ところが、そのような子会社を設立によって準備する際に、事後設立規制（商法二四六条）が大きな障害になっており、撤廃が強力に主張されている[73]。改正産業再生法でも、事後設立規制の省略を可能とする規定が設けられている（産業再生法一一条。平成一四年改正前同法八条参照）。

事後設立規制の根拠は、一般的に、現物出資における目的物の過大評価の危険から株主と債権者を保護する必要があり（商法一六八条一項五号、一七三条、一七三条ノ二ほか）、現物出資規制の潜脱の防止をも目的として、財産引受けに対する規制がなされ（同一六八条一項六号ほか）、さらに、現物出資規制と財産引受規制の潜脱の防止のために、事後設立も規制しなければならないと説明される[74]。

事後設立規制が障害になることから、解釈論としても、①株式の譲受けの受け皿になる場合を念頭に置きつつ、有価証券は営業のために利用する財産には当たらないとか、②検査役の調査を欠いた場合でも、株主総会決議は当然に無効となるわけではなく、決議取消事由となるのみであるとか、③検査役の調査を無視して株主総会決議がなされても、事後設立の契約は有効であるといった主張がなされている[75]。

立法論としても、財産引受規制が広範にすぎるとして、第三者との契約を事後設立規制の適用範囲から除外することが十分に考慮に値するとする見解がある[76]。この提言が実現すれば、他の会社から営業や株式を譲り受ける場合には現在よりも、企業組織再編の機動性が高まるであろう。検査役調査に関しては、遠からず商法改正が不可避であると[77]し、M&A目的の会社が設立される例が増えていることから、事後設立を一律に財産引受けや現物出資規制の脱法とみなして同じ規制を課すことが立法論として賢明か否かの再検討が必要であるとする見解もある[78]。

これらの立法提案には反対ではないが、規制の対象を適切に限定できるのか疑問もある。第三者との契約を除外する見解に対しては、その後の買収に備えて子会社に親会社株式を保有させておきたい場合に、事後設立等の規制が除外されないという限界がある。M&A目的の場合の全部を除外するとしても、今度は線引きの問題が残る。

思うに、事後設立規制は債権者保護をも目的としているが、この目的に手段が対応していない。検査役の調査等に基づいて株主総会決議が必要とされ、決議に瑕疵がある場合にも、せいぜい取消事由になるにとどまると解されるが、決議取消しの訴えを提起することができるのは、株主または株主総会で選任された取締役もしくは監査役に限られており、いずれも株主を基点とした規制が予定されている。とするならば、総株主の同意があれば、事後設立規制は必要でないともいえ、そのような規制にするならば、M&A目的で子会社を設立する場合には、事後設立規制がほぼ回避されるであろう[79]。

さらに一歩進んで、現物出資規制、財産引受規制および事後設立規制が、現在のような形で必要なのか、現物出資規制がある状態を出発点とするのではなく、何も規制がない状態を議論の出発点として、検討していく必要があろう。現に守られていないから規制は要らないという理屈は採りがたいと考えるが、実務が遵守しない規制では意味がない。

三　M&Aと代用自己株式の利用

平成一三年（二〇〇一年）商法改正によって、自己株式に関する法規制が緩和された。効率的な経営が求められる現在、適正な資産構成という観点も含めた資産返却規制が必要となってきており[80]、改正法はこれに対応するためのものである。

自己株式取得を認める必要性として、改正法の提案者によって強調されたのは、①代用自己株式としての利用、②株式の需給関係の調整、③敵対的買収への対抗策としての利用である[81]。批判的な分析が必要であるが[82]、本章では、①代用自己株式としての利用のみを取り扱う。無制限な保有（金庫株）の許容について検討する。

企業組織再編においては、代用自己株式を利用することができるが（商法三五六条、三七四条ノ一九、四〇九条ノ二）、新株の交付よりも経済合理性があるわけではない[83]。また、営業譲渡や株式公開買付けに際して株式を利用する際には、自己株式を利用すると現物出資規制が除外されるという利点があるが（商法二一一条三項が二八〇条ノ八を準用していない）[84]、これはルールの非対称性に基づくものであり[85]、本来は統一的なルールに服させるのが妥当であった。

立法論としては、自己株式の保有を禁止して[86]、取得した自己株式は当然に消却され、未発行授権株式になるとするのが妥当である[87]。

四　株式買取請求権

企業組織再編法制の柔軟化は、多数決での決定の範囲が拡がることをも意味する。交付金合併を認める立場は、少数株主には株式買取請求権さえ与えておけばよいとの発想につながりやすい(88)。

ところが、株式買取請求権は、実際に行使されることはまれであり、少数株主の経済的利益の保護手段としては十分でないことが指摘されている(89)。この点は、母法であるアメリカでも古くから懸念されてきた点であり、手続の①過度の技術性、②高い費用、③不確実さが問題であるとされてきた(90)。これらの問題との関係では、①反対株主の手続を簡素化すること、②価格を争う裁判につき、集団的な訴訟を容易にすること、③公正な価格の決定要素を明らかにして、事前の予測可能性を高めることなどが、立法論として検討されるべきであろう。

第八節　おわりに

M&A法制の課題は多く、一つひとつが大きな問題であるばかりか、それらは相互に関連し合っている。公正で整合的な法体系が再構築されることを強く望みたい。

（1）　松古樹美「最近の組織再編の潮流にみるM&A関連法制の現状と課題〔上〕〔下〕」商事法務一六五二号（二〇〇三年）一九頁、一六五三号一五頁。

（2）　藤縄憲一「企業再編における実務上の課題と取組み〔上〕〔下〕」商事法務一六五五号（二〇〇三年）一二頁、一六五六号七九頁。

（3）　始関正光＝相澤哲「会社法改正の課題と展望」商事法務一六五一号（二〇〇三年）四二頁。なお、経済界からの要望として、「グループ編成の選択肢の弾力化」として、①強制株式買取制度やキャッシュアウト・マージャーの創設、②合併対価の柔軟化、③親子会社間の合併・株式交換・会社分割・営業譲渡の場合で、親会社が議決権の三分の二以上を保有し同意している場合、子会社の株主総会決議の不要化（略式企業組織再編）などが提示されている（横尾賢一郎「企業法制の展開と期待」商事法務六五一号（二〇〇三年）七八頁）。

（4）アメリカ法上の三角合併に関しては、初期の優れた研究として、岸田雅雄「企業結合における公正の確保（二）――アメリカ法を中心として」神戸法学雑誌二六巻二号（一九七六年）二五三頁以下がある。合併対価の柔軟化の歴史については、Elliott J. Weiss, The Law of Take Out Mergers: A Historical Perspective, 56 N. Y. U. L. Rev. 624 (1981) が参考になる。邦語文献では、柴田和史「合併法理の再構成（三）（四）（五）――吸収合併における合併対価の検討」法学協会雑誌一〇五巻四号（一九八八年）四七〇頁以下、一〇五巻七号八九九頁以下、一〇六巻一一号（一九八九年）二〇〇一頁以下が詳しい。中東正文『企業結合・企業統治・企業金融』（信山社、一九九九年）一一頁以下も参照。

（5）永井和之「日本企業の経営革新と商法改正」取締役の法務一〇六号（二〇〇三年）九七頁参照。

（6）吸収分割と株式交換についても、基本的には同様の検討ができよう。

（7）株式交換規定の歴史的な分析については、中東正文「株式交換・株式移転」金融・商事判例一一六〇号（二〇〇三年）一九頁以下を参照。

（8）3 Model Business Corporation Act Annotated §11.03 Statutory Comparison (2000/01/02 Supplement).

（9）松古・前掲注（1）一六五二号二二頁〔図表2〕参照。

（10）川浜昇「株式交換制度の創設とその問題点」法律のひろば五一巻一一号（一九九八年）五頁、川浜昇＝中東正文「株式交換」私法六一号（一九九九年）一五八頁参照。

（11）3 Model Business Corporation Act Annotated §11.03 Official Comment 1 (2000/01/02 Supplement).

（12）松古・前掲注（1）一六五三号一七頁参照。この過程は、子会社による親会社株式の保有の規制に触れる可能性がある（商法二一一条ノ二。産業再生法一二条の九第四項五項参照）。

（13）さらに、わが国とは異なり、存続会社の株式もが転換の対象とできる。

(14) たとえ完全親会社の株式を対価として受け取ったとしても、完全親子会社関係は、決して安定的なものではない。親会社が完全子会社の株式を少しでも譲渡すれば、完全親子会社関係は簡単に崩れ去ってしまう。この点を強調するならば、合併時に消滅会社の株主が受け取るものが、存続会社の完全親会社の株式であるか、部分親会社の株式であるかは、程度の問題でもある。法的線引きは困難になるが、親子会社間で支配・従属関係が維持されているか否かが、実質的には重要であるとも考えられる。

(15) 少数株主の締出しをも検討対象とした優れた研究として、神田秀樹「資本多数決と株主間の利害調整（五・完）」法学協会雑誌九九巻二号（一九八二年）二二六頁以下。

(16) 古くから、「株式会社は、手切金でカタをつけるほかない身分関係とはちがう（freeze-out）」と主張されている。龍田節「株主総会における議決権ないし多数決の濫用」末川博先生古稀記念『権利の濫用〔中〕』（有斐閣、一九六三年）一三三頁。

(17) 締出しがあり得ることが広く認識されれば、市場価格がそのリスクを折り込んで形成されるとの見方もあろうが（See Robert Charles Clark, Corporate Law 506 (Little & Brown: 1986)、分散投資をしている投資家にのみ耐え得るリスクであろうし、資本市場が十分に効率的か疑問もある。

(18) 中東・前掲注（４）一二七頁以下、三一六頁以下ほかを参照。

(19) 合併においても、償還株式を交付すれば、締出しの目的で利用する余地もある。しかし、消滅会社の普通株式に対しては、存続会社の普通株式を割り当てなければならないと解される（中東・前掲注（４）一五三頁）。

(20) 中東・前掲注（４）三三一頁。

(21) 議論の状況については、江頭憲治郎『株式会社・有限会社法〔第二版〕』（有斐閣、二〇〇二年）六三四頁以下、中東・前掲注（４）四二二頁、三三五頁を参照。

(22) 柴田・前掲注（４）一〇七巻一号（一九九〇年）五八頁以下、江頭憲治郎『結合企業法の立法と解釈』（有斐閣、一九九五年）二五九頁、江頭・前掲注(21)六三四頁以下。

(23) 江頭・前掲注(21)六三五頁、六六五頁。

(24) 最一判平成六年七月一四日判例時報一五一二号一七八頁。

(25)　最一判平成五年一二月一六日民集四七巻一〇号五四二三頁、最三判平成九年一月二八日民集五一巻一号七一頁ほか。

(26)　中東・前掲注(４)三九頁以下、一三三頁以下参照。

(27)　Weinberger v. UOP, Inc., 457 A. 2d 701 (Del. 1983).

(28)　Glassman v. Unocal Exploration Corp., 777 A. 2d 242 (Del. 2001). 判旨は、略式合併においては、子会社株式の九〇％以上を有する親会社の一方的な行為があるだけであり、親子会社間の取引とは構成されないことから、公正性基準のうち、公正な行動を証明しようがないとする。公正な価格については、子会社の少数株主に株式買取請求権が認められていることから、これで保護は足りており、それ以外の衡平法上の救済は与えられないという。他方で、情報を完全に開示する義務はあるとしているが、これは公正な行動の一要素ではないかとの疑問が残る。デラウエア州判例の整理は、In re Pure Resources, Inc., 808 A. 2d 241 (Del. Ch. 2002) を参照（石川耕治＝チャールズ・M・ネーサン「公開買付に関する新たな指針――デラウェア州衡平法裁判所 Pure Resources, Inc. 事件判決」国際商事法務三一巻一号（二〇〇三年）三一頁）。

(29)　Alpert v. 28 Williams Street Corp., 473 N. E. 2d 19 (NY, 1984).

(30)　Cal. Corp. Code §§1101, 1101.1 (2003).

(31)　中東・前掲注(４)五四四頁。カナダは、とりわけ連邦法において、少数株主の保護について裁判所がうまく機能しなかったという歴史を有する。また、多数株主の少数株主に対する信認義務が認められていないことからも、わが国での制度設計にとって、参考になるところが多いであろう。

(32)　Ontario Securities Commission Rule 61-501, "Insider Bids, Issuer Bids, Going Private Transactions and Related Party Transactions", & Companion Policy 61-501CP (2002). 二〇〇〇年五月一日から、この一段と詳細な規制が施行された。改正前と枠組みは大きく変わるものではない。改正前の規制については、中東・前掲注(４)五三一頁以下を参照。

(33)　改正産業再生法一二条の九第一項では、「認定事業者の事業再構築、共同事業再編又は経営資源再活用を行うために必要かつ適切であることについて主務省令で定めるところにより主務大臣の認定を受け」ることが必要とされている。具体的にどのような内容の省令が設けられるか、注目される。

(34)　株主を少数派と多数派（特別利害関係人）に分類するのは、実務上も相当に難しい。法令によって明確な区別の基準を提示すべきであろう。具体的な規定の仕方として、前掲注(32)の OSC Rule 61-501 s. 8-1を参照。

(35)　株式交換の決議要件は特別決議よりも厳格なものが望ましいと主張していた論者は、親会社となる会社の議決権を排除することも検討されるべきであると示唆していた。森本滋「銀行持株会社について」金融法務事情一五二一号（一九九八年）二〇頁、二二頁。

(36)　前掲注(32)の OSC Rule 61-501 s. 8. 2 を参照。

(37)　中東・前掲注(4)四一三頁以下（イギリス法）および四六八頁以下（カナダ法）を参照。

(38)　ドイツ株式法（AktG）三二七a条―三二七f条。松古・前掲注(1)一六五三号二〇頁参照。本章の記述も、同論文と Thomas Stohlmeier, German Public Takeover Law (Kluwer Law International: 2002) に負う。なお、神作裕之「株式交換・編入・会社分割」岩原紳作＝神田秀樹編『商事法の展望』（商事法務研究会、一九九八年）二六九頁参照。

(39)　See Melvin Aron Eisenberg, The Structure of Corporation Law, 89 Colum. L. Rev. 1461, 1497-98 (1989). アイゼンバーグ教授は、消費者余剰（consumer surplus）の概念を、株式についても採り入れようとされる（インタビュー）。

(40)　中東・前掲注(4)四三二頁以下参照。

(41)　前掲注(32)の OSC Rule 61-501s. 1.1(3)を参照。買収主体が株式会社に限られない点も利点である。

(42)　内間裕「視点／残された課題――現金合併と強制的公開買付」ＭＡＲＲ九一号（二〇〇二年）六頁ほか。

(43)　公開買付けによって新たに発行済株式総数の九〇％を取得した者は、取得の段階において、対象会社の株主によって実質的な審査がなされているから、多数決濫用法理などによる牽制を受ける必要はないであろう。これに対して、既存の株主が九〇％を保有しているからといって、当然に他の株主の排除を認めるわけにはいかない。とりわけ閉鎖会社での利用を念頭に置くと、不公正な結果が生じる（中東・前掲注(4)三一六頁以下参照)。本文で述べたカナダ式の基準を満たす必要があると考える。

(44)　藤縄・前掲注(2)一六五六号七九頁以下参照。

(45)　藤縄・前掲注(2)一六五六号七九頁。実例の紹介については、服部暢達「多様化する日本企業の再編スキーム」商事法務一五九九号（二〇〇一年）一五頁、松古・前掲注(1)一六五三号一九頁以下。

(46)　藤縄・前掲注(2)一六五六号八三頁。以下で紹介した実務感覚についても、同頁を参照。

(47)　株式のような金融資産は、最終的に金銭的な利益を得てこそ所有している意味がある。市場参加者の大多数と著しく異なった評価が尊重されなくても、不公正とはいえず、しかも、市場の機能は害されないであろう。

(48)　藤縄・前掲注(2)一六五六号八四頁。

(49)　学説上は、重要な子会社株式の譲渡には、商法二四五条一項一号が適用され、株主総会の特別決議が必要であると解する見解が有力であり（黒沼悦郎「持株会社の法的諸問題(3)」月刊資本市場一二〇号（一九九五年）七六頁、山下眞弘「米国会社法における資産譲渡と総会決議──再改正される模範会社法からの示唆」立命館法学二六九号（二〇〇〇年）二一頁、周田憲二「ドイツにおける子会社株式譲渡」島大法学四五巻四号（二〇〇二年）一八七頁ほか）、筆者もこれに賛成したい。ただし、最大判昭和四〇年九月二二日民集一九巻六号一六〇〇頁で示された営業概念を前提とすると難しい解釈であるし、平成一一年（一九九九年）と平成一四年（二〇〇二年）の商法改正の過程で、立法化の動きが封じられたことにかんがみると、近い将来に裁判所が採用する解釈かは疑わしい。

もっとも、実務では、会社の唯一の財産が子会社株式である場合には、株主総会の特別決議による承認を受けて、少数株主には株式買取請求の機会を与えようとする動きもあり（藤縄・前掲注(2)一六五六号八四頁(14)）、評価に値する。もっとも、譲渡会社が同時に解散する場合には、株主に株式買取請求権は与えられないことになるが（商法二四五条ノ二第一項ただし書）、このような例も少なくないという（藤縄弁護士にご教示いただいた）。

(50)　このほか、営業譲受け（産業再生法一二条の二第一項）、営業譲渡（同一二条の三第一項）、株式交換（同一二条の四第一項）、新設分割（同一二条の五第一項）、吸収分割（同一二条の六第一項・五項）について、簡易の基準が引き下げられている。

(51)　New York Stock Exchange, Listed Company Manual para. 312. 03(c).

(52)　森本滋「新株の発行と株主の地位」法学論叢一〇四巻二号（一九七八年）二一頁、浜田道代「企業金融と多数決の限界」商事法務一三九八号（一九九五年）三三頁ほかを参照。平成一三年四月一八日に公表された法務省民事局参事官室「商法等の一部を改正する法律案要綱中間試案」第一の二の2および第一の二の注2（商事法務一五九三号（二〇〇一年）二八頁参照）では、同趣旨の提案がなされていた。

(53)　龍田節「アメリカ法上の略式合併」民商法雑誌五九巻一号（一九六八年）三頁参照。

(54)　合併のほか、営業譲受け（産業再生法一二条の二第二項）、営業譲渡（同一二条の三第二項）、株式交換（同一二条の四第二項）、吸収分割（同一二条の六第二項・六項）について、略式の手続が認められている。

(55)　中東・前掲注（４）二〇頁以下、四六三頁以下参照。

(56)　3 Model Business Corporation Act Annotated §11. 05 Statutory Comparison（2000/01/02 Supplement）.

(57)　Canada Business Corporations Act, R. S. C. 1985, c. C-44, s. 184.

(58)　中東・前掲注（４）二〇頁参照。

(59)　1 Dickerson, Howard & Getz, Proposals for a New Business Corporations Law for Canada: Commentary（Ottawa: Information Canada, 1971）at 121.

(60)　前述のグラスマン事件判決（前掲注(28)）を参照。

(61)　果たして、企業組織再編の場面で、暖簾を考慮してもなお、債務超過会社と評価されることがあるのかという疑問もある。独立当事者間取引で、暖簾が計上され、帳簿上の債務超過が解消されるなら、何ら問題がないともいえる。この点の交渉の裁量は、大きなものであろう。暖簾によって債務超過を解消できないなら、取引の妥当性すら疑われかねない。もっとも、とりわけ子会社を当事会社とする場合には、厳格な暖簾の評価が行われるようでもあり、また、暖簾の償却期間の制限が多額の暖簾の計上を妨げているのかもしれない（商法施行規則三三条参照）。

(62)　合併比率が公正に決まらないから違法とする見解として、龍田節「合併の公正維持」法学論叢八二巻二＝三＝四号（一九六八年）二八四頁以下、中東・前掲注（４）一五〇頁。

(63)　柴田・前掲注(22)六七頁以下。

(64)　江頭・前掲注(21)六二八頁。

(65)　岩原紳作ほか「〔座談会〕改正商法に基づく株式交換・株式移転の実務」商事法務一五三九号（一九九九年）一八頁〔原田・岩原発言〕、安田荘助ほか編著『株式交換と会社分割――グループ価値を高める新しいマネジメント手法』（日本経済新聞社、二〇〇〇年）二六六頁〔高谷晋介〕、丸山秀平ほか『企業再編と商法改正――合併、株式交換・移転、会社分割の理論的検討』（中央経済社、二〇〇〇年）七八頁〔小宮靖毅〕など。

(66) 中東・前掲注(4)一一七頁。債務超過会社を完全子会社とする株式交換が許されないことを前提とすると、実務的には、完全親会社となる会社が完全子会社となる会社の第三者割当増資を引き受けて、完全子会社の債務超過状態を解消してから株式交換を行うことになろう。しかし、債務超過会社が完全子会社となる株式交換が解釈論上も認められるならば、そのような第三者割当増資の引受けは、完全親会社の利益を損なうものである可能性もある。完全子会社に資金需要があるならば、株式交換後に資金を投入すればよい。

(67) 江頭・前掲注(21)五〇七頁以下、松古・前掲注(1)一六五三号一八頁。

(68) 江頭憲治郎「会社分割」奥島孝康教授還暦記念第一巻『比較会社法研究』(成文堂、一九九九年)一八六頁参照。

(69) 江頭・前掲注(21)五〇七頁。

(70) 江頭・前掲注(68)一九四頁は、端数があっても構わないとする。

(71) 吉原和志「会社責任財産の維持と債権者の利益保護(一)――より実効的な規制への展望」法学協会雑誌一〇二巻三号(一九八五年)四三四頁、中東・前掲注(4)三八三頁、中東正文「利益配当に関する手続規制の再検討(1)」中京法学三四巻三＝四号(二〇〇〇年)一〇〇頁参照。企業組織再編の効果が生じる子会社株式の分配については、現金の分配よりも厳格な手続が必要であるとの見解もあり得よう。

(72) 中東・前掲注(71)八二頁、中東正文「自己株式」法学教室二六四号(二〇〇二年)一五頁。

(73) 藤縄・前掲注(2)一六五五号一二頁以下。

(74) 伊藤靖史「事後設立規制の適用範囲について」民商法雑誌一二五巻六号(二〇〇二年)六九六頁以下参照。

(75) 高村隆司「事後設立によるM＆Aをめぐる諸問題――検査役の検査を中心に」金融法務事情一五八五号(二〇〇〇年)二六頁以下。

(76) 伊藤・前掲注(74)六九九頁。

(77) 江頭・前掲注(68)一九五頁。

(78) 江頭・前掲注(21)六二頁。

(79) 株主総会に事後設立契約に関する議案を提出した取締役の責任(商法二六六条ノ三)が債権者保護の機能を果たすとの考えもあろうが、総会決議の要否を問わず、債権者を害する事後設立契約を締結した取締役は、第三者に対する責任を負う可能性がある。総株主の同意によって検査役の調査等を省略した場合には、取締役とともに、株主にも一種の担保責任を負わせるのが妥当であろう。

(80) 小林量「コーポレート・ファイナンス法制の柔構造化」商事法務一六〇三号（二〇〇一年）一八頁参照。
(81) 相沢英之ほか編『一問一答　金庫株解禁等に伴う商法改正』（商事法務研究会、二〇〇一年）七頁。
(82) 中東・前掲注(72)一一頁。
(83) 松古・前掲注(1)一六五三号一五頁。
(84) 藤田友敬「自己株式取得と会社法〔下〕」商事法務一六一六号（二〇〇一年）六頁、中東・前掲注(72)一四頁。
(85) 藤田友敬「自己株式取得と会社法〔上〕」商事法務一六一五号（二〇〇一年）六頁。
(86) 浜田道代「非公開会社の自己株式取得規制の緩和」ジュリスト一〇二九号（一九九三年）二三頁以下。
(87) 竹内昭夫「自己株式取得規制の緩和と商法・税法」商事法務一二八六号（一九九二年）七頁、岩原紳作「自己株式取得規制の見直し〔下〕」商事法務一三三五号（一九九三年）一五頁、中東・前掲注(72)一四頁。このような立法論に対しては、登記が煩雑になるという批判があり得ようが、登記簿上で発行済株式総数における保有自己株式の内訳がわからないという現状こそ不適切である（商法一八八条二項一号・五号、一六六条一項三号・六号参照）。少量の取得や処分については、ある程度まとまった段階で登記をすれば足りることにすればよい。
(88) 落合誠一ほか「〔ワークショップ〕外国会社との合併・株式交換をめぐる法的規律〔上〕」商事法務一六三五号（二〇〇二年）一五頁〔藤田発言〕参照。
(89) 松古・前掲注(1)一六五三号二〇頁。株式買取請求権の考察は、神田・前掲注(15)二四三頁以下、二九〇頁以下参照。
(90) Melvin Aron Eisenberg, The Legal Roles of Shareholders and Management in Modern Corporate Decisionmaking, 57 Calif. L. Rev. 1, 85 (1969).

第六章　企業組織再編法制の整備

第一節　序　論

一　商法改正の流れ

企業組織再編法制の整備は、平成九年商法改正により、合併手続が合理化され、吸収合併について簡易な手続が認められたことに始まる。

同じく平成九年には、平成七年独占禁止法改正で純粋持株会社の設立等が認められたことを受け、銀行持株会社創設特例法が制定され、日本式の三角合併が可能となった。同法は、手続が煩雑なこともあり、一度も使われることがなかったが、平成一一年商法改正への架け橋になった。アメリカ法にならって株式交換制度が、また、わが国に独自の制度として株式移転制度が導入された(1)。

平成一二年商法改正では、会社分割制度が導入され、組織再編に関する一連の法制度の整備は一段落した。これに対応する形で、税法の整備がなされ、企業のグループ経営化に呼応して、連結納税制度が導入された。

二　産業再生法改正

一連の商法改正では、解釈論上の争いは決着しなかった。たとえば、合併対価として親会社株式や現金等を利用することができるか（三角合併、交付金合併）、国際的な合併や株式交換を実施することができるか、債務超過会社を当事会社とする合併や株式交換は可能か、といった問題である。

商法の特則を定める形で風穴を空けたのが、平成一五年四月の産業再生法改正である。たとえば合併において、認定事業者は、親会社の株式や現金を対価として利用することができる（産業再生法一二条の九）。三角合併の形を利用して、外国親会社の株式を対価とすれば、株式対株式の国際的な企業結合（アウト・イン型）が可能になったと考えられている。

改正産業再生法は、解釈では対処し得ない課題についても、積極的に取り組んでいる。簡易な（small scale）組織再編の要件を緩和し、さらには、略式な（short form）組織再編の制度を導入した（産業再生法一二条の二―一二条の七）。中間配当で子会社株式の分配を認めて間接分割を可能とし（産業再生法一二条の八）、事後設立に伴う検査役調査等を省略する道を開いた（産業再生法一一条）。

三　法制審議会での議論

法制審議会会社法（現代化関係）部会でも、平成一四年九月二五日以降、①合併対価の柔軟化の可否、②簡易組織再編行為の要件の見直し、③組織再編時の剰余金の計上・引継ぎ、④組織再編における新株予約権の取扱い、⑤事後設立規制の見直しなどが、具体的に議論されている。

第二節　組織再編の対価の柔軟化

一　議論の状況

合併の対価として現金のみを用いることができるかは（交付金合併）、解釈論上の問題として、長らく争われてきた。(2)伝統的な通説によれば、合併交付金は、合併比率の調整のためのものと消滅会社の最終営業年度の配当に代わるものに限られ、(4)対価の全部を現金で支払うことは許されない。(3)これに対して、近時は、交付金合併を許容する見解が有力になっている。

合併契約書の記載事項に関する規定が解釈の基礎になる。吸収合併において現金を交付できることは、商法四〇九条四号が根拠規定になろうし、存続会社の株式を必ず交付しなければならないかとなると、同条二号の「新株の割当に関する事項」として、「何も割り当てない」と記載することも許されるであろう。商法の文言は、交付金合併の可否について、一定の結論を当然に導くものではない。

二　交付金合併の便益と弊害

実質論として、交付金合併を認めることができるか。必要性について、積極派は、たとえば、とりわけ非公開会社が存続会社になる場合に、①会社にとって便益が大きいだけではなく、②消滅会社の株主にも現金の交付を受ける要望があると指摘する。(5)

これらの便益のうち、②の点については、消滅会社のすべての株主に現金を受け取らせて会社から排除する根拠にまではならず、希望する株主に現金を選択的に与える方策を講ずることで対処できよう。当事会社が支配・従属関係にないなら、消滅会社の側では、営業全部を譲渡して清算手続を経ない解散の道を多数決で選んだとみることもでき、公正さの問題は生じない。

前述の①の点についていては、比較法的にみても、一定の条件を満たす場合に、消滅会社に対して支配を有する存続会社が、消滅会社の少数株主を排除することが認められている。(6)

交付金合併の許容に否定的な立場は、多数株主による少数株主の締出しに用いられる可能性がある点を危惧する。①少数株主の締出しが不公正であり、②意に反して締め出された少数株主は、持株に対する評価を尊重されないが、資本市場は本来的に個々の市場参加者のさまざまな株式評価の集積によって成り立っているから、締出しが許されるならば、この前提を害する危険性があり、また、③無限定に認めると、二段階公開買付けなどの威圧的な買収手段を可能にしてしまう。

三　立法による対応の可能性

交付金合併の積極派は、制度の濫用から少数株主を保護する法理は別にあり（商法二四七条一項一号・四一五条）、交付金合併をおよそ認めない理由にはならないとする。(7)

積極派が説くように、少数株主の保護が万全であるなら、交付金合併を一般予防的に禁止する必要はない。現状でも、①存続会社の償還株式を利用する、②営業の全部の譲渡と解散を組み合わせる、③株式移転の後に完全子会社株式の全部の譲渡を行う（ジャパニーズ・スクイーズ・アウト）(8)などといった形で、少数株主を締め出す方法が存在している。

しかし、①のような合併は無条件に認められるべきではないし、合併による少数株主の締出しは、②や③の方法に比べて、手間がかからないものであり、解禁したときの影響が大きい。合併無効の訴えによって、事後的な救済が効果的になされるのか、すなわち、原状回復（会社の分割）が実際に困難な状況で、裁判所にそれを命じることを期待し得るのか。

交付金合併を一律に禁止することも考えられるが、次のような立法的な手当てを施すことによって、実務にとっても安定的な形で、交付金合併の利用を認めるべきである。すなわち、カナダ法にならって[9]、当事会社が支配・従属関係にある場合には（ゴーイング・プライベート取引）、①質の高い情報開示、②独立した評価人による評価、③少数派の多数の賛成を要件として、交付金合併を許容する。

少数派の多数が賛成する取引であれば（③）、その集団において会社を解散すると判断されたとみることもできるから、個々の投資家の株式の評価が清算されるのも、やむを得ない。この決定が十分な情報のもとで行われるために、質の高い情報開示（①）と独立した評価（②）が必要である。これらの基準は、実務的にすでに実践され、あるいはされようとしていたり、交付金合併の積極論者からも、立法論として提言されているものである[10]。少数株主の締出しが生じるのは、合併のときに限られないから、他の組織再編や株式併合なども含める形で、横断的な規制を設けるのが望ましい。

四　株式強制買取制度

実質審査を避ける方法として、株式強制買取りが、イギリスやカナダなどで伝統的に活用されている。第一段の公開買付けによって、買付者が対象会社の株式（買付者の保有分を除く）の九〇%を買い付けることに成功した場合に、残余の株主から公開買付けと同等の条件で持株を買い取ることができる[11]。

強制買取りの前段階で、圧倒的多数の提供があったのであるから、残余株主の固有の株式評価と離れて、持株の価値が確定されるのもやむを得ない。株式の価値は最終的には金銭で清算されるべきもので、他の投資家がどれだけの価値を与えるかに委ねられている以上、独自に過ぎる株式評価は、およそ実現できないからである。わが国でも、実務からの要望もあり、この制度を導入することが妥当である。同時に、少数派になった株主には、支配株主に対して株式の買取りを請求できるとすべきである[12]。

さらに進んで、支配株主がすでに九〇％ないし九五％の株式を有する場合に、支配株主に少数株主を排除する権限を与える制度をも導入すべきか。ドイツでも、株式法改正によって、株式の九五％を有する多数株主は、株主総会決議を経て、少数株主を排除することができるようになった(13)。

単に対象会社株式の大多数を有するという事実だけで、支配株主が少数株主を締め出すことを認めるのは、これを正当化する理由をみつけるのが困難である。買付けに応じない株式が一〇％を超えている場合に、第三者割当増資を使えば、買付者が持株比率を九〇％以上にするという抜け道もある。

五　現金以外の組織再編の対価

現金以外を組織再編の対価として利用することは許されるか。解釈論としては、合併契約書等に記載すべき対価として、受入会社の株式か現金のみが絶対的記載事項とされているから、その他の種類の財産を認めることは困難である。

とはいえ、完全親会社株式を対価として用いることは、政策判断としては、認められてよい。三角合併の過程を短縮した株式交換が可能とされている以上、実質的には決着した問題である。また、兄弟姉妹会社同士を合併する場合に、親会社の株式を対価にすれば、完全親子会社関係を維持することができるという実益もある。これを可能とするように、組織再編契約書の記載事項を変更し、また、このような目的での子会社による親会社株式の取得等を認めるべきである（商法二一一条ノ二参照）。対象会社が存続会社となる逆三角合併についても、認めて差し支えない。

ただし、株式交換では親会社となる会社の株主総会決議が原則として必要であることとの比較から、三角合併を行う上でも、親会社の株主総会決議を原則として要求すべきである。簡易組織再編の要件の緩和にも関係するが、大量の第三者割当増資に対しては、企業結合の効果があるとして、株主総会決議を経させる必要がある。

第三節　組織再編手続の簡素化

一　株主総会の手続

(1)　簡易な組織再編

組織再編においては、実務上、株主総会を開催する費用が負担となっている。簡易な制度が導入され、負担は軽減されたが、まだ手続が重いとの印象が持たれている。実際にも、簡易組織再編の要件を満たすために、取引が複数回に分けられてもいるようである。

簡易な手続が認められるか否かは、当事会社の規模と組織再編の規模との相関関係で決せられる。簡易合併であれば、存続会社が発行する株式数が、合併前の発行済株式総数に対して五％以内であれば、大が小を呑む形の合併と評価される（商法四一三条ノ三）[14]。この五％という数字が高すぎるとの認識は、産業再生法にも現れており、二〇％が程よい基準のようでもある。

比較法的にみても、アメリカの模範事業会社法においては、合併や株式交換に伴う新株発行によって、議決権の総数が二〇％を超えては増加しない場合に、存続会社または完全親会社となる会社の株主総会決議を省略することができる[15]。ニューヨーク証券取引所の上場規則においては、組織再編によって普通株式の数または議決権の数が二〇％以上増加する場合にのみ、株主総会決議が要求されている[16]。

他方で、大量の第三者割当増資にも、企業結合の効果があるし、とくに営業を現物出資の対価として受けてなされる場合には、合併や会社分割と同じ結果になる。そこで、新株発行規制については、現行法よりも厳格にする必要があると考える。一定期間内に発行済株式総数の二〇％を超える第三者割当増資は、公正価額で新株が発行されようが、株主総会の決議を必要とすべきである[17]。

組織再編の対価が柔軟化されると、たとえば交付金合併では、存続会社が発行する株式の数を基準とすることができない。簡易な営業譲受けに準じて考えるなら、合併対価の額と存続会社の純資産額との比率を問うことになるのか。簡易であるか否かの判断基準につき、組織再編の諸形態に共通する指標を得ることが望ましい[18]。

さらに、親会社が一〇〇％所有の殼会社を買収対象会社と交付金合併をさせれば、親会社は、現金を対価とした株式交換をしたのと同じ効果を得ることができる。債権者保護手続がないことを理由に、交付金による株式交換を否定する見解もあるが[19]、交付金合併を認めるなら、交付金株式交換を認めたのと同じ結果になる。この場合には、いかに規模が大きくても親会社の株主総会決議が不必要とみるべきではない（商法二四五条一項三号参照）。

(2)　略式の組織再編

産業再生法では略式の組織再編が導入された。親会社が子会社の議決権の三分の二以上を有する場合に、親子会社間の組織再編に際して、子会社の株主総会決議を省略してもよい（垂直的略式組織再編）。子会社間の組織再編についても、同様である（水平的略式組織再編）。その根拠は、子会社で株主総会を開催したところで、親会社が決議を成立させるに足りる株式を有している以上、結果に変わりはないことに求められよう。

比較法的にみると、略式合併の要件が、アメリカでは九〇％、カナダでは一〇〇％の親子会社関係と、わが国に比べて高い数値に設けられている。アメリカでは、略式合併を導入した時点で、合併対価を柔軟化したという経緯に由来する。最近のデラウエア州最高裁も、略式合併においては、親会社の子会社に対する一方的な行為があるだけであり、親子会社の取引とは構成されないことから、完全な公正さの基準は適用されないと判示している[20]。カナダでは、少数株主の締出しを危惧して、略式合併は一〇〇％の持株関係がある場合にのみ認められている。

わが国ではどうか。略式合併の要件を総株主の議決権の三分の二以上としようにも、前述の締出し規制に服させるなら、結局は株主総会決議が必要となる場合がある。九〇％もの圧倒的な株式を有しているからといって、当然に少数株主を排除する権限を認める根拠は乏しい。カナダ法のように、一〇〇％の持株関係に限るなら、特段の問題はない。議決権数の基準を低く押さえるなら、略式な組織再編の当面の利用を株式対価の場合に限ることも考えられる。

二　債権者保護手続

法制審議会会社法（株券の不発行等関係）部会は、平成一五年三月二六日に、「株券不発行制度及び電子公告制度の導入に関する要綱中間試案」を取りまとめ、債権者保護手続における個別催告の省略ないし簡素化を提言している（第二編の第三）。

合併と会社分割について、①合併における手続と会社分割の承継会社がする手続と、②会社分割の分割会社がする手続とが区分されており、②に関しては、異議を述べなかった債権者について免責的債務引受けの効果が生ずることから、より厳重な手続が必要かが問われる。三つの案が併記されているが、①と②とで手続を揃え、官報公告に加えて、日刊新聞紙による公告または電子公告をも行った場合に、個別催告の省略を認めるとする第Ⅱ案が、検討の主軸とされている[21]。ルールの内容が単純かつ明快で運用しやすいことをも重視するなら、この案がもっとも適当であろう。

これまで債権者保護手続が予定されていなかった組織再編について、同様の債権者保護手続を導入すべきかも問題となり得る。営業譲渡と営業譲受けにおいても、対価が妥当であることの担保がないなら、債権者保護手続が必要かもしれない。株式交換の対価が現金でもよいとするなら、完全親会社となる会社は債権者保護手続を行うべきであろう。他方で、債権者保護手続を常に要求するならば、余分な費用をかけるのみになってしまうから、総資産または純資産を基礎として、小規模な組織再編について債権者保護手続の省略を認めることも検討に値しよう。

第四節　組織再編の周辺の法制

一　間接分割

株主に対して子会社株式を分配して、人的会社分割と類似する効果を得ることができるか（spin-off）。子会社の設立とその株式の分配は、段階的に会社分割を行うことができるので（間接分割）、実務上も利点がある。[22]

期末の利益配当に際して、従来は金銭以外の現物を分配することはできないと考えられてきたが、少なくとも子会社株式については、解釈論上も許されるとする見解が有力になっている。[23] 端数が現金処理をしても差し支えない程度に僅かであれば、[24] 子会社株式の分配を禁止する理由はない。

中間配当で子会社株式を分配できないことは、文言から明らかであるが（商法二九三条ノ五）、立法論として適当かは疑問もある。中間配当と期末配当の時期に対応して、間接分割の時期を固定する意味も乏しい。中間配当で子会社株式の分配を認めるときには、株主総会決議が不要になってしまうが（商法特例法二一条の三一参照）、人的新設分割の手続との均衡を欠く。中間配当と期末配当のいずれについても、組織再編の効果が生じる場合には、株主総会の特別決議を要求すべきであろう。反対する株主には、少なくとも現物配当されるべき子会社株式につき、会社への買取請求権を認めるべきである。[25] 子会社株式の分配については、株主総会の特別決議を条件として、随時に決定できるような法改正をすることが望まれる。

二　事後設立規制

組織再編の際に子会社を利用することが少なくない。営業または株式を譲り受けるための受け皿会社を設立しようにも、事後設立規制（商法二四六条）が大きな障害になるため、規制の撤廃が主張されている。[26]

解釈論としても、株式の譲受けの受け皿になる場合を念頭に置きつつ、有価証券は営業のために利用する財産には当たらないなどの見解が示されている。[27] 立法論としても、財産引受規制が広範に過ぎるとして、第三者との契約を事後設立規制の適用範囲から除外することが考慮に値するとの見解がある。[28]

事後設立規制は債権者保護をも目的としているが、この目的に手段が対応していない。検査役の調査等に続いて株主総会決議が必要とされており、また、検査役等の意見を無視する決議がなされても、せいぜい取消事由になるだけであると解されるが、[29] 決議取消の訴えを提起することができるのは、株主または株主総会で選任された取締役もしくは監査役に限られているから、全体的に株主を基点とした規制が設けられている。総株主の同意があれば、事後設立規制は必要でないともいえ、そのような規制にするならば、組織再編目的で子会社を設立する場合には、事後設立規制がほぼ回避されるであろう。[30]

三　代用自己株式

平成一三年六月商法改正によって、自己株式に関する法規制が緩和された。効率的な経営が求められる時代に、適正な資産構成という観点も含めた資産返却規制が必要となっていた。[31]

自己株式取得を認める必要性として、改正法の提案者によって強調されたのは、① 代用自己株式としての利用、② 株式の需給関係の調整、③ 敵対的買収への対抗策としての利用である。[32] ここでは、代用自己株式としての利用に関して（①）、無制限な保有（金庫株）の是非を考える。[33]

組織再編における代用自己株式の利用は、新株の交付よりも経済合理性があるわけではない。営業譲渡や株式公開買付けに際して株式を利用する際には、自己株式を利用すると現物出資規制等が除外されるという利点があるが、これはルールの非対称性に基づくものであり、[34] 統一的なルールに服させるのが妥当であった。

さらに、②と③は自己株式の取得によって得られる効果であって、その後の保有を認めるか否かとは直接的にはかかわらない。立法論としては、自己株式の保有を禁止して、(35)取得した自己株式は当然に消却され、未発行授権株式になるとするのが妥当である。(36)

第五節　債務超過会社の組織再編

実務では、グループ内の債務超過会社を組織再編によって処理したいという要望が強い。実質的な債務超過を当事会社とする組織再編は、現行法の下で認められるのか。(37)

合併について考えると、たとえば、債務超過の子会社を親会社が合併によって救済する場合に、親会社が存続会社になることはできないと考えられている。(38)登記実務もこのような立場である（昭和三三年五月二六日付民四第七〇号民事局第四課長変更指示、昭和五六年九月二六日付民四第五七〇七号民事局第四課長回答）。親会社は、マイナスの価値の子会社を受け入れて、新株を発行することになり、資本の充実が害されるからである。

この点については、債務超過会社の株主に対しては、合併の対価を与える必要はないという観点からの議論が強くなっている。合併において株式を交付しないなら、資本充実の問題にはならない。(39)債務超過の完全子会社が消滅会社となり、完全親会社が存続会社となる合併については、可能であるとの見解が以前から有力であり、(40)登記実務でも認められているという。(41)

完全親子会社関係にない場合には、子会社の少数株主に何も対価を与えないことになるが、(42)株主の利益を保護するという観点からは、総株主の同意によるべきか、通常の合併と同様に多数決で構わないのか。倒産手続によるのでなければ、総株主の同意が必要であると解すべきであろう。

解釈論に限界を感じる論者の中には、結合企業内部での再建を目的とする合併については、立法により債務超過会社の合併を可能とする余地があることを示唆する見解もある。(43)

現行法の下でも、有益な救済合併は実施できると解するべきである。債務超過会社を消滅会社とする合併が許されない実質的な根拠は、存続会社が合併から利益を受けることができないことにある。ところが、子会社を救済する場合などには、親会社にも利益がもたらされる可能性がある。親会社が自社の信用などを維持するために、マイナス二〇の子会社を合併すれば、一〇〇の損失を防ぐことができる事例である。この場合に、子会社には、親会社と合併するならという条件付きではあるが、一〇〇の付加価値があるとみることもできる。合併後の会社価値の増加の源泉を当事会社で分けることができるならば、子会社の価値はプラスであるとみることも可能であろう。このような形で、合併によって生み出される利益や回避される損失をも含めて、債務超過の概念を組み立てなおすことが検討されてよい。親会社のほうでは、事実上の保証債務を負っており、子会社の側では、曖簾とはいえないにせよ、無形の潜在的資産を保有しているととらえることになろうか。

他方で、前述の例で、子会社を合併することによって、親会社に二〇以上のメリットが認め難いなら、親会社の取締役の責任が問題となる(44)。このような合併は、親会社株主の利益に反する。合併による経済的効果を合併比率の算定の基礎となる企業価値に織り込んでもなお債務超過ならば、合併を行うことはできないと考える。

債務超過会社の合併が認められないことを前提として、救済合併を予定している親会社が子会社の第三者割当増資に応じることがある。資本を注入して、債務超過を解消する。もっとも、完全子会社ではない場合には、親会社から子会社の少数株主へ富の移転が生じてしまう。株式交換などを利用して、部分的子会社は完全子会社にしておくことが望ましい。債務超過会社が完全子会社となる株式交換は、商法上も可能であると解する(45)。完全子会社となる会社の企業価値がマイナスでも、完全親会社となる会社が受け入れる対価は債務超過会社の株式であり、破綻が確定的でない限り、株主有限責任制の下ではプラスの価値を有し得るからである(46)。

第六節　結　語

この数年で組織再編法制は格段に充実したが、以上でみてきたように、数々の課題を残している。今後の法整備の政策目標として、当事会社の株主や債権者にとって公正な組織再編が行われるようにすること、組織再編の類型の相互間で整合性を持った規制が組み立てられること、規制の全体像や細部が、一部の熟練した法律家だけのものではなく、理解が容易なものとして設計されることが肝要であろう。

（1）中東正文「株式交換・株式移転」金融・商事判例一一六〇号（二〇〇三年）一九―二二頁参照。

（2）鈴木竹雄ほか『株式会社の合併』（有斐閣、一九五六年）六二―七八頁参照。

（3）竹田省「現金の交付を伴ふ会社合併」『商法の論理と解釈』（有斐閣、一九五九年）二六五―二七〇頁、大隅健一郎「会社合併の本質」『会社法の諸問題〔新版〕』（有信堂、一九八三年）三八九頁、龍田節「株主総会における議決権ないし多数決の濫用」末川博先生古稀記念『権利の濫用・中』（有斐閣、一九六二年）一三三頁、上柳克郎＝鴻常夫＝竹内昭夫編『新版注釈会社法（13）』（有斐閣、一九九〇年）一六五―一六九頁〔今井宏〕、大隅健一郎＝今井宏『会社法論下Ⅱ』（有斐閣、一九九一年）一一〇―一一四頁、中東正文『企業結合・企業統治・企業金融』（信山社、一九九九年）一五二―一五三頁など。

（4）柴田和史「合併法理の再構成（六・完）」法学協会雑誌一〇七巻一号（一九九〇年）五八―六〇頁、江頭憲治郎『株式会社・有限会社法〔第二版〕』（有斐閣、二〇〇二年）六三四頁（2）。

（5）江頭憲治郎『結合企業法の立法と解釈』（有斐閣、一九九五年）二五九―二六三頁、江頭・前掲注（4）六三四頁注（2）。

（6）中東正文「M&A法制の現代的課題〔上〕」商事法務一六五八号（二〇〇三年）一三頁参照。

（7）江頭・前掲注（4）六三四頁注（2）。江頭・前掲注（5）二六三―二六五頁参照。

（8）詳しくは、藤縄憲一「企業再編における実務上の課題と取組み〔下〕」商事法務一六五六号（二〇〇三年）七九頁を参照。

（9）Ontario Securities Commission Rule 61-501, "Insider Bids, Issuer Bids, Going Private Transactions and Related Party Transactions", and Companion Policy 61-501 CP (2002).

（10）江頭・前掲注（5）二八五頁（支配・従属会社間の合併に合併検査役を制度化）。

(11)　Companies Act 1985, Ch. 6, ss. 429, 430（Eng.）; Canada Business Corporations Act, R. S. C. 1985, c. C-44, s. 206; Company Act, R. S. B. C. 1996, c. 62, s. 255（BC）; Business Corporations Act, R. S. O. 1990, c. B. 16, s. 188（Ontario）. See Corporations Act 2001 s. 661A（Australia）.

(12)　Companies Act 1985, Ch. 6, s. 430 A（Eng.）; Canada Business Corporations Act, R. S. C. 1985, c. C-44, s. 206. 1; Corporations Act 2001 s. 662A（Australia）. See Business Corporations Act, R. S. O. 1990, c. B. 16, s. 189（Ontario）（会社に対する買取請求権）: 江頭・前掲注（５）三一八頁を参照。

(13)　AktG §§327a-327f. See Corporations Act 2001 s. 664A（Australia）. アメリカ法も含めた概況につき、中東・前掲注（６）一三頁を参照。

(14)　組織再編の対価が株式であることを前提しているともいえる。

(15)　Model Business Corporation Act §§6. 22(f), 11. 04(g).

(16)　New York Stock Exchange, Listed Company Manual para. 312. 03(c).

(17)　森本滋「新株発行と株主の地位」法学論叢一〇四巻二号（一九七八年）二一頁、浜田道代「企業金融と多数決の限界」商事法務一三九八号（一九九五年）三三頁参照。平成一三年四月一八日に公表された法務省民事局参事官室「商法等の一部を改正する法律案要綱中間試案」第一の二の２および第一の二の注２でも、同趣旨の提案がなされていた。

(18)　昭和六一年五月一五日の法務省民事局参事官室「商法・有限会社法改正試案」七の13ａにおいては、「吸収される会社（消滅会社）の規模が相対的に小さな場合（例えば消滅会社の総資産の二〇分の一以下）には、存続会社の株主総会の合併契約書の承認決議を省略することができる」とされ、総資産の基準が示されている。

(19)　江頭・前掲注（４）六七〇頁注（６）。

(20)　Glassman v. Unocal Exploration Corp., 777 A. 2d 242（Del. 2001）.

(21)　商事法務一六六八号（二〇〇三年）四四頁。その後、平成一五年七月三〇日に法制審議会会社法（株券の不発行等関係）部会は、「電子公告制度の導入に関する要綱案」を決定している。

(22)　江頭・前掲注（４）五〇七―五〇八頁、松古樹美「最近の組織再編の潮流にみるＭ＆Ａ関連法制の現状と課題〔下〕」商事法務一六五三号（二〇〇三年）一八頁。

(23)　江頭・前掲注(4)五〇七頁。

(24)　江頭憲治郎「会社分割」奥島孝康教授還暦記念『比較会社法研究』(成文堂、一九九九年)一九四頁は、端数があっても構わないとする。

(25)　利益配当に際して、子会社株式と現金との選択を株主に委ねるべきであると主張する見解として、村上裕「アメリカ型会社分割に関する一考察」東北法学二一号(二〇〇三年)一九四頁。

(26)　藤縄憲一「企業再編における実務上の課題と取組み〔上〕」商事法務一六五五号(二〇〇三年)一二—一六頁。

(27)　高村隆司「事後設立によるM&Aをめぐる諸問題」金融法務事情一五八五号(二〇〇〇年)二六—二九頁。

(28)　伊藤靖史「事後設立規制の適用範囲について」民商法雑誌一二五巻六号(二〇〇二年)六九九頁。なお、江頭・前掲注(4)六二一頁参照。

(29)　高村・前掲注(27)二八—二九頁参照。

(30)　総株主の同意によって検査役の調査等を省略した場合には、取締役だけではなく、株主にも担保責任を負わせるのが妥当であろう。

(31)　小林量「コーポレート・ファイナンス法制の柔構造化」商事法務一六〇三号(二〇〇一年)一八頁参照。

(32)　相沢英之ほか『一問一答・金庫株解禁等に伴う商法改正』(商事法務研究会、二〇〇一年)七頁ほか。

(33)　詳しい分析は、中東正文「結合企業と自己株式」判例タイムズ一一二一号(二〇〇三年)六七頁を参照。

(34)　藤田友敬「自己株式取得と会社法〔上〕」商事法務一六一五号(二〇〇一年)六頁。

(35)　浜田道代「非公開会社の自己株式取得規制の緩和」ジュリスト一〇二九号(一九九三年)二三—二四頁。

(36)　竹内昭夫「自己株式取得規制の緩和と商法・税法」商事法務一二八六号(一九九二年)七頁、岩原紳作「自己株式取得規制の見直し〔下〕」商事法務一三三五号(一九九三年)一五頁、中東正文「自己株式」法学教室二六四号(二〇〇二年)一四頁。

(37)　前掲注(33)参照。

(38)　大隅・前掲注(3)三九八頁、上柳ほか・前掲注(3)一三三—一三五頁〔今井〕。

(39)　柴田・前掲注(4)六八頁。

(40)　松岡誠之助「赤字会社との合併」竹内昭夫＝松岡誠之助＝前田庸『演習商法』（有斐閣、一九八四年）二〇七頁、上柳ほか・前掲注(3)一三五頁〔今井〕、遠藤美光「財務破綻にある株式会社の吸収合併（二・完）」千葉大学法学論集六巻一号（一九九一年）一三三―一三四頁。

(41)　簡易合併の形式によることも少なくないと思われるが、現行法では現金の流出が純資産額の二％以内に限られており（商法四一三条ノ三第一項）、この規制との均衡からは、債務超過額がいくら大きくてもよいのか、課題が残るであろう。

(42)　多数決で足りるとするものとして、柴田・前掲注(4)一〇六頁。一〇〇％減資に関して、江頭・前掲注(4)六二八頁注(2)を参照。多数決に批判的な見解として、遠藤・前掲注(40)一三一―一三二頁。

(43)　今井宏＝蓮井良憲「合併の法理論と会計」荒川邦寿編『会社合併・分割の会計』（中央経済社、一九八三年）一六三頁、上柳ほか・前掲注(3)一三六頁〔今井〕。

(44)　合併比率が不当であっても合併後の会社に損害がない以上、取締役の会社に対する損害賠償責任は生じないとする裁判例もあるが（最判平成八年一月二三日資料版／商事法務一四三号一五八頁）、債務超過会社の合併には妥当しない。他企業の支援と取締役の責任に関して、近藤光男「会社の寄付と取締役の善管注意義務〔下〕」商事法務一六六三号（二〇〇三年）一五頁。

(45)　中東・前掲注(1)二五頁、中東正文「M＆A法制の現代的課題〔下〕」商事法務一六五九号（二〇〇三年）五一頁。

(46)　商法三五七条は、完全子会社の純資産額を基準として、完全親会社の資本の増加額の上限を画しており、債務超過会社の株式交換を認める私見とは、発想を異にしている。完全親会社の資本の増加額の上限は、受け入れる完全子会社株式の価額によって決せられるべきである。

第七章　企業組織の国際的再編

第一節　序　論

会社法と国際私法が激しく交錯する課題の一つが、企業組織の国際的再編である[1]。わが国では、旧来、国際的合併は認められないとする見解が有力であった[2]。近年および現在の立法作業も、現行法の下では国際的合併や国際的株式交換は許されないという前提で、進められているようでもある[3]。実務を中心に、国際的合併等という直線的な方法は採らずに、抵触法の問題を可能な限り回避する形で、組織再編を構成しようという考え方も強い[4]。

本章では、内国会社と外国会社が、国際的な合併と株式交換を直接的に行う場面を想定して、国際私法（抵触法）および会社法（実質法）における問題点を整理する。まずは、概念が国際的にも共有されている合併を考察し、その後に、そのような状況にはない株式交換を検討していく。

以下では、国際的合併や国際的株式交換を推進すべきとの立場から、それを可能とする方策を探ろうとはしない。国際的合併等を可能とするための前提条件を検討することを通して、国内での組織再編にかかわる法規整を再検討する契機となることを期待している。

第二節　国際的合併をめぐる問題

一　従来の議論

内国会社と外国会社が合併できるかについては議論がある。抵触法で日本法が準拠法とされる場合には、実質法である日本の商法が国際的合併を許容しているかという問題となる。(5)

少し前までは、「抵触法か実質法の話かわからない議論の仕方で、結論としては、日本の商法は日本の会社にしか適用がないという、出所不明の、理論的根拠も疑わしいドグマが徘徊しているというのが、この領域の実態だった(6)」。このドグマが打ち破られつつある。

二　抵触法上の問題

近時の議論では、合併という法律行為を分解する発想が採られている。これにより、国際的合併の抵触法的な特徴を明確にして、理論的な障害が取り払われようとしている。もっとも、どのような角度から切り分けていくか、どの程度まで細かく分断していくか、争いが残されている。

第一の分解の仕方は、国際的合併を、内国当事会社からみた姿と外国当事会社からみた姿とに分解するものである。当事会社の間に線（縦線）を引いて、内国会社に関係する部分は内国会社の従属法によって規律させ、外国会社に関係する部分は外国会社の従属法によって規律させると説かれる。(7)配分的適用（法例一三条一項参照）の一場面であるという整理がされてきた。「国際私法上は、各会社の従属法上、合併の制度が存在し、それぞれの要件および手続を満たしている場合には、国際的合併を認めてよい〔傍点筆者〕」という記述は、(8)このような立場を明快に示している。

第二の分解の仕方は、合併という概念を国際的に共有することを要求せずに、細分化された法的現象の総体であると把握するものである。[9] たとえば、消滅会社の側で起こっていることは、法人格の消滅、株主の退社という対内的な現象と、会社の資産と負債の全部を他社に移転するという対外的な現象であると分解される。取引的な色彩が強い資産や負債の移転については、個々の物権や債権まで、さらに分解していくことができる。比喩的にいえば、当事会社の間の仕切り線（縦線）に対して、垂直に交差する線（横線）を何本も引いていく。各当事会社において、対内的には、合併を分解して性質決定し、会社従属法によって規律させる。対外的には、合併によって起こっている現象を分解し、物権と債権の準拠法によって規律させる。この立場を徹底するなら、配分的適用と表現することは、誤解を与えることにもなる。

第一の方法（縦線）を基礎にして、第二の方法（横線）も部分的に組み込んでいくのが、望ましいように思われる。合併の要件と手続のみならず、効果をも見通した上でなければ、合併という現象を正確に理解することができない。二〇〇三年一一月に公表されたＥＵの「株式会社の国際的合併に関する指令案」においても、[10] 合併の効果は統一的に決定する必要と考えられたのであろう、資産と負債の包括承継（universal succession）、存続会社による消滅会社株主の収容、消滅会社の清算手続を経ない解散であると明記されている（一一条）。資産と負債の個別承継でしかないとするなら、消滅会社における清算手続を経ない解散を説明することが困難であろう。効果を見据えた上で、合併を観念することが必要である。ただ、反面、当事会社の従属法において全く同一の再編手法が存在しなければならないと考える必要もなく、同じ効果が得られる限りにおいては、機能的な分解（横線）を加えることが望ましい。

分解の仕方によって、対内的な面でも説明方法に違いが生まれるかもしれない。たとえば、合併契約書は当事会社で共通のものを作成するから、各当事会社の従属法の要件を満たさなければならない。合併対価を現金にすることができるかという問題などがある。[11] 第一の方法を基軸とする方法からは、実質法の重畳的ないし累積的適用と説明される。第二の方法まで踏み込む見解によれば、配分的適用ともいい得るが、[12] 単なる単位法律関係の切り分けの結果と説明することもできる。

三　実質法上の問題

(1)　商法の文言

国際的合併を否定するもっとも単純な根拠は、外国会社は商法上の会社ではないことである（商法四八五条ノ二）[13]。この形式的な根拠に対しては、厳しい批判がある[14]。商法四八五条ノ二が外国会社について日本の商法の適用を排除しているのは、外国会社はその従属法によって基本的に規律させるとの趣旨によるもので、国際的合併の場合にも、外国会社はその外国法を従属法とすれば、同条の趣旨には反しない[15]。

会社という文言を形式的にとらえる見解は、他の場面での一般的解釈と相容れない。たとえば、子会社による親会社株式取得の禁止に関する規定（商法二一一条ノ二）は、外国子会社にも適用があると解されている[16]。親会社監査役が外国子会社の取締役を兼任してもよいかについては、否定的に考えるべきであるが[17]、兼任禁止規定（商法二七六条）にいう子会社には、外国子会社も含まれると解する必要がある。

日本の商法は、国際的合併について規定を設けていないとみるのが妥当であり、商法が国際的合併を許さない趣旨と解するかは、国際的合併の利害関係者の正当な利益が守られるか否かの観点から決するべきである[18]。

(2)　株主の関与と保護

国際的合併が行われると、とりわけ設立準拠法主義の下では、消滅会社の株主がもっとも影響を受ける。一瞬にして、外国会社の株主になるからである。

消滅会社の株主の利益を保護するために、実質法の問題として、国際的合併の文脈で、株主総会決議の要件をどのように解釈するべきか。慎重に考える立場からは、総株主の同意がなければならないとする解釈も提示され得よう[19]。もう少し緩やかに解するなら、外国会社の株式の流通性ないし換金性に着目して、あるいは、外国会社の従属法では株主の権利保護が低下する可能性があることに鑑みて、内国会社間の合併よりも、決議要件を重くすることが考えられる。立法論としては、国際的な組織再編のための手続を整備すべきとしつつ、特殊決議を当面は要件とすべきとの見解もある[20]。外国会社の株式は、内国の譲渡制限会社の株式よりも、流通性や換金性が落ちる可能性があるとの指摘もある[21]。最低限、特殊決議が必要であろう。

他方で、外国会社との合併に反対の株主は、株式買取請求権を行使すればよいだけであるから、消滅する内国会社の株主の保護は問題とならないと考える見解も成り立ち得る[22]。もっとも、実質法の問題として、交付金合併を認めるという解釈論が前提になっていることが多く、議論すべき点は残されている[23]。また、株式買取請求権という制度の実効性については疑問が残るし、裁判所による公正価格の決定にあたって、現行法では合併シナジーが考慮されないという問題もある[24]。

⑶　会社債権者の保護

合併においては、消滅会社の資産と負債が、存続会社に包括的に承継される[25]。債権者保護手続が当事会社の従属法によるとすれば、内国居住の債権者の保護手続は、内国会社間の合併の場合と同じになる。合併後の債権の行使についても、内国会社が存続会社となれば、何ら従前と異なるところはない。外国会社が存続会社となっても、通常は日本における代表者が定められるであろうし（商法四七九条）、合併契約で消滅会社の本店所在地を管轄として合意しておけば[26]、大きな不便は生じないであろう。

債権者保護について、合併とは別個の問題として、個別の免責的債務引受けと分解的にとらえるとすればどうか。現行の法例上は、免責的債務引受けに関する明文規定は存在していない。原因行為と債務引受行為を区別せずに、原因行為の準拠法によるという見解に立ったとしても、債権者を含む第三者に対する効力について、旧債務者の常居所地法が準拠法にならないなら、債務をも含めた全資産の国際的移転は円滑に行われないであろう[27]。他方で、簡略な免責的債務引受けを認めると、不法行為債権者などについて、保護が手薄になる可能性がある（法例一二条一項）。

合併当事会社の従属法が債務引受けの準拠法となるなら、現在の実質法上の保護の程度で十分であるようにも思わ

れる。(28)

(4)　合併無効の訴えによる事後的救済

事後的な救済手段として、合併無効の訴えの管轄について議論がある（商法四一五条三項・八八条参照）。国際的合併を許容する立場からは、消滅会社の旧本店所在地の地方裁判所に合併無効の訴えの管轄を認めるべきとされる。(29)また、合併無効の訴えでは、判決の画一的確定が要請されているが、国際私法の観点からは、各当事会社の従属法における決議取消等の訴えによれば、株主等の救済を図ることができるとする見解もある。(30)ただし、ＥＵ諸国のように、合併の効果が発生した後は合併の効力を覆すことを認めていない法域もある。そのような従属法を有する外国会社との合併について、決議取消の訴えのみによって、あるいは、日本の裁判所での無効判決によって、日本法が予定している程度の救済が図られるかには疑問もある。

四　派生的な問題

理論的に国際的合併を認める考え方が主流になるとしても、抵触法上の問題が少ない国際的三角合併が可能であれば、それで実務的には十分であるのかもしれない。国際的合併が制定法で認められているアメリカやＥＵの例をみる(31)と、要件や手続は各当事会社の従属法に委ねるとしても、合併の効果については、立法によって統一的な規律に服させるのが望ましいであろう。(32)

国際的合併が組織再編手法として確立されるなら、その効果は、単なる国際的な企業結合にとどまらない可能性もある。要綱試案でも、疑似外国会社規制の撤廃が検討されている。仮にこれが実現した場合に、内国会社が外国法に逃げ出すという現象が起こるのではないか。(33)会社誘致競争の是非に関する議論にもかかわる。現在、わが国では、会社が従属法を移転するための便利な手続が存在しない。(34)国際的合併が可能であるなら、内国会社が従属法を外国法に変更することが容易になる。

第三節　国際的株式交換をめぐる問題

一　抵触法上の問題

内国会社と外国会社が株式交換を行うことができるかについては、合併についてと同様の議論がある[35]。抵触法の問題としては、当事会社の従属法の要件や手続を、各当事会社が満たせば、国際的株式交換が可能であるとする見解が強くなっている[36]。外国会社が日本法上の株式会社に相当するものであり、しかも当該外国会社の従属法が株式交換規定を有する場合には、国際的合併と同様の分析をすればよい。

株式交換においては、財産の移転がないから、対外的取引の側面が弱く、その限りでは、単位法律関係の切り分けの問題も意見の対立が生じにくい。もっとも、外国会社の従属法に、わが国の株式交換に相当する取引が用意されていない場合に、どのように考えるかは難問である。

国際的株式交換を配分的適用の問題として、一般的には認めつつも、一部の当事会社の従属法が株式交換規定を持たない場合に、国際的株式交換を否定する立場もある[37]。会社の成立、組織、管理、消滅等は、会社の従属法の定めによることが根拠とされる。

これに対しては、組織再編を機能的に分解するアプローチを徹底するなら、会社分割や株式交換そのものに相当する制度が存するか否かは重要ではなく、当事会社の目的を達成する制度が当該会社の従属法上存在していれば、それに関する規定を適用すればよいことを示唆する見解もある[38]。

完全親会社となる会社の従属法に株式交換規定が存在しない場合に、何に連結するのか。株式交換は、対象会社の株式の全部の現物出資を受けて、新株を発行する取引であるととらえれば足りる。つまり、株式交換の構成要素は、完全親子会社関係の創設のための株式の移転である。これを完全親会社の側からみると、完全子会社となる会社の株式の全部の取得であり、株式交換の手続を利用することもできるし、現物出資による新株の発行の手続を利用することもできる。完全子会社の側からみると、当事会社間の株式交換契約によって、株主の全部に持株を手放させ、完全親会社の株式を割り当てることであり、このような効果は、株式交換取引によってのみ得られる。

以上のように考えると、外国会社の従属法に株式交換規定がなくても、外国会社に同じ結果を実現するための手法が存在している限りは、国際的株式交換の妨げにはならない(39)。

二　実質法上の問題

アウト・イン型の国際的株式交換が行われると、国際的合併が行われた場合と同様に、内国会社の株主が外国会社の株式を交付される可能性がある。ここでは、合併について述べたのと同様に、換金性の低下という問題が生じる。また、内国会社間の株式交換におけるのと同様に、内国会社が完全子会社となる株式交換が行われた場合に、株主権の縮減が生じる。親会社の株主に認められている子会社に対する権利を行使することができるかなど、国境を跨いでの親子会社関係に特有の問題がある。

他方で、イン・アウト型の株式交換においては、内国会社の株主の保護は、国境を越えてなされたからといって、外国会社の株式全部の買収にすぎず、相対取引でも法的な障害はないし、大きな問題とはならない。

三　国内の株式交換への示唆

内国会社同士の株式対株式交換についても、完全子会社となる会社の側では、株式交換規定を用い、完全親会社となる会社は、新株発行規定を用いることが可能ではないか。

そうであるなら、完全親会社の側では、株主総会の特別決議が不要となり、反対株主には株式買取請求権が与えられないことにもなる。現物出資規制が課されるのが原則であるが（商法二八〇条ノ八）、完全子会社となる会社が上場会社であれば、検査役の調査などは免除される。砦となるのは、現物出資の給付が要求されていることで（商法二八〇条ノ一四・一七七条三項・一七二条）、株券提供手続に基づく株券の失効では十分でないと解することであろう（商法三五九条参照）。これとて、株券が発行されなくなれば、状況が変わるであろうし、現在でも、新株発行に代えて、自己株式の処分によるのであれば、現物出資関係の規定は準用されないという問題がある（商法二一一条三項）[40]。また今後、組織再編の対価が柔軟化されれば、新株発行の問題とはならない[41]。

この種の問題は、株式交換という手法によらずに、三角合併によって対象会社の株式の全部を取得する場合にも、同じように生じる。規制に整合性を持たせるための立法の工夫が必要である。

第四節　結　語

かつて米国において、合併は基礎的な変更であり、総株主の同意がないと実行できないと考えられた。その後、多数派が少数派を拘束する多数決原理が導入された。会社法を通じた立法府による授権である。わが国でも、株式交換・株式移転や会社分割は、ここ数年の商法改正で関係規定が設けられたことにより、実行が可能となった。他方で、制定法に根拠を求めない類型の手法もある。営業譲渡・譲受け、株式公開買付、株式の相対取得などである。一定の場合には、制定法によって手続等の規制が課されている。

組織再編手法について、国際的な文脈で単位法律関係を切り分けていくと、このような類型化に揺らぎが生じる。各々の当事会社において異なった手法が組み合わさって、全体として一つの組織再編が行われることもあり得る。組織再編の性質決定の作業は、抵触法上の問題としてだけではなくて、実質法の問題としても、的確になされる必要がある。

（1）　落合誠一「国際的合併の法的対応」ジュリスト一一七五号（二〇〇〇年）四〇頁参照。やや詳しく論じたものとして、中東正文「ボーダレス化時代のＭ＆Ａ法制」江頭憲治郎＝増井良啓編『融ける境　超える法　３　市場と組織』（東

京大学出版会、二〇〇五年）九九頁を参照。

（2）大隅健一郎＝今井宏『会社法論下巻Ⅱ』（有斐閣、一九九一年）四六頁、龍田節「国際化と企業組織法」竹内昭夫＝龍田節編『現代企業法講座第二巻　企業組織』（東京大学出版会、一九八五年）三一七頁、江頭憲治郎＝川西隆行＝武井一浩＝原田晃治「〔特別座談会〕株式交換・株式移転――制度の活用について」ジュリスト一一六八号（一九九九年）一二〇―一二一頁〔原田発言〕、西村総合法律事務所編『M&A法大全』（商事法務研究会、二〇〇一年）八〇〇頁〔佐藤丈文〕ほか。

（3）二〇〇三年四月の産業再生法の改正ではアウト・イン型の国際的三角合併が可能とされた（産業再生法一二条の九）。法制審議会会社法（現代化関係）部会も、二〇〇三年一〇月に公表した「会社法制の現代化に関する要綱試案」において、国際的合併は許されないとの前提に立つようである。国際的株式交換を可能とするような法改正が準備されているとの報道もある（日経ビジネス二〇〇四年六月二一日号三九頁など）。

（4）松古樹美「最近の組織再編の潮流にみるM&A関連法制の現状と課題〔上〕」商事法務一六五三号（二〇〇三年）一六―一七頁、松古樹美「外国会社との合併・株式交換をめぐる法的規律〔上〕」商事法務一六三五号（二〇〇二年）二五頁参照。

（5）江頭憲治郎「商法規定の国際的適用関係」国際私法年報二号（二〇〇一年）一三六頁参照。

（6）藤田友敬「コメント一――外国会社との合併・株式交換をめぐる法的規律〔上〕」商事法務一六三五号（二〇〇二年）一二頁。

（7）落合・前掲注（1）三八頁、江頭・前掲注（5）一三八頁、一四六頁注（8）、高桑昭「わが国の商法（会社法）規定の国際的適用に関する若干の問題について」国際法外交雑誌九九巻一号（二〇〇〇年）三七頁、江頭憲治郎『株式会社・有限会社法〔第三版〕』（有斐閣、二〇〇四年）六五五頁注（5）、山田鐐一『国際私法〔新版〕』（有斐閣、二〇〇三年）二三二―二三三頁。反対の見解として、落合誠一ほか「外国会社との合併・株式交換をめぐる法的規律〔下〕」商事法務一六三六号（二〇〇二年）三六―三七頁〔道垣内発言〕（各国の法律上の手当てがなくては、異なる国の法人を縫合できるか相当に疑問である）。

（8）山田・前掲注（7）二三二―二三三頁。

（９）早川吉尚「国境を越えたＭ＆Ａの抵触法的規律」立教法学五九号（二〇〇一年）二六三―二六五頁、早川吉尚「外国会社との合併・株式交換をめぐる法的規律〔Ｉ〕問題の所在・国際私法からの分析」商事法務一六二二号（二〇〇三）三二一―三三三頁、藤田友敬「国際会社法の諸問題〔下〕」商事法務一六七四号（二〇〇三年）二〇―二一頁。なお、本シンポジウム藤田報告では、会社の内部関係か外部関係かという基準では答えられない問題が多いことが指摘されている。

（10）Proposal for a Dirccive of the EUropean Parliament and of the Council on Cross-Border Mergers of Companics with Share Capital（COM（2003）703final: 2003/0277（COD））.

（11）石黒一憲「国際企業法上の諸問題」小塚荘一郎＝高橋美加編『商事法への提言』（落合誠一先生還暦記念論文集）（商事法務、二〇〇四年）六一五―六一六頁は、配分的適用における双方要件という説明のほうが、抵触法上は自然であるとする。

（12）松井秀征「外国会社との合併・株式交換をめぐる法的規律〔Ⅳ〕会社法からの分析」商事法務一六二五号（二〇〇二年）四五―四六頁は、消滅会社の従属法が交付金合併を認めていればよいとする。しかし、存続会社の債権者の利益について、存続会社の従属法が重きを置いている場合には、それでよいか。

（13）大隅＝今井・前掲注（２）四六頁、江頭ほか・前掲注（２）、西村総合法律事務所編・前掲注（２）。

（14）落合・前掲注（１）三七頁。

（15）江頭・前掲注（５）一三九頁は、外国会社は、「日本ニ成立スル同種ノ者」（民法三六条二項）と同じと解すれば足りるとする。

（16）龍田節『会社法〔第九版〕』（有斐閣、二〇〇三年）四六七頁。なお、江頭・前掲注（７）二一三頁参照。

（17）龍田・前掲注（２）三〇九頁。

（18）落合・前掲注（１）三七頁。このほか、国際的合併を肯定する見解として、早川勝「企業結合・企業再編に関する法規制の現状と課題」同志社法学五五巻三号（二〇〇三年）七頁、上田純子「国際的企業結合をめぐる諸問題」椙山女学園大学生活科学部生活社会学科ディスカッションペーパー三号（二〇〇二年）三頁（11）。

（19）柴田和史「会社法制の現代化に関する要綱試案における合併対価の柔軟化について」法律時報七六巻四号（二〇〇

四年）二九―三〇頁は、合併対価の柔軟化が立法化された後にも、消滅会社の総株主の同意がなければ、換金に著しい困難を伴う物は合併対価としては適当でないとの解釈が必要であるとする。なお、産業再生法は、合併対価として、親会社の株式の交付を認めているが、譲渡制限会社の株式を除外している（一二条の九第一項）。

(20) 龍田・前掲注(16)四六八頁注(c)。

(21) 武井一浩「コメント2――外国会社との合併・株式交換をめぐる法的規律〔上〕」商事法務一六三五号（二〇〇二年）二二頁。

(22) 江頭・前掲注(5)一三九頁、藤田・前掲注(9)二四頁。

(23) 藤田・前掲注(6)一五頁参照。

(24) 藤田・前掲注(9)二四―一五頁参照。他方で、合併の効果を織り込んだ公正価格とするのなら、合併決議に反対して離脱をしたことと整合的でない。

(25) 国際的な会社分割は、より難解な問題を含んでいる。効果の問題としても、一般的には包括承継と説明されるが、合併におけるような論理的帰結ではない。むしろ、「営業」の範囲に含まれるのなら、①債務の承継（免責的債務引受け）について、債権者の個別的な同意が必要ではなくなり（債権者の異議申述手続は残る）、②債権の承継について、譲渡禁止の特約が付されていても、これを打ち破ることができるといった点に、実際上の意味が見出されるであろう。わが国における包括承継の意義については、松井智予「会社法による債権者保護の構造（1）」法学協会雑誌一二一巻三号（二〇〇四年）四〇五―四二〇頁が参考になる。

(26) 落合・前掲注(1)四〇頁。

(27) 法例研究会『法例の見直しに関する諸問題（1）――契約・債権譲渡等の準拠法について』別冊・NBL八〇号（二〇〇三年）一二三―一二五頁参照。

(28) 落合・前掲注(1)四〇頁、江頭・前掲注(7)六五五頁注(5)参照。

(29) 江頭・前掲注(7)六五五頁注(5)。なお、早川・前掲注(9)立教法学五九号二六八頁。

(30) 早川吉尚「外国会社との合併・株式交換をめぐる法的規律〔Ⅶ・完〕紛争処理の観点からの分析・結語」商事法務一六二八号（二〇〇二年）一一三―一一四頁。

(31)　中東・前掲注(1)参照。
(32)　松井・前掲注(12)四四頁参照。
(33)　「疑似外国会社規定はどうなるか」商事法務一七〇一号（二〇〇四年）六二頁。早川吉尚「疑似外国会社」ジュリスト一二六七号（二〇〇四年）一一四頁参照。
(34)　カナダにおいては、設立した法域を異にする会社の間での合併が認められていないが、法域移転の手続が整備されている。いったん法域を移転させ、当事会社の従属法を一致させた上で当事会社を合併させる。
(35)　江頭ほか・前掲注(2)一二〇―一二一頁〔原田・川西・江頭発言〕。
(36)　江頭ほか・前掲注(2)一二一頁〔江頭発言〕、早川・前掲注(9)立教法学二六〇―二六一頁、早川・前掲注(9)商事法務三一―三二頁、江頭・前掲注(7)六八八頁。
(37)　高桑・前掲注(7)三七頁。
(38)　藤田・前掲注(9)二一頁。
(39)　龍田・前掲注(16)四六八頁注(c)参照。ただし、実質法上の要請として、類似した制度が相手国に存在するという要件があるかどうかも検討しなくてはならない（藤田・前掲注(9)二二頁)。
(40)　この点の規制の非対称性は、解消されるべきである（藤田友敬「自己株式取得と会社法〔上〕」商事法務一六一五号（二〇〇一年）六―七頁参照)。究極的には、自己株式の保有（金庫株）を禁止すべきである（竹内昭夫「自己株式取得規制の緩和と商法・税法」商事法務一二八六号（一九九二年）七頁、岩原紳作「自己株式取得規制の見直し〔下〕」商事法務一三三五号（一九九三年）一五頁、中東正文「結合企業と自己株式」判例タイムズ一一二二号（二〇〇三年）七二頁、江頭憲治郎＝森本滋＝相澤哲＝永井智亮「〔座談会〕「会社法制の現代化に関する要綱試案」をめぐって」商事法務一六八五号（二〇〇四年）一六―一七頁〔森本発言〕)。
(41)　合併については、消滅会社側では合併の規定を利用して、存続会社側では営業の全部の譲受けとして、取引を遂行することが考えられる。存続会社側では、債権者保護手続が不要になるし、消滅会社が交付金合併の手続をすれば、新株発行は必要ないから、現物出資の問題は生じない。

第八章　ボーダレス化時代のM&A法制

第一節　序　論

本章においては、近時の企業組織再編（Mergers & Acquisitions: M&A）について、幾つもの境が融けつつある様相を分析する。

第一に、企業活動が国際化するに従って、企業組織そのものも、国と国とをまたがって再編されるようになっている。国際的M&Aとよばれる現象である。その概況をみた上で、それを支える法制度と法解釈について、現時点での到達点を分析し、今後の展望についても考察する。これが、本章における最も中心的な課題である。

第二に、国際的M&Aを効率的かつ機動的に行わせるためには、会社法を中心とする法制度の整備が重要である。M&A手法には、例えば、営業譲渡・譲受けや株式公開買付のように、制定法の定めがなくても実施することができ、ただ一定の場合に規制が課されているものがある。この部類の手法は、国際的M&Aに利用できることは疑いがなく、主として抵触法上の問題が残る。これに対して、合併や株式交換のように、授権法（enabling act）があって初めて実行が可能となるものもある。この部類の手法は、現在のところ、国際的M&Aに直接的に用いるのは難しいと考えられており、かりに可能であるとしても、実質法の確定が難問である。このような理念的な区分にもかかわらず、今では、各種の手法の間での境が融けつつある。

第三に、国際的Ｍ＆Ａを活用するための法整備については、外国からの要望があり、外交上の圧力もかかっている。このような状況にあって、会社法の問題は法務省の専属の管轄であるという伝統が崩れつつある。

以上の問題意識を持ちながら、まず、Ｍ＆Ａ法制に関して、三つの境が融けつつある様相を叙述的に確認する。その上で、国際的Ｍ＆Ａについて、論じていくことにしたい。

第二節　Ｍ＆Ａ法制に関する境の融解の諸相

一　国と国の境

国際的なＭ＆Ａの市場が、世界的な規模で、急速に拡大している。

注目された事案として、一九九八年、ヨーロッパ最大の企業グループであるダイムラー・ベンツ社と、米国有数の自動車メーカーであるクライスラー社とが合併し、ダイムラー・クライスラー社が誕生した。同社は、ドイツで登記されているが、本社はアメリカとドイツの二個所に置かれている。この事例に象徴されるように、Ｍ＆Ａについて国と国との境が融け始めている。

一九九三年から始まる米国におけるＭ＆Ａの「第五の波」は、国際的なＭ＆Ａの「第一の波」であって、米国に固有のＭ＆Ａの波としては「最後の波」となるであろうと分析されている（Black, 二〇〇〇）。一九九九年には、全世界でのＭ＆Ａとの比較において、米国会社間のＭ＆Ａは、取引額ベースで四〇％のみであり、件数ベースにおいては三〇％に過ぎない（Black, 二〇〇〇）。

わが国においても、Ｍ＆Ａは盛んに行われており、ここ一〇年ほどで急速に案件が増えている（レコフ、二〇〇三）。二〇〇二年の日本企業のＭ＆Ａは、一七五二件で、前年を上回るのは、一九九四年以来、九年連続となっている。そのうち、国際的な案件は、イン・アウト型が二五八件、アウト・イン型が一二九件、アウト・アウト型が一一件である。公表金額ベースで大型の案件の上位は、国際的案件で占められている。

アウト・イン型が相対的に少ないことから、日本の法制度を改善する要求が出されてきた。例えば、在日米国商工会議所は、（1）海外（米英独仏加）では、日本企業が非課税株式交換M＆A取引を行う機会が数多くあるのに対して、（2）日本では、国内の企業同士に限って、非課税の株式交換取引が認められており、（3）日本においても、外国企業が非課税株式交換取引を行うための選択肢が用意されるべきであると主張していた（在日米国商工会議所、二〇〇一）。

在日米国商工会議所の問題提起は、法務省に対してのみならず、経済政策の問題として経済産業省、課税政策の問題として財務省、外交政策の問題として外務省に対しても、対応を要望するものとなっている。

二　主務官庁の間の境

(1)　二〇〇二年商法改正まで

この数年で、M＆Aを機動的かつ柔軟に行うことができるように、商法は数度の改正を受けた。その出発点となるべき事柄は、一九九七年の独占禁止法改正であろう。純粋持株会社の設立等が解禁された。

企業結合により持株会社組織を形成するために、どのような方法によるか。喫緊の課題として受け止めたのは、銀行を中心とする金融機関であった。大蔵省は、一九九七年のうちに、銀行持株会社創設特例法を制定させた。日本型の三角合併の導入である。

法務省も、一九九九年に、株式交換・株式移転制度を導入する商法改正を実現した。これに呼応して、大蔵省も、租税特別措置法を改正して、株式交換・株式移転に関する課税を手当てした。

M＆A法制の整備については、通商産業省は検討を続けており、一九九九年には、産業活力再生特別措置法が制定された。事業再構築の円滑化のため、商法上の手続の簡素化が三つの場面で講じられた。①現物出資等による分社化の際の検査役制度の特例、② 他の会社の営業全部を譲り受ける場合の商法の特則、③ 営業譲渡の際の免責的債務引受に関する特例である。

産業再生法で考案された商法の特例の内容は、時間をおかずに、法務省所管の商法に取り入れられていった。上述の三つの特例のうち、①は二〇〇二年商法改正で、②は二〇〇〇年商法改正で、商法に組み込まれた。

会社分割法制の整備は、学界と経済界の積年の検討課題であったが、二〇〇〇年商法改正によって実現された。会社の組織再編に必要な手法は、ほぼ整えられた。財務省も、法人税法を改正して、企業組織再編成に対応するための税制改革を行った。

(2)　M&A法制の新しい局面に向けて

二〇〇一年一〇月七日に開催された日米投資イニシアティブ上級会合において、米国政府からは、国際的株式対株式交換を含めて幅広いM&A手法を認めることが必要であると主張され、日本政府は、商法の全面的な見直し作業とも関連し、引き続き検討すると答えた（日米投資イニシアティブ、二〇〇二）。

この政府間の協議を民間レベルで具体化したものが、同年の一二月に公表された前述の在日米国商工会議所の意見書である。内容が具体的であり、しかも、広い範囲で配布されたことから、この意見書が日米間の協議や検討の主たる材料とされたようである。

二〇〇二年二月一三日には、法務大臣から法制審議会に対して、会社法制の現代化に関する諮問がなされた。法制審議会では、同日、この諮問が会社法（現代化関係）部会に付託され、同部会において検討が進められていくことになった。検討の対象は広範囲にわたるが、国際的M&Aに直接または間接に関わる事項が含まれている。

国際的M&Aに関する複数の省庁の協調の様子は、二〇〇三年三月二七日に決定された対日投資会議専門部会報告「日本を世界の企業にとって魅力のある国に」において、象徴的に示されている。「国境を越えた合併・買収（M&A）が容易に行えるように、国内制度を改善する」こととして、① 法務省では、「会社法制の現代化の作業において、外国会社を含む親会社株式や現金を対価として合併、吸収分割又は株式交換を可能とする『合併等対価の柔軟化』についての恒久的な措置化の実現について、検討を行う」こと、② 経済産業省では、「今通常国会で審議中の産業活力再生特別措置法改正法案の着実な実施により、『合併等対価の柔軟化』が利用できるようにする」こと、③ 財務省では、「『合併等対価の柔軟化』にかかる税制措置については、課税の適正・公平及び租税回避防止の観点も含め、今後、慎重に検討する」こととされていた。

経済産業省の成果は、二〇〇三年の産業再生法改正で結実した。例えば、三角合併を行い、消滅会社の株主に対して、存続会社の外国親会社の株式を交付すれば、アウト・イン型の株式対株式の取引が可能となる。この過程では、財務省とも折衝がなされ、二〇〇二年一一月には、平成一五年度税制改正（租税特別措置）要望事項として、産業再生法に基づく三角合併等についての課税繰延べ措置が出されていた。しかし、この租税特別措置は、実現に至っておらず、在日米国商工会議所からも強く批判されている（在日米国商工会議所、二〇〇三）。

法務省関係の法制審議会会社法（現代化関係）部会では、二〇〇三年一〇月二二日に、「会社法制の現代化に関する要綱試案」を決定し、各界の意見照会に付した。その後、作業は順調に進み、二〇〇五年二月九日の法制審議会において、「会社法制の現代化に関する要綱」が採択された。政府も、三月一八日に、「会社法案」および「会社法の施行に伴う関係法律の整備等に関する法律案」を閣議決定した。これらの法案は、三月二二日に国会に提出され、五月一七日に衆議院で一部改正の上で可決され、六月二九日に参議院で可決され成立した。Ｍ＆Ａに関する部分は、内容において、先の要綱で示されたものと異ならず、合併対価の柔軟化も実現された。ただし、三角合併等を可能とする対価の柔軟化の部分は、会社法の全体とは一年遅れで施行されることになった（会社法附則四条）。この猶予期間において、会社法の再改正や証券規制などにより、一定の制約を施す機会が生まれた。手続要件の加重をしたり、ゴーイング・プライベート（非上場会社化）の際の規制を設けるなどして、例えば、強圧的な二段階公開買付の途を封じたり、不公正な少数株主の排除が事前に規制されるべきである。ともあれ、全体の流れとしては、Ｍ＆Ａについても、規制の緩和が行われている。財務省によって、課税繰り延べが認められる範囲がどう定められるか、注目される。以上に見たように、国際的M&Aに関する法整備については、各省庁のまで積極的な協調がみられ、所管官庁の間の境が融けつつある。

三　M&A手法の境

二〇〇三年の産業再生法により、合併対価等の柔軟化が行われ、M&Aの諸手法の間の境が一段と融け始めている。例えば、存続会社の親会社株式を合併対価として認めることにより、三角合併が可能となるが、一連の取引の前後を比較すれば、実質的には株式交換と同じ内容になる。また、商法では会社の人的新設分割が認められているが、産業再生法を用いて子会社の株式を親会社株主に分配しても（間接分割）、同じ効果が得られる。営業譲渡・譲受けと吸収分割も、似たような効果を生じさせる。

M&A手法の多様化と柔軟化によって、異なる手法の間の壁が低くなっている。同じ結果を得るために、複数の手法が用意されており、ある手法は別の手法を分解したものであるという場合が少なくない。象徴的であるのは、会社法において、人的分割に関する規定が削除され、物的分割と現物配当との組み合わせと理解されることになったことであろう（会社法七五八条四号・八号ロ・七六三条六号・一二号ロ参照）。

特定のM&A手法を分解して捉える発想は、国際的M&Aに関する抵触法上の問題の分析を容易にするものであろう。例えば、合併については、存続会社の側では営業の全部の譲受けと新株発行がなされ、消滅会社の側では営業の全部の譲渡と解散がなされていると捉えることもできる（早川、二〇〇一：早川、二〇〇二a）。そうであるなら、国際的M&Aは抵触法上の配分的適用の問題であると考える有力説（落合、二〇〇〇：江頭、二〇〇〇：早川、二〇〇一：早川、二〇〇二a：江頭、二〇〇四）の論拠にもなろう。

第三節　国際的三角合併

一　概　要

わが国においては、内国会社が国際的なM&Aを行う際に、商法上の合併や株式交換が直接なされた事例はないようである。商法の解釈として、国際的合併等が許されるか否か、疑問が残されていることが大きな理由である。株式を対価とした国際的企業買収は、近年、とくに米国と欧州の間で増加しているが、会社法上の合併や株式交換を国境をまたいで行う例は、公開会社にはあまりみられない（松古、二〇〇三）。例えば、ダイムラー・ベンツ（独）とクライスラー（米）の統合、BP Amoco（英）と ARCO（米）の統合は、米国州法に基づく三角合併であった。課税関係および国際私法上の問題を回避するために、より柔軟な代替手段を講じているとも分析されている（松古、二〇〇三）。

日本の会社が関係する先例としては、一九九〇年に実行された京セラによる米国AVX社の買収がある。京セラ方式と呼ばれるイン・アウト型の三角合併であった（友常、一九九〇）。もっとも、適法か疑問の余地があり、著名な先例でありながら、これにならった事例は、行われてこなかった（落合ほか、二〇〇二〔松古〕）。

二　抵触法上の問題点

(1)　合併に関する準拠法

三角合併を用いた方式では、合併そのものは、同じ法域で設立された会社の間で行われる。設立準拠法主義を採るならば、合併当事会社の本拠地のいかんを問わず、従属法が一致する。その従属法が三角合併を認めているならば、この取引が可能であることに疑いはない。

ただし、従属法の適用範囲がどこまでかは、相当に難問である（道垣内、一九九八：藤田、二〇〇〇）。法律関係の性質決定と単位法律関係の切り分けの問題である（道垣内、一九九八：道垣内、一九九九参照）。問題を単純化するために、純粋に内国会社同士が吸収合併する場合を想定しよう。

抽象的には、会社の内部事項、あるいは組織法上の事項について、従属法が適用される（龍田、一九八五）。会社の内部組織に関する問題とは、より具体的には、会社の機関の種類・員数・選任・解任・内部での職務権限、法人とその社員・株主等の構成員との関係、構成員相互の関係、定款の変更、株式・社債の性質・発行などである（道垣内、一九九八）。また、会社消滅に関する問題についても、会社の従属法の適用範囲であることに異論はなく、会社の解散事由、解散の効果、清算などの問題が含まれる（道垣内、一九九八）。吸収合併についてみると、①吸収合併によって消滅会社が解散すること、②消滅会社の株主に対して合併対価が交付されること、③消滅会社のもとの株主が消滅会社の株主たる地位を失うことについては、合併当事会社の従属法が準拠法となる（藤田、二〇〇三）。

対外的取引の色彩が強い場面では、従属法の適用範囲の限界は微妙である（龍田、一九八五）。わが国では包括承継という概念が確立しているが、英米法では対応する概念が一般的ではない（落合ほか、二〇〇二〔藤縄〕参照）。このような事情もあってか、法律効果を個別に検討し、単位法律関係を切り分けていくという考え方もあるし、包括承継という効果を伴う合併行為の準拠法を決定しようとする考え方もある。

法律効果ごとに合併という現象を徹底して分解する立場によれば、合併に伴う財産や債務の移転については、財産の性質に応じて、その移転のための準拠法が定まることになる（藤田、二〇〇三：落合ほか、二〇〇二〔早川、大杉、藤田〕）。例えば、④物権なら、物権準拠法の問題として処理されるべきである（落合ほか、二〇〇二〔早川〕）。また、⑤外国居住の債務者に対する債権の承継に関しても、合併の効果の問題と捉え、合併当事会社の従属法で考えることには、疑問が示されている（藤田、二〇〇三）。⑥外国居住の債権者との関係で、存続会社が免責的に債務を引き受けたと考えてよいかという問題もある。

これに対しては、合併という概念を決定する要素の押さえ方が問題の出発点にあり、合併の要件のみならず効果の面も考える必要があるとする見解がある（落合ほか、二〇〇二〔落合〕）。論者は、合併契約準拠法か当事会社従属法かの議論との関係で、「合併契約の中で決めた事柄が、いわば法律上の効果として一挙に、消滅会社は清算を要せず消滅し、消滅会社の財産は当然に存続会社に移るという効果は、やはり一般の契約の場合とは異なる面がある」とする（落合ほか、二〇〇二〔落合〕）。また、別の論者も、「外国法を準拠法とする債権・債務、外国に所在する動産・不動産等も、会社の分割の場合には、設立・合併の場合に準じて会社の従属法が適用され、分割手続に従い設立会社・承継会社に承継させることができると解すべきである」としている（江頭、二〇〇五）。

合併という現象を分解して考えるからこそ、国際的合併に関する抵触法上の問題を配分的適用と解することが容易になっている。このためだけであれば、要件と効果を含めて、どのような法律行為がなされているのかが、会社の従属法で明らかにできれば十分である。確かに、合併を組織法的行為とみて、そこで思考を停止させるのは問題である（落合ほか、二〇〇二〔藤田、落合〕）。とはいえ、合併という概念に不可欠の構成要素が何かの判断を抜きにして、単位法律関係を細かく切り取っていけばよいものではない。合併においては、当事会社の清算手続を経ない解散が予定されており、このことから消滅会社の資産と負債が存続会社に包括的に承継されることが求められる構造になっており、この点が、営業の全部の譲渡・譲受けとは異なる。法律上当然に認められる債権・債務の移転の問題は、その移転の原因たる事実の準拠法によるべきであり（山田、二〇〇三）、合併行為の準拠法である当事会社の従属法によるとの説明もできよう。

(2)　子会社による親会社株式の取得

イン・アウト型の三角合併を行う際には、合併の受け皿として設立した外国子会社に、内国親会社の株式を取得させる場合がある。一九八一年商法改正により、子会社による親会社株式の取得禁止に関する商法二一一条ノ二が設けられた。当時の議論では、抵触法の話か実質法の話かが必ずしも明確でないまま、「商法は日本の会社にしか適用がない」といったドグマが漠然と説かれていた（藤田、二〇〇三）。

このように断定してよいか、理論的根拠の疑わしいドグマである（藤田、二〇〇三）。国際的企業結合の規律として、親会社の債権者・社員の保護の問題は、親会社の従属法によるべきであり、従属的な国際的企業結合において従属子会社の保護が問題となる場合は、子会社の従属法によるべきとするのも一案である（藤田、二〇〇〇：落合ほか、二〇〇二〔落合〕：龍田、二〇〇三）。そうであるなら、子会社を使った親会社株式の取得は、基本的には親会社の資本充実等の問題であるから、親会社の従属法で考えることになる（藤田、二〇〇三）。近時の見解は、ほぼ一致して、このような結論をとっている（龍田、一九八五：江頭、二〇〇〇：高桑、二〇〇〇：藤田、二〇〇三：江頭、二〇〇五。反対、近藤＝志谷、二〇〇二）。

法制審議会の要綱試案（第四部の第九の一）は、会社法中の「子会社」について、「株式会社・有限会社のみならず、親会社からの一定の支配権が及び得るとみられる外国会社を含む法人等を含めるものとする」としており、外国会社への日本法の適用範囲を明確化しようとしている（会社法二条三号・一三五条・八〇〇条参照）。

これとは逆に、アウト・イン型の三角合併が行われる場合には、日本法人である子会社が外国親会社の株式を取得することになるが、この点については、日本法の禁止は及ばないと解されている（龍田、一九八五：近藤＝志谷、二〇〇二：龍田、二〇〇三：江頭、二〇〇五）。

三　実質法上の問題点

(1)　イン・アウト型の三角合併

内国会社が外国で行う三角合併は、形式的には単純である。典型的には、内国会社は外国完全子会社に対して新株を発行する。この後は外国子会社と外国対象会社との間の合併がなされ、内国親会社は、外国子会社の議決権を行使するという形で取引に関与するのみである。

この一連の取引において、最初の新株の発行が時価で行われるのなら、内国会社では取締役会決議しか必要とされず、株主総会は開催されない。また、新株発行の対価が現金ならば、現物出資規制も課されない。

しかしながら、取引を全体としてみると、内国会社にとっては、株式交換取引が行われた場合と、実質は異ならない。この点を重視するなら、実質法の問題として、内国会社の株主総会決議を原則的に必要として、反対株主には株式買取請求権を行使する機会を与えるべきである（Eisenberg, 1976参照）。もっとも、大量の第三者割当増資には、たとえ企業結合の効果があるにせよ、株主総会決議は必要でないとされている。

あるいはまた、一連の取引は、内国会社が外国対象会社の株式の出資を受けて新株を発行する場合と、実質的な効果が同じであるとみることもできる。そうなると、資本充実の観点から現物出資規制を課する必要があるかが問題となり得る。現象的には内国会社のみによる三角合併と同じようにもみえる。債権者の利益のみを考えるとするなら、株式交換において債権者保護手続が予定されていないのと同様に理解することができる。この理屈は、国際的文脈では必ずしも妥当しない。例えば、英国では、一人会社において株主は会社の契約上の債務について連帯して責任を負うこととされている（Companies Act 1985, Ch. 6, s. 24）。法人格否認の法理の適否についても、各国で違いがあるから、準拠法の定め方によっては（江頭、二〇〇二：藤田、二〇〇三参照）、実質法上の考慮が必要となる。

(2)　アウト・イン型の三角合併

アウト・イン型の三角合併が認められるかは、内国法の実質法の問題である。

わが国の商法の解釈としては、吸収合併の対価は存続会社の株式でなければならないと考えられてきた（中東、一九九九：中東、二〇〇三参照）。近時は、交付金合併を許容するなど、合併対価の柔軟化を主張する論者が勢いをつけている（柴田、一九九〇：江頭、二〇〇五）。

合併対価の柔軟化については、二〇〇三年産業再生法改正により、風穴が空けられた。所定の要件を満たした場合に、存続会社は、新株の発行に代えて、「特定金銭等」を消滅会社の株主に交付することができる（産業再生法一二条の九第一項)。「特定金銭等」は、「金銭又は他の株式会社の株式(定款に株式の譲渡につき取締役会の承認を要する旨の定めがある株式会社の株式を除く。……)」と定義されている。「他の株式会社」には、商法四八五条ノ二により、外国会社も含まれる(若月、二〇〇三)。

譲渡制限会社の株式は、「特定金銭等」として合併対価とすることができない。株式の事実上の譲渡性ないし換金性を重視したものと考えられる。外国会社の株式も、内国非譲渡制限会社の株式と同様の譲渡性を有するとは限らない。取引所の相場のない外国の親会社株式のように、評価の定まりにくい資産までも合併対価として解禁してよいか、慎重な議論が必要とする見方もある(落合ほか、二〇〇二〔武井〕)。譲渡制限会社の株式の交付を受ける場合には、現行の商法上も、株主総会の特殊決議が必要とされている(商法三五三条六項・四〇八条五項)。立法論として国際的合併を認めつつ、株主総会の決議要件を、当面は特殊決議とすべきとする見解もある(龍田、二〇〇三)。

このような見方によるなら、「特定金銭等」の解釈に際して、流通性の乏しい外国会社の株式を排除することが適当であろう。内国証券取引所で上場されていない外国会社株式は、内国譲渡制限会社株式と同視することができることから、括弧内の除外要件を拡張ないし類推して考えて、「他の株式会社の株式」にはあたらないと、制限的に解釈することも考えられる。

なお、法制審議会会社法(現代化関係)部会の要綱試案では、「合併対価の柔軟化」として、吸収合併の場合に、消滅会社の株主に対して金銭その他の財産を交付することを認めることとしている(第四部の第七の一)。このような文言になるのなら、交付される財産は証券ですらなくてよいから、外国会社の株式であっても解釈論上の疑義は生じにくい(会社法七四九条一項二号参照)。

第四節　国際的合併

一　わが国での議論状況

内国会社と外国会社が直接的に合併することができるかについては議論がある。基本的には実質法である日本の商法が国際的合併を許容しているかという問題であるが、抵触法上の問題も関係して議論されている。合併は、法の授権があって初めて、実行が可能となる。したがって、国際的合併が許されるかは、抵触法により準拠法とされた実質法が、そのような合併を授権しているかどうかの解釈による。

日本では、伝統的に国際的合併は許されないと考えられてきた（大隅＝今井、一九九一：龍田、一九八五：江頭ほか、一九九九〔原田〕：西村総合法律事務所、二〇〇一〔佐藤〕）。最も単純な根拠は、外国会社は商法上の会社ではないことに求められる（大隅＝今井、一九九一：西村総合法律事務所、二〇〇一〔佐藤〕）。商法四八五条ノ二は、外国会社は商法以外の法律の適用について内国会社に準じて取り扱うと定めているが、裏から見ると、商法上の会社と取り扱うことができない。

しかしながら、このような形式的な理由付けに対しては、厳しい批判がある。商法が内国会社と外国会社の合併に関する規定を欠いているとしても、それは規定の欠缺を意味するに過ぎず、当然に国際的合併はできないとの結論が導き出される訳ではない（落合、二〇〇〇：上田、二〇〇二）。商法四八五条ノ二が外国会社について日本の商法の適用を排除しているのは、外国会社はその従属法によって基本的に規律させるとの趣旨によるもので、国際的合併の場合にも、外国会社はその外国法を従属法とするのであれば、同条の趣旨には反しない（落合、二〇〇〇）。

会社という文言を形式的に捉える見解は、他の場面での一般的解釈と相容れない。子会社による親会社株式取得の禁止に関する規定（商法二一一条ノ二）は、外国子会社にも適用があると解されている。また、親会社監査役が外国子会社の取締役を兼任してもよいかについては、否定的に考えるべきであるが（龍田、一九八五）、兼任禁止規定（商法二七六条）にいう子会社には、外国子会社も含まれると考えなければならない。

国際的合併に否定的な見解からは、外国会社の従属法が国際的合併を認める場合でも、日本の登記所は外国での合併が適正になされたことにつき、書面による審査の体勢を整えていないとの批判もある（龍田、一九八五）。これに対しては、合併可能性を否定する十分な理由ではないとの反論がある（江頭、二〇〇五）。また、登記所は必要な対応をすべきで、登記手続が国際合併を阻止するとすれば、本末転倒であると主張される（落合、二〇〇〇）。

より実質的な議論として、国際的合併を否定する通説は、内国の会社の株主および債権者の利益に大きな影響があるが、その利益が適切に保護される制度的保証がないことを懸念する（落合、二〇〇〇：江頭、二〇〇〇参照）。最も極端な反論は、株主は株式買取請求権を、債権者は債権者保護手続を受けるから、利益の保護は十分であるとする見方である（江頭、二〇〇〇）。

さらに実質的な反論を試みる見解は、株主の利益と会社債権者の利益に関して、株主総会の決議要件を加重したり、合併契約において債権者等の請求についての管轄の定めを置くことにより、不利益も実質的には回避することができるとする（落合、二〇〇〇）。

手続面が万全であったとしても、株主や債権者に適当な救済手段が与えられていないならば、実効性を欠いた保護になってしまう。この点で、合併無効の訴えの管轄について議論がある。合併無効の訴えが存続会社の本店所在地の地方裁判所の専属管轄に属するため（商法四一五条三項・八八条）、存続会社の従属法が十分な救済手続を設けていなければ、日本の消滅会社の株主と債権者が不利益を受ける。国際的合併を許容する立場からは、消滅会社の旧本店所在地の地方裁判所に合併無効の訴えの管轄を認めるべきであるとされる（早川勝、二〇〇三：江頭、二〇〇四）。合併無効の訴えに関する規定は、提訴を制限する側面もあるから、国際的合併の文脈では、無効は何時でも誰でも主張できるという原則に戻ることも考えられる。

二　諸外国の対応状況

(1)　アメリカ

国際的合併については、諸外国でも、議論がなされており、立法的な手当てがなされている法域もある。最も明快な処方箋を用意しているのは、米国の会社法であろう。米国の会社法は各州において定められているから、州際的な合併の取扱いという課題を生来的に有していた。国際的合併についても順応性が高いのかもしれない。

例えば、デラウエア州会社法は、州内会社と外国会社との合併を認めている（8 Del. C. § 252(a)）。かつては、州内会社が存続会社となる場合にのみ、国際的合併を認めていたが、一九九三年改正により、そのような制限が撤廃された（Benzing, 1994）。ただ、存続会社となる会社の従属法の内容に関心がない訳ではない。存続会社の従属法が外国法となる場合には、州内の当事会社が負っている義務の履行、および、存続会社が合併によって負担する義務の履行について、デラウエア州の州務長官を代理人として定めて役務を提供させることにしている（8 Del. C. § 252(d)）。存続会社の義務には、反対株主からの株式買収請求に応じることも含まれている。

模範事業会社法においても、国際的合併を認めるとの立場を採りながら（MBCA § 11.02）、存続会社が外国会社となる場合に、州務長官を州内株主の権利行使のための代理人として選任したと取り扱うことにしている（MBCA § 11.07）。ニューヨーク州会社法（NY CLS Bus. Corp. § 907）やカリフォルニア州会社法（Cal Corp. Code § 1108）においても、国際的合併を認めた上で、存続会社が外国会社になることによる株主等の不利益を最小限に抑えるための工夫をしている。

(2)　カナダ

カナダ会社法は随分と保守的である。州際的な合併は一般的には認められておらず、合併は同一の法域の会社の間でのみ実施することができる（Gillen et al, 1994; VanDuzer, 2003）。例外的に、アルバータ州会社法は、完全親子会社間に限って州際的合併を許容している（Business Corporations Act, R. S. A. 2000, c. B-9, s. 187）。このような例外的な扱いを受けない場合には、従属法（設立準拠法）が異なる会社の間では、まず一方の会社が法域の移転を行って、従属法を一致させる（Gillen et al., 1994）。実務的には、全く不便がないと考えられており、国際的合併を可能とするような努力はみられない。

法域移転の手続は注目に値する。会社が従属法を変更することによって、株主と債権者に生じる可能性がある不利益を、純粋な形で捉えることになるからである。例えば、カナダ連邦会社法は、他の法域への転出について、①株主総会の特別決議と、②担当枢密顧問官によって指名される会社法長官に対して、その転出が会社の株主および債権者に不利な影響を与えないという証明を行うことが要求されている（Canada Business Corporations Act, R. S. C.1985, c. C-44, s. 188）。権利の行使を不便にさせることがないようにすることも求められるのであろう。

なお、ブリティッシュ・コロンビア州では、二〇〇二年の州議会で、会社法（Company Act: BCCA）から事業会社法（Business Corporations Act S. B. C. 2002, c. 57: BCBCA）への移行が決議され、ブリティッシュ・コロンビア州の会社が外国会社（州外会社と連邦会社を含む）と直接合併して消滅することが、一定の条件の下で許容された（同法二八三―二八七条、同法は、二〇〇四年三月二九日に施行されたが、施行のために副総督の承認が必要とされ、この手続が完結しないために、しばしば廃案となるため、実際に施行されるまでは、不安定な状態に置かれるのが通例である）。存続会社の設立準拠法が、ブリティッシュ・コロンビア州の会社を消滅会社とする合併を認めていることが必要であり、また、合併によって、従前の権利義務関係が引き継がれるなど、所定の効果が実現されることが求められている。

(3)　ＥＵ

ＥＵでは、国際的合併を促進するための立法活動が活発になっている。

二〇〇三年一一月一八日には、「株式会社の国際的合併に関する指令案（Proposal for a Directive of the European Parliament and of the Council on Cross-Border Mergers of Companies with Share Capital）」（COM（2003）703 final:2003/0277（COD））が公表された。この指令にはＦＡＱが付されている（MEMO/03/0233）。そこでは、国際的合併が認められていない国の例として、オランダ、スウェーデン、アイルランド、ギリシャ、ドイツ、フィンランド、デンマーク、オーストリアが掲げられている。ドイツについては、国際的合併が認められないとする見解がかつては一般的であったが、現在までに、これを許容する見解が一般ないし多数になっているともされる〔江頭ほか、一九九九〔江頭〕：落合、二〇〇〇〕。とはいえ、実務においては、ダイムラー・クライスラーの事例にみられるように、三角合併の形式が利用されている。

国際的合併については、ＥＵでも早くから議論がなされてきた(1)。一九八四年には、会社法第一一指令案が欧州委員会で採択されたが、欧州議会の委員会が検討したものの、欧州議会は意見を表明しなかった。加盟国の一部で採用されている従業員の経営参加の制度を回避するため、国際的合併が用いられる危惧があったからである。この行き詰まりによって、欧州会社法の制定にも影響が出た。二〇〇一年に、欧州委員会は指令案を取り下げ、その年の一〇月八日になって、欧州会社法（Statute for a European Company; ＳＥ法）が欧州理事会によって正式に採択された。

欧州会社法規制(2)のうち、国際的合併に関するのは、第一七条から第三一条である。加盟国間では、従属法を異にする株式会社の間で、吸収合併または新設合併を行い、欧州会社（SE: Societas Europaea）を作ることができる。合併の条項とすべき事項、合併の手続、合併の効果、合併検査役の選任などについては、欧州会社法によって統一的な規制が設けられている。これに対して、消滅会社の債権者や社債権者の保護、合併の適法性の審査については、当事会社の従属法に委ねられる。反対株主の保護についても、各々の従属法が特段の定めを設けることができる。もっとも、ひとたび登記がなされると合併無効の主張は許されていない。

欧州会社法は、欧州規模で事業をする会社を予定して制定されており、中小規模の会社については、国際的合併の需要に応え切れていないと判断されていた。欧州委員会は、二〇〇三年に、前述の指令案を提示した。

この指令案は、指令において別段の定めがない限り、各当事会社の従属法たる国内法の規定に従って、国際的合併を許容するものである。意思決定手続、債権者や社債権者の保護に関しては、各当事会社の従属法が適用される（二条）。配分的適用が明文化されている。合併条項については、共通の内容が策定され（三条）、合併検査役の検査を受ける（五条）。合併検査役の報告を受けた後に、各当事会社において、合併条項が承認される（六条）。合併の効果は、統一的に決定する必要があるが、資産と負債の包括承継（universal succession）、存続会社による消滅会社株主の収容、消滅会社の清算手続を経ない解散である（一一条）。国際的合併が効果を生じた後は、その無効を主張することはできない（一二条）。

三　抵触法上の問題点

抵触法の問題としても、国際的合併を配分的適用の場面であると捉えて、これを可能とする見解が有力になっている。

単位法律関係の切り分けの関係で、配分的適用をどこまで徹底すべきかについては、議論の余地がある。合併のために必要な意思決定手続については、内国法を国際的合併に対応するような形で実質法を解釈し、それを当事会社の従属法として適用すべきことに、異論はないであろう。

問題は、合併契約書で記載すべき事項など、当事会社の従属法の間で齟齬が生じる可能性がある場面である。これについては、一般的には、累積的適用（重畳的適用）の問題として理解すれば足りると考えられている（落合、二〇〇〇：高桑、二〇〇二：江頭、二〇〇四）。もっとも、当事会社の従属法の要件が全て満たされなければならないと考えるのなら、累積的適用というよりは、配分的適用の結果として、従属法の全てを勘案する必要があると説明すれば足りるのかもしれない。

合併契約書の記載事項としては、例えば、当事会社の一方の従属法が交付金合併を許容しており、他方がこれを認めていないか、量的制限を課している場合の取り扱いが、問題となり得る。

一見すると、単純に配分的適用によって準拠法を定めればよい。つまり、合併対価が存続会社の株式ではなく、現金であることについて、直接的な影響を受けるのは、消滅会社の株主である。消滅会社の従属法が交付金合併を許容しているのなら、存続会社の従属法がこれを認めていなくても、国際的な交付金合併は認められると解されることになる（松井、二〇〇二）。もっとも、存続会社の従属法においては、合併の際の債権者保護に関して、どのような立法政策が採られているかにも関係する。それ次第では、結果的に、合併契約書の記載事項として、当事会社の全ての従属法を満たす必要があり（双方的適用）、その一部にでも交付金合併を許容しないものがあれば、交付金合併は認められない場合もあろう。

交付金合併に関する議論は、合併の本質が何か、あるいは構成要素は何か、という根本的な疑問にも関係する。この点については、①存続会社が消滅会社の資産・負債の全部を承継すること（包括承継）、②消滅会社が清算手続を経ずに解散することであると考える。①があるから②が可能となっているし、②があるから①のように取り扱わなければならない。③存続会社が消滅会社の株主を収容するか（合併対価が株式でなければならないか）は、合併の本質論に関わるものではなく、各々の法域における政策判断の問題と考えてよいであろう。

なお、合併が特定の株主に不利益を与える場合に、事後的な救済策をどのように用意するかは、一つの問題である。既に見てきたように、アメリカでも、カナダでも、自国の紛争処理機関での救済を認めるようである。ＥＵでは、合併の無効を事後的に争うことが許されていないが、合併検査役制度を用意して、事前予防に重点を置いているとも言えるし、実質法が株式買取請求権などによる保護を認める場合には、それが尊重される仕組みになっている。

四　実質法上の問題点

⑴　株主の関与と保護

国際的合併が行われると、設立準拠法主義の下では、消滅会社の株主が最も影響を受ける。一瞬にして、外国会社の株主になるからである。

消滅会社の株主の利益を保護するために、実質法の問題として、国際的合併の文脈で、株主総会決議の要件をどのように解釈するか（落合、二〇〇〇）。慎重に考える立場からは、株主全員の一致がなければならないとする解釈も提示され得ようが、これでは完全親子会社間でのみ、実際には実行が可能となろう。

もう少し緩やかに解するなら、外国会社の株式の流通性ないし換金性に着目して、あるいは、外国会社の従属法では株主の権利保護が低下する可能性があることに鑑みて、内国会社の間での合併の場合よりも、決議要件を重くすることが考えられる。例えば、立法論としては、国際的な組織再編のための手続を整備すべきとしつつ、その際には、日本の株主が外国の株主になることを強制するには、特殊決議を当面は要件とすべきであるとの見解もある（龍田、二〇〇三）。株式の流通性や換金性の点で、外国会社の株式は、内国の譲渡制限会社の株式よりも落ちる可能性があるとの指摘もある（武井、二〇〇二）。とするなら、最低限、特殊決議が必要であるかもしれない。

他方で、外国会社との合併に反対の株主は、株式買取請求権を行使すればよいだけであるから、消滅する内国会社の株主の保護は問題とならないと考える見解も成り立ち得る（江頭、二〇〇〇）。もっとも、実質法の問題として、交付金合併を認めるという解釈論が前提になっていることが多く、議論すべき点は残されている（藤田、二〇〇二参照）。また、株式買取請求権という制度の実効性については疑問が残るし、裁判所による公正価格の決定にあたって、現行法では合併シナジーが考慮されないという問題もある（商法四〇八条ノ三第一項参照）。日本の裁判所を利用できるかについては、合併後も消滅会社の本店所在地の地方裁判所に管轄が残るから（非訟事件手続法一二六条一項）、困難な問題は生じないとされる（早川、二〇〇二b）。

(2)　資産および負債の移転

合併においては、消滅会社の資産と負債が、包括的に存続会社に承継される。ここに、包括的にとは、ＥＵ法をも参考にすると、全ての資産と負債が当然に承継されることを意味するのであろう。

もっとも、外国居住の債権者や債務者などとの関係でも、同様に考えてよいかは議論になっている（落合ほか、二〇〇二）。財産の性質に応じて、移転のための準拠法が定まると考えるべきであるとも主張されている（藤田、二〇〇三）。この問題は、内国法人の間での合併を想定して、外国居住者や在外資産についての取り扱いを考えた方が分かりやすい。

例えば、甲会社（内国会社）が乙会社（内国会社）に吸収合併される場合を考える。甲会社が外国居住の債務者丙との関係で、この債権が乙会社に移転したことを、債務者丙および第三者に当然に対抗することができるか。

現時点で有力な考え方によると、合併の効果として当事会社の従属法で考えることには疑問があり、債権譲渡や債権譲渡の対抗要件の準拠法で処理すべきであるとされる（藤田、二〇〇三）。物権についても、物権準拠法の問題として処理されるべきであると説かれる（落合ほか、二〇〇二〔早川〕）。

これに対しては、少なくとも包括承継という効果が生じる要素がなければ、そもそも合併ではなかったことになり、国際的合併の問題とはならなかったはずであると反論される（落合ほか、二〇〇二〔落合〕）。合併の効力が発生した後の法律関係は、存続会社の従属法により規律されることになると説かれてきた（落合、二〇〇〇）。合併とは、①存続会社が消滅会社の資産・負債の全部を承継すること（包括承継）、②消滅会社が清算手続を経ずに解散することを構成要素とするものであると考えられる。この要素を持たないものは、単なる営業（資産）譲渡であって、この場合には、債権の契約準拠法と物権準拠法で権利移転が規律されることになろう。しかし、合併であると認められる以上は、当事会社の従属法に従うことになると考えられる。

資産と負債の移転の問題が一段とやっかいになるのは、会社分割の場合である。分割会社は存続するにもかかわらず、分割計画書または分割契約書の記載に従い、その債務が免責的に設立会社または承継会社に承継されるからである。ここでも、会社分割で予定している債権者保護手続は、簡略化された特殊な免責的債務引受の手続の側面があることから、債権の準拠法で考えるべきではないかと疑問が提示されている（藤田、二〇〇三）。他方で、外国法を準拠法とする債権と債務、在外の動産や不動産等も、会社分割の場合には、設立・合併の場合に準じて会社の従属法が適用され、分割手続に従い新設会社または承継会社に承継させることができるとする見解もある（江頭、二〇〇五）。

会社分割の場合には、完全に対応する制度を有する法域は限られている。のみならず、会社分割の構成要素を考えるとき、資産と負債の移転は包括承継であると説明されているが、分割会社の有する資産と負債の一部のみが、そのような形で承継される根拠は、必ずしも明確になっていない。換言すれば、包括承継という効果を伴う会社分割とは何なのか、理論的に解明される必要がある。

なお、会社の債権の承継に関して、係属中の代表訴訟は、どのように取り扱われるか。内国会社の取締役は、例えば、代表訴訟制度のない従属法を持つ外国会社に内国会社が合併されれば、訴えの対象から免れることになるのか。制度があっても、要件や手続が異なる場合の去就は定かでない。

(3)　合併無効の訴え

合併に瑕疵がある場合に、存続会社の従属法が十分な救済手続を設けていなければ、内国の消滅会社の株主や債権者が不利益を受ける。そのときは、消滅会社の旧本店所在地の地方裁判所に合併無効の訴えの管轄を認めるべきであるとされる（江頭、二〇〇四）。また、合併無効の訴えでは、判決の画一的確定が要請されているが、国際私法の観点からは、各当事会社の従属法における決議取消等の訴えによれば、株主等の救済を図ることができるとする見解もある（早川、二〇〇二b）。

ただし、ＥＵ諸国のように、合併の効果が発生した後は合併の効力を覆すことを認めていない法域もあるから、そのような従属法を有する外国会社との合併について、決議取消の訴えのみによって、あるいは、日本の裁判所での無効判決によって、日本法が予定している程度の救済が図られるかには疑問もある。

第五節　国際的株式交換

一　抵触法上の問題点

配分的適用という考え方を採るにしても、国際的合併の場合に比べて、もう一つ乗り越えなければならない問題が存在する。合併という概念は、イギリス等の一部の法域を除いて、最低限の構成要素を国際的に共有することができている。ところが、株式交換という組織再編行為は、米国の多くの州で採用されているものの、デラウエア州やカリフォルニア州などでは、株式交換取引が認められていない。

そこで、例えば、日本の会社とデラウエア州の会社とが、株式交換を行うことができるのかが問題となる。より一般的に言えば、国際的組織再編の可否や手続について配分的適用を考える場合に、相手方の企業の従属法において、同種の制度がない場合にはどうなるか（藤田、二〇〇三）。日本の会社の国際的Ｍ＆Ａを考えるにあたっては、株式交換と会社分割について、大きな問題になるであろう。

国際的株式交換を配分的適用の問題として、一般的には認めつつも、一部の当事会社の従属法が株式交換規定を持たない場合に、国際的株式交換を否定する立場もある（高桑、二〇〇〇）。会社の成立、組織、管理、消滅等は、会社の従属法の定めによることが根拠とされている。

これに対しては、「組織再編を機能的に分解し、各要素ごとに適切な法と連結を考えるというアプローチを徹底するなら、会社分割や株式交換そのものに相当する制度が存するか否かはポイントではなくて、企業再編の当事会社の会社がなすべきこと（財産の承継とか社員の変動等）を達成する制度が、当該会社の従属法上存在するなら、それに関する規律するルールを適用すればよいとする」ことを示唆する見解もある（藤田、二〇〇三）。

この点で、参考になるのは、ニューヨーク州事業会社法の規定である（NY CLS Bus. Corp. §913(f)）。外国会社と州内会社は株式交換を行うことができるが、完全子会社となる会社が外国会社である場合には、外国会社が設立準拠法によって株式交換が許されていなければならないと定められている。完全親会社となる会社の従属法では、株式交換規定が設けられている必要はないことを含意するとも言える。日本でも提唱されている考え方である（龍田、二〇〇三）。

完全親会社となる会社の従属法に株式交換規定が存在しない場合に、何に連結するのかが問題となるが、これは、対象会社の株式の全部の現物出資を受けて、新株を発行するという取引と考えれば足りる。つまり、株式交換の構成要素は、完全親子会社関係の創設のための株式の移転である。これを完全親会社の側から見ると、完全子会社となる会社の株式の全部の取得であり、株式交換の手続を利用することもできるし、現物出資による新株の発行の手続を利用することもできる。完全子会社の側からみると、当事会社間の株式交換契約によって、株主の全部に持株を手放させ、完全親会社の株式を割り当てることであり、このような効果は、株式交換取引によってのみ得られる。

二　実質法上の問題点

国際私法上、国際的株式交換が可能であるとしても、わが国の実質法上、国際的な組織再編の文脈に即して、商法の解釈を行わなければならない。もっとも、株式交換の場合には、当事会社の資産や負債に移転がなく、当事会社は別法人として存続し続けるから、この点については、問題とならない。

合併の場合に比べてやっかいなのは、内国会社が完全子会社となる国際的株式交換が行われる場合に、株主権の縮減が、どの範囲で、どの程度まで生じるのかということである。株主総会の決議要件の解釈にも関わるが、他方で、株主の保護は株式買取請求権に全て任せるという判断も示されている。

内国会社の株主が、国際的株式交換によって、外国親会社の株主になり、もとの内国会社が外国会社の完全子会社になった場合を考えよう。問題になり得る権利の一つは、親会社株主の子会社に対する帳簿閲覧権の行使ができるかである（商法二九三条ノ八）。完全親会社の従属法が子会社帳簿閲覧権を認め、しかも、完全子会社の従属法が親会社株主による帳簿閲覧権を認めている場合に限って、そのような権利を行使することができることになろうか（藤田、二〇〇三）。

もう一つ、別の問題として、外国完全親会社の株主が、内国完全子会社の取締役等に対して、代表訴訟を提起することができるか。例えば、外国完全親会社が米国の会社であるとすると、多重代表訴訟が一般的に認められている。内国完全子会社が日本の会社であるとすると、多重代表訴訟は認められないと解釈するのが通説であるが、外国親会社が株主として代表訴訟を提起することは妨げられない。代表訴訟の性格をどのように理解するかにもよるが、外国親会社の株主が外国親会社を代表しているだけとも言える。そうなると、内国子会社の準拠法が多重代表訴訟を許容していなくても、外国親会社の株主は、内国子会社の取締役等に対して代表訴訟を提起することができるのかもしれない。

以上のように、国際的株式交換によって完全子会社となる内国会社の株主の地位が、どのように変容するかは、完全親会社となる外国会社の従属法の内容にも大きく依存する。この点は、国際的合併の場合でも同様であるが、親子会社の問題が国際的に生じることから、問題はさらに複雑になっている。保守的に考えるのなら、最低限は合併と同様に、特殊な決議が必要であるとするのが適当であろう。

さらに、株式交換無効の訴えに関しても、合併の場合と同様の問題がある。この訴えの管轄が、完全親会社となった会社の所在地の地方裁判所に専属すると、商法で規定されているからである（商法三六三条三項）。この点についても、合併の場合と同様に、完全子会社となった会社の本店所在地に管轄を認めるべきである（江頭、二〇〇四）。

第六節　結　語

ボーダレス化時代のＭ＆Ａの問題として、国と国との境が融けてきており、国際的Ｍ＆Ａについての需要が高まり、研究が進められている様子を見てきた。

国際私法上の配分的適用という考え方を基礎にして、実質法の解釈を探求してきた。ただ、最終的には、アメリカ法やカナダ法の規定を参考にしながら、立法による明確化が可能な部分は、わが国でも実現すべきであろう。とりわけ、組織再編行為の効果については、法が明確に定めることが望ましい。

国際的M&Aが推進力を得ているのは、省庁間の境が融解しつつあることも一因であろう。同時に、M&Aというものが理論的に解明されつつあり、各手法の間での境が低くなってきているという事情もある。配分的適用という考え方を用いることは、結局は、単位法律関係をどのように切り分けるかという課題に直面する。個々のM&A手法の構成要素は何かという点の考察が必要となる。

本章においては、合併と株式交換について、構成要素が何であるのかの序論的な検討を行った。会社分割の構造を解明することや、国際的課税の問題も十分に検討した分析を行うことは（日本公認会計士協会、二〇〇三参照）、今後の課題としたい。

国際的M&Aを検討することを通して、ともすれば当然の前提とされてきた実質法の趣旨が再び探求され、解釈論にも反映されることが望まれる。国際会社法という学問領域の発展が、国際私法と会社法の挨拶にとどまることなく、会社法の解釈の発展にもつなげられていくべきであろう。

〔付記〕

脱稿後、多くの文献に接し、また会社法制の現代化に関する会社法が制定されたが、それらを盛り込んで、分析を深める余裕がなかった。差し当たり、藤田友敬「国際的な企業結合関係」商事法務一七〇六号三三―四一頁（二〇〇四年）および中東正文「企業組織の国際的再編」商事法務一七〇六号二六―三三頁（二〇〇四年）と、そこで引用されている文献を参照していただき、詳しくは別稿を期したい。また、本書の基礎となった「経済問題群研究会」のほか、二〇〇四年度日本私法学会シンポジウム『国際会社法』（責任者・落合誠一東京大学教授）の準備のための研究会でも、また、家田崇名古屋商科大学助教授からも、有意義な示唆を得た。同シンポジウムの記録については、「国際会社法」私法六六号四八—九一頁（二〇〇五年）を参照されたい。

（1）Press Release, Company Law: Commission Proposes Directive on Cross-Border Mergers（November 18, 2003; IP/03/1564).

（2）Council Regulation（EC）No2157/2001 of 8 October 2001 on the Statute for a European Company（SE）（OJ L 294, 10. 11. 2001).

【文献表】

Black, Bernard, 2000, The First International Merger Wave（and the Fifth and Last U. S. Wave）, 54 *University of Miami Law Review* 799-818.

Benzing, Barry, 1994, 1993 Statutory Amendments to the *Delaware General Corporation Law*, 19 Delaware Journal of Corporate Law 560-572.

道垣内正人（一九九八）「企業の国際的活動と法」『岩波講座　現代の法7　企業と法』岩波書店、一四三—一六六頁。

道垣内正人（一九九九）「単位法律関係の相互関係と送致範囲」道垣内正人『ポイント国際私法　総論』有斐閣。

江頭憲治郎ほか（一九九九）「株式交換・株式移転〔座談会〕」ジュリスト一一六八号一〇〇—一二三頁。

江頭憲治郎（二〇〇〇）「商法規定の国際的適用関係」国際私法年報二号一三六—一五一頁。

江頭憲治郎（二〇〇二）「法人格否認の法理の準拠法」遠藤美光＝清水忠之編『企業結合法の現代的課題と展開（田村諄之輔先生古稀記念）』商事法務、一—一九頁。

江頭憲治郎（二〇〇五）『株式会社・有限会社法〔第四版〕』有斐閣。

Eisenberg, Melvin Aron, 1976, *The Structure of the Corporation*, Little, Brown and Co.

藤田友敬（二〇〇〇）「会社法の従属法の適用範囲」ジュリスト一一七五号九―二〇頁。

藤田友敬（二〇〇二）「コメント一―外国会社との合併・株式交換をめぐる法的規律〔上〕〔ワークショップ〕」商事法務一六三五号一一―一六頁。

藤田友敬（二〇〇三）「国際会社法の諸問題〔上〕〔下〕」商事法務一六七三号一七―二四頁、商事法務一六七四号二〇―二七頁。

Gillen, Mark et. al, 1994, *Corporations and Partnerships*: Canada, Kluwer.

早川勝（二〇〇三）「企業結合・企業再編に関する法規制の現状と課題」同志社法学五五巻三号一―六四頁。

早川吉尚（二〇〇一）「国境を越えたM＆Aの抵触法的規律」立教法学五九号二五四―二七二頁。

早川吉尚（二〇〇二ａ）「外国会社との合併・株式交換をめぐる法的規律〔Ⅰ〕問題の所在・国際私法からの分析」商事法務一六二二号二八―三六頁。

早川吉尚（二〇〇二ｂ）「外国会社との合併・株式交換をめぐる法的規律〔Ⅶ・完〕紛争処理の観点からの分析・結語」商事法務一六二八号一一―一八頁。

近藤光男＝志谷匡史（二〇〇二）『改正株式会社法Ⅰ』弘文堂。

松古樹美（二〇〇二）「コメント三――外国会社との合併・株式交換をめぐる法的規律〔上〕〔ワークショップ〕」商事法務一六三五号二四―三〇頁。

松古樹美（二〇〇三）「最近の組織再編の潮流にみるM＆A関連法制の現状と課題〔下〕」商事法務一六五三号一五―二四頁。

松井秀征（二〇〇二）「外国会社との合併・株式交換をめぐる法的規律〔Ⅳ〕会社法からの分析」商事法務一六二五号四三―五二頁。

中東正文（一九九九）『企業結合・企業統治・企業金融』信山社。

中東正文（二〇〇三）「企業組織再編法制の整備」商事法務一六七一号二〇―二八頁。

日米投資イニシアティブ（二〇〇二）二〇〇二年日米投資イニシアティブ報告書「成長のための日米経済パートナーシップ」。

日本公認会計士協会（二〇〇三）「組織再編税制の国際的側面について（租税調査会研究報告第一〇号）」。

西村総合法律事務所（二〇〇一）『M＆A大全』商事法務。

落合誠一（二〇〇〇）「国際的合併の法的対応」ジュリスト一一七五号三六—四一頁。

落合誠一ほか（二〇〇二）「外国会社との合併・株式交換をめぐる法的規律〔下〕〔ワークショップ〕」商事法務一六三六号二八—四九頁。

落合誠一＝神田秀樹＝近藤光男（二〇〇三）『商法Ⅱ　会社〔第六版〕』有斐閣。

大隅健一郎＝今井宏（一九九一）『会社法論　下巻Ⅱ』有斐閣。

レコフ（二〇〇三）『日本企業のM&Aデータブック一九八八〜二〇〇二』MARR一〇〇号（レコフ）。

柴田和史（一九九〇）「合併法理の再構成（六・完）」法学協会雑誌一〇七号一号三九—一三六頁。

高桑昭（二〇〇〇）「わが国の商法（会社法）規定の国際的適用に関する若干の問題について」国際法外交雑誌九九巻一号三二—五六頁。

武井一浩（二〇〇二）「コメント二——外国会社との合併・株式交換をめぐる法的規律〔上〕〔ワークショップ〕」商事法務一六三五号一六—二四頁。

龍田節（一九八五）『国際化と企業組織法』竹内昭夫＝龍田節編『現代企業法講座第二巻　企業組織』東京大学出版会、二五九—三一九頁。

龍田節（二〇〇三）『会社法〔第九版〕』有斐閣。

友常信之（一九九〇）「株式を使った米国企業の買収・合併」商事法務一二二二号二—七頁。

上田純子（二〇〇二）「国際的企業結合をめぐる諸問題」椙山女学園大学生活科学部生活社会学科ディスカッションペーパー三号。

VanDuzer, J. Anthony, 2003, *The Law of Partnerships and Corporations 2nd ed.*, Irwin.

若月一泰（二〇〇三）「産業活力再生法の改正の概要」商事法務一六六一号四—一二頁。

山田鐐一（二〇〇三）『国際私法〔新版〕』有斐閣。

在日米国商工会議所商法タクス・フォース（二〇〇二）「日本におけるクロス・ボーダー株式交換によるM&Aに関する意見書」（二〇〇二年五月末まで有効）。

在日米国商工会議所（二〇〇三）「在日米国商工会議所小泉首相の施政方針演説における対日投資に対する決意を称賛」（二〇〇三年二月四日プレスリリース）。

第九章　合併、三角合併、株式交換・株式移転

第一節　はじめに

会社法制の現代化において、組織再編法制は、大きな課題の一つと位置づけられた。また、従前の商法改正においても、新しい会社に適した会社法制を求めて、「会社法の選択」がなされてきた[(1)]。組織再編法制の変化は、会社法の規制緩和が最も明確に示された分野であるといえよう。立法に関与するアクターの力学という点では、経団連等の実務を担う立場から、要望が継続的かつ強烈に出されてきて、それが、今般の会社法の制定において、終結したかの感もある。

規制緩和の中身は、第一に、「できないことが、できるようになった」という意味において、会社法が柔軟になった項目があることである。例えば、平成一一年商法改正において、株式交換・株式移転という完全親子会社関係の創設が多数決で可能とされたことが、象徴的である。既存の規制を緩めたというよりは、本来ならば総株主の同意が求められる会社行為を、多数決で行うことができるようにしたという意味で、授権法（enabling act）としての側面を有している。

会社法の制定に伴う第一の意味での規制緩和は、合併対価の柔軟化という標語に集約されている[(2)]。交付金合併については、従来から、その可否について解釈論上の争いがあったところ、立法的に決着がなされた。合併の対価が、存

続会社の親会社株式でもよいとされることから、三角合併も可能となった。また、合併対価の柔軟化に伴い、後で述べるように、債務超過の合併の可否についての解釈論にも、一定の方向性が示されたと理解することができよう。

規制緩和の中身として、第二に、「もともと可能であった組織再編手法について、それを容易に行うことができるようになった」という意味の事項がある。典型的には、略式合併制度の導入がある。すなわち、特別支配会社が特別支配を有する子会社を吸収合併する場合には、消滅会社において株主総会の承認決議が不要になる（会社法七八四条一項本文。なお、会社法七九六条一項本文）。略式組織再編の制度の導入だけではなく、従来の簡易組織再編制度についても、規模が小さいと認められる基準が引き下げられ、簡易な形での合併や株式交換が認められる範囲が拡大した。

本稿では、合併と株式交換・株式移転について、会社法の制定に伴う規制緩和の状況を分析していくことにする。その過程では、規制緩和だけでよかったのか、規制緩和と合わせて、一定の歯止めないし規制の強化も講じられるべきではなかったのか、という問題意識を持って、現代化された会社法制を批判的に検証したい。

第二節　規制緩和の諸相

一　交付金合併

株式会社間で吸収合併を行う場合に、存続会社は消滅会社の株主に対して、対価の全部を現金で支払ってもよいか、つまり、交付金合併（cash merger）が日本法でも認められるのかについては、解釈論上の争いがあった。(3)

伝統的な通説によれば、合併交付金は、合併比率の調整のためのものと消滅会社の最終事業年度の配当に代わるものに限られ、対価の全部を現金で支払うことは許されない。(4)ところが、アメリカ等で交付金合併が許容されているという状況を背景に、わが国でも、交付金合併が可能であるという見解が有力になっていた。(5)筆者は、交付金合併を一律に認めないことが妥当でないことは認めつつ、適切な事前規制が設けられないままでは、交付金合併を解禁することに反対をしてきた(6)。

会社法制の現代化の議論の過程でも、交付金合併を解釈論として認める見解が増えていたし(7)、交付金合併の解禁を認めながらも、無限定に許容するべきではないとの見解が有力になっていた(8)。

慎重論に対しては、交付金合併による少数株主保護のためには、特別利害関係株主による議決権行使により不公正な決議がなされた場合には、決議取消事由とみて（会社法八三一条一項三号）、合併無効の訴え（会社法八二八条一項七号、二項七号）によって、対応すれば十分であればよいと反論されてきた(9)。会社法制の現代化においても、このような積極論が取り入れられたようであり、合併対価の種類についての制約はなくなり（会社法七四九条一項二号参照）、交付金合併が解禁されることが明らかになった(10)。

もっとも、事後的な救済のみで十分であるのか、疑問が残る。今後の運用のされ方にもよるのであろうが、必ずしも楽観的ではいられない。この点については、今後の課題として、後に論じることにしたい。

二　三角合併

(1)　三角合併と株式交換

合併対価の柔軟化の典型例は、現金の利用を認めることであるが、柔軟化の程度という意味においては、存続会社の親会社の株式を合併対価に利用することができるか否かが、より許容しやすく、先に立つ問題であるともいえるであろう。

合併に際して、存続会社の完全親会社の株式を、消滅会社の株主に交付することは、要するに、存続会社の親会社と合併消滅会社との間に、完全親子会社関係を創設するということである。完全親会社からみれば、完全子会社となる合併消滅会社との間で、株式交換をしたのと異ならない。その意味において、対価の柔軟化の程度において、従来のように存続会社の株式に限定する見解とも親和しやすく、しかも、わが国では、平成一一年商法改正によって、株式交換制度を導入したから、実質論としては、消滅会社の親会社の株式を合併対価として認めることは、歴史の流れからみても、論理的にも、難しいことではない[11]。

以上のように、存続会社が実体を有せず、買収目的にのみ設立された会社である場合、つまり殻会社（shell company）である場合に、三つの会社が当事会社になるかのような仕組みであることから、三角合併（triangular merger）という。完全親会社となる会社は、合併そのものにおいては、純粋な意味での当事会社ではなく、一連の取引において、重要な当事会社となる。典型的には、殻会社である完全子会社に、完全親会社の株式を保有させておくが、このためには第三者割当てなどを用いることができる。子会社が親会社の株式を保有することは原則的に禁止されているが（会社法一三五条）、組織再編の対価として利用することが予定されている場合には、一時的な保有が許される（会社法八〇〇条[12]）。

ところで、このような法整備を行う実際上の意味は、どこにあるのか。単純な三角合併を可能とするだけならば、既に存在する株式交換制度を利用すればよかったからである。さらなる意義は、① 国際的M＆Aを可能とすること、② 兄弟姉妹会社の合併において、完全親子会社関係を維持することができること、および、③ 完全親会社になる買収会社において、株主総会決議を省略することができる範囲を拡大することに求めることができよう。

(2)　国際的な三角合併

第一に、① 国際的M＆Aにおいて、株式対株式交換のM＆A（買収会社が株式を対価として対象会社の株式を取得する形のもの）を実行するために、三角合併は現実的かつ効果的な方法になる可能性がある。というのも、事業譲渡等によれば、会社法上も国際私法上も理論的な問題はないが、実際に実行するためには、個々の資産および負債について、抵触法と実質法の現実的な障害を乗り越える必要がある。

国境を越えて直接的に合併を行い、あるいは、株式交換を行うことは不可能であると考えられてきている[13]。会社法の制定により、「会社」と「外国会社」が、区別して厳密に定義されたから（会社法二条一号二号）、国際的合併等の否定的な立場が一段と強まるのであろう。というのも、会社法七四八条前段は、「会社は、他の会社と合併をすることができる」としており、そこでいう「会社」は、内国会社に限定される趣旨と読むべき力学が強まったからである。

他方で、EU加盟国内では、域内の会社は、合併方式でヨーロッパ会社（SE: Societas Europea）を設立することが許されるようになった(14)。また、米国では、従来から、州内会社と州外会社との合併が認められてきており、さらには、州内会社と外国会社との合併が認められるようになった(15)。わが国でも、国際的な合併や株式交換を、許容するという見解が有力になっている(16)。

とはいえ、ダイムラー社（ドイツ）とクライスラー社（米国）との統合に象徴されるように、たとえ、理論の上で直接的な合併が認められていようとも、三角合併を用いるのが実践的なのであろう(17)。この点は、米国がわが国に対してM&A法制の柔軟化を求めた際にも、法形式にはとらわれずに、株式対株式の交換（share for share exchange）を多数決で行うことができるようにすることに、主眼が置かれていた(18)。合併対価の柔軟化に関する規定が施行されれば、三角合併を用いた国際的な株式対株式について、会社法上の制約がなくなる(19)。もっとも、課税の繰延べが認められるか否かが、実際の使い勝手にとって重要であるので、今後の税法の改正が注目されている(20)。

(3)　兄弟姉妹会社間の合併

第二に、②兄弟姉妹会社間の合併において、合併対価として存続会社の完全親会社の株式を用いることができれば、完全親子会社関係の維持に役立つ場合がある。

例えば、親会社が一〇〇%保有する子会社と七〇%保有する子会社があり、子会社同士を合併させる場合を考えよう。合併対価が存続会社株式に限定されるとすれば、七〇%子会社の少数株主は存続会社に残るから、一〇〇%親子会社関係は崩れてしまう。これに対して、一〇〇%子会社が存続会社になり、親会社株式を七〇%子会社の株主に交付することにすれば、存続会社は一〇〇%子会社であり続けることができる。

このような再編方法は、上述の三角合併と仕組みは全く同じである。ただ、受け皿となる存続会社を新しく作るのか、それとも、既存の完全子会社を存続会社にするのかの違いである。

⑷　完全親会社の株主総会決議

三角合併を実施する場合に、関係する会社のうち、原則として株主総会決議が必要となるのは、合併の当事会社であり、具体的には、完全子会社になる対象会社（消滅会社）と買収の受け皿になる殻会社（存続会社）である（会社法七八三条一項・七九五条一項）。

これに対して、買収側の本来の主体である完全親会社となる会社は、殻会社を完全子会社として用意して、それに対して株式を割り当てる必要があるが、発行可能株式総数（会社法三七条一項・九八条一項・一一三条参照）を超えることにならない限り、株主総会決議を経る必要がない。

先に述べたように、三角合併で、殻会社を用意する部分を省略して考えると、再編前後の関係会社の状況は、三角合併によって完全親子会社関係を創設する場合と、株式交換によって完全親子会社関係を創設する場合と、全く同じである。となると、株式交換による場合と三角合併による場合で、規制の非対称が生じることになり、法制度上は望ましくない[21]。

この点は、買収会社が企業買収の目的で新株を発行（または保有自己株式を処分）する場面に一般化することもでき、新株の第三者割当てによる企業結合とも関係する。どの程度の新株発行であれば、企業結合という面で、発行会社の株主への影響が大きいと判断するべきかについては、簡易株式交換との比較が参考になるのであろう。

三　債務超過会社の組織再編

会社法制定前から、債務超過会社を存続会社とする合併が可能か否かについては、議論が存在する[22]。ここでいう債務超過会社は、簿価に基づく貸借対照表上の純資産がマイナスである場合（形式的な債務超過）ではなく、資産を評価替えして、のれんを計上してもなお純資産がマイナスの場合（実質的な債務超過）をいう。

典型的には、実質債務超過の子会社を親会社が吸収合併して、救済するという事例が想定される。この場合に、親会社が新株を発行すると、マイナスの価値の会社を受け入れて、新株を発行することになるから、資本の充実が害され[23]、このような合併は許されないと考えるのが伝統的な見解であり[24]、登記実務も同様の立場によっている[25]。

このような事例においては、債務超過会社の株主に対しては、合併の対価を与える必要はないという観点からの議論が強くなっている。合併で株式を交付しないのであれば、資本充実の問題にはならない[26]。債務超過の子会社が完全子会社である場合には、合併対価を交付する必要がないから、そのような会社を完全親会社が吸収合併をすることは可能であるとの見解が有力であり[27]、登記実務でも認められているようである。

以上のような従前の取扱いの中で、会社法においては、簿価上で差損が生じる合併が正面から規定された（会社法七九五条二項一号、二号）。この規定をめぐっては、実質的債務超過の合併を許容する趣旨か否かが議論の対象とされてきた。日本経団連経済法規委員会は、二〇〇三年一二月二四日、「『会社法制の現代化に関する要綱試案』についての意見」において、「試案は、……存続会社等において、組織再編行為に際して差損が生ずる場合の規定を置いているが、これが実質的債務超過会社等を消滅会社（被吸収分割会社、完全子会社）とする組織再編を認めたものか確認したい。仮に試案がこれを認めないという趣旨であれば、それを認めるべきである」と意見を公表していた（第四部第五の三（四））[28]。

のみならず、合併対価の柔軟化が行われた結果、理論的にみても、合併における資本充実の原則の内実が相当に変容したことにも、留意がなされなければならない。

そこで、実質的な債務超過会社に関する議論は、大きな転機を迎えたとみるべきであろう。この点についても、項を改めて論じることにする。

四　簡易合併と簡易株式交換

会社法では、簡易合併と簡易株式交換が認められる範囲が拡大された。

簡易な方式は、当事会社にとって小規模（small scale）な組織再編である場合ならば、当該会社の株主にとっては影響が小さいから、株主総会で株主の意思を問うまでの必要はないとの政策判断に基づく。

どの規模の組織再編を小規模なものと線を引くかについて、平成一七年改正前商法は、五％という基準が採られてきた（改正前商法四一三条ノ三第一項本文）。会社法では、これを一気に二〇％（存続会社の定款でこれを下回る割合が定められていれば、その割合）にまで引上げた（会社法七九六条三項）。

具体的には、合併については、存続会社が合併対価として支払う株式等の価額が[29]、存続会社の純資産額として法務省令（会社法施行規則一九六条）で定める方法により算定される額の五分の一以内である場合に、簡易な手続きが認められる。小規模な組織再編と判定される側では、株主総会の特別決議が必要でないのが原則である。従来は、合併に際して交付する株式の数と発行済株式総数との比率で、小規模か否かが判断されたが、合併対価の柔軟化が行われたので、貸借対照表の純資産額や帳簿価額が比率の算定に用いられることになった。

以上の基準を満たした合併であっても、一定の場合には、簡易な手続きが認められない。

第一に、簡易な手続を行おうとする会社の側では、簡易合併の通知または公告が行われるが（会社法七九七条三項、四項）、この通知または公告の日から二週間以内に、法務省令（会社法施行規則一九七条）で定める数の株式（合併決議で議決権を行使することができるものに限られる）を有する株主が[30]、会社に対して合併に反対する旨を通知したときは、株主総会決議が必要となる（会社法七九六条四項）。

第二に、差損が生じる合併においては（会社法七九五条二項一号、二号参照）、簡易な手続きは許されない（会社法七九六条三項柱書但書）。そのような合併は、株主にとって不利益となる可能性が小さくなく、実際に株主総会を開催して、取締役に合併の必要性や妥当性について、説明させる必要もあるからであろう。

第三に、存続会社が交付する対価が譲渡制限株式であり、存続会社が公開会社でないとき（全部譲渡制限会社であるとき）は、簡易な手続きで済ませることはできない。存続会社で維持されてきた閉鎖性を、消滅会社の株主にも開放することになるから、その適否について、株主総会の判断が必要とされるからである。

簡易株式交換についても、簡易合併に準じた基準の下で認められる（会社法七九六条三項、四項・七九五条二項三号）。

五　略式合併と略式株式交換

会社法では、略式組織再編が新しく導入された。

略式合併と略式株式交換とは、合併当事会社が特別支配関係にある場合に、特別支配会社に支配されている会社の株主総会決議を省略することを認めるものである（会社法七八四条一項本文・七九六条一項本文）。特別支配会社とは、ある株式会社の総株主の議決権の一〇分の九（これを上回る割合を当該株式会社の定款で定めた場合にあっては、その割合）以上を他の会社および当該他の会社が発行済株式の全部を有する株式会社その他これに準ずるものとして法務省令で定める法人が有している場合における当該他の会社をいう（会社法四六八条一項括弧内）。

特別支配を受けている会社において株主総会決議の省略を認めるのは、かりに株主総会を開催したとしても、議決権の九〇％以上が特別支配会社によって保有されているのであるから、どのような結果になるのかは、実際に開催してみるまでもないからである。

とするならば、合併等の決議に必要な議決権の数（原則として、議決権の三分の二以上）を有していれば、特別支配会社と認めてもよいようにも思われる。この点、どうして九〇％以上とされているのか、不思議な感覚が残るであろう。アメリカ法を参考にする限り、このような場合であれば、交付金合併等による少数株主の締出しが、当然に正当化されるという趣旨であるのか。

第三節　今後の学説と実務の展開

一　少数株主の締出し

(1)　問題点

交付金合併が解禁されると、合併交付金を受け取ることになる消滅会社の株主にとっては、好都合に感じられる状況もあり得る。具体的には、従属会社の少数株主の中にも、合併による従属会社の消滅そのものを阻止することができない以上、合併により非公開会社の少数株主になるよりも、現金をもらった方がましと思うものは少なくないとの分析がされている。(31)

確かに、少数株主の中に、非公開会社の株式よりも現金を好む者がいるとの指摘は正当である。(32) しかしながら、このような者の意思を尊重する方法としては、少数株主に主導権を与える形での解決が適当である。(33) 現金を好む株主に、株式買取請求権を行使させるというのも一案である。実務的には難しいようであるが、株式と現金との選択権を、消滅会社の株主に与えるという方策もあろう。(34) より一般化すれば、閉鎖会社における株式買取請求権の問題として対処するのが妥当であろう。(35) そもそも、株式を希望しない者が現金を受け取るようにすべきであるとしても、株式を希望する者にまで現金の受取りを強制する理由にはならない。

以上のように、交付金合併には、少数株主を現金によって排除するという契機が潜在的に備わっている。なぜ少数株主の強制的な排除が無制限に許されるべきではないのか。直感的にも、少数株主が締め出されてしまうと、会社の事業に持分を継続する多数株主の間で、不公正であると感じられよう。(36) ただ、株式投資は、所詮、最後はカネの問題であると割り切れば、価格の公正さが保たれる限り、法的にも売却を強制されてもよいという立論も可能ではあり、株式買取請求権さえ保証されれば十分であるとの主張もあり得る。(37)

しかしながら、とりわけ上場会社のように、市場で株式が自由に取引されている会社を念頭に置くと、市場参加者（投資者）は、自らの株式評価が尊重されることが、資本市場が維持されるための前提条件である[38]。もちろん、自己の株式評価を常に実現できる訳ではないし、およそ実現不可能な株式評価額の受取りを保証する必要はない。とはいえ、投資者がある株式を取得し、保有しているのは、その株式の実際の価値が取得価額よりも高いと考えているからであり、にもかかわらず、正当な事業目的もないのに、多数株主の力によって、会社から締め出されるいわれはない[39]。なお、閉鎖会社における少数株主の締出しと、上場会社等における少数株主の締出しとでは、違った考慮が必要であると考えるが、本稿では、上場会社等における問題に限定して、議論を進めることにしたい[40]。

(2)　事前規制の必要性

少数株主の締出しには、上述のような危険があるから、この危険を避けることができるように、締出しの方法が設計されなければならない[41]。

わが国の会社法としての対応については、カナダの会社法と証券規制[42]を参考にすべきであると考える[43]。立法論としては、少数株主の締出しを一律に禁止するのではなく、実務にとっても安定的な形で、交付金合併の利用を認めるべきである。すなわち、当事会社が支配・従属関係にある場合には（ゴーイング・プライベート取引）、①質の高い情報開示、②独立した評価人による評価、③少数派の多数の賛成を要件として、交付金合併を許容すべきである[44]。

少数派の多数が賛成する取引であれば（③）、その集団において会社を解散すると判断されたものとみることができるから、個々の投資者の株主の評価が清算されるのもやむを得ない。この決定が十分な情報のもとで行われるために、質の高い情報開示（①）と独立した評価（②）が必要である。

これらの基準は、実務でも既に実践されており、または、実践されようとしているものでもあるし、学界においても、交付金合併の積極論者からも、立法論として提言されていたものを含んでいる[45]。そこで、会社法に事前規制が設けられておらず、実務の指針も見出しがたい以上、とりわけ支配・従属会社間での交付金合併については、上記の三つの要件を、標準的な運用指針として利用すべきではないか。少なくとも、これらの要件を満たした交付金合併は、適法であると取り扱うことが認められよう。

なお、少数株主を締め出す方法は、交付金合併に限られるものではなく、平成一七年改正前商法の下でも、可能とする方法は存在していた[46]。例えば、大規模な株式併合をすれば、少数株主を端数処理することができるが、決議取消の訴えの対象となり得ることが指摘されてきた[47]。この点に関しては、第一に、株式併合であれば、少数株主の排除が直接の目的であると捉えられやすいのに、交付金合併であれば、合併の目的と少数株主排除の目的とが混在されやすい点に注意が必要である。完全親子会社関係の創設であれば、株式交換という制度もある[48]。どうして親会社株式を交付してはいけないのか、合併決議に際しても、十分に説明されるべきである（消滅会社における事前開示につき、会社法七八二条参照）。また、第二に、株式併合によれば、少数株主には株式買取請求権が与えられないが、この点をどのように評価すべきであるのか、更なる検討が必要であろう[49]。

なお、敵対的買収の文脈で、交付金合併等による少数株主の締出しに関する規制が、買収側と防衛側にどのような土俵を作るかについても、見通しておく必要がある[50]。対価の柔軟化の妥当性について会社法の制定後も懸念を示す論者は、「アメリカが築いてきた、M&Aの攻撃側も防衛側も多くの武器をもって戦い、行きすぎは裁判所が事後的にチェックする法的環境よりも、M&Aの老舗イギリスが打ち立ててきた、明確で公正な事前の競技ルールを遵守しながらどちらが多くの株主の支持を得るかを競う法的環境のほうが穏当なのではないかとも思う」と述べている[51]。このようなバランスの取り方については、従前から意識されてきており、イギリス型の規制に共感する傾向が強かった[52]。

二　公開買付規制の強化

敵対的買収との関係では、公開買付規制についての見直しが必要である。直接的には、最近の具体的事例をも契機として、議論がなされつつあるようである[53]。

多くの点について、公開買付規制は、検討が必要と考えられよう。例えば、対象会社が防衛策を廃止しない場合に、公開買付の撤回を認めるか否か、公開買付価格を買付期間中に下方修正することを認めるか否かという課題もある。ただ、本章では、合併対価の柔軟化に伴う少数株主の締出しに関係する範囲で、簡単に検討を行いたい。

交付金合併が無制限に認められるならば、強圧的な二段階公開買付が行いやすくなる。典型的には、第一段階は、対象会社の発行済株式総数の六七％に対して公開買付を実施して、第二段階は、公開買付価格よりも低い価格で交付金合併を実施して、少数残存株主を排除する。公開買付時に、第二段階の締出し取引が予告されていると、対象会社の株主は、応募を急いでしまい、本来なら成功すべきでない公開買付まで成功してしまう可能性がある。公開買付時に第二段取引が予告されていなくても、少数株主として残存してしまうという恐れがあれば、応募をせき立てられる。対象会社の株主の判断が歪められてしまう。

このような強圧性を生じさせないための第一歩は、第一段階の公開買付で、対象会社の株式の全部を対象とさせることである。つまり、部分的公開買付を原則として禁止する。そうすれば、先の例で、第一段の六七％に含まれるように急かされることはない。イギリスでも、シティ・コードで、一〇〇％の公開買付が原則とされている。(54)

とはいえ、対象会社の株主としては、自分だけが売り残してしまったら困るという危惧を避けることができない。その場合の制度的な保障として、先に提案した少数株主の締出しに関する運用指針が、法定されるべきである。のみならず、支配株主となった買付者が第二段の取引を行わない場合にも、少数株主がイニシアティブを持って、持株の買取りを請求することができることにし、退出の機会を保証すべきである。イギリスやカナダなどにおけるように、発行済株式の九〇％を取得した者に対して、残余の少数株主が持株の買取りを請求することを認めるべきである。(55)九〇％という数字は、東京証券取引所の株券上場廃止基準において、株式の分布状況につき、「少数特定者持株数が上場株式数の九〇％を超えている場合であって、上場会社が当取引所が定める日までに当取引所の定める公募、売出し又は数量制限付分売予定書を当取引所に提出しないとき」が、原則として上場廃止となるとされていることとも整合的である（同基準二条（２））。

なお、事前警告型買収防衛策に関して[56]、その真髄は、対象会社の株主に熟慮期間を与えるとともに、判断材料を買収者に提供させることにある。このような仕組みは、各会社の努力に待つのではなくて、法制度として整備すべきではないか。

現行法のもとでは、公開買付は、二〇日以上六〇日以内の期間内に行わなければならない（証券取引法二七条の二第二項、証券取引法施行令八条一項）。最長期間を定める意味は、必ずしも明らかではない[57]。公開買付者としては、できるだけ短い公開買付期間を設定するのが合理的な行動であり、最長期間を法定しなくても、自主的に合理的な公開買付期間が設定されるはずである。

この点は、カナダの公開買付規制が、大いに参考になるものと考えられる。すなわち、最短期間の定めについて、カナダのオンタリオ州証券法は三五日間という日本に比べて長い期間を設定しているが[58]、その趣旨は、①対象会社の株主が応募の適否について十分な時間を与えるとともに、②敵対的公開買付においては、対象会社の経営陣が、他社からの提案を検討するために必要な時間を確保することにある。対象会社の経営陣に対して、公開買付の適否を考える余裕を与え、必要に応じて、競合買付の勧誘をすることは、株主の利益に資するものであると理解されている[59]。

さらに、カナダにおいては、ポイズン・ピルの設計において、熟慮期間が短いという問題に対処されるのが通常である[60]。典型的なピルでは、買付期間を延長するように工夫がされており、これにより、経営陣がより有利な買収提案を探す時間を得られるようにする[61]。買収者が、十分な熟慮期間を与えない場合に、ピルが発動する仕掛けにしておくのであり、一二〇日間の買付期間を要求する例も少なくないという[62]。熟慮期間が短いことのみが対応すべき問題とされており、カナダにおいては、法律上、最長期間の定めはない[63]。

カナダ法から示唆を受けるなら、わが国の証券取引法においても、最長期間の法定を廃止し、対象会社の経営陣が株主の利益のために必要と考える場合には、公開買付期間を法が定める基準に従って伸長することを求めることができるようにすることが考えられる(64)。

以上のような形で、買収側の武器を制限するのなら、防衛側の武器も制限されるべきであり、イギリスにおけるように、防衛策の導入には、対象会社の株主総会の承認が必要であるとすべきである(65)。このような形での武器対等は、社会的費用の観点からも望ましい。

三　債務超過会社の合併

債務超過会社の合併に関する議論の状況については、前述の通りであるが、合併等の対価が柔軟化された今となっては、資本充実という会社法で廃棄された原則を持ち出して、そのような合併の可否を論じる意味は乏しい。また、少なくともこの場面では、合併の本質論に関する争いの実質的意味は、ほぼ消え失せてしまった。債務超過会社の合併が認められるか否かの神学論争ではなくて、もはや、どのような場合には実行が可能であるのかという、極めて実践的な議論になる。

この意味でも、合併比率の公正さの観点から、この問題に接近する見解が再評価されるべきである。約四〇年前に示された見解においては、「評価替えをしてもなおかつ債務超過になる場合、そのような会社の合併はやはり違法とすべきであろう。消滅会社が債務超過のときはもちろん、存続会社が債務超過のときも、いわばマイナスの価値しかもたない株式を積極資産と交換する結果になり、合併比率の公正さは完全に無視されるからである」と主張されていた(66)。

現代的な文脈に置き換えれば、次のように総括することができよう。すなわち、債務超過と評価される会社を合併すれば、他方当事会社の取締役等は、不公正な合併を推進したことになり、善管義務違反ないし忠実義務違反に問われ、取締役等としての責任を追及される可能性がある。合併無効の訴えの対象となる極端な事例を除けば（会社法八二八条一項七号。同八三一条一項三号参照。また、無効判決の効力につき、同八四三条(67)）、最終的には、取締役の義務と責任の問題に還元されるのであろう（同四二三条・二三〇条、民法六四四条、会社法三五五条）。当該会社にとって何ら利益がないのであれば、債務超過会社を合併することは、現実的には認められない。

逆に、債務超過会社とのシナジー（相乗効果）を狙った戦略的な合併であれば、何ら法的な障害はないであろうし、現実に企画されるのも、このような場合に限られるのであろう。この場合に、合併によるシナジー等を債務超過会社ののれんと考えることができれば、そのような会社は、この合併の場面においては、実質的な債務超過でなかったと評価をすることもできる。そうであれば、何ら問題は存在しない(68)。

第四節　おわりに

経済界が要望してきた組織再編に関する規制の柔軟化が、会社法制の現代化で実現した。課題はなお残るものの、組織再編法制の一層の活用に向けて、ともあれ大きな一歩が踏み出された。

とはいえ、支配争奪においても、多数株主と少数株主の戦いにおいても、土俵が乱雑なままであるという危惧も残る。対価の柔軟化に関する規定の施行が全体から一年延期されたことを福に転じさせ、清く正しい土俵が整備されることを願う。

〔付記〕
脱稿後に、金融庁金融審議会金融分科会第一部会公開買付制度等ワーキング・グループの議論が本格的になり、校正中に、証券取引法改正法案（金融商品取引法案）に接した。

（1）　この点については、少人数の研究者で研究会を開催し、共著書『会社法の選択（仮題）』を刊行すべく検討を続けてきている。本文で述べた会社法の歴史の捉え方も、この研究会の成果の一端である。

(2) 合併等の対価の柔軟化に関する規定は、施行期日が会社法のその他の本体よりも一年遅れとされることになった（会社法附則四条）。これは、三角合併等が、外資による内国会社への投資意欲を高め、ひいては、敵対的買収にという事態を生じさせやすくするという懸念が拡がり、施行が先送りされた（江頭憲治郎ほか「〈座談会〉『会社法』制定までの経緯と新会社法の読み方」商事一七三九号六頁〔相澤哲発言〕（二〇〇五年）参照）。

(3) 従来の学説の状況については、江頭憲治郎『株式会社・有限会社法〔第四版〕』六八七頁注(2)（有斐閣、二〇〇五年）で、簡潔に整理されている。

(4) 竹田省「現金の交付を伴ふ合併」『商法の理論と解釈』二六五〜二七〇頁（有斐閣、一九五九年）、大隅健一郎「会社合併の本質」『会社法の諸問題〔新版〕』三八九頁（有信堂高文社、一九八三年）、龍田節「株主総会における議決権ないし多数決の濫用」末川博先生古稀記念『権利の濫用（中）』一三三頁（有斐閣、一九六二年）、上柳克郎＝鴻常夫＝竹内昭夫編『新版注釈会社法（一三）』一六五〜一六九頁〔今井宏〕（有斐閣、一九九〇年）、大隅健一郎＝今井宏『会社法論（下）Ⅱ』一一〇〜一一四頁（有斐閣、一九九一年）、中東正文『企業結合・企業統治・企業金融』一五一〜一五三頁（信山社、一九九九年）など。

(5) 柴田和史「合併法理の再構成（六・完）」法学協会雑誌一〇七巻一号五八〜六〇頁（一九九〇年）、江頭・前掲注(3)六八七頁注(2)ほか。

(6) 中東正文「企業組織再編法制の整備」商事一六七一号二〇頁（二〇〇三年）ほか。また、ドイツ株式法における締出しの丹念な考察を経て、福島洋尚教授は、「株式交換の対価に金銭を認める場合、……総会決議についての実質審査が残されるとはいえ、著しく緩和された要件で締め出し類似制度を創設してしまうことになるものと考えられ、支持することができない」とされる。福島洋尚「株式会社法における少数株主の締め出し制度」柴田和史＝野田博編『会社法の現代的課題』二三七頁（法政大学現代法研究所、二〇〇四年）。

(7) 早川勝「企業結合・企業再編に関する法規制の現状と課題」同志社法学五五巻三号二一頁注(44)（二〇〇三年）。

(8) 伊藤靖史「少数株主の締出しに関する規制のあり方について」同志社法学五六巻四号八六〜九六頁（二〇〇四年）（一定の事前規制が必要であるとする）、斉藤真紀「ドイツにおける少数株主締め出し規整（二・完）」法学論叢一五五巻六号五九〜六三頁（二〇〇四年）（残存株主の締出しの必要性が定型的に認められるのは限定的であり、必要性が認められない場合の締出しには慎重であるべきとした上で、対価の適正さについては、専門家による調査を原則として受けさせるという法制度が望ましいとする）。また、柴田和史「現金交付合併と正当な営業上の目的の法理に関する一試論」柴田＝野田編・前掲注（6）一三〜一四頁、四二頁も参照（少数株主の締出しが容易に行われるようになることに危惧を示し、事業目的基準を再評価すべきであるとする）。なお、シナジーの分配に関して、神田秀樹『会社法〔第七版〕』二八八〜二八九頁（弘文堂、二〇〇五年）などを参照。

（9）江頭・前掲注（3）六八七頁注（2）。江頭教授は、「制度の濫用から解散会社の少数派を救済する法理は別にあるのであって……、制度の濫用の危険が交付金合併をおよそ認めない理由になるべきではない」と主張されていた。

（10）これまでも、産業再生法を利用すれば、交付金合併を行うことも可能であった（平成一七年改正前産業活力再生特別措置法一二条の九）。会社法制の現代化は、この意味でも、産業政策としての一翼の役割を担っている面があり、実現にあたっては、経済界からの強い期待や支持があったことを窺うことができる。

（11）中東・前掲注（4）二〇六〜二一一頁参照。株式交換制度が導入される前に、立法論として、合併対価を柔軟化して、親会社株主に拡張することには合理性があるが、完全親子会社関係の創設という目的からは、三角合併という迂遠な方法をとらずに、株式交換を可能とする法改正を行うのが端的であると提言していた（中東正文「アメリカ法上の三角合併と株式交換」中京法学二八巻二号一頁（一九九四年）も参照）。

（12）平成一七年改正前商法では、このような例外が設けられていないが、合併対価として、転換株式（取得条項付株式）や新株予約権を利用すれば、子会社による親会社株式取得の禁止は、三角合併にとって、絶対的な障害になる訳ではない。

（13）大隅＝今井・前掲注（4）四六頁、龍田節「国際化と企業組織法」竹内昭夫＝龍田節編『現代企業法講座第二巻（企業組織）』三一七頁（東京大学出版会、一九八五年）、江頭憲治郎＝川西隆行ほか「〈特別座談会〉株式交換・株式移転――制度の活用について」ジュリ一一六八号一二〇〜一二二頁〔原田発言〕（一九九九年）、西村総合法律事務所編『M&A法大全』八〇〇頁〔佐藤丈文〕（商事法務研究会、二〇〇一年）。

（14）笹川敏彦「ヨーロッパ会社法における設立――合併方式による設立を中心に」法と政治（関西学院大学）五五巻二

号四七頁（二〇〇四年）ほか参照。
(15)　わが国における国際的合併の包括的な検討については、先駆的な研究業績として、落合誠一「国際的合併の法的対応」ジュリ一一七五号四〇頁（二〇〇〇年）を参照されたい。
(16)　中東正文「企業組織の国際的再編」商事一七〇六号二七〜三〇頁（二〇〇四年）、および、そこで引用されている文献を参照。なお、国と国との境、官庁の間の境などが融解する姿に焦点を当てつつ、国際的組織再編を論じたものとして、中東正文「ボーダレス化時代のM＆A法制」江頭憲治郎＝増井良啓編『市場と組織（融ける境　超える法　第三巻）』九九頁（東京大学出版会、二〇〇五年）。
(17)　松古樹美「最近の組織再編の潮流にみるM＆A関連法制の現状と課題〔上〕」商事一六五三号一六〜一七頁（二〇〇三年）、松古樹美「外国会社との合併・株式交換をめぐる法的規律〔上〕」商事一六三五号二五頁（二〇〇二年）参照。
(18)　この点に関しては、在日米国商工会議所商法タクス・フォース「日本におけるクロス・ボーダー株式交換によるM＆Aに関する意見書」（二〇〇一年）（二〇〇二年五月末まで有効）を参照されたい。
(19)　日米の政府間交渉については、日米投資イニシアティブ「二〇〇五年日米投資イニシアティブ報告書――成長のための日米経済パートナーシップ」を参照。この報告書では、「日本政府は、今回の商法の改正は、『会社法制の現代化』を目的としたものであり、なかでも、合併等対価の柔軟化によって国境を越えた三角合併が促進されると説明した。また、日本政府は、日本の企業が新しいシステムに対して準備を行う期間を設けるため、合併等対価の柔軟化の導入は、一年間延期されることを明らかにした。米国政府は、このような延期は、新しい合併手法が日本経済に与える有益な効果を後回しにすることになるので、不必要であり、好ましくないと考えている」と述べられている（八頁）。
(20)　日米投資イニシアティブ報告書においても、「米国政府は、税の取り扱いも企業がM＆A取引を行うかどうかを決定するにあたり非常に重要な要素であると指摘した。日本政府は、会社法によって可能となる三角合併に係る税制上の措置について、課税の適正、公平及び租税回避防止の観点も十分に踏まえ、会社法の関連部分が施行されるまでの間に方針を決定する方向で検討している」とされている（前掲注(19)八頁）。
(21)　中東・前掲注(6)二二一〜二二三頁。アメリカでも、三角合併に際しては、買収会社の株主総会決議を要求し、反対株主には株式買取請求権を与えるべきであると、有力に唱えられてきた（Melvin A. Eisenberg, The Structure of

Corporation 305-306 (1976))。

(22) 中東・前掲注(6)二五～二六頁参照。なお、河野悟「債務超過会社の組織再編に関する考察（一）（二・完）」民商法雑誌一三二巻二号一六〇頁、同巻三号三六二頁（二〇〇五年）が詳しい。

(23) 平成一七年改正前商法においては、自己株式の処分の場合には、新株発行に関する規定のうち、資本充実に関する規定が準用されていなかったし（改正前商法二一一条三項）、資本金が増加することもなかった。そこで、消滅会社が実質的債務超過であっても、存続会社が自己株式を対価として交付する限りは、別段の問題はなかったと考えることもできたかもしれない。

(24) 大隅・前掲注(4)三九八頁、上柳＝鴻＝竹内編・前掲注(4)一三三～一三五頁〔今井〕。

(25) 昭和三三年五月二六日付民四第七〇号民事局第四課長変更指示、昭和五六年九月二六日付民四第五七〇七民事局第四課長回答。

(26) 柴田・前掲注(5)六八頁。

(27) 松岡誠之助「赤字会社との合併」竹内昭夫＝松岡誠之助＝前田庸『演習商法』二〇七頁（有斐閣、一九八四年）、上柳＝鴻＝竹内編・前掲注(4)一三五頁〔今井〕、遠藤美光「財務破綻にある株式会社の吸収合併（二・完）」千葉大学法学論集六巻一号一三三～一三四頁（一九九一年）。

(28) この意見書は、経団連のホームページに掲載されている <http://www.keidanren.or.jp/japanese/policy/2003/127/honbun.html>（二〇〇五年九月二五日現在）。それによれば、次のような必要性と根拠などが示されている。「子会社救済等において、ニーズが強い一方、実質的債務超過会社等を消滅会社（被吸収分割会社、完全子会社）とする組織再編を認めても、株主総会の決議を経て、かつ、債権者保護手続を経ていれば、何ら弊害はないからである。さらに、例えば、実質的債務超過会社を消滅会社とする合併については、取引行為として実質的債務超過である営業を譲り受けることと同様の経済効果であるにも関わらず、組織法上の行為について、規制を加えることは均衡を欠く。／また、組織再編行為に際して差損が生じる場合でも、当該差損が株主への影響が少ないと考えられる場合には、株主総会の決議を不要とすべきである。／『補足説明』は、「利益処分に準じて……常に株主総会の決議を要するもの」としているが、簡易組織再編においては、反対株主の株式買取請求権、反対の株主が一定以上に達した場合に簡易組織再編ができない、という株主保護の手段があり、剰余金の分配と同列に扱うことは適当ではないからである。／また、「差損」が剰余金の範囲内である場合には、取締役会決議で剰余金の分配をできる会社においては、取締役会決議のみで簡易組織再編ができることは当然である」。

(29)　合併対価の柔軟化に伴い、対価の種類によって、分子となる対価の価額の選定方法が個別に定められている。すなわち、対価の価額は、①吸収合併消滅株式会社もしくは株式交換完全子会社の株主、吸収合併消滅持分会社の社員または吸収分割会社（以下この号において「消滅会社等の株主等」という）に対して交付する存続株式会社等の株式の数に一株当たり純資産額を乗じて得た額、②消滅会社等の株主等に対して交付する存続株式会社等の社債、新株予約権または新株予約権付社債の帳簿価額の合計額、および、③消滅会社等の株主等に対して交付する存続株式会社等の株式等以外の財産の帳簿価額の合計額、以上の合計額である。

(30)　平成一七年改正前商法では、総株主の議決権の六分の一以上とされている（改正前商法四一三条ノ三第八項）。これは、定足数一／二×否決割合一／三＝一／六という計算式から、六分の一以上の株主が反対の通知をすれば、合併の議案が否決される可能性があるので、実際に株主総会を開催する必要があると説明されてきた。会社法では、定足数や可決割合を定款で変更することができる（会社法三〇九条二項一二号、同項本文）。

(31)　江頭憲治郎『結合企業法の立法と解釈』二六三頁（有斐閣、一九九五年）。

(32)　中東・前掲注(4)四二四〜四二三頁。以下の叙述についても、同書を参照。

(33)　当事会社から大量の現金が流出するという危惧もあるが、例えば、タカラとトミーとの合併におけるように、反対の株主から反対株式を大量に（タカラの発行済株式総数の七・三％）買い取るという例も出てきている（日本経済新聞二〇〇五年九月二七日朝刊）。

(34)　現実問題として難しいという実務の声を耳にするが、株主に選択権を与えるという意味では、現物配当か金銭配当かという選択権を与えることを、会社法は想定している（会社法四五四条四項一号。なお、四五九条一項四号但書参照）。現物で多く利用されるのは、他社の株式等ではないか。現金を選択する株主に交付する金額は、選択期間の満了時の市場価格という形で、合併契約に規定してもよいとも思われる。

(35)　浜田道代「株主の無条件株式買取請求権（一）〜（三・完）」商事九八二号五九頁、九八三号一二頁、九八四号二四頁（一九八三年）などを参照。

(36)　この点、龍田節教授は、株式買取請求手続の排他性に関して、「株式会社は手切金でカタをつけるほかない身分関係とはちがう（freeze-out）」と述べておられる（龍田・前掲注（4）一三三頁。このような意識を出発点として、少数株主の締出しの問題は検討されるべきものであろう。龍田教授の叙述は、閉鎖会社における少数株主の締出しについて、一段と適合するものであろう。

(37)　外国会社との直接的な組織再編に関して、株式買取請求権があれば、外国会社の株式等を合併対価として受け取ることに関する不利益は、回避できるという議論がある。江頭憲治郎「商法規定の国際的適用関係」国際私法年報二号一三九頁（二〇〇一年）、藤田友敬「国際会社法の諸問題〔下〕」商事一六七四号二四頁（二〇〇三年）参照。

(38)　藤田友敬教授は、少数株主が存在しなくなることによる超過収益の分配に関して、「わが国では従来子会社上場を積極的に容認してきた歴史があり、それが一定の合理的な政策であり今後も維持されるべきだと考えるのだとすれば、シナジーはいつでも多数株主が独占できる形で「追い出し」が可能となるルールにすることが投資家の合理的期待に沿うものかどうかは多分に疑問がある」とされる。藤田友敬「企業再編対価の柔軟化・子会社の定義」ジュリ一二六七号一〇七頁（二〇〇四年）。また、藤田友敬「新会社法の制定をめぐって〔インタビュー〕」第一東京弁護士会会報三九〇号二〇頁（二〇〇五年）も参照。

(39)　以上の点について、詳しくは、中東・前掲注（4）一三七～一三九頁を参照。

(40)　閉鎖会社における少数株主の締出しの問題に関して、詳しくは、中東・前掲注（4）二九一～三三七頁の叙述に譲りたい。少数株主の締出しは、閉鎖会社の内部紛争につき小数株主に非がある場合に、これを排除する機能を果たしている点で、除名の機能を部分的に代替している。ところが、締出しは、別の取引の形をとって行われるので、裁判所における紛争の核心が、少数株主の排除の是非ではなくて、取引そのものの合理性に向けられてしまいがちである。除名という制度を導入すれば、より純粋な形で、紛争の本質が捉えられることになるであろう。なお、少数株主の締出しについて、閉鎖会社の場合には、より実質的理由に基づいて可否を判断すべきとするものとして、斉藤・前掲注（8）六〇～六一頁があり、妥当であると考えられる。

(41)　より厳密で斬新な考察として、藤田・前掲注（38）一〇三～一一〇頁がある。本章では、藤田教授が提示された課題の全てに正面から答えるだけの余裕がないので、藤田論文を参照されたい。藤田教授は、交付金合併の導入に伴う制度の整備が必要な事項として、①合併対価算定理由書、②合併検査役等、③合併承認決議の効力を争う方法、④株式買取請求権制度を検討されている（同一〇八～一一〇頁）。

(42) カナダにおいて、会社法は州、準州および連邦がそれぞれ管轄を有しており、それぞれの会社法が制定されている。他方で、証券規制は、各州が行っているが、各州の証券委員会が共同で統一的な行政規制を設けようと努力しており、それがNational Policyという形で体現されており、これを各州が法規制に導入している。上場会社にとって最も重要なオンタリオ州の規制については、Ontario Securities Commission Rule 61-501, "Insider Bids. Issuer Bids. Going Private Transactions and Related Party Transactions". and Companion Policy 61-501 CP (2002) を参照。カナダ法について詳しくは、少し前の規制を対象とした紹介であるが、中東・前掲注（４）五三一～五四〇頁参照。

(43) 中東・前掲注（６）二一頁。

(44) 詳しくは、中東・前掲注（４）五四三～五四六頁参照。

(45) 江頭・前掲注（31）二八五頁は、支配・従属会社間の合併に合併検査役を制度化すべきであると提言されていたが、平成一七年制定の会社法では、そのような制度は導入されなかった。ヨーロッパ諸国においては、合併検査役制度を有していることが、合併の効力を事後的に争わせない（合併無効の訴えは認められない）ことの前提になっているように思われる。その意味で、合併承認決議の瑕疵を争うという形で（会社法八三一条一項三号・八二八条一項七号ほか）、事後的な紛争処理に委ねることになるかもしれず、そうであるのならば、制度の利用者である当事会社としても、不利益を被ると主張する株主にとっても、訴訟という社会的費用の面でも、望ましいことであるのか、疑問である。

(46) 詳しくは、藤縄憲一「企業再編における実務上の課題と取組み〔下〕」商事一六五六号七九頁（二〇〇三年）を参照。

(47) 江頭・前掲注（３）二五六頁。なお、事業目的基準に関して、藤田・前掲注（38）一〇九頁参照。

(48) 藤田・前掲注（38）一〇五頁参照。

(49) 株式買取請求権がないから、株式併合決議の効力を争うことができるようにする必要性が相対的に高くなるともいえるが、逆に、合併において、株式買取請求権が用意されているからといって、決議の瑕疵が争えなくてもいいとなるものではなかろう。

(50) 最近の文献では、浜田道代「新会社法における組織再編」商事一七四四号五一～五二頁（二〇〇五年）が重要である。筆者も、このような視点が大切であると考える（中東・前掲注（4）一四一～一四五頁）。なお、中東正文「会社法現代化における組織再編の今後の課題」租税研究二〇〇四年九月号一二九～一三三頁も参照。

(51) 浜田・前掲注（50）五二頁。

(52) 川浜昇「株式会社の支配争奪と取締役の行動規制（2）」民商九五巻二号五六頁（一九八六年）。川浜教授は、「米国の現在陥っている状態、あえていえば惨状は、会社支配における株主の地位を口先では尊重しながらも実は軽視し、一方で公開買付者に彼らに都合の良い方策の開発を自由に許し、他方対象会社経営陣に対抗措置の開発を自由に許したことにあると言える。今後わが国で、公開買付における株主の自由な意思決定の確保や平等な取扱が問題となった場合、英国のようにそれを直接実現する方策を探求すべき」とされる。また、中東・前掲注（4）一四三～一四五頁など。

(53) 例えば、自由民主党総合経済調査会・企業統治に関する委員会「公正なM&Aルールに関する提言」（二〇〇五年七月七日）など。

(54) Panel on Takeovers and Mergers, City Code on Takeovers and Mergers, Rule 36.1（以下では、単に、City Codeと表記する）。部分的公開買付を行うには、パネルの承認が必要であると定める。

(55) 中東・前掲注（6）二二頁。Companies Act 1985, Ch. 6. s. 430 A（Eng.）: Canada Business Corporations Act, R. S. C. 1985. c. C-44, s. 206. 1; Corporations Act 2001 s. 662A（Australia）. 伊藤靖史助教授も、ドイツ法を研究された上で、「支配株主のイニシアティブによって少数株主の締出しを行う制度と、少数株主の側から株式の買取りをできる制度とは、一対のものとして導入すべき」であると主張されている（伊藤・前掲注（8）九五頁）。

(56) 日本技術開発の採用した防衛策が、東京地裁で適法と認められているが（東京地決平成一七・七・二九金判一二二二号四頁、商事一七三九号一〇〇頁）、妥当な判断であると考える。

(57) 一般的な説明として、近藤光男＝吉原和志＝黒沼悦郎『証券取引法入門〈新訂第二版〉』二三四頁（商事法務、二〇〇三年）を参照。

(58) Securities Act, R. S. O. 1990, c. S. 5, s. 95.

（59）以上について、Mary G. Condon. Anita L Ananda & Janis P. Sarra. Securities Law in Canada 495（Emond Montgomery Publications Limited. 2005）を参照。

（60）David Johnston & Kathleen D. Rockwell. Canadian Securities Regulation 209（Butterworths, 2003）.

（61）Johnston & Rockwell. supra note 60, at 216.

（62）この点は、SEDAR（System for Electronic Document Analysis and Retrieval）で実例を検索することができる<http://www.osc.gov.on.ca/PublicCompanies/SEDAR/pc_sedar_index.jsp>。本文で述べた設計の大枠については、ビクトリア大学のマーク・ギレン教授から教えていただいた（二〇〇五年七月二二日のヒアリング）。

（63）Johnston & Rockwell, supra note 60. at 209 n. 101.

（64）基準も設け方においては、日本技術開発で採用された事前警告型買収防衛策の設計が参考になるであろう。

（65）City Code, supra note 54. General Principle 7 and Rule 21. 1. なお、経済産業省と法務省が平成一七年五月二七日に公表した「企業価値・株主共同の利益の確保又は向上のための買収防衛策に関する指針」においては、①企業価値・株主共同の利益の確保・向上の原則、②事前開示・株主意思の原則、③必要性・相当性確保の原則が掲げられている。株主意思の原則（②）に関して、株主総会による事前の承認が必要とはされていない。

（66）龍田節「合併の公正維持」法学論叢八二巻二＝三＝四号二八四～二八五頁（一九六八年）。筆者も、この龍田教授の見解に賛成してきた（中東・前掲注（4）一五〇頁。なお、同書二一九～二二〇頁も参照）。

（67）東京高判平成二・一・三一資料版商事七七号一九三頁は、合併比率の不公正は合併の無効原因にならないとする。これに対して、神田・前掲注（8）三〇二頁などは、同判決に反対している。合併比率の不公正は、無効原因になる場合もあると考える。

（68）中東・前掲注（6）二五～二六頁では、のれんと言い切ってはいないが、意図したところは同じであり、現在では、端的に営業権と捉えるのが望ましいと考えている。

第十章　会社支配市場に関わる法規制の再構築

第一節　序　論

わが国でも、敵対的企業買収が活発になりつつある。実際、二〇〇五年は、ライブドア対ニッポン放送、夢真ホールディングス対日本技術開発、楽天対ＴＢＳなど、有事および平時の買収防衛策の適否に関する議論に追われた感すらある。

敵対的買収が増加している背景には、株式の相互保有が解消され、多くの会社にとって安定株主が不在となり、会社支配を争奪するための前提条件が整ったという事情がある。のみならず、各所で、「カネ余り」という現象が生まれており、さらには、「カネの使い方」に対する革新的な感覚が人々の間で受け入れられるようになった。会社は、「ヒト・モノ・カネ」の結合体であるとされるが、カネさえあれば、支配が可能であるとの風潮も高まった。外資が、わが国の資本市場に急速に流入しているという事情もある。

このような現状の認識については、会社法制の現代化における経済界の危惧にもよく現れているといえよう。現代化の目玉の一つは、合併等の対価の柔軟化であるが、それを要望したのは経済界であるにもかかわらず、敵対的買収の脅威が現実化するとすぐさま、経済界の一部が対価の柔軟化に危惧を示し、自民党が対価の柔軟化について一年施行を延期するという形で対応し、会社法の制定が実現した。

この一年の猶予期間に、各会社において、個別的な防衛策の導入などが検討されることになった。この施行延期とは、必ずしも直接的な関係を有しないが、二〇〇五年と二〇〇六年は、防衛策の見本市となった。日本を代表する法律事務所や証券会社などが、防衛策の開発競争を加速した(1)。

開発競争の結果は、各社の株主総会においてだけではなく、司法の場でも審査されることになった。例えば、ニレコが導入した株主割当型のポイズン・ピルに対しては、英国領ケイマン島の投資ファンドが差止めの仮処分を求めた。同ファンドは、裁判で勝訴したが(2)、このファンドにとって、実際にどのような利益があったのか分からない。わが国における防衛策の審査基準の明確化を期待していたようにも思われる。

司法における防衛策の審査基準は、行政における指針と双方向的な影響を受けつつ、洗練されつつある。ニッポン放送事件では、事業目的基準が踏襲されながらも、濫用的買収に該当する四類型について、防衛策を正面から許容しようとした(3)。この姿勢は、経済産業省の企業価値研究会にも引き継がれ、敵対的買収に対する防衛策は、対象価値の企業価値を維持ないし確保するものとして位置づけられることになった。これが、法務省との共同作業において、より理論的かつ保守的な形で洗練されたのが、二〇〇五年五月二七日の経済産業省と法務省の「買収防衛指針」である。この指針を踏まえつつ、裁判所もニレコ事件決定において、平時導入型の防衛策が適法となる可能性を示した。このように、行政の後押しを受けながらも、私人による法実現の一つの発露として、防衛策についての妥当性の基準が確立されようとしている。

その後、夢真ホールディングス（以下、夢真ＨＤという）による日本技術開発に対する敵対的公開買付においては、事前警告型防衛策が講じられた。この防衛策については、夢真ＨＤから差止めの仮処分が求められた。裁判所は、攻撃側に対して、対象会社の株主に対する熟慮期間と判断の基礎となる情報を与えるように求める設計を肯定的に評価し、防衛策として適法であると認めた(4)。

この段階において、敵対的買収に関する攻撃と防御のバランスが、防衛策によってのみ均衡が保たれるべきものではなく、攻撃側の行動を制限することによっても実現されるべきことが意識されるようになったといえよう。

攻撃側の法規制の強化については、前述の経済産業省の企業価値研究会においても検討がなされており、買収ルールの論点公開が二〇〇五年一二月一五日に決定されている。東京証券取引所も、上場制度の見直しに着手していた。また、金融庁の金融審議会金融分科会第一部会公開買付等ワーキング・グループにおいても、証券規制の改正の検討が進められた。これらの努力の多くは、最終的には、証券取引法改正（金融商品取引法）によって、成果が結実した。

このような形で、私人によって法の実質的な趣旨が実現されようとする努力が続けられていたところ、それには限界が内在しており、最終的には、「官」と「民」の役割が再分配されて、具体的には、法の再構築として実現された。

第二節　近時の敵対的買収を巡る裁判例

法的規範は、具体的な紛争の過程で、具体化されたり、実質的に内容の変更を受けたりすることが少なくない。以下では、二〇〇五年に争われて、裁判所の判断が示された三つの事例を概観し、法の再構築が促進される様子を考察する。

一　ライブドア対ニッポン放送事件

ニッポン放送事件は、ニッポン放送の株主であるライブドアが、ニッポン放送が二〇〇五年二月二三日の取締役会決議に基づいて現に手続中の新株予約権の発行について、①特に有利な条件による発行であるのに株主総会の特別決議がないため、法令に違反していること、また、②著しく不公正な方法による発行であることを理由として、これを仮に差し止めることを求めた事案である。

支配争奪の場面においては、本件のように、対象会社が新株や新株予約権を友好的な第三者に割り当てる形で発行しようとすることが少なくない。友好的な第三者に相当数の（潜在的な）議決権を取得させれば、敵対的買収から支配権を維持することができる。この点の適法性の審査の基準として、伝統的には、主要目的基準が裁判所において採用されてきた(5)。

ニッポン放送事件の特徴の一つは、対象会社が、主要な目的は支配権の維持・確保にあることを前提としつつ、濫用的な買収から会社を守ることが必要であると立論したことである。

東京高裁も、東京地裁の仮処分決定を支持したが、支配維持目的の新株予約権発行であるとしても、不公正発行には該当しない余地があることを認めた(6)。すなわち、支配維持が主要な目的であれば、原則として、不公正発行に該当するとしつつ（会社法二一〇条、平成一七年改正前商法二八〇条ノ三九第四項・二八〇条ノ一〇）、「経営支配権の維持・確保を主要な目的とする新株予約権発行が許されないのは、取締役は会社の所有者たる株主の信認に基礎を置くものであるから、株主全体の利益の保護という観点から新株予約権の発行を正当化する特段の事情がある場合には、例外的に、経営支配権の維持・確保を主要な目的とする発行も不公正発行に該当しないと解すべきである」と判示した。

このような判断枠組みを採用するのであれば、主要目的基準の運用の仕方を大きく変えていく契機となる可能性がある(7)。さらには、伝統的な主要目的基準は実質的に廃棄され、米国流のユノカル基準に類似の基準が、わが国でも確立される途上にあると理解することもできよう(8)(9)。

ニッポン放送事件に関する高裁決定は、事案の解決とは離れて、四つの場合に濫用的買収者にあたると例示して(10)、取締役は、対抗手段として必要性や相当性が認められる限り、防衛策を導入ないし発動することが許されるとした。これらの四つの例外的場合の中身は、必ずしも一義的ではない(11)。その意味で、実務に明確な指針を与えているものではない。その上、例示の部分は決定では傍論にすぎない。にもかかわらず、四類型は、その後の実務の防衛策の設計にあたって、基準として重視されていった。また、四類型は、平時導入型の買収防衛策について、行政が指針を作成する際にも、影響を与えることになる。

二　ニレコ事件

ニレコ事件は、平時における防衛策の導入の是非が争われた最初の事例である。

ニレコは、二〇〇五年三月一四日開催の取締役会において、企業価値の最大化のためとして、「セキュリティ・プラン」として、株主割当による新株予約権の無償発行を決定した。新株予約権の割当てを受けた株主は、ニレコの株式を二〇％以上取得する者が現れた場合に、一円を払い込むことによって、ニレコの株式を取得することができる。割当日（同年三月三一日）現在の株主に対して、一株当たり二個の割合で新株予約権が割り当てられる。このプランが導入されれば、敵対的買収者が現れたときに、発動事由を招来すれば、最大で株式が三倍に希釈されることになり、敵対的買収者は経済的な損害を被る。このような形で、防衛策として機能する。

本件では、投資ファンドによって、二〇〇五年五月一〇日、ニレコの新株予約権の発行を差し止める仮処分を求める訴えが提起された。東京地裁で二つの決定と東京高裁で一つの決定においては、いずれも、本件新株予約権の発行は著しく不公正な方法によるものであるとして、差止めの仮処分が認められた。東京高裁は、本件プランが随伴性を欠如していることから、買収に無関係な株主に不利益を与えることを指摘する。結論的には、「債権者を含めた既存株主が予測し難い損害を被るものであるから、債務者の取締役会に与えられている権限を逸脱してなされた著しく不公正な方法によるものといわざるを得ない」と判断した。

本件を巡っては、行政や自主規制機関である証券取引所の動向が注目された。

ニレコ株式が上場されているジャスダック証券取引所は、本件新株予約権の導入について延期を示唆しながら、(12)ニレコの新株予約権を最終的には受け入れた形になっていたようでもある。二〇〇五年四月二〇日になって、同証券取引所は、「株式会社ニレコ株式に関するご注意」を公表した。投資者の注意が喚起されているが、発行会社に厳しい態度を表明するものではなかった。

これに対して、東京証券取引所は、上場会社代表者に対して、「敵対的買収防衛策の導入に際しての投資者保護上の留意事項について」と題する書面を二〇〇五年四月二一日付で送付して、ホーム・ページでも公表した。それによると、ニレコ型の防衛策は、「買収者以外の株主・投資者に不測の損害を与える要因を含む防衛策の導入は、市場の混乱を招くものであり投資者保護上適当でない」として、明確に否定されている。

さらに、行政の側でも、紛争の最中である二〇〇五年五月二七日に重要な行政指針が示された。経済産業省と法務省は共同で、「企業価値・株主共同の利益の確保又は向上のための買収防衛策に関する指針」を公表した（以下では、「買収防衛指針」という）。それによれば、「買収防衛策は、買収が開始された後に発動され、そこではじめて法的効力を具体化させて買収を防衛することができれば目的を達するのであって、買収が開始されていないにもかかわらず、新株予約権等の発行と同時に、株主に過度の財産上の損害を生じさせるような場合[10]には、著しく不公正な方法による発行に当たる可能性が高い」と述べられており（一〇頁）、この具体例として、ニレコ型の買収防衛策が示されている（一一頁注（10））。

ニレコ事件に関する裁判所の決定は、この買収防衛指針が示された後に出されている。「行政追認の司法判断」という表現が用いられることもある[13]。東京高裁の決定においても、前提となる事実関係のうち、市場関係者等の反応として、経済産業省と法務省の買収防衛指針の該当部分が抜粋して紹介されている。

司法の判断と行政の指針との相互関係については、様々な議論があり得る。本件は、両者の交錯する機会となり、私人による法の実現の発露が、裁判所の決定により示された。

三　夢真ＨＤ対日本技術開発

ニレコ事件に関する東京地裁平成一七年六月一日決定には、「敵対的買収者に対し事業計画の提案を求め、取締役会が当該買収者と協議するとともに、代替案を提示し、これらについて株主に判断させる目的で、合理的なルールが定められている場合において、敵対的買収者が当該ルールを遵守しないときは、敵対的買収者が真摯に合理的な経営を目指すものではないことを推認することができよう」[14]という叙述がある。傍論での判示に過ぎないが、事前警告型の買収防衛策に一定のお墨付きを与えたものともいえる。

奇遇というべきか、買収防衛策を巡る二〇〇五年最後の裁判は、事前警告型の買収防衛策であった。日本技術開発に対して、夢真ＨＤが敵対的な買収を行った事例である。日本技術開発は、二〇〇五年七月八日、事前警告型買収防衛策（大規模買付ルール）を導入することを、取締役会において決定した。

日本技術開発の大規模買付ルールは、①事前に大規模買付者が同社の取締役会に対して十分な情報を提供し、②取締役会による一定の評価期間が経過した後に大規模買付行為を開始させようとするものである。大規模買付ルールが遵守されなかった場合には、日本技術開発の取締役会は、同社および株主全体の利益を守ることを目的として、株式分割、新株予約権の発行等、商法その他の法律および定款が認めるものを行使し、大量買付行為に対抗する場合があると警告がなされた。

夢真ＨＤが警告に従わずに、公開買付に踏み切ろうとしたため、日本技術開発は、二〇〇五年七月一八日の取締役会において、同年八月八日の株主名簿および実質株主名簿を基準として、一株を五株に分割することを決定し、その旨を公表した。効力発生日は、同年一〇月三日とされ、この時点で、分割新株が発行される。

これに対して、夢真ＨＤは、二〇〇五年七月一九日、株式分割が実施されることを前提とした買付価格と買付予定株式数で、公開買付を実施することを取締役会で決定し、これを公表した。そして、翌七月二〇日に公開買付開始公告がなされた（買付期間は七月二〇日から八月一一日まで）。株式分割の効力発生日との関係で、公開買付が成功した場合にも効果の発生が、同年一〇月三日以降まで引き延ばされる。

夢真ＨＤは、株式分割を差し止める仮処分を求めた、東京地裁平成一七年七月二九日決定は、差止めの仮処分の申立てを却下した。平時導入型の防衛策で、裁判所によって適法性が確認された最初の事例である。

買収防衛策の是非に関わる点については、前述のニレコ事件東京地裁決定でも示されているように、対象会社の株主に対して必要な情報提供と相当な熟慮期間の確保を図る仕組みになっていれば、適法である設計になり得ると判示した。

この点については、証券市場では株価の変動リスクを抑えるために、公開買付の決済期間を短くするのが至上命題であるという批判があり得る[15]、証券取引法で定められたルールを、私人が勝手に変えるのは適切でないとされる。しかし、日本技術開発が期待したことは、証券取引法のルールを踏みにじることではなく、判旨が述べるように、「取締役会が、株主に対して必要な情報提供と相当な考慮期間の確保を図り、株主の適切な判断を可能とすることを目的として、公開買付けの定める情報を追加した情報提供を求めることや、検討期間の設定を求めること」にあった。

東京地裁も触れているように、公開買付制度については、自由民主党総合経済調査会企業統治に関する委員会の提案に基づき、当時から、金融審議会において見直しの検討が進められていた。本決定は、この検討の成果を先取りする意味合いを有しているともいえよう。

第三節　会社支配に関する法規制の変容

一　内閣府のM＆A研究会

わが国でも敵対的買収が出現するといった状況を受けて、内閣府においても、経済社会研究所にM＆A研究会（座長・落合誠一教授）が置かれ、二〇〇三年一一月から、検討が進められていた。

その成果は、二〇〇四年一〇月に、「わが国企業のM＆A活動の円滑な展開に向けて」と題する報告書に取りまとめられた[16]、報告書の冒頭で、落合誠一教授は、「民」の活躍による制度の創造を期待されており、ここにも、法の再構築の萌芽が見られる。

この報告書では、「法制度改革及び税制改革」として、「本格的なクロスボーダー型M&A時代を迎え、国際的にも通用するM&A関連での明確なルールの確立は、企業の活力・競争力を維持しわが国の持続的な成長を確保するために基本的に不可欠のインフラ整備である」と分析されている（四七頁）。「クロスボーダー」、「国際的」という言葉が鍵になっているが、これは、日米投資イニシアティブにおける協議の内容を意識したものであろう。(17)

二　経済産業省の企業価値研究会——その1

買収防衛策について、幅広い視野で情報を収集し、本格的な研究を行ったのは、経済産業省の企業価値研究会（座長・神田秀樹教授）であろう。二〇〇四年九月から、企業価値向上につながる公正な敵対的買収防衛策について検討を重ね、二〇〇五年四月二二日に「論点公開——公正な企業社会のルール形成に向けた提案」を公表した。この論点公開に関しては、内外から多くの意見が寄せられ、こうした意見を踏まえて、同年五月二七日、「企業価値報告書」が取りまとめられた。(18)

企業価値研究会は、敵対的買収の攻防を企業価値に関する競争であると位置づけた。「敵対的」という法的には中立的な響きを持たない状況を、「企業価値」、あるいは、「株主共同の利益」を巡る争いという形に収斂させた。この点の工夫は、その後の議論に大きな影響を与えている。

企業価値報告書の問題意識の出発点は、敵対的買収に関する「ルールなき弊害」から、わが国を脱却させることにある。「何が公正な攻撃方法で何が公正な防衛方法なのかといった点について、企業社会におけるコンセンサスが形成されていない」ので、「敵対的買収に関して、企業社会における公正なルール形成を急ぐ必要がある」とする（要約一頁）。

公正さの出発点となるべき原理・原則について、企業価値研究会は、①企業価値向上（防衛策は、経営者の保身のためのものではなく、企業価値向上を図るためのものである）、②グローバルスタンダード（欧米各国において採用されている防衛策と同等なものとする)、③内外無差別（防衛策においては、内外の資本を同一に取り扱うこと)、④選択肢の拡大（国による直接の規制などではなく、経営者と株主の双方にとって選択しやすい方策を提示すること）を示している（二三頁)。普遍性が高い印象を与える標語が並べられているが、これらの内実と機能については、十分な検証が必要である。

例えば、「選択肢拡大」については、選択肢の拡大が自己目的化するのなら、企業価値研究会は、「三大事務所の営業現場のようだった」[19]と批評される。ただ、このような過程を経ることが、会社支配市場に関する法制度の再構築のためには、不可欠であるとまではいえないにしても、効果的であるかもしれない。私人による法の枠組みの創設の努力を通して、「民」による法形成の限界が理解され、「官」の手による法の再構築がなされる契機になり得るからである。

企業価値報告書で提案されている「企業価値基準」の内容は、①脅威の範囲、②過剰性の判断基準、③慎重かつ適切な経営判断プロセスに分けられる（八三頁)、企業価値基準のもとで、防衛策の合理性を高め、市場から支持を得るための工夫としては、①防衛策を平時に導入し、内容を株主等に開示して説明責任を果たすこと、②防衛策を消却可能な形に設計し、一年任期の取締役の信認を通じて、防衛策の是非を株主に問うこと、③有事における取締役の恣意的判断がなされない工夫をすることが望ましいとされている（八八—八九頁)。

企業価値報告書は、企業価値基準等を提言した上で、報告書のみでは実質的な強制力に欠けることを危惧している。そして、「企業価値報告書の趣旨を具体化した、『企業価値指針』を行政が明確に定めるべきことを求めたい」とする（九九頁)。これが具体化されたのが、企業価値報告書と同日に公表された経済産業省と法務省の買収防衛指針である。

企業価値報告書は、買収防衛に関する基準の明確化を促す一方で、企業の個性を尊重して、防衛策のルールが柔軟であるべきことを示唆する。個々の会社の工夫といえば、響きはよいけれども、買収防衛策ほど、費用がかかる割には、経営上の具体的な利便が見えにくいものは存在しない。なぜ、私人に任せなければならないのか、明確な論拠はない。攻防の武器対等を実現するための最低限のルールは、法令によって利用者である個々の企業に提供すべきではないか。官製の法の再構築が求められる所以である。

三　経済産業省と法務省の指針

二〇〇五年五月二七日、経済産業省と法務省が共同で策定した「企業価値・株主共同の利益の確保又は向上のための買収防衛策に関する指針」が公表された。

買収防衛指針は、「適法性かつ合理性の高い買収防衛策のあり方について提示することにより、企業買収に対する過剰防衛を防止するとともに、企業買収及び企業社会の公正なルールの形成を促すため、判例や学説、企業価値研究会……等を踏まえ」策定された。この指針には、法的拘束力がないが、「関係者によって尊重されることにより、日本の企業社会の行動規範となること」が期待されている。

買収防衛指針によれば、買収防衛策は、企業価値・株主共同利益を確保・向上することを基本とすべきである。このために、三つの原則に従わなければならないとする。それらは、(a) 企業価値・株主共同の利益の確保・向上の原則（買収防衛策の導入、発動及び廃止は、企業価値、ひいては、株主共同の利益を確保し、又は向上させる目的をもって行うべきである）。(b) 事前開示・株主意思の原則（買収防衛策は、その導入に際して、目的、内容等が具体的に開示され、かつ、株主の合理的な意思に依拠すべきである）、(c) 必要性・相当性の原則（買収防衛策は、買収を防止するために、必要かつ相当なものとすべきである）として広く知られている。

その後の実務では、指針で示されたルールが守られているようであり、買収防衛策の開示にあたっても、しばしば、「買収防衛指針を満たしている」という説明が付される。また、先に見たように、実際の裁判において、一つの基準として用いられている。法的拘束力がないのに、規範として尊重されるのはなぜなのか、今後の検証が不可欠であろう。

四　経済産業省の企業価値研究会――その2

(1)　序

企業価値報告書は、「残された制度改革」として、次のように述べていた（二〇〇頁）。

会社法制の現代化、立会外取引に関する証券取引法の改正、そして企業価値指針の三つをもって、日本の敵対的M&Aに関するルール形成の第一弾は完成する。

しかしながら、検討すべき論点はこれに止まるものではない。

例えば、EU企業買収指令において採用された二段階買収を規制するための全部買付義務の是非や、米国で二段階買収を抑制するために各州法で導入されている事業結合規制などの取扱いをどう考えるか、独立性の概念など防衛策を有効に監視する企業統治に関する様々な論点についてどう検討を深めていくのか、ライツプランなどの防衛策が導入されることを前提としたTOBルールのあり方についてどう考えればよいのか、といった論点も存在している。

これらについては、自由民主党の企業統治に関する委員会や金融審議会金融分科会第一部会等においても指摘されているところであり、企業価値研究会としても、企業価値指針の策定に続いて、引き続き、こうした点について検討を深めることとしたい。

企業価値研究会は、二〇〇五年九月に活動を再開して、①公正な買収防衛策の確立、②公開買付制度など買収ルールの見直し、③経営者と株主・投資家の対話の充実という三つの柱について、検討を進めていった。

(2)　公正な買収防衛策の確立

このうち、①公正な買収防衛策の確立については、二〇〇五年一一月一〇日、「公正な買収防衛策のあり方に関する論点公開――買収防衛策に関する開示及び証券取引所における取扱いのあり方について」が公表された。

買収防衛策に関する適切な開示は、行政もしくは証券取引所のルールによって実現されるか、行政もしくは証券取引所が一定の考え方を示すことがふさわしい事項として取り上げられている（二頁）。また、買収防衛策等の証券取引所の取扱いについても、上場に適するか否かの判断も含めて、具体的に提言がなされている。

行政による対応については、その後、会社法施行規則における事業報告の内容として、結実していくことになる。証券取引所による対応は、東京証券取引所が、パブリック・コメントを経て、株券上場審査基準等の一部改正という形で結実する。

買収防衛策等の証券取引所の取扱いに関して、論点公開は、買収防衛策の証券市場に対する影響について、ある意味で、鈍感な内容になっているようにも思われる。企業価値研究会は、買収防衛策を広く認めるという基本的な姿勢であるから、自然な結論であったろう。ただ、証券市場を設営して運営している証券取引所にとっては、責任ある対応が期待されることになったともいえる。

(3)　公開買付制度など買収ルールの見直し

再開後の企業価値研究会は、続いて、②公開買付制度など買収ルールの見直しについても、提言を行った。二〇〇五年一二月一五日、「企業価値基準を実現するための買収ルールのあり方に関する論点公開」が公表された。

第一の柱は、「買収者及び対象会社双方のバランスをいかに確保するかという点にある」とされる。第二の柱は、「株主及び投資家の十分な情報に基づいた判断（インフォームド・ジャジメント）を可能とする制度・慣行の確立と実現に向けた取り組みが必要」とする点に示されている。

公開買付期間について、一定の範囲で買付期間を伸長することには積極的であるように見受けられるが、徒に長期にすることについては慎重である。また、強圧性の排除に関して、全部買付義務を法により一律に導入することに慎重な姿勢を示している。攻防のバランスを図る際に、攻撃を弱めることには消極的であることが特徴的であろう。

これらの公開買付規制に関する提言は、金融庁金融審議会金融分科会第一部会公開買付制度等ワーキング・グループでの議論と重なり合っていく。

五　会社法施行規則

経済産業省と法務省の買収防衛指針において、事前開示の必要性が重視されたことを受けてであろう、法務省は、会社法施行規則を定めるにあたって事業報告の中身を充実させた。

法務省は、会社法で委任された法務省令を策定する際に、二〇〇五年一一月二九日に、「『会社法施行規則案』等に関する意見募集」を公表し、パブリック・コメントに付した。事業報告の内容とすべき「株式会社の支配に関する基本方針」については（会社法施行規則案八〇条）、内容がそのまま維持され、二〇〇六年二月七日に公布された会社法施行規則一二七条で定められた。

会社法によって法務省令に委任された事項は、事業報告の内容である（会社法四三五条二項）。法規範性のない買収防衛指針は、事業報告という開示を通して、法的拘束力を有する形に格上げされた。さらに、会社法施行規則では、開示事項が細かに指定され、それにより、実質的な規制を行っているのと異ならない効果を発揮する仕掛けになっている。省令委任の範囲を越えていないかという疑問もある。ともあれ、会社法施行規則一二七条が完全に適法なのであるとすれば、官による法の再構築が一段と進んだことになる。

六　東京証券取引所の上場制度の整備等

ニレコ事件に関して紹介した「敵対的買収防衛策の導入に際しての投資者保護上の留意事項」（二〇〇五年四月二一日）は、具体的な防衛策に対する東京証券取引所の姿勢を明らかにしたものである。

より一般的な形の対応も、着実に進められていった。金融審議会金融分科会第一部会公開買付制度等ワーキング・グループの第二回会合（二〇〇五年八月三〇日）においても、東京証券取引所から、「買収防衛策導入に関する東証の考え方及び公開買付制度の見直しに関する視点等」が示されている。

二〇〇五年一一月二二日には、「買収防衛策の導入に係る上場制度の整備等について（要綱試案）」が公表された、さらに、二〇〇六年一月二四日には、「買収防衛策の導入に係る上場制度の整備等について」が、パブリック・コメントに付された、同年二月二一日には、買収防衛策の導入に係る上場制度の整備等に伴う株券上場審査基準等の一部改正という形で結実し、同年三月一日から施行されている。(20)

この過程で、経団連の「M&Aに関する懇話会」からは、二〇〇五年一二月二日に、「東京証券取引所『買収防衛策の導入に係る上場制度の整備等について（要綱試案）』へのコメント」が出され、買収防衛策を証券取引所が規制することに対する抵抗感が示されている。経済産業省と法務省の買収防衛指針が引き合いに出され、この指針の「条件を満たさないことが外形的に明白である場合を除き、原則として認められるべきである。基本的には、企業が買収防衛策の内容を適切に開示した上で、投資者の自主的な判断など市場における評価に委ねるべきである」と主張されている。

企業価値研究会と経団連の発想は共通する点が存在する。すなわち、潜在的な対象会社が種類株式を発行することにせよ、そのような会社が子会社に種類株式を発行させることにせよ、会社法で認められた、とりわけ会社法制の現代化によって利用可能となった方法は、証券取引所においても受け入れるべきであるという思想である。

しかしながら、非上場会社を原則的な形として構築された会社法の論理は、資本市場と会社支配市場を規律すべき論理と一致するとは限らない。市場の論理に証券取引所が正面から向き合って、必要な規制をすることが不可欠である。この点で、東京証券取引所の試みは高く評価されるべきである。市場の担い手である自主規制機関によって、法の再構築がなされた意味は大きい。

七　金融審議会金融分科会第一部会公開買付制度等WG

企業価値研究会での議論と並行して、金融庁の金融審議会金融分科会第一部会公開買付制度等ワーキング・グループでは、公開買付規制を中心に検討が重ねられてきた。金融庁が立案する証券取引法改正案に直結するだけに、影響力が大きい。

そこでの検討の一つの区切りが、二〇〇五年一二月九日に作成された「公開買付制度等ワーキング・グループにおける論点の整理」である。その後、同年一二月二二日、最終報告書が完成をみた。金融庁金融審議会金融分科会第一部会「公開買付制度等ワーキング・グループ報告――公開買付制度等のあり方について」である。

これを受けて、証券取引法改正案（金融商品取引法案）が、二〇〇六年三月一〇日の閣議決定を経て、同年三月一三日に国会に提出された。法案は、同年六月七日に成立し、同年六月一四日に公布された。段階的に施行され、第一段の罰則強化等については、同年七月四日から施行された。第二段と第三段が、公布の日から起算して六月と一年を超えない範囲内において制令で定める日から施行され、これらが公開買付制度と大量保有報告制度の改革であり、会社支配市場に関する法の再構築の最終段階である。

経団連も、公開買付制度等ワーキング・グループにおいて、種々の見直しを求めてきており[21]、相当部分が実現している。その基本的な発想は、株主と投資家に十分な情報と選択肢を提供し、また、十分な検討期間を設ける観点から、公開買付期間の延長請求権の導入、大量保有報告書制度の特例を見直すべきであるというものである。ワーキング・グループにおける議論の中心も、公開買付期間の見直しと大量保有報告制度における特例報告の期間の見直しであったという。

八　経済産業省の企業価値研究会――その3

大きな影響力を発揮してきた企業価値研究会は、二〇〇六年三月三一日、一年半に及ぶ議論の成果として、「企業価値報告書二〇〇六――企業社会における公正なルールの定着に向けて」を公表し、企業社会に対してメッセージを発信した。

企業価値報告書二〇〇六では、① 企業価値報告書・指針策定後の動向と残された課題（第一章）、② 買収防衛策の開示ルール・上場ルールのあり方（第二章）、③ 買収ルールのあり方（第三章）、④ 株主・投資家と経営者の対話の充実（第四章）、⑤ 企業社会における今後の取組みに寄せる期待（第五章）が述べられている。

これらの大部分は、既に公表された企業価値報告書等でも提言されていたものであり、前述のように、様々な形で、法の再構築に影響を及ぼした。新しい提言もなされているが、例えば、④ のうち定款変更議案の分割決議のように、会社法制全般に関わる中期的な検討課題も少なくない。どちらかといえば、法の再構築をいったんは見届けた上で、企業社会に対して、高い問題意識を持ち続けるように求めるものであるといえよう。

九　証券取引法改正

証券取引法の改正は、金融審議会金融分科会第一部会（部会長・神田秀樹教授）による「投資サービス法（仮称）に向けて」（二〇〇五年一二月二二日）と題する報告書を踏まえて、幅広い金融商品についての投資者保護のための横断的な法制として、金融商品取引法（いわゆる投資サービス法）に改組するものである(22)。

金融商品取引法一条は、「この法律は、企業内容等の開示の制度を整備するとともに、金融商品取引業を行う者に関し必要な事項を定め、金融商品取引所の適切な運営を確保すること等により、有価証券の発行及び金融商品等の取引等を公正にし、有価証券の流通を円滑にするほか、資本市場の機能の十全な発揮による金融商品等の公正な価格形成等を図り、もって国民経済の健全な発展及び投資者の保護に資することを目的とする」と定める。市場を規律する法であることが、明確にされた。

金融商品取引法制の内容は、四つの柱からなるとされるが、その一つが、開示制度の整備であり、公開買付制度、大量保有報告制度の見直しが含まれる。これらの点については、前述のように、上記の第一部会に公開買付制度等ワーキング・グループが設置され、検討が重ねられていた。

公開買付制度の見直しは、具体的には、以下のような内容である。

まず、①脱法的な態様の取引への対応として、市場内外等の取引を組み合わせた急速な買付けにも、強制的公開買付制度からの離脱を認めない（証券取引法・金融商品取引法二七条の二第一項四号）、②買付者間の公平性を確保するため、公開買付期間中に、三分の一超を保有している別の者が買付けをするには、公開買付が義務づけられる（同法二七条の二第一項五号）。

公開買付に関する情報提供については、③対象会社には、意見表明報告書の提出が義務づけられ（同法二七条の一〇第一項）、④対象会社は意見表明報告書に公開買付者に対する質問と公開買付期間の延長請求を記載することができる（同法二七条の一〇第二項）。⑤延長請求がなされた場合には、公開買付者は、公開買付期間を三〇営業日に延長しなければならない（同法二七条の一〇第三項、同法施行令一一条六項）、⑥質問がなされた場合には、公開買付者は、対質問回答報告書を提出しなければならない（同法二七条の一〇第一一項）。

また、⑦公開買付に対する買収防衛策に関係して、対象会社が株式分割や株式無償割当て等による株価が希釈された場合には、公開買付価格の引下げを認める（同法二七条の六第一項一号、同法施行令一三条一項）。

さらに、⑧公開買付者は、買付後に所有割合が三分の二以上になる場合、全部買付義務を課される（同法二七条の一三第四項、同法施行令一四条の二の二）。

これらの見直しには、具体的な事例との関連性を有しつつ、法規制が構築されたものが少なくない。例えば、前述のニレコ事件との関係では、⑦は、同事件で実際に解釈による対応が難しかった点であるし、より注目されるのは、④⑤⑥は、事前警告型防衛策を部分的に法制度化したものである点である。事前警告型防衛策は、私人による法創造という批判もなされながら、一定程度は、官による法制度に取り込まれていった[23]。

第四節　会社支配に関する法の再構築のあり方

会社支配に関する法制度は、様々な段階を経て、いったんは再構築された。とはいえ、明確な法規範が構築された訳ではない。支配争奪を巡る攻防の立役者である私人によって、これから明確にされていくべき点が少なくない。事前警告型防衛策が、そのままの形では、法制度化されなかったことにも、私人の役割が少なからず残されたことが象徴されている。その意味で、会社支配市場に関する法制度は、なお流動的である。しかも、わが国によく適したものか、疑問が残る。

敵対的買収の対象になりたくなければ、経営陣は、株価を十分に高めるように、日頃から努力をしておけばよい。そうすれば、かりに敵対的買収者が現れて買収に成功したところで、利益を得ることができない。合理的な者ならば、効率的に運営されている会社を敵対的に買収しようとは考えないであろう。

とはいえ、このように美しい物語が常に成立するとは限らない。例えば、買収者の側の攻撃に際して、強圧的な手段が用いられる可能性もある、買収者が対象会社の株主を脅すような形で、買収スキームを組み立てることができるのなら、本来ならば成功してはならない買収まで、成功してしまう。社会的にも非効率を生じさせる。

米国のように、攻撃側の武器が制限されていない国においては、攻防のバランスをとるために、防衛する対象会社の側でも、いきおい緩やかな基準で、対抗策を講じることが許されることになる。要するに、何でもありの世界で、戦いをさせてみる。戦いに勝った者が、正しかったということになる。

このような枠組みの設定の仕方について、英国を頂点とするコモン・ウェルス諸国は、正反対の立場を採ってきた。

攻撃側の武器も制限した上で、防衛側も武器を制限しようという発想に立つ。カナダの証券規制と会社法制は、我々が歩むべき道を模索する上で、示唆に富むと考えられる。

例えば、攻撃側が株主を脅すには、株式を公開買付によって買い集める際に、二段階公開買付によって、対象会社の株主を売り急がせるのが古典的な方法である。カナダにおいては、第二段階の取引をちらつかされたところで、脅しにはならない。買収者は、公開買付に応募をしなかった株主を邪険に取り扱うことができない仕組みになっているからである。

また、対象会社の株主に対して十分な時間と情報を与えずに、拙速な判断を迫ろうとしても、こういった攻撃の仕方はできなくなっている、この点は、法律で手当てがされている訳ではない。わが国でいうところのライツ・プランを、各社において導入すれば、株主には必要な時間と情報とが提供される枠組みを作り上げることができ、これは、各社の取締役会において構築することが認められている。不適切な防衛策は、各州の証券委員会によって否定されてしまう。

米国における支配争奪の激しさとは対照的に、カナダでは、上述のような法的な枠組みにおいて支配争奪が試みられるから、ある意味、牧歌的といえるのかもしれない。英国の伝統を引き継いだもので、紳士的・淑女的な争奪戦が行われると表現することもできよう。

米国は、攻防の双方が高度な武器を有するという形で、支配争奪戦に関する攻防の武器対等が実現されている。わが国では、拳銃を持った敵対的買収者に対して、防衛側は素手で対抗するしかないに近い状態であった。英国等においては、攻防の双方に強力な武器を持たせないという形で、武器対等を図っている。わが国において武器対等を目指すならば、攻撃側の武器を制限するか、防衛側の武器を強化するか、どちらかになろう。現時点では、どちらにも進むことができるように思われ、我々は、重要な分岐点に立っている。

いずれの道を進むべきかについては、英国の発想を選択すべきであると考える。ただ、英国の会社法は、合併という法律行為を一般的に認めておらず、株式取得による手法を基礎としているし、法の実現においては、自主規制機関の役割が大きい。英国法を範にしようとしても、わが国の会社法制とは、前提となる文化的基盤が大きく異なる。この点、カナダ法は、米国法の影響をも受けて組織再編手法が整備されているから、わが国での間で、課題を共有するのが容易である。

カナダの会社支配市場に関する規律の特徴は、できる限り、法制度によって攻防の手法の限界を明らかにしていることである。カナダにおいて、「官」が提示する法規範の射程範囲の広さと権威の高さは、驚くほど絶大である。

わが国においては、これまでみてきたように、「官」と「民」との間で役割が再分配されたが、「官」による法の再構築が進んだ一方で、「民」の戦略的な対応を必要とする形になった。会社の活動に大きな裁量を残しつつ、不適切な内容の攻撃防衛策については、裁判所等を通じての私人による法の実現に期待されることになる。裁判所に衡平法上の救済を与える権限を認めていないわが国で、会社支配争奪に関する事件を十分に処理できるのかという不安が残る(24)。

官の法規制によって、私人の紛争を回避できるのであれば、あるいは、私人による安定的な取引が可能となるのであれば、過剰な事前規制であるとして、毛嫌いする必要はないと考える。まして、市場万能主義には与することができない。

第五節　結　語

会社支配市場に関する法規制の変遷を概観してくると、幾つかの興味深い現象を見出すことができる。その一つが、「官」による法の再構築に際して、「民」が大きな影響を与えていることである。

例えば、公開買付期間に関しては、上限を伸ばすことに対して、弁護士等の実務家からは、効率的な支配の移転を妨げるとして批判が強かったし、他方で、潜在的な対象会社への配慮が必要な経済界からは、延長請求権が提案された。結局、友好的な公開買付には妨げになりにくい形で、対象会社の株主に与えられる情報と時間を充実することになった。

組織再編の活力が削がれることを嫌うのは、経済界としては自然なことであろうし、法構築においても重視すべき点である。ただ、各会社における戦略的な判断が求められる形に落ち着いたのは、各種専門家等の活躍分野を堅守するという意味もある。

他方で、証券取引所という「民」による法の再構築に際しては、他の「民」の厳しい要望といえども、容易には実現していない。証券市場の論理が固守された結果であるのかもしれない。

法制度の再構築を一段と鮮明に解析するためには、「官」と「民」の役割の再分配の結果を分析するだけではなく、再分配の過程において、「官」と「民」が果たした役割を解明することが必要である。法が再構築される場合に、その正統性を検証することにもつながるであろう。

（1）　三宅伸吾『乗っ取り屋と用心棒――M＆Aルールをめぐる攻防』一九五頁以下（日本経済新聞社、二〇〇五年）参照。

（2）　東京地決平成一七年六月一日商事法務一七三四号三七頁、東京地決平成一七年六月九日商事法務一七三五号四四頁、東京高決平成一七年六月一五日商事法務一七三五号四八頁。

（3）　東京地決平成一七年三月一一日商事法務一七二六号四七頁、東京地決平成一七年三月一六日商事法務一七二六号五九頁、東京高決平成一七年三月二三日商事法務一七二八号四一頁。

（4）　東京地決平成一七年七月二九日商事法務一七三九号一〇〇頁。

（5）　主要目的基準が採られた先例の整理については、藤田友敬「ニッポン放送新株予約権発行差止事件の検討（上）」商事法務一七四五号九頁（二〇〇五年）を参照。

（6）　この点が特徴的であると指摘するものとして、松本真輔「敵対的買収をめぐるルールに関する実務上の課題」商事法務一七五六号四三頁（二〇〇六年）ほか。

（7）　藤田・前掲注（5）九頁参照。
（8）　Unocal Corp. v. Mesa Petroleum Co. 493 A. 2d 946（Del. 1985）. 詳しくは、徳本譲「敵対的企業買収の法理論」（九州大学出版会、二〇〇〇年）五六―六〇頁。
（9）　これに対して、判断枠組みの論理的構造は、旧来の主要目的基準の延長線上にあり、「新・主要目的ルール」を採用した裁判例として理解するのが適切とする見解として、太田洋「ニッポン放送新株予約権発行差止仮処分申立事件決定とその意義（下）」商事法務一七三〇号九―一一頁（二〇〇五年）。
（10）　具体的には、①「グリーンメイラーである場合」、②「焦土化経営を行う目的で株式の買収を行っている場合」、③「会社経営を支配した後に、当該会社の資産を……流用する予定で株式の買収を行っている場合」、④「会社を食い物にしようとしている場合」が示されている。
（11）　大杉謙一「今後のわが国における敵対的買収の可能性――解釈論」大杉謙一ほか『M&A攻防の最前線』九九―一〇二頁（金融財政事情研究会、二〇〇五年）ほかを参照。
（12）　日本経済新聞二〇〇五年三月二七日朝刊「大買収時代を生きる（3）防衛策、自己流で混乱」を参照。
（13）　三宅・前掲注（1）一七八頁。
（14）　三宅伸吾「東京地裁・鹿子木判事に聞く：法律事務所主導の買収防衛策――過熱状況に疑問」日本経済新聞二〇〇五年一〇月一七日朝刊。この記事によれば、鹿子木判事は、「ニレコ事件では平時導入・有事発動の企業防衛策の導入の可否を判断する場合の裁判所の考慮要因を明らかにしました。予測可能性を持たせたいとの意識で決定書を作成しました」とされる。
（15）　日本金融新聞二〇〇五年八月一日「夢真の請求却下／専門家に聞く」で紹介されている上村達男教授のコメントを参照。
（16）　M&A研究会の報告書は、落合誠一編著『わが国M&Aの課題と展望』（商事法務、二〇〇六年）に取りまとめられている。
（17）　M&A法制に関する日米間の協議の概要は、中東正文「ボーダレス化時代のM&A法制」江頭憲治郎＝増井良啓編『融ける境　超える法3　市場と組織』一〇二―一〇三頁（東京大学出版会、二〇〇五年）でも紹介した。

(18) 経済産業省企業価値研究会に関する一連の文書については、神田秀樹監修『敵対的買収防衛策――企業社会における公正なルール形成を目指して』(経済産業調査会、二〇〇五年)。
(19) 三宅・前掲注(1)二〇九頁。
(20) 飯田一弘「買収防衛策の導入に係る上場制度の整備」商事法務一七六〇号一八―二四頁(二〇〇六年)参照。なお、大阪証券取引所では、二〇〇六年四月一日に、名古屋証券取引所では、同年五月一日に、新しい上場制度が施行されている。
(21) 久保田政一「経済界からみた企業法制整備の課題」商事法務一七五四号八五頁(二〇〇六年)参照。
(22) 以下の叙述も含めて、松尾直彦＝岡田大＝尾﨑輝宏「金融商品取引法制の概要」商事法務一七七一号四頁(二〇〇六年)を参照。
(23) 本来ならば、事前警告型の防衛策が機能しないほどに、証券取引法改正が徹底されるべきであったと考える。
(24) 社会基盤の費用の負担という点でも、疑問があり得る。先に見た民事保全事件でも、裁判所は、二〇〇〇円の訴訟費用で、優秀な裁判官三人を動員しており、大赤字である。この社会的費用は、最終的に、国民の税金で賄われることになるが、会社支配市場を維持するために避けられない費用として、社会で受け入れられるのか。

第十一章　敵対的買収に関する法規制

第一節　序　論

平成一七年の会社法制定、平成一八年証券取引法改正（金融商品取引法制定）、さらに関係政府令の整備によって、敵対的買収を巡る法規制は大きく変容した。

会社支配市場に関する法の再構築の必要性は、株式相互保有が崩れかかるといった社会経済的な背景を背に、敵対的買収に対する国内での躊躇が失われていくという精神面での変化を契機として、広く意識されるようになった。実際にも、平成一六年頃から、敵対的買収の事例が社会現象として大きく報じられるようになり、専門家でない人々の間でも、Ｍ＆Ａという表現が一般的に用いられるようになった。大手の法律事務所を中心として、買収防衛策の開発も進められた。そして、平成一七年は、ライブドア対ニッポン放送事件など、買収防衛策の適法性の判断が裁判所で争われた。平成一八年一〇月頃からは、平成一九年五月一日の会社法全面施行による合併等の対価の柔軟化を控えて、とりわけ外資による内国会社の買収に対して、経済界からの警戒感が示されている。

このような形で、私人によって法の実質的な趣旨が実現しようとする努力が続けられていった。同時に、私人による法の創造には限界があることも否定できず、会社法改正や証券取引法改正などの形で、対応がなされた部分も少なくない。一連の動きの成果は、最終的には、「官」と「民」の役割が再分配されて、法の再構築として実現したと評価してよかろう(1)。

本章においては、法の再構築がほぼ一段落したことから、法規制の変遷の様子を簡単に概観しつつ、モザイクのように再構築された法枠組みを解きほぐすように努める。その上で、敵対的買収に関する法規制について、今後の方向性を模索しつつ、具体的な課題を検討していく。

第二節　会社支配市場に関する法規制の変遷

一　平成一七年会社法制定

平成一七年初頭のニッポン放送事件などを契機として、会社支配市場に関する法規則のあり方に注目が集まるようになった。この事件が起こる前から、会社法案の内容に関する検討が進められており(2)、裁判所で事件が係争中に(3)、会社法案が国会に提出された(4)。

このような社会経済状況のもとで、会社法は、会社関係者の利益調整を専ら目的とする無色透明な存在から、会社支配市場に直接的または間接的な影響を与える一定の色合いを持った存在へと変容していった(5)。とりわけ組織再編法制は、経済競争力の強化、日本経済の活性化などを達成するための一つの手段として位置づけられる傾向にあったから(6)、敵対的買収ないし支配争奪の場面においても、一定の役割を果たすことが期待されても不思議ではない。

本来、会社法の実質改正の審議にあたっては、敵対的買収を促進する意図もなければ、これに対する防衛策を画策する手段を提供しようとする意図もなかった(7)。立案担当者も、合併等対価の柔軟化について、「柔軟化そのものは、法律的・論理的には、敵対的買収を増加させるものではなく、あくまでも中立的なものである」と説明している(8)。

もっとも、とりわけ種類株式の整理(9)、新株予約権に付される取得条項という仕掛け、あるいは、株主総会の決議要件に関する定款自治の拡大などの結果、会社法のもとでは、従前は認められなかったとも解される防衛策が、少なくとも技術的には、正面から認められるという実質改正がなされた(10)。

敵対的買収に関する会社法の姿勢は、衆議院と参議院の法務委員会での会社法案に対する附帯決議によく現れている。すなわち、平成一七年五月一七日の衆議院法務委員会では、政府が会社法の施行にあたり格段の配慮をすべき事項として、「六　拒否権付株式等、経営者の保身に濫用される可能性のある種類株式の発行については、その実態を見ながら、必要に応じ、これを制限するなどの法的措置も含め、検討を行うこと」および「七　敵対的企業買収防衛策の導入又は発動に当たり、防衛策が経営者の保身を目的とする過剰な内容とならないよう、その過程で株主を関与させる仕組みなど、早急に具体的な指針を策定し提案すること」が決議された。また、平成一七年六月二八日の参議院法務委員会でも、同様に、「六　拒否権付株式等、経営者の保身に濫用される可能性のある種類株式の発行については、その実態を見ながら、必要に応じ、これを制限するなどの法的措置も含め、検討を行うこと」が決議された。

これらの附帯決議のうち、衆議院法務委員会の「七」を具体化したのが、平成一七年五月二七日の経済産業省と法務省の作成にかかる「企業価値・株主共同の利益の確保又は向上のための買収防衛策に関する指針」（買収防衛指針）であるといえよう。

二　司法審査と行政指針の交錯

(1)　はじめに

会社法の制定と前後して、平成一七年には、敵対的買収に対する防衛策の是非に関して、差止めの仮処分という形で、三件の事例が裁判所で争われた。以下では、これらの決定の検討を直接の目的としない(11)。むしろ、本章においては、司法判断の積み重ねが、会社支配市場に関する法規制について、どのような影響を及ぼしたか、直接的には法規範性を欠く買収防衛指針の策定との関係も意識しながら、考察していくことにしよう。

(2)　ライブドア対ニッポン放送事件

平成一七年の最初の敵対的買収に関する法廷闘争は、ライブドア対ニッポン放送事件であった。ニッポン放送がフジテレビに新株予約権を第三者割当しようとした事例であり、従来の主要目的基準を形式的には維持しつつも、米国流のユノカル基準を導入したものであるとも考えられる。

裁判では、敵対的買収者であるライブドアが濫用的買収者であるかが、正面から議論され、東京高裁も、濫用的買収にあたる四つの事例を例示した東京高裁の裁判長であった鬼頭季郎判事は、防衛を広く認め過ぎているという批判に対して、「物事には節度が必要」と語ったとされる(12)。

東京高裁決定では、資金調達等を主要な目的としなくても、換言すれば、支配維持が主要な目的であっても、一定の場合に、対象会社の取締役会は防衛策を採ることが許されること、そして、傍論ではあるが、有事導入型の防衛策が認められる濫用的買収の例が示された点に、意味が認められよう。四つの濫用的買収の例は、中身が必ずしも明確ではない。しかし、その後の行政指針等でも、具体的な買収防衛策の発動基準の一部としても、大枠は変更されることなく、引き継がれていくことになった。

なお、ニッポン放送事件においては、ライブドアの資金調達方法や株式取得方法も問題とされた。大幅な株式分割については、平成一八年一月四日から、決済期間が短縮され、また、ToSTNeT-1については、平成一七年の証券取引法改正によって、強制的公開買付規定の適用除外にはならないことが明確化された（平成一八年改正前証券取引法二七条の二第一項柱書）。さらには、平成一八年証券取引法改正（金融商品取引法制定）において、市場内外の取引の組み合わせに対する規制（証券取引法二七条の二第一項四号）、競合買付規制（同法二七条の二第一項五号）、全部買付義務に関する規制（同法二七条の一三第四項）も、この事件を契機としたものであるとされる(13)。

(3)　ニレコ事件

次に裁判所で、防衛策の差止めの仮処分が求められたのは、ニレコ事件においてであり、平時における防衛策の導入の是非が争われた最初の事例である。

ニレコは、取締役会において、企業価値の最大化のため、「セキュリティ・プラン」として、株主割当による新株予約権の無償発行を決定した。仕組みは、一般的なライツ・プランに似たところも多いが、平時に基準日を設定する株主割当型であるという特徴を有していた。

司法審査においては、東京高裁でも、株主割当型の防衛策が仮に差し止められた(14)。その理由で重要な点は、随伴性が欠けているために、既存の株主に損害を与える可能性があることであったろう。

この紛争が決着に至るまでには、様々な規制機関や行政の動きが交錯し、それらの動きを踏まえて、司法判断が示された点が注目される。

証券取引所の動きについてみると、ニレコ株式が上場されているジャスダック証券取引所は、本件新株予約権の導入について延期を示唆しながらも、ニレコの新株予約権を最終的には受け入れたようである。平成一七年四月二〇日に、同証券取引所は、「株式会社ニレコ株式に関するご注意」を公表しているが、投資者への注意が喚起されているに過ぎない。

ジャスダック証券取引所の対応とは異なり、東京証券取引所は、平成一七年四月二一日に、厳しい立場を表明した。すなわち、「敵対的買収防衛策の導入に際しての投資者保護上の留意事項について」を公表したが、「留意事項」の「3」では、「買収者以外の株主・投資者に不測の損害を与える要因を含むものでないこと」が求められており、ニレコ型の買収防衛策は明確に否定されている(15)。

さらに、行政の側でも、紛争の最中の平成一七年五月二七日に、前述の経済産業省と法務省の買収防衛指針が示された。そこでは、「必要性・相当性確保の原則」に関して、「買収防衛策は、買収が開始された後に発動され、そこではじめて法的効力を具体化させて買収を防衛することができれば目的を達するのであって、買収が開始されていないにもかかわらず、新株予約権等の発行と同時に、株主に過度の財産上の損害を生じさせるような場合（10）」には、著しく不公正な方法による発行に当たる可能性が高い」とされた。「⑽」が、ニレコ型の買収防衛策を具体的に例示しており、再び否定的な評価がなされた。[16]

果たして、東京地裁の最初の決定は、買収防衛指針が公表されて間もなく、平成一七年六月一日に言い渡され、東京高裁の決定まで、ニレコ型の買収防衛策を否定するものであった。そこで、「行政追認の司法判断」と表現されることもある。[17]「民の時代の官製ルール」に対しては、証券取引所による自主規制機能に期待する声もあった。[18]実際に、証券取引所の見解や行政庁の買収防衛指針が、裁判所の判断にどれほど影響を与えたかは定かではない。とはいえ、これらの諸機関の動きが交錯したという事実は興味深い。

⑷　夢真ＨＤ対日本技術開発事件

ニレコ事件に関する東京地裁平成一七年六月一日決定では、傍論において、「敵対的買収者に対し事業計画の提案を求め、取締役会が当該買収者と協議するとともに、代替案を提示し、これらについて株主に判断させる目的で、合理的なルールが定められている場合において、敵対的買収者が当該ルールを遵守しないときは、敵対的買収者が真摯に合理的な経営を目指すものではないことを推認することができよう」と述べ、事前警告型の買収防衛策にお墨付きを与えるかのような判示がなされた。

奇遇というべきか、買収防衛策を巡る平成一七年最後の裁判は、事前警告型の買収防衛策であった。夢真ホールディングス（夢真ＨＤ）が日本技術開発に対して試みた敵対的買収であり、日本技術開発が、事前警告型買収防衛策（大規模買付ルール）を導入した。夢真ＨＤが事前警告を遵守しなかったため、日本技術開発は防衛策として一対五の株式分割を決定し、この株式分割の差止めの仮処分が求められた事例である。

夢真ＨＤの公開買付にあたっては、証券取引法上の重要な問題が幾つか持ち上がった。① 公開買付価格を分割比率に応じて下方に修正できるか（平成一八年改正前証券取引法二七条の六第三項）、② 株式分割が実行された際に、公開買付の撤回等ができるか（平成一八年改正前証券取引法二七条の一一第一項、平成一八年改正前証券取引法施行令一四条参照）、③分割新株も公開買付の対象とすることができるかなどである。

これらの点については、夢真ＨＤが大きな不利益を被ることがない形で公開買付を開始することができた。それもあって、日本技術開発の防衛策については、差止めの仮処分命令は出されなかった。[19] また、①と②の問題については、平成一八年証券取引法改正において、立法的な対処がなされることになる。

ともあれ、事前警告型の買収防衛策の是非について、東京地裁は、対象会社の株主に対して必要な情報提供と相当な熟慮期間の確保を図る仕組みになっていれば、適法であると判示した。この点にも、金融審議会での議論を経て、証券取引法改正に連なる着想がみられる。

(5) 小　括

以上の事例をみると、敵対的買収に関する会社法制と証券法制の交錯をも見て取ることができよう。

どの裁判例も、防衛策の是非が直接的に問われているために、最終的には、取締役の義務の問題に還元されている。敵対的買収の局面では会社と取締役の利益相反が避けられないことから、取締役会限りで決定できることの限界が探られている。

他方で、攻撃側の行為規範の問題としては、基本的には、証券法制の枠内で考えられてきている。ニッポン放送事件にしても、ライブドアの株式取得方法が問題とされ、証券取引法改正へとつながっていった。日本技術開発事件もまた、証券取引法改正への助走であったとも評価し得る。

こういった役割分担は、官庁の間の境が融けきっていないことにも一因があったのかもしれない。[20] 敵対的買収の防衛側の枠組みを設定する会社法制は、法務省、経済産業省、財務省が中心になってきた。他方で、攻撃側の枠組みを規律する証券法制は、金融庁が中心になってきたという経緯もある。ともに国際化の影響を受けたが、意味合いが異なり、従って、圧力の方向性も異なっていたであろう。

とはいえ、平成一七年の敵対的買収の嵐の中で、会社法制のみの経路への依存から解き放たれ、会社支配市場が会社法制と証券法制の交錯する場面であることが意識される契機となった。

ニレコ事件にしても、防衛策が認められない理由として、司法判断や買収防衛指針では、既存の株主への不利益という点が強調された。これを証券市場から眺めれば、東京証券取引所の見解に示されているように、ニレコ型の新株予約権が発行されると、「市場の混乱を招く」という問題が生じる。日本技術開発事件にしても、事前警告型買収防衛策は、従前の公開買付規制に見直しを求めるものであった。

具体的な事案で浮き上がってきた以上の課題は、各種の研究会や審議会での検討を経て、徐々に整理されつつある。この状況について、以下では検討していく。

三　敵対的買収と会社法制

敵対的買収を意識した形のM&A法制の検討は、主として、いかなる防衛策が認められるかという観点から行われた。数年来、買収防衛策の開発が進められていたところであり、適法性の限界に最も関心が持たれたのも不思議ではない。

(1)　内閣府のM&A研究会

わが国でも敵対的買収が出現するといった状況を受けて、内閣府においても、経済社会研究所にM&A研究会（座長・落合誠一教授）が置かれ、平成一五年一一月から、検討が進められていた。(21)その成果は、平成一六年九月に、「わが国企業のM&A活動の円滑な展開に向けて」と題する報告書に取りまとめられた。

報告書では、「法制度改革及び税制改革」として、「本格的なクロスボーダー型M&A時代を迎え、国際的にも通用するM&A関連での明確なルールの確立は、企業の活力・競争力を維持しわが国の持続的な成長を確保するために基本的に不可欠のインフラ整備である。M&Aルールの確立、取締役の責任の明確化、敵対的TOBへの対応等において、国際的視点を含めたルールの確立を急ぐ必要がある」との提言がなされている（報告書四七頁）。

ここでは、防衛策ないし防衛ルールに主たる関心が寄せられていたことが窺われる。取締役の義務や責任の問題に帰着させるのであれば、会社法制を中心とする制度設計が目指されていたといえよう(22)。

(2)　経済産業省の企業価値研究会（その一）

買収防衛策について、幅広い視野で情報を収集し、先んじて本格的な研究を行ったのは、経済産業省の企業価値研究会であろう。企業価値研究会は、平成一六年九月から、企業価値向上につながる公正な敵対的買収防衛策について検討を重ね、平成一七年五月二七日、「企業価値報告書」が取りまとめられた(23)。

企業価値研究会は、敵対的買収の攻防を企業価値に関する競争であると位置づけるものであると思われる。研究会の名称から理解され得るように、「敵対的」という法的には中立的な響きを持たない状況を、「企業価値」、あるいは、「株主共同の利益」という形に収斂させた。この点の工夫は、その後の議論に大きな影響を与えている。

企業価値報告書の問題意識の出発点は、「ルールなき弊害」からわが国を脱出させることにある。すなわち、「日本においては、敵対的M＆Aに対する経験が少ないこともあり、何が公正な攻撃方法で何が公正な防衛方法なのかといった点について、企業社会におけるコンセンサスが形成されていない。これを放置すれば、奇襲攻撃や過剰防衛が繰り返され、また、公正な防衛策の導入も躊躇され、企業価値を損なう買収提案を排除できない可能性（過少防衛）もある。したがって、敵対的買収に関して、企業社会における公正なルール形成を急ぐ必要がある」とされる（要約一頁）。

防衛側の問題意識による記述がされており、また、企業価値報告書が買収防衛指針の基礎となっていることも考慮すれば、企業価値研究会の第一段階の検討は、基本的には会社法制を対象とするものであったろう。

もっとも、企業価値研究会では、当初から、証券法制をも視野に入れた検討が必要であることは意識されていた。例えば、攻撃側と防衛側の武器対等を目指すもののようでもあり(24)、公開買付規制についても全部買付義務を課するか否かで各国に違いが存在し、これが許容される防衛策の範囲にも影響を与えることが示唆されている（報告書四―五頁）。攻防の均衡に関する提言を最終的に結実させたのが、後述するように、平成一八年三月三一日の「企業価値報告書二〇〇六――企業社会における公正なルールの定着に向けて」であろう。

なお、企業価値報告書は、「企業はその数だけ個性があり、株主との関係も多様で、防衛策のルールは硬直的であってはならない。また、個々の企業が株主との対話の中で、さらなる工夫をこらすことで柔軟性と規律が生まれるであろう」（報告書九九頁）と述べている。個々の企業の個性に応じた企業防衛の枠組みが必要ではある。しかし、個々の企業の努力に待たなくても法制度で標準型を提示できるならば、それに越したことはない。個々の企業の工夫といえば、響きがよいが、買収防衛策ほど、費用がかかる割には、経営上の具体的な利便が見えにくいものは存在しない。攻防の武器対等を実現するための最低限のルールは、法令を通じて、利用者である個々の企業に提供すべきであろう。

(3)　経済産業省と法務省の買収防衛指針

企業価値報告書は、企業価値基準を提言した上で、報告書のみでは実質的な強制力に欠けるという危惧を示しており、企業価値研究会としては、「企業価値報告書の趣旨を具体化した、『企業価値指針』を行政が明確に定めるべきことを求めたい」としていた（報告書九九頁）。

これが、企業価値報告書と同日に公表された買収防衛指針において、具体化された。経済産業省と法務省が共同で策定した「企業価値・株主共同の利益の確保又は向上のための買収防衛策に関する指針」である。

買収防衛指針は、「適法性かつ合理性の高い買収防衛策のあり方について提示することにより、企業買収に対する過剰防衛を防止するとともに、企業買収及び企業社会の公正なルールの形成を促すため、判例や学説、企業価値研究会……等を踏まえ」策定されたものである。この指針には、法的拘束力がないが、「関係者によって尊重されることにより、日本の企業社会の行動規範となること」が期待されている。

確かに、この買収防衛指針は、法的拘束力や法的な正統性を有しないけれども、実際の裁判において、一つの基準として用いられている。最低でも買収防衛指針で示された基準を満たさなければならないという形で、実務の設計の目安になるべきものであろう。(25)

(4)　会社法施行規則

経済産業省と法務省の買収防衛指針において、事前開示の必要性が重視されたことを受けてであろう、法務省は、会社法施行規則を定めるにあたって、事業報告の中身を充実させた。

法務省は、会社法で委任された法務省令を策定する際に、平成一七年一一月二九日に、「『会社法施行規則案』等に関する意見募集」を公表し、パブリック・コメントに付した。事業報告の内容とすべき「株式会社の支配に関する基本方針」については（会社法施行規則案八〇条）、内容がそのまま維持され、平成一八年二月七日に公布された会社法施行規則で定められた（会社法施行規則一二七条）。

会社法施行規則は、株式会社の支配に関する基本方針について、単に開示を求めるだけではない。というのも、「不適切な者によって当該株式会社の財務及び事業の方針の決定が支配されることを防止するための取組み」が、「株主の共同の利益を損なうものではないこと」と、「会社役員の地位の維持を目的とするものではないこと」をも開示させるからであり、不実の内容を記載することはできないから、買収防衛指針の核心が表現され、法規範として定立されたとみることもできる。(26)

(5)　小　括

以上のように、買収防衛策が許容される基準については、議論が徐々に深められていき、最終的には、法務省令で、法規範性を有する形で、考え方の出発点が確認されるに至った。

これらの努力は、権限分配論と称するか否かはともかく、会社の支配争奪の結果を最終的に決定するのは誰かという問題に始まり、取締役の義務の問題に帰着させるものである。その意味で、防衛側に第一次的には着目して、会社法制の枠内で会社資本市場の枠組みを構築しようと試みるものであるといえよう。

敵対的買収に関する法規制を会社法の枠内で捉える動きとともに、少しは遅れた感があるものの、証券法制において敵対的買収を規律する動きも活発になってきた。

四　敵対的買収と証券法制

(1)　経済産業省の企業価値研究会（その２）

企業価値報告書においては、「残された制度改革」として、公開買付に関する全部買付義務の導入の是非や、防衛策が導入されることを前提としたＴＯＢルールのあり方について、検討を深めることとされていた（報告書一〇〇頁）。企業価値研究会は、平成一七年九月に活動を再開して、①公正な買収防衛策の確立、②公開買付制度など買収ルールの見直し、③経営者と株主・投資家の対話の充実という3つの柱について、検討を進めていった。

このうち、①公正な買収防衛策の確立については、平成一七年一一月一〇日、「公正な買収防衛策のあり方に関する論点公開～買収防衛策に関する開示及び証券取引所における取扱いのあり方について～」が公表された。買収防衛策に関する適切な開示は、行政もしくは証券取引所のルールによって実現されるか、行政もしくは証券取引所が一定の考え方を示すことがふさわしい事項とされた（論点公開二頁）。行政による対応については、その後、前述のように、会社法施行規則における事業報告の内容として、結実した。証券取引所による対応は、東京証券取引所が、パブリック・コメントの手続を経て、株券上場審査基準等の一部改正という形で結実していく。

論点公開で示された具体的提言のうち、買収防衛策等の証券取引所の取扱いについては、買収防衛策の証券市場に対する影響について、ある意味で、鈍感な内容になっているようにも思われる。企業価値研究会は、買収防衛策を広く認めるという基本的な姿勢であると考えられるから、提言の内容そのものを理解するのは容易ではある。他方で、証券市場を設営して運営している証券取引所にとっては、責任ある対応が期待された。

企業価値研究会は、② 公開買付制度など買収ルールの見直しについても、提言を行った。平成一七年一二月一五日には、「企業価値基準を実現するための買収ルールのあり方に関する論点公開」が公表された。そこでは、各国の法制が多様であることが認識された上で、わが国における攻防のバランスを確保することが目指されていることが注目される。(27) 第一の柱が、この点であり、「買収者及び対象会社双方のバランスをいかに確保するかという点にある」。第二の柱は、「株主及び投資家の十分な情報に基づいた判断（インフォームド・ジャジメント）を可能とする制度・慣行の確立と実現に向けた取り組みが必要」である点である。

第一の柱に関して、公開買付期間につき、論点公開では、一定の範囲で買付期間を伸長することには積極的であるように見受けられるが、徒に長期にすることについては慎重である。また、強圧性の排除に関して、全部買付義務を法により一律に導入することに慎重な姿勢を示している。生み出した防衛策を維持するために、攻防のバランスを考えると、攻撃を弱めることには躊躇が感じられたのかもしれない。

(2) 証券取引所の上場制度の整備等

敵対的買収に関する支配争奪が裁判で争われるようになり、東京証券取引所も、前述のように、機会を捉えて対応するように努力をしていた。ただ、上場制度の整備等が完了するまでには、しばらく時間を要した。企業価値研究会の公開などを踏まえて、証券取引所に期待される役割を熟慮していたのであろう。

企業価値研究会の論点公開の少し後の平成一七年一一月二二日に、東京証券取引所は、「買収防衛策の導入に係る上場制度の整備等について（要綱試案）」を策定して、意見照会に付した。これは、ニレコ事件の最中の同年四月二一日に公表した留意事項を、買収防衛指針や各種の議論を踏まえて、上場制度の改正に盛り込もうとするものである。注目に値するのは、市場の開設者としての自覚が強く示されており、「上場会社は、買収防衛策の導入時点の株主のみでなく、潜在的投資者を含む幅広い投資者層の投資対象であり、投資者保護の観点から買収防衛策に関して十分な配慮が求められる」ことを特に留意している点であろう。

その上で、東京証券取引所は、平成一八年一月二四日、「買収防衛策の導入に係る上場制度の整備等について」を、パブリック・コメントに付した。「投資者保護及び東証市場の国際性の観点から、買収防衛策の導入に係る適時開示の枠組みを整備し、上場会社が買収防衛策の導入にあたって尊重すべき事項を明らかにし、尊重義務違反に対する公表措置などの実効性確保のための措置を新設するなど、上場制度の整備を行う」ものである。

最終的に、東京証券取引所は、平成一八年二月二一日の定例記者会見で概要を示した上で、平成一八年三月七日に、「買収防衛策の導入に係る上場制度の整備等に伴う株券上場審査基準等の一部改正について」を公表し、翌日から施行した。(28)

骨子は、① 適時開示（買収防衛策の導入また発動に伴う新株また新株予約権の発行）、② 尊重義務（開示の十分性、透明性（買収防衛策の発動および廃止の条件が経営者の恣意的な判断に依存するものでないこと）、流通市場への影響、株主権の尊重）、③ 上場審査基準（新規上場申請者が買収防衛策を導入している場合には、尊重義務の遵守を上場審査における適格性の要件とする）、④ 尊重義務に反する旨の公表、⑤ 上場廃止（株主の権利内容およびその行使が不当に制限されていると当取引所が認めた場合において、六か月以内に当該状態が解消されないときには、上場を廃止する）である。(29) ②の尊重義務の遵守は、個別の事案ごとの判断になるので、導入を検討する上場会社には事前相談を要請している。

以上のような形で、資本市場の担い手である自主規制機関である証券取引所によって、市場の論理に基づいて、証券法制の一部をなす形で、敵対的買収に対する規律が示された意味は大きい。この点、平成一七年一二月二日には、経団連から、「東京証券取引所『買収防衛策の導入に係る上場制度の整備等について（要綱試案）』へのコメント」が出されており、会社法で利用可能となった買収防衛策は取引所も受け入れるべきであるという発想が示されていたし、企業価値研究会も同様の発想が強いと思われる。しかし、非上場会社を原則的な形として構築された会社法は、資本市場の論理との整合性を十分に折り込んだものではないから、証券取引所による法の構築は重要である。

(3)　金融審議会金融分科会第一部会公開買付制度等ＷＧ

企業価値研究会での議論と並行して、金融庁の金融審議会金融分科会第一部会公開買付制度等ワーキング・グループ（公開買付制度等ＷＧ）では、公開買付規制を中心に検討が重ねられてきた。

平成一八年一二月九日には、「公開買付制度等ワーキング・グループにおける論点の整理」が策定された。「検討に当たっての視点等」の項目では、「商法（株主をはじめとする会社内外の利害関係者間の権利義務関係を規律）と証券取引法制（証券取引の公正性を確保することにより投資者を保護）の役割分担を踏まえつつ、投資者保護の観点から、証券取引法制上、必要な法的手当てを行っていく必要があるのではないか」という論点が示されている。

公開買付制度等ＷＧの成果は、平成一八年一二月二二日、金融庁金融審議会金融分科会第一部会「公開買付制度等ワーキング・グループ報告～公開買付制度等のあり方について～」という形で結実した。ここでは、具体的な提言が多くなされ、証券取引法改正に直結していく。公開買付制度等ＷＧにおいては、基本的な視点として、①手続の透明性・公正性と投資者間の公平性の一層の確保、②証券市場における価格形成機能の十全な発揮、③企業の事業再編行為等の円滑性の確保、などの重要性が指摘された。

とりわけ②については、証券法制の目的に関して、金融商品取引法において、「資本市場の機能の十全な発揮による金融商品等の公正な価格形成等を図る」ことが明示されるに至った（金融商品取引法一条）。会社法制と証券法制の役割分担という観点から整理されるのであろうか。

経団連は、公開買付制度等ＷＧにおいて、株主・投資者に十分な情報と選択肢を提供し、また、十分な検討期間を設ける観点から、公開買付期間の延長請求の導入や大量保有報告書制度の特例の見直しなどを求めたし、実際にも、ワーキング・グループの議論の中心は、公開買付期間の見直しと大量保有報告制度における特例報告の期間の見直しであった[30]。

(4)　経済産業省の企業価値研究会（その３）

前述のように、平成一七年九月以降、企業価値研究会は、企業価値基準という考え方に基づきながら、企業買収に関する公正なルールの形成・定着に向けて、① 買収防衛策の開示・上場ルール、② 公開買付け制度など買収ルールの見直し、③ 経営者と株主・投資家の対話の充実の三つのテーマについて議論を重ねていった。そして、平成一八年三月三一日に、「企業価値報告書二〇〇六～企業社会における公正なルールの定着に向けて～」を取りまとめた。

副題でも示されているように、「ルールなき状態から、公正なルールを共有する状態に変える」ことが、企業価値研究会が一貫して追求してきた課題であり、「提言する公正なルールが日本の企業社会にしっかりと根付くとともに、それが企業価値向上、ひいては日本経済の活性化につながっていくこと」が期待されている（報告書五頁）。

なお、「日本における買収ルールのあり方」（第三章）に関する提言は、以下のように要約されている（報告書四頁）。

日本において、敵対的買収が現実化し、買収防衛策が導入されたことを前提とすれば、公開買付け（TOB）については、買収側と防衛側の交渉バランスを確保するとともに、買収提案と現経営陣の経営方針について株主・投資家等が十分な情報の下で適切な判断が可能となるようルールを見直す必要がある。このため、買収防衛策の発動可能性を前提として公開買付けの撤回・条件変更を許容すべきこと、買収者に対する質問の機会を付与するとともに、防衛側による意見表明を義務付けるなど、経営者と株主・投資家等との情報の非対称性を解消するような措置を講じるべきことを提示している。

なお、日本において、欧米で二段階買収を規制するために採用されている措置（全部買付義務、事業結合規制）をどう取り扱うのかについても、一定の方向性を打ち出している。欧州で採用されている全部買付義務に関しては、友好的な買収を阻害する可能性があり、買収防衛策の導入が日本において一般化した場合には、買収側に対して過剰規制になるとも考えられることから、すべての公開買付けに適用することには、慎重たるべきであるとしている。また、米国州法で採用されている事業結合規制に関しては、会社法を活用すれば同様の効果が得られることから、別途法制化する必要はないとしている。証券法制を再構築して、攻防のバランスを確保することを目指している点で、建設的な議論を提供するものであろう。ただ、バランスの取り方については、攻撃側にも、防衛側にも、相当の自由度ないし選択肢を与える枠組みが志向されているようである。(31)

(5)　証券取引法等改正

公開買付制度等WGの提言は、平成一七年一二月二二日の金融審議会金融分科会第一部会への報告を経て、法制的な手当てが必要なものについて、証券取引法改正等で実現された。(32)証券取引法改正法は、平成一八年六月七日に成立し、段階的に施行され、最終的には、金融商品取引法という投資サービスに関する横断的な法制が導入される。(33)公開買付制度の見直しも、法改正の対象の一部であり、関係政令・内閣府令の公布を経て、同年一二月一三日から施行された。

公開買付制度の見直しの主な点は、①脱法的な態様の取引への対応、②投資者への情報提供の充実、③公開買付期間の延長、④公開買付けの撤回等の柔軟化、⑤全部買付けの義務化の一部導入、⑥買付者間の公平性の確保であり、おおよそ以下のような内容である。

第一に、脱法的な態様の取引への対応するため、市場内外における買付け等の取引を組み合わせた急速な買付けの後、株券等所有割合が三分の一を超えるような場合について、公開買付規制の対象とすることを明確化した（証券取引法二七条の二第一項四号、証券取引法施行令七条二項三項四項七項）。

第二に、投資者への情報提供の充実のうち、（i）公開買付届出書による情報提供については、買付け等の目的に関する記載（他社株府令第二号様式記載上の注意（5）abce）、公開買付価格の算定根拠と算定の経緯に関する記載（他社株府令第二号様式記載上の注意（6）ef）、MBO等による買付けの場合に公開買付価格の妥当性や利益相反を回避するために採られている方策等の開示（他社株府令一三条一項八号・第二号様式記載上の注意（6）f・(25)）の充実が図られた。(ii) 意見表明報告書における情報提供については、対象者による意見表明報告書の提出が義務化され（証券取引法二七条の一〇第一項）、提出期限が公開買付開始から一〇営業日以内とされ（証券取引法施行令一三条の二第一項）、記載事項について整備された（他社株府令第四号様式）。また、(iii) 対質問回答報告書による情報提供については、意見表明報告書で対象者が公開買付者に質問をした場合に、公開買付者は対質問報告書を提出しなければならないこととされ（証券取引法二七条の一〇第一一項）、提出期限は意見表明報告書の送付を受けた日から五営業日とされ（証券取引法施行令一三条の二第二項）、記載事項についても対質問回答報告書の様式が新設された（他社株府令第八号様式）。

第三に、公開買付期間の延長が、株主・投資者に十分な情報提供や熟慮期間を確保し、対象者の経営陣が対抗提案等を行う余裕を持たせるために、証券取引法等の改正で図られた。(i) 公開買付期間の範囲については、暦日ベースで二〇日から六〇日の間で公開買付者が選択することとされていたところ、営業日ベースへと変更され、公開買付期間が延長された（証券取引法施行令八条一項）。また、(ii) 対象者が公開買付期間の延長を請求することができることとされ（証券取引法二七条の一〇第三項）、延長請求により、公開買付期間は三〇営業日となる（証券取引法施行令三条の三第六項）。

第四に、公開買付けの撤回等の柔軟化は、ニッポン放送事件や日本技術開発事件などを契機に、一定の場合に撤回等を認めなければ、公開買付者に不測の損害を与えることが認識されたことに基づく。(i) 公開買付けの買付条件の変更の柔軟化については、買付価格を名目的に引き下げても、実質的な変更がないなら、応募株主に不利益を被らせるものではなく、対象者が株式分割を行った場合と株式または新株予約権の無償割当を行った場合に認められる（証券取引法二七条の六第一項一号、証券取引法施行令一三条一項）。また、(ii) 公開買付けの撤回についても、買収防衛策の発動に関連するものとして、株式分割、株式または新株予約権の無償割当て、新株等の発行などが、撤回事由に加えられ（証券取引法施行令一四条一項一号）、買収防衛策が消却されない旨の決定を対象者の業務執行を決定する機関が行い公表している場合にも、撤回が可能とされた（証券取引法施行令一四条一項二号五号、他社株府令二六条四項）。

第五に、全部買付けの義務化の一部導入であり、買付後の株券等所有割合が三分の二以上となる場合には、公開買付者は全部買付義務を負う（証券取引法二七条の一三第四項、他社株府令一四条の二の二）。企業価値報告書二〇〇六でも示されていたように、全部買付義務を課すことには反対論も強く、所有割合をどのように設定するかも、さらに検討の余地が残されている。

第六に、買付者間の公平性の確保は、買付者が競合する場合に関するものである。公開買付けを実施している期間中に、株券等所有割合が三分の一以上の大株主が競合して急速な買付け等を進める場合には、この大株主にも公開買付けを義務付けた（証券取引法二七条の二第一項五号、証券取引法施行令七条五項六項）。公開買付者は別途買付を原則として禁止されるのに（証券取引法二七条の五）、競合する買付者が公開買付によらないでよいなら、公平性を欠くからである。

(6)　小　括

以上でみてきたように、敵対的買収に関する証券法制も充実しつつある。現時点の最高水準の技術が駆使された法が構築されたといえようし、同時に、会社法制への目配りを利かせたものになっていると評価できよう。

もっとも、会社法制に関する議論が先行していき、これに証券法制に関する議論が追いかけたという面がないではない。会社法制を議論する側で、許容される買収防衛策の内容が検討され、これを踏まえて、証券法制が組み立てられている。逆に、証券法制から会社法制への還元は、今後の課題であろう。例えば、全部買付義務の範囲を拡げた場合に、会社法制がこれをどのように受け止めるのかといった課題が検討される必要がある。

さらに、株式会社が広く一般大衆から資金を調達する媒体であることに鑑みると、少なくとも上場会社については、会社法制と証券法制という区分そのものが、本来的には大きな意味を有しないのであろう。[34]この点でも、敵対的買収あるいは会社支配市場に関する法規制を、後述するように、証券法制の枠内で基本的に考えていくことを選択したカナダ法は、今後のわが国の法規制のあり方を検討する上で、貴重な示唆を与えてくれるであろう。

第三節　敵対的買収に関する法規制のあり方

一　法的枠組みの定め方

敵対的買収に関する法規制を、どのように設計するか、言い換えれば、会社支配の争奪に関する法的枠組みを、どのような形にするのか、このような問題を考える際には、出発点となるべき哲学や方向性が大切である。

会社法制が現代化され、その副産物として、攻撃側には武器が加えられた。合併等の対価の柔軟化にしても、外資による買収を促進することになると懸念されて、施行が一年遅らせられることになった。対価の柔軟化と外資による敵対的買収の後押しとは、理論的には直結してはいない。三角合併を敵対的に行うことはできないからである。とはいえ、強圧的な二段階買収に、大きく道を開くものであるとの評価が可能である(35)。

攻撃側の武器に制限がないのであれば、防衛側の武器にも制限を加えず、そのような形で、攻防の均衡を図ることも、一つの哲学であり、アメリカは、これを実践してきているようでもある。これが敵対的買収を巡る攻防を、会社法に関わる人々が収益源にしてきた面があるかもしれない。構造的にも、証券法制に管轄を有する連邦政府が、会社法制について権限を有せず、企業買収に対して中立的な立場を維持するという建前が採られてきたという事情も否定できない。

他方で、ヨーロッパ諸国のように、攻撃側の武器も制限した上で、防衛側の武器も制限する。つまり、防衛策は基本的には認めないという形で、均衡をとるという哲学も、有力な選択肢である。

これまでのわが国での議論をみると、攻撃側の武器が制限されていない以上は、防衛側も自衛が必要であるという発想に基づくものが多かったようにも思われる。しかしながら、証券取引法改正によって、攻撃側の乱暴な行為は、相当に制限されることになったし、また、会社法でも、合併等対価の柔軟化に一定の規制を設けておけば、強圧的な買収は、相当に抑制することができるはずである。

このような形で、武器対等が実現されるのであれば、わが国の法枠組みとしては、アメリカ型の枠組みを移植するよりも、ヨーロッパ型を基軸に組み立てていくことが望ましい。アメリカ流に西部劇の現代版を行わせようとしても、そのような戦いでも秩序を維持し得るだけの社会的な基盤を、わが国は持ち合わせているかという疑問が払拭できない(36)。また、敵対的買収に関する紛争が激化することにより、紛争に関係する専門家が多数に及び、金銭の動きは活発になるかもしれないが、このような社会構造が、わが国の文化や歴史に似合うのか(37)。相撲や柔道が国技であるからという訳ではないが、ルールが明確で、武器も対等に制限されている枠組みでの支配争奪が、わが国には相応しいと考えられる。

例えば、対価の柔軟化の妥当性について会社法の制定後も懸念を示す論者は、「アメリカが築いてきた、M&Aの攻撃側も防衛側も多くの武器をもって戦い、行きすぎは裁判所が事後的にチェックする法的環境よりも、M&Aの老舗イギリスが打ち立ててきた、明確で公正な事前の競技ルールを遵守しながらどちらが多くの株主の支持を得るかを競う法的環境のほうが穏当なのではないかとも思う」と述べている(38)。このようなバランスの取り方については、従前から意識されてきており、イギリス型の規制に共感する傾向が強かった(39)。

この点で、カナダの法制度を参考にすることが有益であると考える。カナダ法は、イギリス法とフランス法を基礎に、アメリカ法の発想も取り入れていった国であり、大陸法を基礎に、アメリカ法を継受していったわが国に似たところがある。また、カナダには、イギリスのパネルのような尊敬される自主規制機関はなく、その点でも、わが国の社会的基盤と共通している。さらに、カナダ法は、証券法制で全体を規律しており、前述のように、会社法制と証券法制の連携が不明確になっている現状において、わが国が学ぶべき点は多いであろう。

二　カナダの法規制

カナダの法制度も参考にしながら、①公開買付期間の問題、②全部買付義務の問題、③買収防衛策に関する規制の問題を検討していきたい。

(1)　証券法制の概要

カナダは連邦制の国家であるが、会社法制と証券法制は、アメリカ法とは、随分と異なっている。カナダにおいては、会社法は、各々の州（と準州）に存在し、さらに連邦の会社法も存在している。会社を設立する際には、最も都合のよい州を選べばよく、上場会社に最も人気があるのは、オンタリオ州の会社法であり、次に人気があるのは、連邦のカナダ事業会社法（CBCA: Canada Business Corporation Act）である。

証券法制については、連邦政府による規制はなく、各州が証券法を制定し、各州の証券委員会が証券規制を実施・運営している。横の連絡を図るため、各州の証券委員会は、CSA（Canada Securities Administrators）を構成して、規則制定などで連携をとっており、統一的な証券規制が目指されている。

証券法制でも、トロント証券取引所を抱えるオンタリオ州が、最も中心的な役割を果たしている。公開買付については、オンタリオ証券法（Securities Act, R. S. O. 1990, Ch. S. 5）八九条ないし一〇五条が規定している。また、少数株主の締め出し（GPT: going private transaction）に関しては、オンタリオ証券委員会（OSC: Ontario Securities Commission）の規則六一―五〇一(40)（Insider Bids, Issuer Bids, Business Combinations and Related Party Transactions）として制定されたのが始まりである。この規制は、オンタリオ事業会社法（OBCA: Ontario Business Corporation Act, R. S. O. 1990 Ch. B. 16）一九〇条に取り込まれることになった。

他方で、買収防衛側の規律は、全国で統一されており、National Policy 六二―二〇二（Take-over Bids-Defensive Tactics）が骨格を定めており、オンタリオ州を始め各州の証券委員会によって厳格に実施されている。

(2)　公開買付期間

証券取引法の改正による公開買付制度の改革によって、公開買付期間が延長され、また、対象者が一定の場合に公開買付期間の延長を請求することができることとされた。

公開買付期間の延長請求は、事前警告型防衛策を法制度化するものであるともいえ、高く評価されるべきであると考えられる。とはいえ、最大で三〇営業日しか公開買付期間が延長されないのでは、(41)これで十分かという疑問が残る。

確かに、大多数の買付者は、できるだけ短期に公開買付けを済ませることを望むであろうし、とりわけ敵対的買収者には、競合買付者が現れる余地をできるだけ減らしたいという事情がある。さらに、より中立的な議論の立て方として、公開買付期間が長すぎると、流通市場が混乱するとか、株主や投資者を長期間不安定な状態に置いてしまうという懸念が示されよう。

この点、カナダにおいては、公開買付期間の短期についての定めは規制されているものの、長期についての制限は設けられていない。オンタリオ州証券法でも、三五日以上という規制のみが存在している（九五条二項）。カナダの研究者には、日本において公開買付期間の上限が定められている意味が理解できないという。(42)確かに、公開買付期間が長くても、公開買付けの撤回等が制限されており、対象会社の株主にも応募の撤回が自由に認められている限り、どのような具体的な不都合があるのか、明快に説明できるとは言い難いようにも思われる。

わが国における事前警告型防衛策も、公開買付期間そのものではなく、公開買付けを開始する前に十分な期間を確保しようとするものであるが、通常、全株式について現金で買付をする場合に、六〇日間、そうでない場合には、九〇日間の熟慮期間を求めている。この程度の期間は、支配争奪のために資本市場が影響を受けたとしても、株主や投資者に十分な情報と熟慮期間を与えるためには、やむを得ないという判断があるのであろう。

このように考えてくると、「公開買付期間が長期に及ぶと、なぜ問題があるのか」という問いに対しては、必ずしも明確な答えは出されておらず、少なくとも、実証された論拠は示されていないのであろう。現実問題として、公開買付期間が最長期に設定されることは少ないであろうが、そのような場合に、証券市場にどの程度の不確定性をもたらし、これが公開買付期間を延ばすことによって得られる効能を上回るのか、証券市場ないし資本市場が健全に機能するための前提条件であるだけに、更なる検討が必要であると考えられる。

(3)　全部買付義務

証券取引法改正によって、全部買付義務が一部導入された。問題は、どの程度の株券等所有割合になる場合に、全部買付義務を課すのかであり、イギリス法のような厳格な規制は採らずに、三分の二以上となる場合に、部分的公開買付は認められないこととされた。

金融審議会の公開買付制度等WGの報告をみると、全部買付義務を課す趣旨は、「手残り株をかかえることとなる零細な株主が著しく不安定な地位に置かれる場合」を想定してのことであるとされている（報告書九頁）。最終的には、上場廃止が視野に入ることを想定した所有割合が設定されたようである。

所有割合の決定に際しては、公開買付後の状況のみが重視されているようであるが、公開買付の成功後に残余の少数株主がどのように取り扱われるかによって、公開買付そのものの強圧性が違ってくるという面にも配慮が必要である。その意味では、第二段階の少数株主の締め出しが可能となる数値を目安にすること、具体的には、特別決議の要件に合わせて三分の二という所有割合を、全部買付義務が生じる基準にすべきであるとも考えられ、結果的には、この数値に落ち着いているようでもある。しかし、所有が分散した上場会社においては、六〇％とか、場合によっては、五〇％にも満たない所有割合があれば、第二段階の合併等を行うことができる。その意味で、事実上の支配を可能とする割合の株式を取得する場合に、公開買付を義務付けるのも一案であろう。

全部買付義務を広く認めると、効率的な買収を阻害する要因になるとの見方も存在する。ただ、イギリスにしても、原則的に全部買付義務が課されており、部分的公開買付は許されていないが、会社支配市場からの経営者に対する規律付けが足りないという議論は少ないように思われる。また、アメリカにおいても、現状では、一〇〇％の公開買付が少なくない。部分的な公開買付をすれば、強圧的な要素が強く出るから、防衛策の発動を許しやすくなってしまうので、実務上、一〇〇％を買い付ける用意があることを示すのが賢明なのであろう。

⑷　締め出し規制

全部買付義務の対象を広げても、公開買付が成功するか否かの判断を誤る株主が現れる可能性がある。公開買付価格が低くて、成功しないと判断したので、公開買付に応募をしなかったところ、成功してしまって、少数株主として残らなければならないような事例である。また、第二段階の取引について、公開買付時に確定的な情報がなければ、事実上、株主は応募を急かされることになる。全部買付義務を課しても、公開買付の強圧性を排除することができず、対象会社の株主は歪められた選択をせざるを得なくなる可能性が存する。(43)

株主の選択が歪められるという問題に対しては、残余の少数株主に株式買取請求権を与えるのが一つの方法である。公開買付は失敗すると思っていたのに、実際には成功してしまった場合には、公開買付価格で買付者に持株を買い取るように請求することができるとすべきである。会社法の制定過程では、検討事項にあがっていながら、実現しなかったが、全部買付義務を導入した以上、このような買取請求権を導入しても、公開買付者の負担をひどく増やすものではない。

公開買付が成功して、少数株主になっても、直ちには会社から離脱を欲しない株主がいるかもしれない。ただ、全部買付義務を課すのであれば、他方で、公開買付者が中途半端な所有割合で終わってしまうという心配を払拭するのが、合理的である。合併等対価の柔軟化が施行される前でも、ジャパニーズ・スクィーズ・アウトを行ったり、会社法の施行後は、現金を対価とする合併や株式交換を行えば、公開買付に応募しなかった少数株主を排除することが可能ではある。

これを公正に行わせるように、カナダ法にならって going private transaction に対する規制を行うべきであると考える。会社法制の現代化に際して、組織再編の対価の柔軟化についても、そのような提案をしてきたが(44)、不公正な合併等については、特別利害関係株主が議決権を行使したことから、総会の決議取消事由となり、ひいては、合併等の無効原因になるという解釈で、十分であると考えられたようである。

カナダ法を参考にすれば、オンタリオ州証券委員会規則六一―五〇一（OSC Rule 61-501）が歴史的にも重要である。「Part 5 Related Party Transactions」という編があるが、第一に、「5.3 Meeting and Information Circular」として、質の高い情報開示を求めている。第二に、「5.4 Formal Valuation」として、独立した専門家によって対価が適正であるか否かを評価させる。第三に、「5.6 Minority Approval」として、少数株主の中で、多数決による承認が求められる。以上の3点が、柱になった規制である[45]。

以上の going private transaction に関する証券法制は、会社法の中にも取り入られている。例えば、オンタリオ州の事業会社法一九〇条が、同じような規制を設けているが、これは、証券法制であれば、当該州の管轄下の居住者を対象とした規制がなされるのに対して、会社法制であれば、設立準拠法の規定に会社を服させるという意味合いからのことであろう。

(5)　買収防衛策規制

前述のように、買収防衛側の規律は、全国で統一されており National Policy 62-202（Take-over Bids-Defensive Tactics）が骨格を定めている。

従前は、アメリカと同様に、取締役の義務の問題として、判例法で買収防衛策の適否が審査されることが多かったが、今では、証券法制の問題として、証券委員会が許容される防衛策か否かの実質的な判断を行っているようである[46]。

National Policy 62-202によると、証券法制の公開買付けに関する規制の第一の目的は、対象会社の株主の誠実な利益を図ることにあり、第二の目的は、公開買付けが透明で公明正大な環境（open and even-handed environment）で行われるための規制枠組みを提供することにある（para. 1.1(2)）。

証券規制当局は、会社法上の信認義務に加えて、対象会社の取締役の行動規範（code of conduct）を明記しないと決定している。固定的な行動規範には、具体的な事例において、過不足を生じる可能性が存するからである。むしろ、証券規制当局は、資本市場の参加者に対して、具体的な事例における対象会社の防衛策が株主の権利を踏みにじるものではないかを判断に際して、助言や勧告を行うことを望んでいる（para. 1.1(3)）。[47]

また、証券規制当局は、公開買付けの間で自由な競争が行われることにより、最善の結果が得られると考えており、そのような競合的な公開買付けが行われている場面に介入することには謙抑的である。しかし、買収防衛策のために株主がいずれの公開買付けに応募するかの選択権が奪われるようになれば、適切な対応を採る用意がある（para. 1.1(5))。

カナダの規制当局は、対象会社の取締役がよりよい条件の競合的公開買付けを招致しようとする買収防衛策を尊重し、公開買付けが競合する場合に、株主の選択権を否定または厳しく制限する防衛策が採られれば、適切な対処を行う（para. 1.1(6)）。

三　小　括

以上でみたように、カナダにおいては、攻撃側に対する規制が厳しく、同時に、防衛側に対する制約も厳しく課されている。このような攻防のバランスを実現するのは、主として証券規制当局であり、根拠となる規定も証券法制に由来するものが中心である。司法審査においては、取締役の信認義務違反の有無などの判断で、会社法制が最後の拠り所にされる余地は残されている。このような形で、証券法制と会社法制との役割分担が、相当程度に意識されて整理されつつある。

このようなカナダの敵対的買収に関する法規制の枠組みは、わが国においても、攻防のバランスの取り方をどうするのか、法規制を着実に実現するにはどうすればよいのか、会社法制と証券法制との役割分担をどうすべきかなどの課題について、大いに示唆を与えてくれるであろう。

第四節　結　語

わが国においては、敵対的買収ないし会社支配市場に関する法的枠組みを明確にして、攻防の双方が、過激な武器を持つことなしに、限られた土俵で争奪戦を行わせるのが望ましい。

法規制のあり方を含めた今後の課題については、公開買付制度等WG座長であった岩原紳作教授が次のように述べておられる。すなわち、「今回の立法はある意味、当面の問題に対するための改正であったわけで、根本問題を残したというか、かえって明確にした改正でした……。……今後は、企業買収に対する全体的な法制がどうあるべきか、方向性を長期的な視野で考えていかなければなりません[48]」。

全体的な法制の方向性を検討していくにあたっては、会社法制と証券法制の機能分担を考える上でも[49]、カナダ法の枠組みが参考になるであろう[50]。アメリカ型の連邦制のもとで、会社法制と証券法制が割り振られている訳ではない点で、わが国もカナダと同じ前提条件で制度設計を検討することができる。

換言すれば、現在のわが国での検討が、必要以上にアメリカ法に引きずられる傾向にあるという懸念がある。公開買付制度等WGでも試みられたように、より広い比較法的考察に基づいて、方向性を見出す努力をすることが必要であろう。

(1)　法の再構築という視点から、敵対的買収に関する法規制を論じたものとして、中東正文「会社支配市場に関わる法規制の再構築」江頭憲治郎＝碓井光明編『法の再構築　第一巻　国家と社会』四二頁（東京大学出版会、二〇〇七年）を参照されたい。この論文では、法の再構築という視点から、会社支配市場法制の変遷の力学を示そうとした。なお、証券取引法研究会「敵対的買収に関する法規制」証券取引法研究会研究記録第一三号（日本証券経済研究所、二〇〇六年）の議論においては、本章で示した私見に対する貴重な批判等が示されているが、個々に言及する紙幅の余裕がないので、適宜、参照されたい。

(2)　法制審議会会社法（現代化関係）部会（部会長・江頭憲治郎東京大学教授）では、平成一六年一二月八日の会議において、「会社法制の現代化に関する要綱案」を取りまとめた。これが、平成一七年二月九日の法制審議会において「会社法制の現代化に関する要綱」として決定されて、法務大臣に諮問された。会社法の制定に至るまでの経緯については、相澤哲編著「一問一答　新・会社法」五―一三頁（商事法務、二〇〇五年）ほかを参照。

(3)　ニッポン放送がフジテレビに対して新株予約権を発行しようとしたため、平成一七年二月二四日に、ライブドアが東京地裁に新株予約権の発行の差止仮処分命令を求めた。事件は、①仮処分決定（東京地決平成一七年三月一一日金融・商事判例一二一三号二頁・判例タイムズ一一七三号一四三頁）、②保全異議決定（東京地決平成一七年三月一六日金融・商事判例一二一三号二一頁・判例タイムズ一一七三号一四〇頁）、そして最後は、③保全抗告決定（東京高決平成一七年三月二三日金融・商事判例一二一四号六頁・判例時報一八九九号五六頁・判例タイムズ一一七三号一二五頁）で、決着をみた。ニッポン放送事件については、多くの評釈があるが、例えば、太田洋「ニッポン放送新株予約権発行差止仮処分申立て事件決定とその意義〔上〕〔下〕」商事法務一七二九号二四頁、一七三〇号九頁（二〇〇五年）、家田崇「司法判断からみたニッポン放送事件」大杉謙一ほか『M&A攻防の最前線――敵対的買収防衛指針』一九五頁（きんざい、二〇〇五年）。

(4)　会社法案は、平成一七年三月一八日の閣議を経て、同月二二日に国会に提出された。

(5)　本文で述べた視点を踏まえて、会社法制全般を歴史的に考察するものとして、商事法務研究会編『会社法の選択――新しい社会の会社法を求めて（仮題）』（商事法務、刊行予定）。

(6)　詳しくは、中東正文「要望の顕現――組織再編」商事法務研究会編・前掲注(5)を参照。

(7)　江頭憲治郎教授は、「法制審議会の審議においては、「敵対的買収に対する防衛措置」という問題を正面から論じたことは一度もない」とされる。江頭憲治郎「新会社法の意義と特徴〔講演録〕」ジュリスト一三〇〇号一〇頁（二〇〇五年）。

(8)　相澤・前掲注(2)二二四頁。

(9)　この点に関して、立案担当者が考案した種類株式を用いた買収防衛策として、葉玉匡美「新会社法の特別解説――議決権制限株式を利用した買収防衛策」商事法務一七四二号二八頁（二〇〇五年）。この型の防衛策については、江頭憲治郎『株式会社法』一二六頁注(7)(有斐閣、二〇〇六年)ほか、批判が強い。

(10)　相澤編著・前掲注(2)二二四―二二七頁。

(11)　一連の決定に関する分析として、藤田友敬「ニッポン放送新株予約権発行差止事件の検討〔上〕〔下〕」商事法務一七四五号四頁、一七四六号四頁(二〇〇五年)ほか。また、野村修也＝中東正文編『M&A判例の分析と展開』(別冊金融・商事判例)(経済法令研究会、二〇〇七年)に所収の諸評釈を参照。

(12)　三宅伸吾「買収防衛に司法リスク――ニッポン放送事件担当の鬼頭季郎前高裁判事に聞く」日本経済新聞朝刊二〇〇六年二月二〇日。

(13)　岩原紳作ほか「敵対的TOB時代を迎えた日本の買収法制の現状と課題〔座談会〕――金融商品取引法の要点」MARR二〇〇七年一月号八頁〔岩原発言〕、一〇頁〔川端久雄発言〕、一二頁〔岩原発言〕(二〇〇七年)。

(14)　東京地決平成一七年六月一日判例タイムズ一一八六号二七四頁・金融・商事判例一二一八号八頁、東京地決平成一七年六月九日判例タイムズ一一八六号二六五頁・金融・商事判例一二一九号二六頁、東京高決平成一七年六月一五日判例時報一九〇〇号一五六頁・判例タイムズ一一八六号二五四頁・金融・商事判例一二一九号八頁。

(15)　東京証券取引所は、「例えば、買収者が現れたことを行使の条件とする新株予約権を利用した防衛策(ライツプラン)のうち、新株予約権を防衛策導入時点の株主等に割り当てておくといったスキーム(実質的に防衛策発動時点の株主に割り当てるために、導入時点において暫定的に特定の者に割り当てておくような場合を除く)では、防衛策が実際に発動されると、新株予約権を保有していない株主(割当日後に株主になった者)は、買収者以外の株主であっても、保有している株式の希釈化による著しい損失を被る可能性があります。また、実際に発動されないまでも、発動が懸念される状況が生じた際には、株式の価格形成が極めて不安定となることが想定されます。／このように買収者以外の株主・投資者に不測の損害を与える要因を含む防衛策の導入は、市場の混乱を招くものであり投資者保護上適当でないと考えます」とする。

(16)　買収防衛指針の(10)は、「買収の開始前の一定の日を基準日として、買収の開始を行使条件とするような新株予約権を全株主に対して買収開始前にあらかじめ現に割り当てておくような場合(買収の開始を条件として新株予約権を割り当てる旨、買収の開始前に決議する場合や事前に開示しておく場合は含まれない。)を指す。この場合、買収者であるか否かにかかわらず、基準日以降に株式を取得する全ての株主に対して不測の損害を与える可能性がある。また、基準日時点の株主が保有する株式の価値を著しく低下させるおそれがあり、かつ、新株予約権が譲渡できない場合には当該価値低下分の投下資本回収の途を奪うこともありうる。このように、買収とは無関係の株主に不測の損害を与えうることになる」とする。当時人気が高かった韓国の女優チェ・ジューをもじって、「チュ・ジュー事件」とも呼ばれることになった。

(17)　三宅伸吾『乗っ取り屋と用心棒――M&Aルールをめぐる攻防』一七八頁（日本経済新聞社、二〇〇五年）。

(18)　三宅伸吾「買収防衛策で『官製』指針――民の力不足が『越権』招く」日本経済新聞二〇〇五年六月一日夕刊。この署名記事では、「法務省は当初、経産省との共同作業を渋っていた。だが、法務省が所管し国会審議中の会社法案の成立に向け、経産省に近い国会議員の協力を得るには共同作業が有効と政治的な判断をした」と分析されている。

(19)　東京地決平成一七年七月二九日判例時報一九〇九号八七頁・金融・商事判例一二二二号四頁。

(20)　M&Aに関する主務官庁の間の境が融ける様子については、中東正文「ボーダレス時代のM&A法制」江頭憲治郎＝増井良啓編『融ける境　超える法　第三巻　市場と組織』一〇一―一〇三頁（東京大学出版会、二〇〇五年）でも概観した。

(21)　M&A研究会の成果に基づく書物として、落合誠一編著『わが国M&Aの課題と展望』（商事法務、二〇〇六年）。

(22)　その後、M&A研究会からは、平成一七年一〇月に、活発化する企業のM&A活動と諸課題（M&A研究会中間報告）」が、平成一八年一〇月に、「本格的展開期を迎えたわが国のM&A活動（M&A研究会報告）」が公表されている。

(23)　企業価値報告書の本体と関係資料を所収したものとして、神田秀樹監修『敵対的買収防衛策――企業社会における公正なルール形成を目指して』（経済産業調査会、二〇〇五年）。

(24)　ただし、「グローバルスタンダード」、「選択肢拡大」、「内外無差別」といった標語の内実には留意が必要である。例えば、選択肢の拡大が自己目的化するのなら、企業価値研究会は、「三大事務所の営業現場のようだった」（三宅・前掲注(17)二〇九頁）と批評されることにもなろう（報告書九八―九九頁参照）。

(25)　先に述べたニレコ事件にも関連して、法務省民事局付の葉玉匡美検事の活動ぶりが、「六月の司法判断でレッドカードが出たが、その直前、行政の指針が先行してバッサリ切り捨てた。経産省はニレコ方式を不適切だとする記述に猛反発したが、葉玉は押し切った。／法務省は当初、指針作りに参加することに難色を示していたが、現実的な観点から手を貸すことにした。そう決めた以上、産業界が使える内容にすべきだと考え、差し止めの仮処分事件の対象になっているニレコの防衛策にも言及するのが筋だと考えたという」と報道されている。三宅伸吾「企業買収：仕掛け人と用心棒と裁判官⑥　防衛策の指針作り」日本経済新聞二〇〇五年一〇月一八日夕刊。

(26)　従前の考え方と大きく異なる内実ではないであろうが、会社法による具体的な委任がないにもかかわらず、法務省令において規定すべき事項であるか疑問が残る。例えば、株主の共同の利益を損なうものでないことが明確に示され得ない場合でも、従業員などの利益をも考慮することが排除されるか否かについては、議論の余地がある。

(27)　論点公開は、「日本における買収及び買収防衛策を巡る環境の変化を踏まえながら、現時点において、防衛側そして買収側双方のバランスを確保し、公正かつ透明な買収と公正かつ透明な防衛を実現するという観点から、買収ルールのあり方について検討を行うことが必要であると考えられる」とする（論点公開二頁）。

(28)　東京証券取引所に続いて、大阪証券取引所では、買収防衛策の導入に係る上場制度の整備等に伴う関連諸規則の一部改正が、平成一八年四月一日に施行され、また、名古屋証券取引所でも、買収防衛策の導入に係る上場制度の整備等に伴う株券上場審査基準等の一部改正が、平成一八年五月一日に施行された。

(29)　詳しくは、飯田一弘「買収防衛策の導入に係る上場制度の整備」商事法務一七六〇号一八頁（二〇〇六年）。

(30)　久保田政一「経済界からみた企業法制整備の課題」商事法務一七五四号八五頁（二〇〇六年）。

(31)　後述のように、この点の企業価値研究会の見解は適切ではなく、攻防の双方で武器が厳格に制限される形でのバランスの取り方が望ましいと考えられる。

(32)　大来志郎「金融商品取引法制の解説（４）公開買付制度・大量保有報告制度」商事法務一七七四号三八頁（二〇〇六年）。また、政令と内閣府令の整備について、大来志郎「公開買付制度の見直しに係る政令・内閣府令の一部改正の概要」商事法務一七八六号四頁（二〇〇六年）。以下のまとめも、これらの論文に負うところが大きい。

(33)　松尾直彦＝岡田大＝尾崎輝宏「金融商品取引法制の解説（１）金融商品取引法制の概要」商事法務一七一一号四頁（二〇〇六年）参照。

(34)　岩原教授は、「元来、二つの法律〔会社法と証券法〕は一体です。日本では戦後、米国にならって証券取引法を制定したのですが、日本には連邦と州の問題はありませんから、本来、証券取引法を作る必要はなかった」とされる（岩原ほか・前掲注(13)一九頁〔岩原発言〕）。
(35) 合併等対価の柔軟化に伴う少数株主の締め出しに関する規制が、買収側と防衛側にどのような土俵を作るかについても、見通しておく必要があることにつき、浜田道代「新会社法における組織再編」商事法務一七四四号五一―五二頁（二〇〇五年）参照。このような問題意識から少数株主の締め出しについて論じたものとして、中東正文『企業結合・企業統治・企業金融』（信山社、一九九九年）。
(36) 例えば、事の善悪とは別に、わが国は、現時点で、アメリカのような柔軟かつ創造的な司法を有してはいないし、また、防衛策の濫用を防止するため、独立取締役の有無を含めたコーポレート・ガバンスも、十分に整っているとはいえない。「米国の場合は会社法や裁判所が柔軟です。ＴＯＢ法制できっちり規制をかけなくても、会社法の大株主の忠実義務などの法理により二段階買収の乱用を抑えられるわけです。この点、日本の裁判所は固くて、柔軟に対応してくれません。それでむしろＴＯＢ法制の中で形式的な基準をもうけ、少数株主を保護したほうがよい」と考えられて、公開買付制度の改正が行われた（岩原ほか・前掲注(13)一三―一四頁〔岩原発言〕）。
(37) 買収防衛策に関する差止めの仮処分という形での法廷紛争にしても、訴訟費用は、二、〇〇〇円であり、これだけの対価で、優秀な裁判官三名を一、二週間、使い切っている。裁判所の持ち出し分は、国民の税金によって賄われている。
(38) 浜田・前掲注(35)五二頁。
(39) 川浜昇「株式会社の支配争奪と取締役の行動規制（２）」民商法雑誌九五巻二号五六頁（一九八六年）。川浜教授は、「米国の現在陥っている状態、あえていえば惨状は、会社支配における株主の地位を口先では尊重しながらも実は軽視し、一方で公開買付者に彼らに都合の良い方策の開発を自由に許し、他方対象会社経営陣に対抗措置の開発を自由に許したことにあると言える。今後わが国で、公開買付における株主の自由な意思決定の確保や平等な取扱が問題となった場合、英国のようにそれを直接実現する方策を探求すべき」とされる。
(40) オンタリオ州も、他のＣＳＡ加盟州とともに、特有のナンバリング・システムを採用している。本文で掲げた「規則六一―五〇一」であれば、最初の番号が事項分類を示し、「六」は、「公開買付および特別取引（Take-over Bids and

Special Transaction）」を表す。第二番目の番号（「一」）は、細分類を示している。第三番目の番号は、規範の形式を表し、例えば、「一」であれば、「全国規則（National Instrument/Multilateral Instrument and any related Companion Policy or Form(s)）」を、「二」であれば、「全国政策（National Policy/Multilateral Policy）」といった具合に重みが下がっていき、ここで取り上げた規則の「五」であれば、「州内規則（Local Rule, Regulation or Blanket Order or Ruling and any related Companion Policy or Form(s)）」を意味する。第四番目と第五番目の番号には、細分類ごとに連続した番号が順に付される。以上の点について、Ontario Securities Commission, Introduction to the Numbering System 〈http://www.osc.gov.on.ca/Regulation/StatusSummaries/ss_introtonumbering.jsp〉を参照。

（41）なぜ三〇営業日と設定されたかについての理由につき、大来・前掲注（32）商事法務一七八六号七頁。

（42）ビクトリア大学の Mark Gillen 教授から、公開買付期間の上限を法定する意味を問われ、わが国での一般的な説明を述べたところ、説得力がないとの批判を受けた。カナダにおいては、アメリカのライツ・プランを応用した形の防衛策が導入されることがあり、証券委員会も適法と認めているようであるが、最長では、一二〇日もの熟慮期間を株主に与える設計のものも許容されているという。

（43）他方で、株主を応募させる方向の要因がなければ、様子見をするのが得ということになってしまい（hold-out problem）、成功すべき公開買付けも成功しないことになるという点にも配慮が必要である。おそらくは、第二段階の締め出し取引において、公開買付価格と同じ価額を支払うこととしておけば、応募しなかった株主は、時間の利益を失うことになるから、この圧力があれば、過度の抱え込み問題は減殺されるのであろう。

（44）例えば、中東正文「企業組織再編法制の整備」商事法務一六七一号二一頁（二〇〇三年）。

（45）なお、少数株主の多数決による承認についても、「5.7」で、適用除外が認められており、その一つが、公開買付者が九〇％の取得に成功した場合である。これは、強制買取制度（compulsory acquisition）というイギリスの制度を、カナダが受け継いだことに関係している。

（46）See Richard Shaw, Hostile Takeover Bids: Defensive Strategies, 38 Alberta L. Rev. 111, 124 (2000). 同論文の一三九頁以下の Appendix "B" の Response Timetable では、オンタリオ証券委員会の役割が大きいことが示されている。なお、National Policy 62-202の前身が、National Policy 38であるが、一九九〇年代に入ると、裁判所の司法審査におい

て、取締役の信認義務の内容を決定する際に参考とされるようになった。See generally Robert Yalden, Controling the Use and Abuse of Poison Pills in Canada: 347883 Alberta Ltd v. Producers Pipelines Inc.（Case Comment), 37 McGill L. J. 887（1992).

(47) 会社が防衛策を発動する前に株主総会の承認が得られていれば、一定の事例においては、適法性が認められやすくなるとする。

(48) 岩原ほか・前掲注(13)二〇頁〔岩原発言〕。

(49) 単なる機能分担と考えるのが望ましいかは、今後の研究課題としたい。会社法制と証券法制は、法形式上、別々の体系を有しているものの、両者の連携が図られつつある。株式会社が、本来、多数の分散した投資家から資金を調達するための仕組みであり、資本市場との関わりが避けられないものであるとすれば、少なくとも市場を利用する証券を発行する株式会社については、会社法規制と証券法制は連動しつつ包括的な法規範を提供するものである必要があろう。さらに、労働法制や税制など、企業に関わる法制度は多く存在しており、それらを体系的に整序した企業法制の構築が求められよう。

(50) 現在の枠組みに至る歴史的な経緯とその社会経済的な背景の分析と、今後の動向については、今後の研究課題として、他日を期したい。

第十二章　企業再編の自由は何をもたらすか

第一節　序　論

会社法の目玉の一つは、組織再編に関する実質改正である。その中身は、およそ考えることのできる範囲にわたって、全ての事項において自由化を促進することであった。組織再編法制の変遷は、会社法の規制緩和の歴史の象徴である。

会社法の趣旨は、「会社の設立、組織、運営及び管理」を規律することにあり（会社法一条）、そこでは、会社を取り巻く人々の利益を調整する機能が期待されている。[1] この意味において、会社法は、無色透明の法規範であるし、伝統的に、そのような存在であると考えられてきた。

ところが、組織再編法制の変遷で顕在化しているのは、無色透明な法規範から、産業政策の一環としての法規範への変貌である。このような姿勢の変化は、経済産業省が所管する産業活力再生特別措置法が認めた特例的措置を、法務省が所管する商法改正と会社法制定を通して、会社法が一般的に受け入れてきたことに象徴的に示されている。例えば、合併等の対価の柔軟化にしても、平成一五年改正産業再生法において、会社法の制定に先立って、主務大臣の認定を条件に認められていた（平成一七年改正前産業再生法一二条の九）。

企業活動の自由度を拡げることにより、選択と集中を促進し、産業の活性化をもたらすことが期待されてきた。現に、この数年のM&A活動は、件数においても、取引金額においても、劇的に増加している。

組織再編に関する企業活動の自由化は、会社法の基本理念や哲学にどのような発想の転換を求めるものなのであろうか。果たしてそのような転換によって、会社法が伝統的に担ってきた利害関係調整機能が損なわれてはいないであろうか。以下では、資本市場との関係を視野に入れつつ、従って、上場会社を前提として、理解を深めるように試みる。

第二節　組織再編の自由化の諸相

組織再編の自由化は、一連の商法改正によって、進められてきた。会社法は、それらの総決算として、自由化を徹底した。ここでいう自由化とは、事前規制を極力減らして、企業の組織再編行為を促進する仕組みにしたことであり、不公正な組織再編が行われようとしている場合や、既に効力が発生してしまった場合に、事後規制ないし事後救済が適切になされることを期待するものである。事前規制から事後規制への政策転換である。

組織再編の自由化は、会社法の制定によって、手続面の規制の柔軟化と実体面での規制の柔軟化の両面において行われた。

手続面では、略式組織再編制度の導入（会社法七八四条一項、七九六条一項など）、簡易組織再編の利用範囲の拡大（会社法七八四条三項、七九六条三項など）、事後設立に該当する場合の検査役調査を不要としたこと（会社法四六七条五号）などの点で、規制緩和が行われた。

実体面での規制緩和は、合併等の対価の柔軟化（会社法七四九条一項二号ほか参照）に最も象徴的に表れており、また、解釈論上の激しい意見対立があるが、論争の行方によっては、会社分割において承継の対象となる権利義務の範囲（会社法二条二九号ほかを参照）[2]、組織再編後の会社債権者に対する履行の見込みの要否（会社法七八二条一項、会社法施行規則一八二条七号ほか）[3]についても、規制緩和が行われたと解することになる。

手続面の規制緩和と実体面の規制緩和とは、相互に関連性を有する。債務の履行の見込みが必要か否かという上述の問題にしても、事前開示という手続に関する規定を巡って、見込みがなければ合併等を適法にできないのかという実体的な判断についての解釈が議論されている。

実体面の規制緩和である合併対価の柔軟化にしても、これによって三角合併が可能となる。すなわち、買収会社が、完全子会社を受け皿会社として用意して、この完全子会社に買収対象会社を吸収合併させれば、買収会社は対象会社の株式の一〇〇％を取得することができる。取引の前後を比べれば、実体は株式交換が行われたのと同じ構図となる。ところが、三角合併を用いれば、株式交換を用いた場合とは異なり、買収会社の株主総会決議が原則として不要となり、反対株主にも株式買取請求権は与えられないなど、手続が一気に簡略化される。手続面で規制の非対称が生じている。(4)

さらに、敵対的企業買収に目を向けると、合併等の対価や種類株式に関する実質改正により、新しい攻撃手段が設計しやすくなった。他方で、新株予約権や種類株式に関する改正によって、買収防衛策についても精緻な設計が可能となった。経営者による自社の買収（ＭＢＯ）にしても、多彩な設計が可能になった。

様々な設計のうちで、濫用的な設計を排除する必要があるが、会社法の規制では、適切に規制をすることができていない。証券市場を用いない株式会社を基本に考える会社法制では、資本市場を利用する上場会社を巡る勝手な行為を制御できずにいる。証券取引法（平成一九年九月に金融商品取引法に改称予定）が改正され、資本市場における自由の濫用が規制されており、会社法制との連携が十分に図られていないのが現状である。(5)

このような状況に鑑みると、会社法制における自由化が、何を獲得目標としていたのかについて、疑問が生じてくる。経済界にしても、政府にしても、政府の政策を具体化した経済産業省と法務省にしても、組織再編の機動的かつ柔軟に行わせることを通して、法が自由な経済活動の障害にならならないことに主眼が置かれてきたのであろう。ところが、外資による敵対的買収の脅威で、事態が急変した。会社が自由を謳歌することは、他の会社も自由を最大限に活用することを意味するが、この対立が鮮烈に表れるのは、敵対的買収の場面である。

第三節　買収側の攻撃策の多様化

敵対的買収において、買収者は、会社法の制定によって、強烈な武器を手に入れるに至った。典型的には、強圧的な二段階買収という手法を、正面から認めたかのような建て付けに会社法がなっている。二段階買収とは、第一段の公開買付に続いて、公開買付に応じなかった株主を、第二段の締め出し取引によって排除するものである。このような買収提案を受けた対象会社の株主は、第二段の取引で第一段の公開買付よりも不利な条件で締め出される危険を避けようと、公開買付価格に不満があっても、応募する誘因を持つ。全ての株主が同じように考えると、本来は成功すべきではない公開買付まで、成功してしまう可能性がある。

会社法の制定前も、多数決で少数株主を締め出す方法も考案されており、ジャパニーズ・スクイーズ・アウトと呼ばれていた。例えば、支配株式を有する買収者が、対象会社を株式移転した上で、株式移転設立完全親会社からその完全子会社となった対象会社の株式の全部を譲り受ける。この株式譲受けの際に、対価として現金等を交付すれば、買収者は、対象会社の株式の全部を取得することができる。

会社法は、従来の方法に加えて、合併等の対価を柔軟化することを通して、交付金合併（消滅会社の株主に現金を交付する合併）などを用いて、第二弾の締め出し取引を可能とした。不公正な少数株主の締め出しを許す趣旨ではないと解されるものの、ここでは考え方の根幹に大きな変更が加えられた。組織再編に際して、当事会社の株式以外の財産を交付することが、正面から認められた。

同様に、少数株主の締め出しは、全部取得条項付種類株式（会社法一〇八条一項七号）を用いることによって、行うことができるようにもなった。ＭＢＯの方策の一環として、第一段公開買付に続いて、全部取得条項付種類株式を用いた第二段の締め出しが行われた例もある。この種類株式は、債務超過会社について、従来の一〇〇％減資を、倒産手続によらないで、多数決で行うことを可能とする趣旨で考案された技法であるが、同意しない株主をも排除を可能とする点で、従来の哲学を変えることを明確にした。

合併等の対価の柔軟化も、全部取得条項付種類株式も、要するに、会社関係はカネで片を付けることができるものと再構築した結果である。もちろん、不公正な合併等を無条件に認める見解は存在しないであろう(6)。他方で、合併承認決議において議決権を行使することができない株主に対しても、明示的に、株式買取請求権が認められることになり（会社法七八五条二項一号ロなど）、また、買取価格も合併等のシナジーを含んだ「公正な価格」（会社法七八五条一項ほか）とされたことから、反対株主に株式買取請求権が与えられれば、少数株主の保護としては十分であるとの判断に傾きやすい状況が生まれている(7)。

以上のような会社法の基軸の変化に対しては、証券規制が、証券取引法等の改正によって、多面的な対応を行った。ここでは、二段階公開買付の強圧性を減らすための仕組みとして、全部買付義務の導入を概観しておこう。平成一年証券取引法改正によって、強制的公開買付制度が導入された。すなわち、買付等の後に株券等の所有割合が三分の一を超えるときは、原則として、公開買付によって株券等を取得しなければならない（証券取引法二七条の二第一項四号ほか）。平成一八年改正では、上記の所有割合が三分の二以上となるときに、全部買付義務が課されることになり、例えば、七〇％のみ買い付けて、残りの三〇％は、第二段締め出し取引で取得するという攻撃方法は禁止されることになった（証券取引法二七条の一三第四項柱書、他社株府令一四条の二の二）。

会社法の制定過程では、特定の株主が発行済株式総数の九〇％以上を取得するに至った場合に、残りの少数株主に対して、支配株主または会社に対する株式買取請求権を認めるべきかが議論された。結局、買収者の負担を重くするという理由で見送られた。ところが、証券取引法の改正では、全部買付義務が法制度化された。なぜ違いが生じたのか。立法の時期の社会経済状況にもよるであろうし(8)、資本市場をどれだけ意識した立法判断かにも、よるのであろう。

第四節　敵対的買収防衛策の多様化と精緻化

敵対的買収は、不効率な経営を行っている取締役等に対する規律付けの機能がある。つまり、潜在的な対象会社の経営者が効率的に会社を経営できておらず、会社の株価が低くなってしまっている場合に、業績を改善し株価を上げることに自信のある者が、その会社を敵対的に買収することによって[9]、会社の価値を向上させ、ひいては、買収者も儲けることができる。会社支配市場が効率的であれば、会社経営者は、敵対的買収の脅威を感じ、会社の運営を向上させようと怠らないようにするであろう。

このような物語が常に描けるのであれば、敵対的買収は歓迎すべきであり、対象会社の取締役等は、いかなる場合にも、防衛策を講じてはならないという結論に至るのであろう。しかし、話はそう単純ではない。先に見たように、敵対的買収が買収策を駆使することが無制限に許されるのなら、成功するべきでない買収までもが、成功してしまう可能性がある。

最も望ましいのは、悪い買収は、敵対的であろうが、友好的であろうが、起こらないような法制度を用意することであろう。しかし、現時点では、これが実現されていない。そこで、一定の場合に相当の買収防衛策を対象会社が講じることを否定することを認めざるを得ない[10]。

会社法施行規則も、このような立場を前提として、「株式会社の支配に関する基本方針」を会社が定めている場合には、事業報告の内容とすることを求めており、そこでは、例えば、「不適切な者によって当該株式会社の財務及び事業の方針の決定が支配されることを防止するための取組み」が記載され、「当該取組みが当該株式会社の株主の共同の利益を損なうものではない」との取締役会の判断とその理由も示される（会社法施行規則一二七条）。

会社法は、以上のように、買収防衛策が濫用されることを警戒しつつも、多様で精緻化した防衛策を設計する自由度を増やした[11]。定款変更や種類株式を活用したものも、柔軟に設計することができる。以下では、現時点で最も一般的である新株予約権を用いた事前警告型の防衛策について、検討することにしよう。

事前警告型買収防衛策とは、買収者が大規模買付を行う前に（発行済株式総数の二〇％以上という数値が設定されることが多い）、対象会社に買付意図表明をさせ、対象会社の取締役会等に、六〇日ないし九〇日の期間と情報の提供を行わせるものである。事前の警告に従わなければ、直ちに対抗措置が発動されることになるし、他方で、事前の警告に従って必要な期間と情報を提供しても、株主の共同の利益を損なう大規模買付と認定されれば（「濫用的買収」という表現が用いられる）、対抗措置が発動される可能性がある。この対抗措置の適法性は、裁判所によって審査されることになる。(12)

発動が予定される対抗措置には、様々なものが考えられるが、通常は、新株予約権の無償割当てが予定されている（会社法二七七条）。この手法を用いて、対抗措置の発動時の株主に、確実に新株予約権を割り当てる。会社にとっても、防衛策の効果を確実に得ることができるし、敵対的買収者以外の株主に損害を与える可能性を減らすことができる。行使価格は、株式に市場価格に対して低く、通常は、一円と定められる。この新株予約権は、大規模買付者は行使できないという条項が付されており（差別的行使条件）、それ故に、新株予約権が他の株主によって行使されると、大規模買付者の持株割合が低下する。他の株主の全てが新株予約権を行使することは一般的に期待できないので、新株予約権には取得条項を付しておき（会社法二三六条一項七号参照）、新株予約権を行使したのと同じ効果が得られるようにする。これも、他の株主に損害を生じさせないようにして、適法性を高める工夫である。(13)

新株予約権の無償割当てがなされると、大規模買付者は、交付された新株予約権を行使することができなければ、財産的な損害をも免れないから、譲渡先を探すことも考えられる。通常は、譲渡制限が付されるが（会社法二三六条一項六号）、グループ外の第三者に譲渡しようとする場合には、対象会社の取締役会は譲渡を承認することが予定されている。(14)さらに、最先端の設計には、大規模買付者に対しては、現金を交付する例もある。これにより、大規模買付者は財産的な損害を回避することができ、防衛目的を達成しつつ、過度の損害を大規模買付者に与えない設計にして、司法審査に耐えやすいものにする[15]。

上述のように、新株予約権のみを取り上げても、会社法のもとでは、精緻な設計が可能となったことが分かろう。設計についての自由度が増したということができる。しかしながら、このことは同時に、適切に設計しなければ、会社に対する脅威に対して過剰な防衛として、差止めの仮処分命令を受ける可能性が高まることをも意味する（民事保全法二三条二項）。

事前警告型買収防衛策は、対象会社の株主と経営陣に、適切な判断を行い、必要に応じて、代替案を提示するために、必要な時間と情報を与えようとするものである。もっとも、この点については、平成一六年の証券取引法等の改正が、既に証券規制としての対応を済ませた。すなわち、公開買付の対象者は、公開買付開始公告に対して、意見表明報告書を提出しなければならないが、この報告書において、公開買付者に対する質問をし、買付期間の延長を請求することができる（証券取引法二七条の一〇第一項二項）。

証券取引法が、同様の趣旨から規制を設けていることから、私人が独自に買収防衛策を導入し、法規制を加重することについては、批判的な見解もあり得よう。しかしながら、証券規制は資本市場を規律するための最低限の規範である[16]。実際にも、公開買付者は、対質問回答報告書を提出しなければならないとされているものの（証券取引法二七条の一〇第一一項）、報告書に何も記載しないことも許されている[17]。期間延長請求公告にしても、公開買付期間が二〇営業日以上六〇営業日以内と法定されているところ（同法二七条の二第二項、同法施行令九条の三第六項八条一項）、下限を三〇営業日に引き上げるものにすぎない（同法二七条の一〇第四項、同法施行令九条の三第六項）。わが国では、公開買付期間に上限を設定しないと、市場が混乱するという懸念が強いようであるが、諸外国の例をみても、上限を買付者が自由に設定できるようにしているところが多い[18]。

公開買付期間の上限が法定されるべきでないなら、本来は自由に委ねるべきことに法的な制約が課されていることになる。他方で、会社法で多様化と精緻化が進められ、防衛策の設計における自由が防衛策にも与えられた。

もちろん、最終的に、具体的な防衛策の適否は、司法審査に服する。この点で、経済産業省と法務省が平成一七年五月二七日に策定した「企業価値・株主共同の利益の確保又は向上のための買収防衛策に関する指針」が、実務に大きな影響を与えている。また、資本市場の健全性の確保という観点からは、東京証券取引所が、平成一八年三月七日に、「買収防衛策の導入に係る上場制度の整備等に伴う株券上場審査基準等の一部改正について」を公表し[19]、他の証券取引所も、この動きに追随した。とはいえ、防衛側の自由な行動を完全に制御する者ではない。

わが国の現状では、攻撃側も、相当の自由を謳歌しており、防衛側も、相当の自由を謳歌している。一応の均衡が実現されてのことかもしれないが、法制度のあり方として、とりわけわが国の社会基盤や文化を前提とした場合に、このような均衡が適切か否かは、更なる検討の余地がある。

また、防衛側については、典型的にはＭＢＯであるが、経営陣に友好的な買収には、防衛策が適用されず、株主に十分な熟慮期間と情報が与えられない可能性があり、その意味でも、自由が放任されている。

第五節　国際的三角合併

合併等の対価の柔軟化と買収防衛策の自由化との関係で、注目に値するのは、国際的三角合併に関する立法の経緯である[20]。

国際的三角合併では、外国会社が内国会社（日本の会社）の株式を一〇〇％取得し、その対価として外国会社の株式を利用することが想定されている（株式対株式交換）[21]。外国会社が内国会社を直接的に、株式交換によって完全親会社になることも可能と解するべきであるが[22]、実務的に志向されたのは、間接的な方法である三角合併を利用することである。抵触法（国際私法）上の問題を回避するのが容易であると考えられたからである。

国際的三角合併は、具体的には、次のような形で行われる。外国会社が内国会社の株式の全部を取得しようとしている場合に、外国会社は、日本国内に受け皿会社となる一〇〇％子会社を用意する。この受け皿会社に内国対象会社を吸収合併し、その際に、内国対象会社の従前の株主には、外国会社の株式等を交付する。これにより、外国会社は、現金を調達することなく買収を終えることができるし、取引時に課税されない適格合併と認められる可能性がある。[23]

国際的三角合併は、合併対価が柔軟化されたからこそ、可能になった取引手法であり、合併対価等の柔軟化を強力に主張したのは経済界であった。にもかかわらず、外資による敵対的買収の脅威が現実的になると、経済界の一部は、この部分に関する会社法の施行を一年延期することを成功させ、また、決議要件についても、特殊決議（会社法三〇九条三項）に加重すべきであると主張したようである（最終的には、特別決議（会社法三〇九条二項））。このような経緯に対しては、痛烈な批判が加えられている。[24] これも、身勝手な自由を満喫したいという経営者の気持ちの表れなのかもしれない。[25]

第六節　結　語

M&A法制は、「会社の存在意義である新たな富の創出に資することを目的に統合された法システムである。……M&Aは、複雑かつ総合的な営為であり、学問的な客観的合理性と実務的な英知との緊密な連携によって、はじめて的確な対応と実践が可能になる[26]」。

M&Aに関係する人々に対して、一定の自由を法が保障することを通して、新しい富の創出に一段と貢献できる環境を整備することが必要である。

もっとも、現行法は、関係者を十分に規律付けることに成功していない。敵対的買収の場面では、攻防の双方に、勝手気ままな行動が許されている。買収防衛策にしても、友好的な買収の妨げにならない設計になっており、典型的にはMBOの防波堤となっていない。経営陣が自らのために、法が与えた自由を謳歌することが可能な状態になっている。

このような状態において、投資者は、証券市場を信用することができるのであろうか。投資者が市場を信頼することができなければ、流通市場の参加者の裾野が狭まってしまい、資本市場は、資金需要者と資金供給者の橋渡しの場として機能しなくなってしまう。現に、意欲的な新規参入企業が活用する新興市場は、徐々に信頼性を失いつつあるようにも思われる。

会社法全体をみても、経営陣を規律するという役割が、弱体化させられている。これが顕著に表れる場面が、本稿で取り扱ったM&A法制である。自由とは、本来、誰のための自由なのか、何のための自由なのかが、今一度、再確認されなければならない。制約のない自由な行動には、責任が伴うべきものである。責任が自律的に担保できなければ、外部からの規律を課さざるを得ない。

（1）本文で述べた視点については、商事法務研究会編『会社法の選択――新しい社会の会社法を求めて』（商事法務、刊行予定）の諸論稿を参照。

（2）会社法のもとでは、例えば、吸収分割は、「株式会社又は合同会社がその事業に関して有する権利義務の全部又は一部を分割後他の会社に承継させることをいう」とされている（会社法二条二九号）。会社法の制定前は、会社分割の対象は、「営業の全部又は一部」であると規定されていた（平成一七年改正前商法三七三条・三七四条ノ一六）。法務省の立案担当者は、「会社法においては、有機的一体性も、事業活動の承継も、会社分割の要件ではないということを明らかにするため、会社分割の対象について、『事業』という事業活動を含む概念ではなく、『事業に関して有する権利義務』という財産に着目した規定を設けることとされた」と説明している（相澤哲＝葉玉匡美＝郡谷大輔編著『論点解説　新・会社法　千問の道標』六六八―六六九頁（商事法務、二〇〇六年））。

学説においても、規定の文言の変更を受けて、立案担当者の解釈を支持するものが多い。例えば、近藤光男『最新株式会社法〔第三版〕』三八三―三八四頁（中央経済社、二〇〇六年）、神田秀樹『会社法〔第九版〕』三一八頁注（3）（弘文堂、二〇〇七年）、弥永真生『リーガルマインド会社法〔第一〇版〕』三九〇頁注（15）（有斐閣、二〇〇六年）、江頭憲治郎『株式会社法』七九〇頁注（2）（有斐閣、二〇〇六年）など。

反対に、従前のように、会社分割の対象に事業性を要求する見解も、少なからず存在する。明確に述べるものとして、例えば、前田庸『会社法入門〔第一一版〕』六七六―六七九頁（有斐閣、二〇〇六年）、龍田節『会社法大要』四七四―四七六頁（有斐閣、二〇〇七年）、浜田道代編『キーワードで読む会社法〔第二版〕』二二〇頁〔中東正文〕（有斐閣、二〇〇六年）。龍田教授は、「権利義務の一部だけを承継させる……ことが無制限に肯定されるのであれば、会社法は従来の制度を根底から覆したことになる」とされる（同四七四―四七五頁）。

（3）　債務の履行の見込みに関して、従前は、会社分割についてのみ事前開示が求められており、「債務ノ履行ノ見込アルコト及其ノ理由」を記載すべきとされていた（平成一七年改正前商法三七四条ノ二第三号ほか）。会社法の委任を受けた会社法施行規則では、他の組織再編行為に際しても、事前開示を求めた上で、「債務の履行の見込みに関する事項」の開示が求められている。そこで、履行の見込みがない組織再編行為が法的に許されるか否かが議論になっている。

法務省の立案担当者は、規制緩和を志向して、「履行の見込みはない」という記載も適法であるとする（相澤ほか編・前掲注（2）六七四頁）。同様の見解を採るものとして、龍田・前掲注（2）四八三頁注（62）、藤田友敬「新会社法の意義と問題点――組織再編」商事法務一七七五号六五頁注（56）（二〇〇六年）。

他方で、会社法のもとでも、履行の見込みがあることを要求する見解も有力に主張されており、正当というべきである。江頭・前掲注（2）八〇五―八〇六頁、八二一頁、稲葉威雄「法務省令の問題点――組織再編に関連して」ジュリスト一三一五号二三頁（二〇〇六年）。

（4）　藤田友敬ほか「会社法における合併等対価の柔軟化の施行〔座談会〕」商事法務一七九九号七頁（二〇〇七年）参照。藤田教授は、「組織再編の自由度が高まったことで、経済実質が同じことを異なった手法で行う余地が増えました。その場合、異なったルールで同じ内容の組織再編ができるようになったことは、望ましい多様化というべき現象なのか、実質的不整合として調整すべき事態なのか、よく検討しなくてはならない」とされる。

（5）　岩原紳作ほか「敵対的ＴＢＯ時代を迎えた日本の買収法制の現状と課題〔座談会〕」ＭＡＲ二〇〇七年一月号一六頁〔岩原発言〕（二〇〇七年）参照。

（6）　例えば、江頭・前掲注（2）七五〇頁注（3）は、「制度の濫用から消滅会社の少数派を救済する法理等……が必要である」とする。

（7）　この点に関して、国際会社法と呼ばれる会社法と国際私法が交錯する領域で、内国会社と外国会社が直接的に合併等の組織再編を行うことができるか否かが論じられてきた。実質論として、内国会社が消滅会社等になる場合に、反対株主は、株式買取請求権を行使すればよいだけという見解が示されていた。江頭憲治郎「商法規定の国際的適用関係」国際私法年報二号一三九頁（二〇〇一年）、藤田友敬「国際会社法の諸問題〔下〕」商事法務一六七四号二四頁（二〇〇三年）参照。

（8）中東正文「企業買収・組織再編と親会社・関係会社の法的責任」法律時報七九巻五号三四頁（二〇〇七年）参照。

（9）敵対的という表現には、物事の善悪の評価は全く含まれていない。良い買収であろうが、悪い買収であろうが、対象会社の経営陣が反対する中で推し進められる買収を、敵対的なものと表現する。

（10）田中亘「敵対的買収に対する防衛策についての覚書（一）（二・完）」民商法雑誌一三一巻四＝五号六二二頁、同巻六号八〇〇頁（二〇〇五年）を参照。

（11）中東正文「改正法と敵対的買収防衛策」法学教室三〇四号六四頁（二〇〇六年）などを参照。

（12）野村修也＝中東正文編『M&A判例の分析と展開』別冊金融・商事判例（経済法令研究会、二〇〇七年）参照。

（13）実際に使える工夫になるかは、課税問題が大きい。

（14）有事において導入された防衛策であるが、ブルドックソースが、スティール・パートナーズ・ストラテジック・ファンドに対して用いたものは、このような設計になっており、裁判所で適法と認められる際の重要な要素となった（東京地決平成一九年六月二八日、東京高決平成一九年七月九日。最高裁のウェブサイトから入手可）。

（15）大規模買付者以外の株主は、大規模買付者と同額の現金を受け取る選択権が与えられていないから、株主平等原則に違反するおそれが高い。もっとも、ブルドックソースの事例がそうであったように、大規模買付者が一〇〇％公開買付を行っており、大規模買付者には公開買付価格が渡されるという設計であれば、現金を欲する株主は、公開買付に応じればよいから、株主平等原則に違反するとまでは解されない可能性が高い。

（16）業界団体等による自主規制なども、否定されるものではない。

（17）公開買付開始公告の説得力を減殺して、応募株主を減らすかもしれないが、不透明感から強圧性を増す可能性もある。

（18）対象会社の株主は、いったん応募をしても、いつでも契約を解除することができるから（証券取引法二七条の一二第一項）、公開買付期間中であっても、市場の値付けを混乱させる可能性は低いのではないか。

(19)　飯田一弘「買収防衛策の導入に係る上場制度の整備」商事法務一七六〇号一八頁（二〇〇六年）参照。

(20)　詳しくは、相澤哲「合併等対価の柔軟化の実現に至る経緯」商事法務一八〇一号四頁（二〇〇七年）を参照。

(21)　国際的三角合併については、中東正文「企業組織の国際的再編」商事法務一七〇六号二六―三三頁（二〇〇四年）と、そこで引用されている諸文献を参照。

(22)　江頭憲治郎「商法規定の国際的適用関係」国際私法年報二号一三六頁（二〇〇一年）、龍田・前掲注（2）五三七頁参照。

(23)　例えば、早川吉尚「国際M＆Aを巡る国際私法上の問題と三角合併」企業会計五九巻八頁三七頁（二〇〇七年）参照。上場している外国会社であれば、新株発行によって資金を調達して、それを買収資金に用いればよいだけである。問題の中心は、課税関係であろう。

(24)　落合誠一「合併等対価の柔軟化とM＆A法制の方向性」企業会計五九巻八号二八―二九頁（二〇〇七年）。経済界からの主張として、阿部泰久「M＆A法制整備上の課題」企業会計五九巻八頁四八頁以下（二〇〇七年）参照。

(25)　私自身は、そもそも対価柔軟化には慎重であるべきとの立場であったから、内国会社と外国会社を区別することなく、上場会社の株主に対して、内国非上場会社の株式を交付する場合には、特殊決議であるべきとする経団連の意見に賛成であった。ただ、経済界の姿勢の一貫性には、疑問が残る。

(26)　落合・前掲注(24)三一頁。

第十三章　組織再編——対価の柔軟化を中心として——

第一節　序　論

会社法制の現代化の一つの目玉は、組織再編法制の整備であった。実質的意義の会社法が商法典に組み込まれていた時代から、組織再編法制の歴史は、規制緩和の象徴的な事項であったといえよう。例えば、平成一一年商法改正による株式交換・株式移転制度の創設にしても、法の定めがなくては、多数決によって株主の全員を拘束することは認められない。会社法が組織再編行為を可能とするという意味において、授権法として働く場面である。他方で、既に認められた組織再編行為について、一段と機動的に行うことができるように、手続面での柔軟化も進められており、例えば、簡易組織再編制度の創設と要件緩和など、株主総会決議が必要となる場面が次第に限定されるなどした。

組織再編法制の改正の過程で浮き彫りになったのは、会社法の脱神話化である。会社法は関係者の利益調整を図るという無色透明な存在であるという神話が、従前は、無意識であったとしても、一般的に共有されてきた。会社法の脱神話化は、組織再編法制の分野で最も顕著に見られ、立法に関係する者（アクター）の要望が顕在した典型的な分野であるといえよう(1)。

経済界に代表される様々なアクターからの要望が法改正に率直に実現していった。また、経済産業省が主導する産業再生法が産業政策を先取りし、それを後に、会社法が一般法に受け入れていったという経緯が何度もみられる。さらには、国外からの要望ないし圧力を受けて、国際的な文脈で組織法制が議論されることが多くなり、これが官庁の垣根をも融けさせて、組織再編法制の規制緩和を加速させた。

一連の会社法の改正を後押ししたのは、平成不況と呼ばれるバブル崩壊後の経済情勢であろう。会社法制は、会社の経済活動を直接的に促進するものではないが、会社が効率的かつ健全に運営される土台を提供する役割を果たすことはできる。機動的な組織再編は、より劇的な形で、会社の運営の基礎を変更するものである。

もっとも、企業組織再編法制が、会社法が中立的で透明な利害調整機能を果たすという神話を完全に崩し去るものであるかどうかは、最終的な判断を行うには尚早である。本章では、まず、会社法の組織再編法制の脱神話化を推進した社会的背景や力学を概観する（第二節）。その上で、平成一七年会社法によって、崩れかかったようにみえる神話のうち、組織再編の対価の柔軟化に密接に関係する事項について、中立的な利益調整機能を維持するという観点を踏まえ検討を行う（第三節ないし第四節）。最後に、組織再編法制の今後について、私なりの展望を示したい（第五節）。

第二節　組織再編法制の歴史的背景

一　改革の力学の概要

組織再編法制に関する規制緩和を支えた社会的な背景は何であったのか。具体的には、どのような形で改革の力学が働いたのであろうか。

平成時代の商法改正において、組織再編法制の柔軟化が重視されたのは、経済的な停滞から抜け出そうとする各種の方策のうちに、会社法制の見直しが含まれていたことが大きい(2)。

法務省と経済産業省との連携について、どれだけ密に計画されたものか、どれだけ明示的なものであったのかはともかく、これを無視することはできない。経済政策の発露としての経産立法が規制緩和を先取りし、主務官庁の認定等が安全弁となることが期待されつつ、新しい法制を一般化するという手法が繰り返し採られてきた。組織再編法制との関係では、経済産業省が所管する産業活力再生特別措置法の制定とその後の改正が重要である。(3)

会社法の夜明けの前後には、規制緩和を推進することにおいて、「民」の要望と「官」の積極的な姿勢が顕著になった。「官」は、米国を主とする外国からの働きかけもあり、官庁を跨いで、組織再編法制に関する規制緩和を行っていった。ここでは、国と国との境、主務官庁の間の境、民と官との境が、一気に低くなっていくという現象を見出すことができる。(4) また、これらの境が融けることに伴い、法の再構築が行われた。(5)

ともあれ、平成に入って、バブル崩壊がわが国の経済を襲った。国家の政策としても、金融機関の不良債権問題の処理など、経済の復興が喫緊の課題となった。このような時代の要請は、様々なアクターの行動に反映され、会社法制も頻繁に改正されるようになったのである。

二　経済界からの要望

経済界からの要望は、主として経団連を通じて、直接的または間接的に会社法制の現代化に反映された。(6)

(1)　株式交換・株式移転制度の導入

例えば、平成一一年商法改正に向けて、経団連は、平成九年独占禁止法改正による純粋持株会社の設立等の解禁を受け、持株会社組織の形成に意欲であった。ところが、当時の商法等では対応が十分ではないと認識された。経団連経済法規委員会会社法部会は、同年九月一七日に、持株会社設立に係わる関連法制の整備を求める意見書を取りまとめ、「株式交換方式による持株会社設立を商法で認めること、特に、大蔵省が銀行持株会社設立のために検討している『三角合併方式』について、広く一般的な制度とすること」などの提言がなされた。(7)

法制審議会商法部会でも、親子会社関係創設のための新しい手続について検討を行い、平成一〇年七月八日には、「親子会社法制等に関する問題点」(8) が、法務省民事局参事官室から公表され、各界に意見照会がなされた。これに先行する形で、通産省産業政策局産業組織課においては商法研究会が開催されており、同年二月には、この研究会の報告書において株式交換制度の創設等の提言がなされていた[9]。経団連からも、さらに利便性が高い形で制度を設計させるべく、同年九月一日、「『親子会社法制等に関する問題点』に対するコメント」が表明された[10]。

会社法の伝統的な理念に対する挑戦的な力学は、平成一一年五月一八日に経団連が取りまとめた「わが国産業の競争力強化に向けた第一次提言[11]」においても、よく示されている。企業組織再編法制について、同提言は、「世界的な大競争時代において、わが国企業が、経済・社会環境の変化に迅速、適切に対応して経営の再構築を進めていくためには、会社分割、分社化、株式交換・株式移転、合併等を通じたグループ化・共同化や、その再編、あるいは、新たな事業形態の活用が必要であり、そのために、企業法制、税制の一体的かつ迅速な整備が必要である」としている。

官と民との協調の様子、官と官との垣根が低くなる様子について、その顕著な枠組みが、平成一一年三月二九日から平成一二年五月二二日まで、九回にわたって開催された「産業競争力会議」である。小渕恵三内閣総理大臣の平成一一年三月一九日付決裁「産業競争力会議の開催について[12]」で、開催が決定されたものであり、小渕内閣の間は定期的に開催された。会議は、内閣総理大臣が主宰し、議事進行は通商産業大臣が行った。今までの会社立法とは異なり、民間の要望が率直に具体化され、この呼びかけについて、通商産業省ひいては経済産業省が立法作業に直接的または間接的に関与していくことになる。

(2)　会社分割制度の導入

会社分割法制の整備にあたっては、法制審議会が当初は、平成一三年の通常国会への法案提出を目指していたところ、産業競争力会議などにおける経済界の強い要望によって、平成一二年の通常国会への提出が目指されることになった[13]。

持株会社形態に事業会社が移行するための事業再構築においては、二つの段階を考えることができる。一つは、複数の会社が個々の事業内容を変更することなく、会社間の関係を再構築するものであり、株式交換と株式移転が効率的な手法である。もう一つは、会社の中の事業内容をも整理しつつ、持株会社を形成するものであり、効果的な解決策が会社分割制度の導入であった。

株式交換・株式移転制度の創設は、平成一一年の商法改正によって、実現された。また、会社分割は次の課題として残されたままであったが、分社化を事業（営業）譲渡という従来の手法で行う際の簡便化は、同じ会期の国会において、通産省が所管する産業活力再生特別措置法（産業再生法）が制定され、一層の規制緩和のための道筋がつけられた（産業再生法八条）。

果たして、平成一二年商法改正においては、会社分割制度が創設されることになった。

(3)　会社法制の現代化

平成一二年商法改正が行われた後も、経団連は、積極的に商法改正について提言を行った。

例えば、平成一二年一〇月一七日には、「商法改正への提言」[14]が策定された。内容は多岐にわたるが、組織再編法制に関しては、「事業・組織の再編に資する法整備」が「基本目標」の一つとして掲げられた。具体的には、「早期に成立を求める事項」として、検査役制度の見直し（Ⅳ（３））が、また、「確実に実現すべき具体的事項」として、株式の強制買取制度とキャッシュアウト・マージャーの導入が要望されている（Ⅴ（４））[15]。

また、平成一五年一〇月二一日には、会社法制の現代化に関する要綱試案が公表される前の時機を見計らってか、「会社法改正への提言 ―― 企業の国際競争力の確保、企業・株主等の選択の尊重 ――」[16]が公表された。「企業再編の選択肢の弾力化と機動化」に関しては、「競争力あるグループ編成を実現するためには、経済環境の変化に対応して機動的な組織再編を可能にすることが必要となる。求められる組織再編の内容に応じて、多様な選択肢を設けるべきである」として、①合併等の対価の柔軟化（２（１））、②簡易組織再編要件の緩和・略式組織再編の許容（２（２））、③検査役調査制度の見直し（２（３））、④子会社による親会社株式取得（２（４））が提言されている。

その後、平成一五年一〇月二二日に、法制審議会会社法（現代化関係）部会では、「会社法制の現代化に関する要綱試案」が策定され、同月二九日には、法務省民事局参事官室から意見照会に付された[17]。

これに対して、経団連は、意見照会期間の最終日である同年一二月一四日に、「『会社法制の現代化に関する要綱試案』についての意見」を取りまとめている[18]。組織再編関係（第四部の第七）では、① 対価の柔軟化（第七の1）、② 簡易組織再編行為（第七の2）、③ 略式組織再編行為（第七の3）、④ 効力発生（第七の4）、⑤ 人的分割における財源規制（第七の5）について、意見が示された。試案には経団連の要望が十分に取り込まれていたから、機動的な組織再編に資する項目について、賛成である旨が確認的に述べられた。なお、組織再編行為以外の新株発行等について規制を設けることなど、会社の行動を制限することになる項目については、反対である旨が示された。

この要綱試案に対する意見において、計算関係（第四部の第五）のところでは、「合併差損」等が生ずる場合の取扱い（第五の3（4））に関して、「存続会社等において、組織再編行為に際して差損が生ずる場合の規定を置いているが、これが実質的債務超過会社等を消滅会社（被吸収分割会社、完全子会社）とする組織再編を認めたものか確認したい。仮に試案がこれを認めないという趣旨であれば、それを認めるべきである」と述べている点が注目される。

経団連は、平成の時代に入ってから、積極的に組織再編法制に関する提言をするようになり、しかも要望を着実に実現するようになった。

三　外国からの要望

(1)　融けつつある国境

組織再編法制の変遷の過程では、国と国との間の境が融けていく様子を見て取ることができる[19]。とりわけ、合併等の対価の柔軟化については、米国を中心とする外国からの要望が、経団連を始めとする国内の経済界からの要望と合致しており、法改正の大きな推進力になったであろう。組織再編法制を柔軟化することについて、国内外からの要望が同じ方向を目指したことで、組織再編法制を動かす力学の点で、国と国との境が融けていった。

同時に、対価の柔軟化によって、国際的な三角合併などが可能となり、組織再編の当事会社の点でも、国と国との境が低くなっていった。

もっとも、会社法案が国会で審議される頃から、次第に、国境が融けていくことへの反動が表に現れ出した。このような反発は、主として経団連から対外的に示され、大きな問題になっていった。対価の柔軟化を推進していたはずの経団連が、一転、警戒心を示すに至ったことは、不思議なことでもある。組織再編法制の規制緩和について、十分な理論的な考察と効果の検証を経ていなかったことの表れと評価するべきかもしれない。

(2)　在日米国商工会議所

米国からは、日本において、アウト・イン型のM&Aが相対的に少ないことから、組織再編法制を改善する要求が出されてきた。例えば、在日米国商工会議所商法タスク・フォースは、平成一三年に、「日本におけるクロス・ボーダー株式交換によるM&Aに関する意見書」を広く配布した。[20]

この意見書においては、①海外（米英独仏加）では、日本企業が非課税株式交換M&A取引を行う機会が数多くあるのに対して、②日本では、国内の企業同士に限って、非課税の株式交換取引が認められており、③日本においても、外国企業が非課税株式交換取引を行うための選択肢が用意されるべきであると主張された。

和文タイトルでは、「株式交換」という用語が使われていたためか、平成一一年商法改正で導入された株式交換規定を、外国会社との間でも用いることができるようにという要望であると、[21]当初は誤解されたようでもある。その後の議論で、米国商工会議所の真意が、英文タイトルで示されたように「株式対株式」の取引を、つまりは外国会社が当該株式を対価とした組織再編を、非課税取引（適格組織再編成）として可能とすることにあることが認識された。そこで目指されたのが、合併対価を柔軟化して、外国会社との三角合併の許容することであった。

在日米国商工会議所の問題提起は、法務省に対してのみならず、経済政策の問題として経済産業省、課税政策の問題として財務省、外交政策の問題として外務省に対しても、対応を要望するものとなっている。実際にも、わが国においては、産業競争力会議での経験を生かしつつ、省と省の間の垣根を低くし、省の間の連携と協調を促す契機となった。

(3)　日米投資イニシアティブ

日米投資イニシアティブは、平成一三年六月三〇日の日米首脳会談において発表された「成長のための日米経済パートナーシップ」の一部として、日米両国の投資環境の改善のための対話を行う枠組みとして設置された。日米両国への投資促進について議論することが目的とされるが、実際には、日本から米国への投資は既に多く行われていたので、対日投資を促進することに焦点が当てられていた[22]。日米投資イニシアティブは、平成一三年一〇月七日の上級会合から、現時点では、直近の平成一九年四月一三日のワーキング・グループ会合まで、継続的に活動している[23]。

平成一三年一〇月七日に開催された日米投資イニシアティブ上級会合において、米国政府からは、国際的株式対株式交換を含めて幅広いM&A手法を認めることが必要であると主張された。日本政府は、商法の全面的な見直し作業とも関連し、引き続き検討すると答えた[24]。この政府間の協議を民間レベルで具体化したものが、同年の一二月に公表された前述の在日米国商工会議所の意見書である。

平成一四年二月一三日には、法務大臣から法制審議会に対して、会社法制の現代化に関する諮問がなされた。法制審議会では、同日、この諮問が会社法（現代化関係）部会に付託され、同部会において検討が進められていくことになった。検討の対象には、国際的M&Aに直接または間接に関わる事項が含まれている。

国際的M&Aに関する複数の省庁の協調の様子は、平成一五年三月二七日に決定された対日投資会議専門部会報告「日本を世界の企業にとって魅力のある国に」において、象徴的に示されている。「国境を越えた合併・買収（M&A）が容易に行えるように、国内制度を改善する」こととして、①法務省では、「会社法制の現代化の作業において、外国会社を含む親会社株式や現金を対価として合併、吸収分割又は株式交換を可能とする『合併等対価の柔軟化』についての恒久的な措置化の実現について、検討を行う」こと、②経済産業省では、「今通常国会で審議中の産業活力再生特別措置法改正法案の着実な実施により、『合併等対価の柔軟化』が利用できるようにする」こと、③財務省では、「『合併等対価の柔軟化』にかかる税制措置については、課税の適正・公平及び租税回避防止の観点も含め、今後、慎重に検討する」こととされていた。

経済産業省の成果は、早くも平成一五年のうちに、産業再生法改正で結実した。三角合併を行い、消滅会社の株主に対して、存続会社の外国親会社の株式を交付すれば、アウト・イン型の株式対株式の取引が可能となる。財務省とも折衝がなされ、平成一六年一一月には、平成一七年度税制改正（租税特別措置）要望事項として、産業再生法に基づく三角合併等についての課税繰延べ措置が出されていた。しかし、この租税特別措置は、実現に至っておらず、在日米国商工会議所からも強く批判された[25]。

平成一七年に制定された会社法では、産業再生法の合併対価の柔軟化に関する特別措置が、一般的な形で取り入れられた。平成一八年六月に策定された日米投資イニシアティブ「二〇〇六年日米投資イニシアティブ報告書……成長のための日米経済パートナーシップ」においては、会社法の施行が最近のトピックとして取り上げられた。米国側関心事項としても、「国境を越えたM&A」が最初の項目として掲げられており、米国政府は、①三角合併を行う際、対価が外国会社の株式である場合と、日本会社の株式である場合の取扱いの間に実質的な差異がないことが重要である、②三角合併に関する税の取扱いが重要になる、③買収防衛策の目的は、企業価値を高めることにあり、経営陣の保身を目的とするものであってはならない[26]、などと要望した。

四　関係省庁の連携と協調

バブル期からの回復の過程で、経済構造改革が必要とされ、平成一一年には、小渕総理大臣のもとに、政・官・民が連携する形で、経済競争力会議が置かれて、組織再編法制を中心とする制度改革が議論された。平成一三年からは、日米投資イニシアティブの場においても、わが国の組織再編法制と税制について、議論がなされてきている。これらの議論を経て、関係省庁間の連携と協調は、どのような形で表に現れてきたのであろうか。

会社法の現代化に至るまでにも、M&Aを機動的かつ柔軟に行うことができるように、商法は数度の改正を受けた。その出発点となるべき事柄は、平成九年の独占禁止法改正であろう。純粋持株会社の設立等が解禁された。会社法制の問題として浮上したのは、企業結合により持株会社組織を形成するために、どのような方法によるかである。この点を、喫緊の課題として受け止めたのは、銀行を中心とする金融機関であった。大蔵省は、同年のうちに、銀行持株会社創設特例法を制定させた。日本型の三角合併の導入である。法務省も、平成一一年に、株式交換・株式移転制度を導入する商法改正を実現した。これに呼応して、大蔵省も、租税特別措置法を改正して、株式交換・株式移転に関する課税を手当てした。

M&A法制の整備については、通商産業省・経済産業省の動きが注目される。産業政策全般の見地から、商法改正に向けて大きな推進力になったのが、通産省の商法研究会であった。さらに、最も目に見える形での通商産業省の動きは、商法の特別法の制定であり、平成一一年には、産業活力再生特別措置法が制定された。この時点から、産業再生法で考案された商法の特例の内容は、次々と、法務省所管の商法に取り入れられていくことになった。

会社法の制定は、組織再編法制に関しては、経産立法の一般法化の総仕上げでもある。財務省も、組織再編成税制の改革を完了しつつあり、規制緩和や経済活性化といった意味で、官庁の壁を超えた仕上げがなされた。組織再編の対価の柔軟化に加え、組織再編の手続の簡素化なども、会社法で実現された。重要な実質改正を伴う会社法は、平成一八年五月一日に施行されたが、組織再編の対価の柔軟化についてのみは、他の本体部分から、一年遅れて施行された。

五　証券規制との交錯

対価の柔軟化に関する規定の施行が遅らせられたのは、国際的な三角合併の導入に関して、外資による敵対的買収が懸念されてのことである。

経済界は、対価の柔軟化に積極的であったはずであるのに、一転して、消極的な姿勢を示すに至った。例えば、経団連は平成一一年五月一八日に、現金による締め出し合併の導入などを提言しており、「買収後、少数株主が残存することにより経営戦略・財務戦略に支障をきたすことが、特に海外からのM&Aの障害になっている」と、外資によるM&Aを歓迎する様子ですらあった[27]。ところが、とりわけフィナンシャル・バイヤーによる敵対的買収の脅威を目の当たりにして、経済界の姿勢は急転回する。

会社支配市場に関する法規制の全体からみれば、対価の柔軟化は、一定の条件のもとで、敵対的な買収を促進する効果がある。典型的には、強圧的な二段階公開買付であり、第一段階の公開買付の折に、第二段階で少数株主を締め出すことを想定し、本来なら第一段階の公開買付に応募をするつもりでない株主に、応募を強いることもできる。敵対的買収の攻撃側に新しい武器を付与するなら、防衛側に新しい武器を持たせることも、当初の均衡状態を維持するのなら理由のないことではなく、数々の防衛策が開発されたことにも、相当の合理性があろう。

他方で、会社支配市場については、会社法制のみならず、証券法制の枠組みの設定において重要な役割を果たしている。平成一八年証券取引法改正（金融商品取引法制定）と関係政府令の改正は、会社法制のあるべき姿にも大きな影響を及ぼすべきものである[28]。例えば、米国とは異なり、わが国においては、一定の場合に、公開買付が強制され（金融商品取引法二七条の二第一項）、全部買付義務も課される（金融商品取引法二七条の一三第四項、証券取引法施行令一四条の二の三）。英国の規制に類似するものであるが、このような規制のもとでは、公開買付に強圧的な要素を持たせることは困難になり、これに照応して、対象会社の経営陣による買収防衛も、認められにくくなるべきである。

このように、会社支配市場は、会社法制と証券法制の交錯する場面であり、両法制の役割分担を含む包括的な検証が不可欠となっている(29)。

第三節　合併等対価の柔軟化

一　序

会社法における組織再編法制の改革の目玉は、合併等の対価の柔軟化であった。少数株主の締め出しの契機を正面から認める立法であったことに注目すると、会社法制の現代化のみに目が奪われてしまいそうである。しかし、会社支配市場の観点からは、強圧的な二段階公開買付を容易にするという点で、証券法制との関係が深い。合併等の対価の柔軟化は、会社法制と証券法制が最も鮮烈に交錯する場面であるといえる。

同時に、合併等対価の柔軟化は、先にも述べたように、元来、経済界からの要望によっても強く推進されてきたものである。この要望については、学界でも相当に検討が行われた上で、実現された。にもかかわらず、経済界からは、外資による敵対的買収の危惧から抵抗感が示されるに至り、学界においても、無条件に少数株主の締め出しを認めることに対する警戒感が示されるようになった。

以下では、会社法制定の前後の議論を簡単に確認したうえで、我々が進むべき道について検討することとしたい。

二　少数株主の締め出し

(1)　議論の概観

対価の柔軟化の議論のなかで、主として念頭に置かれていたのは、現金を利用する場合である。伝統的な見解によれば、合併交付金は、合併比率の調整のためのものと消滅会社の最終事業年度の配当に代わるものに限られ、対価の全部を現金で支払うことは許されなかった。[30] このような見解に対しては、交付金合併は解釈論上も可能であるとの見解が強くなっていた。[31]

会社法制の現代化の目玉として、合併等対価の柔軟化が検討される頃にも、議論は活発に行われていたが、この時点では、合併対価の柔軟化を認めることそのものを完全に否定する論調は強くなかった。現代化要綱試案に対する各界意見をみても、対価の柔軟化そのものについては、賛成意見が多数を占めたとされる。[32] 議論の焦点は、対価の柔軟化を認めることができる範囲や、認めるとした場合の条件などであった。

(2)　ドイツ法からの示唆

会社法制の現代化の直前には、二〇〇一年ドイツ株式法改正を参考にして、対価の柔軟化に伴う少数株主の締め出しの問題に、どう対処するかが主として議論された。

例えば、ドイツの立法者は、完全親子関係による企業運営の効率性を認め、多数株主の持株比率が九五％以上の場合には、定型的に自由な企業運営の利益を優先させるべき事情があると判断しており、比較法的見地からは、残存株主の維持にかかるコストを理由にこれらの株主を締め出す必要が定型的に認められるのは、少なくとも多数株主側が九割以上の株式ないし議決権を保有している場合であるといえ、存続会社の株式以外の対価に反対する株主が一割を超える場合にまで対価の柔軟化を認めることには慎重であるべきとされる。[33] あるいは、総会決議の取消しや合併の差止めによる少数株主の救済は、企業の組織再編を妨げる度合いが大きいので、ドイツの制度のように、締め出しの効力に影響を与えずに対価の公正の確保を目指す規制を導入することを検討すべきであると説かれた。[34]

より具体的な提案をする見解は、「仮にドイツ株式法に倣って締め出し制度の設計を考えるのであれば、① 前提となる基準値の基礎は発行済株式総数であること、② 基準値は日本における他の会社法の規定と整合性を持って決められるべきこと（現行法を前提とすれば、発行済株式総数の九七％以上とするのが最も整合的であろう）、③ 対価の適正性を確保するために、検査士による検査及び確定の基礎についての開示の必要があること、④ 対価の適正性を裁判所が事後的に検証するための手続が用意されることが必要であること、の四点が確認されねばならないと考える。その意味で、現代化要綱試案に示される提案は、これらからはかなり懸け離れたものである」と主張していた[35]。

(3)　英米法からの示唆

少数株主の締め出しに警戒する姿勢は、英米法からアプローチする場合にも、示されていた。例えば、アメリカのデラウェア州最高裁によって示され、後年に破棄された事業目的基準について[36]、わが国でも採用すべきか否かの十分な検討が必要であるとされた[37]。もっとも、このような立場に対しては、無用の混乱をもたらさないかという懸念が示されているし[38]、交付金合併を導入する立法がなされた以上、公正な対価をもって株主の地位を失うことは法が当然に予定しているとして、正当な事業目的は不要と説く見解もある[39]。

また、カナダ法にならって、事前規制を重視し、当事会社が支配・従属関係にある場合には、①質の高い情報開示、②独立した評価人による評価、③少数派の多数の賛成を要件として、交付金合併を許容すべきであるという見解も示されていたが[40]、立法で採用されるところとはならなかった。ただ、会社法制定後において、支配・従属会社間の合併につき、①独立した外部の専門家の評価を求めたかなど、対価の決定の過程に重点を置いて判断するのが実際的であり、これに加えて、②十分な情報開示の下に、③従属会社の少数株主の多数の賛成を得ているか、といった観点も、対価の決定が公正になされたかを審査する上で有益であり、事後の紛争のリスクが軽減されるとの見解が示されている[41]。裁判所に実質判断を求めずに、手続の過程の公正さを審査することを期待するという発想に立つ点で、単純な事前規制とは異なる。

同時に、事前規制によらなくても、制度の濫用から少数株主を保護する法理は別にある（平成一七年改正前商法二四七条一項一号・四一五条）という主張も有力になされていた[42]。先の事業目的基準の再評価に関する見解も、事後規制の具体化の方策の一つと評することができよう。他方で、相当数の困った事例が現れ、後を追いかける法改正が相次ぐことを懸念する見解もある[43]。

(4)　要綱試案から会社法制定まで

以上の諸点に関して、現代化の要綱試案においては、①「『消滅会社等の株主等に対して交付する合併対価等の価額及びその内容を相当する理由を記載した書面』を開示すべき資料に加えるものとする」（第四部第七1注（1））、②「各種の組織再編行為につき、対価の適正性調査のための制度を設けるかどうかについては、なお検討する」（第四部第七1注（2））とされていた。[44]

各界意見でも、①には異論がないようであり、②については、制度の設置に反対するものが多数を占めたという。[45]もっとも、特別利害関係人の議決権行使による決議取消の訴え（平成一七年改正前商法二四七条一項三号）のみでは不十分であり、合併成立後に無効とするのは困難な場合が多いことに鑑み、②に関して、合併段階で検査役の調査を求め、さらに、①に関して、合併承認のための株主総会決議の要件として正当な理由の開示を求める、あるいは、要綱試案では示されていないが、株主による異議申立期間を手続に組み込むなどの対応が必要であると、強力に主張された。[46]

最終的な立法においては、合併等の対価は柔軟化されたものの（会社法七四九条一項二号三号など）、対価の相当性に関する開示は、会社法では定められず（会社法七八二条一項など参照）、会社法施行規則に委ねられた。同規則では、対価の「相当性に関する事項」を開示すべきとされる（会社法施行規則一八二条一号など）。従前は、株式の割当てに関する事項について「理由」が開示されており（平成一七年改正前商法四〇八条ノ二第一項二号）、しかも、要綱試案でも、要綱案でも（第二部第七1（注））、対価の内容を「相当とする理由」を記載した書面の開示が求められていたにもかかわらず、対価の「相当性に関する事項」と表現が改められた。立案担当者によれば、開示の具体的内容には、対価の内容について株式、金銭等と定めたことを相当とする理由も含まれるとされ、[47]そのように解するべきであるが、規定上は必ずしも明確でない。[48]

(5)　会社支配市場と資本市場

公正さの観点の延長線上の問題として、対価の柔軟化は、敵対的買収による会社支配市場への波及効果が大きい[49]。強圧的な二段階買収を可能とする法的枠組みに移行するからである。敵対的買収において、米国のように、攻撃側と防衛側の双方が多くの武器を持って戦い、行き過ぎは裁判所が審査するという法的環境よりも、英国のように、明確で公正な事前の競技ルールを遵守させ、どちらが多くの株主の支持を得るかを競う法的環境の方が、穏当ではないかという意見も強い[50]。

また、少数株主の締め出しは、多数決によって少数株主の会社への投資を強制的に打ち切らせるものであるから（強制収用）、投資に関する個々人の自由な意思決定を基礎に成り立っている資本市場に与える影響が計り知れない[51]。少数株主の締め出しを認めている法域でも、判例法の蓄積や制定法によって、どのような場合に締め出しが認められるのか、市場参加者に対する行為規範が示され、予測可能性が高められている。わが国では、現在、資本市場にそのような条件は備わっていない。この点の総括が不可欠になってこよう。

(6)　小　括

合併等の対価の柔軟化は、制度設計上も、少数株主の締め出しを正面から認めるものである[52]。一定の場合に少数株主の締め出しが認められるべきことについては、上述のように、おおよそ意見の一致がみられていた。問題は、規制緩和の象徴であるからこそ、事後規制ないし事後救済への移行に際して、必要となる対応が十分になされたかであろう。

この点、会社法の現代化の後においても、株式買取請求権が少数株主の十分な救済策にはなっていないことが強調される[53]。時を同じくして、対価の柔軟化に関する事例ではないが、株式買取請求権について、反対株主が集結し、公正な価格を求めて、会社を訴えるという事件が提起された[54]。この事件は、公正な価格の決定が、裁判所にとっていかに困難であり、したがって、訴訟活動を行う反対株主にとって大きな負担を伴うものかを明確に示している。また、近時は、ＭＢＯも活発になりつつある（他社株府令一三条一項八号参照）。このような現実を目の当たりにして、対価柔軟化に伴う紛争の受け皿として、どのような事後救済手段が活用され得るのか、十分な検証がなされたとは言い難い。

今となっては、弊害が生じるのを避けるために、会社法の利用者と助言者が高い倫理観を持って活用することを期待すると同時に、さらに効果的な解釈論を提示し、より根本的には、立法による手続規制を中心とする事前規制の設定をも再検討するべきである。

この点を端的に示したのが、以下の叙述であり、私も積極的に支持したい。すなわち、「金銭交付合併等による少数株主の排除は、それなりに合理的な実務上のニーズを背景に、その導入が求められてきた。しかし少数株主の利益を害する危険の高さ故に、……慎重な配慮の下に導入が構想されてきた。／しかし現に成立した会社法では、締出合併等に内在する固有の危険に対して、制度的な手当てを施すこともなく、締出合併を組織再編における対価の柔軟化という規制の緩和としてのみ位置付け、その固有の危険を埋没させている。……／少数株主に対する適切な保護手段の確保は、証券市場の信頼性を確保するための不可欠な前提であることを十分に念頭において、今後の組織再編の展開を見守っていく必要があろう(55)。」

三　三角合併

(1)　意　義

合併対価の柔軟化の重要な意味は、本格的な三角合併を可能とすることにもあった。三角合併においては、吸収合併消滅会社の株主に対して、存続会社の親会社の株式が交付される。

三角合併という取引の前後を比較すると、外形上は、完全親子会社関係が創設されるという点で、株式交換が行われるのと何ら異ならない。ただし、以下で検討する諸点について、株式交換には存在しない固有の意義が認められ得る。

(2)　国際的組織再編

法的な違いとして主として注目されてきたのは、国際的株式交換が実質法の問題として許容されないとしても、国際的三角合併ならば、何ら問題なく認められるという点である。

前述の日米投資イニシアティブの「二〇〇六年日米投資イニシアティブ報告書」では、三角合併の際に、交付される対価が内国会社株式と外国会社株式とで、取扱いに実質的な差異がないことと、税制の手当てをすることが、米国側関心事項とされており、この点でも、国際的な文脈で三角合併が活用されることが期待されてきた。

三角合併の活用が基軸に検討された前提には、国境を越えた当事会社が直接的に合併または株式交換をすることができないのかが、理論的に明らかではないという理解が存在したのであろう。そこで、疑念の生じにくい三角合併を志向するのが実務の感覚に適すると考えられた(56)。

実際、伝統的な通説は、直接的な国際的合併などは認められないと解してきたが、可能であるとする見解も、有力に説かれるようになっていた(57)。ところが、会社法の制定により、国際的な合併や株式交換を直接行うことは、否定されたと理解するのが、立案担当者の見解である(58)。この実質判断を条文で表現しようとしたのが、「会社」(会社法一条二号)などの定義規定である。しかしながら、直接的な合併や株式交換の可能性を主導してきた論者は、会社法制定後もなお、実質的な判断を抜きにして、規定の文言に拘束されることを嫌っている(59)。正当な主張であると言うべきであり、この方向での更なる検討が期待される。

もっとも、国際的なM&Aのために、三角合併が実務の運用にとって利便性が高いのなら(60)、合併対価を柔軟化して、買収側の外国会社が、日本国内に完全子会社を設立し、その会社に内国対象会社を合併させて、その折に、外国親会社の株式を交付するという段取りを経ることになる。

設計そのものは単純であるが、外国会社の株式が対価として用いられる場合に、内国消滅会社における株主総会決議の要件を、どの程度の重さにするかは、難問である。会社法では、譲渡制限株式等（譲渡制限株式その他これに準ずるものとして法務省令で定めるもの）に外国会社株式が該当すれば、特殊決議が必要となるし（会社法三〇九条三項二号・七八三条三項）、そうでないならば、原則通り、特別決議で足りることになる（会社法三〇九条二項一二号）。この点についての法務省令の姿勢は、対価の柔軟に関する規定の施行が一年先送りされたこともあり、活発な協議がなされたものの、会社法施行規則において、事前開示情報の拡充を明確化が図られたにとどまり、外国会社株式を対価とすることに抑制的な規定は設けられなかった（平成一九年改正会社法施行規則一八二条一項三項など）。

当面の妥協点としてというべきか、組織再編成税制の問題として取り扱われることになり、国内で行われる合併の合併法人がペーパーカンパニーであった場合は、事業関連性等が認められず、非適格となるという形で外資による三角合併に規制が課されることになった(61)。

日米投資イニシアティブでは、内国会社間の合併と内国会社と外国会社の間での合併とで、差異を設けることについて、米国側の抵抗感が示されている。とはいえ、国際的組織再編に関して、従来から議論がされてきたように、流通性ないし換金性の低下の度合いがどれほどかを精査し、譲渡制限株式を交付する場合に決議要件を加重している趣旨に照らして、整合的な規制を行うことが求められるであろう(62)。このように重要な事項が法務省令に委任されていることに、そもそも疑問を感じずにはいられないが、委任されてしまっている以上、適切に法務省令が構築されることが望まれた。

この点、外国会社の株式を対価とする組織再編の株主総会決議について、経団連が、内国証券取引所で上場されていない会社の株式については、特殊決議を要求しようと主張したのに対して、在日米国商工会議所、欧州ビジネス協会などからは、平成一八年一〇月二七日付の「ACCJとEBC、三角合併の要件厳格化を求める経団連の姿勢に懸念を表明」と題するリリースなどを通して、異論が出された(63)。

わが国の経済界では対応が分かれたようでもあるが、経団連は、当面の一応の決着がついた平成一八年一二月一二日に、「M&A法制の一層の整備を求める」という意見書を公表した。三角合併に関しては、「企業価値を毀損したり、技術流出等国益を損なうM&Aに対する全般的な法整備は欧米に比し依然として脆弱であり、株主保護の観点からも不十分な点がある。またわが国ではM&Aに対する理解と経験が欧米諸国に比し、成熟しているとはいえず、これに関する裁判例も充分積みあがってはいない」との認識のもと、「来年〔平成一九年〕五月には一年延期されていた会社法の合併等対価の柔軟化が施行される。合併等対価の柔軟化は、企業再編の円滑化につながるが、特に『三角合併』の場合、消滅会社の株主に交付される親会社の株式には、何ら制限がないため、合併に反対する株主に与えられる買取請求権のみでは、株主が損害をこうむる恐れがある。例えば、言語、準拠する会計制度、情報開示の範囲などがわが国のそれと異なるため、わが国の株主には理解が困難な状況が発生することが懸念される。今後、合併等対価の柔軟化が施行されれば、外国企業が現金を用いることなく日本企業を一〇〇%子会社化する道が開かれ、これを契機として敵対的買収を誘引し、これまで以上にM&Aが活発化し、不測の事態が生じることが予想される。合併等対価の柔軟化については、会社法施行規則附則第九条において、来年五月の施行までに、『必要な見直し等の措置を講ずる』とされている。この機会に、会社法施行規則のみならず、幅広くM&A法制全般を見直し、総合的な法整備を早急に行うべきである」との提言がなされている。

このような経団連の懸念は、相当に的確であると考えられる。むしろ、組織再編法制の規制緩和に性急なあまり、この点の問題を認識するのが遅れたことが問題とされるべきであるのかもしれない。国際会社法という新領域における国際的組織再編に関する研究成果が活かされるべきであり[64]、とすると、多くの論者からは、経団連の実質的な判断が支持を得ることにもなろう。

なお、外資による三角合併の検討を契機として、経団連から、様々な方向性が示されたことは評価に値する。例えば、「合併等対価の柔軟化に対する規律の強化」に関して、「消滅会社が上場会社である場合、現金又は日本上場有価証券（あるいは日本の上場基準を満たす有価証券）以外を対価とする合併の決議要件は、たとえば特殊決議とするなど、厳格化すべきである」とされ、対価の換金性に関する議論が、法的な譲渡制限の有無に依存していた点につき、批判的な検証を求めるものである。また、「TOB制度の見直し」として、「TOBの対価が現金又は日本上場有価証券以外の場合、欧州のように、株主に現金との選択権を与えることを義務付けるべきである」と指摘されている点も、ともすれば、公開買付の対価であれ、組織再編の対価であれ、選択権の付与を敬遠してきたわが国の実務に、新しい視点を提供するものであろう。

(3)　三角合併と株式交換の手続の非対称

買収会社が対象会社を完全子会社にしようとする場合に、三角合併を利用する場合と、株式交換を利用する場合とで、法文上は、必要な手続に違いが生じる。この規制の非対称を狙って、三角合併が利用される可能性もある。

すなわち、三角合併を利用すれば、買収会社（完全親会社となる会社）では、株主総会の決議も原則として不要であるし、したがって、株式買取請求権が反対株主には与えられず、しかも、債権者保護手続も必要ない。買収会社における手続は、三角合併を用いることによって、格段に軽減される。

もっとも、買収会社の株主総会の決議の省略を認めてよいのか、実質論としては疑問が残る。規制の非対称を解消するために、買収会社の株主総会の決議を原則として要求すべきである[65]。「この抜け穴にかんがみても、募集株式の発行等を取締役会決議のみでなしうる基準を、簡易組織再編の二〇％に合わせるといった提案が、今回は見送られたことが惜しまれる」とする見解もある[66]。

上場会社については、東京証券取引所が、上場制度総合整備プログラム特定の者を対象とする大規模な第三者割当増資の実施について、尊重義務として課すべき開示内容や手続を、検討しているところである[67]。立法論としては、子会社による親会社株式の取得の禁止の適用除外（会社法一三五条二項五号）を受ける場合に、親会社において株主総会決議を原則的に義務づけることも、検討に値しよう。

(4)　許される買収主体の範囲

三角合併と株式交換とでは、買収主体として許される者の範囲が異なる。

株式交換を使って、対象会社の株式の全部を取得することができるのは、株式会社と合同会社に限られる（会社法二条三一号・七六七条）。これに対して、三角合併の形式をとれば、しかも対価が柔軟化された会社法のもとでは、対象会社の株式の全部を取得しようとする買収者は、株式会社でなくてもよい。例えば、自然人であっても、一〇〇％所有の会社を設立し、その会社に対象（株式）会社を合併させ、対価として金銭等を交付すれば、対象会社の株式の全部を取得することができる。もちろん、課税上は不適格になるから、実際に使われるかは定かではないが、このような設計にも道が開かれた。

この点も、企業結合法制に新しく生じた規制の非対称であろう。規制に整合性を持たせるという視点からは、そもそも、株式交換において、取得側を株式会社と合同会社に限定する必要があったのかという疑問が残る。わが国では、英国等とは異なり、公開買付後の強制買取制度が存しないという事情もある。

四　小　括

以上でみたように、合併等対価の柔軟化については、立法的には一定の方向性が示されたが、難問が積み残されているのが現状である。当面は、実務の高度の倫理観に期待をしつつ、将来的には、立法等によって、明確な行為規範が当事会社に示され、安定的な法の実現がなされることが望まれる。

第四節　債務超過会社の組織再編

一　序

債務超過会社を組織再編の当事会社にすることができるか、あるいは、組織再編の結果、債務超過会社を生み出すことができるか、という点は、古くから争いがあるところでもあり、会社法制の現代化を経てもなお、解釈論に委ねられている[68]。

ここでいう債務超過とは、簿価に基づく貸借対照表の純資産額がマイナスである場合（形式的債務超過）ではなく、資産を評価替えして、のれんを計上してもなお、純資産額がマイナスである場合（実質的債務超過）をいう。会社法の制定によって、合併差損などが生じることは明文で認められた（会社法七九五条二項一号二号）[69]。立法の過程では、先に紹介したように、経団連から、実質的債務超過会社の合併等を認めたものか確認し、認めない趣旨なら、これを認めるべきであると主張された。

従前の議論を踏まえて、会社法のもとでは、債務超過会社の組織再編について、どのように考えるべきか。

二　対価柔軟化と債務超過会社の合併

まず、債務超過会社の合併について考えると、典型的には、債務超過の子会社を親会社が合併する事例が考えられる。

かつては、資本充実の原則が害されることを根拠として、債務超過会社の合併を否定する見解もあった[70]。しかし、会社法制の現代化によって、合併対価が柔軟化され、株式が発行されるとは限らなくなったから、このような論拠は説得力を大きく損なわれた[71]。債務超過の完全子会社を親会社が合併する場合には、対価を交付する必要がないから、特段の問題はないと主張する見解が有力になっており、[72]登記実務でも認められているという流れにも合致する。

資本充実の原則が弱体化ないし消滅したとも説かれてもおり、[73]株式を対価とする場合ですら、債務超過会社を消滅会社とする吸収合併が一律に否定されるものではなくなった。[74]もっとも、株主総会の多数決で合併契約の承認がなされるという現行法の基本的手続構造に反するという理由で、許容されるべきではないとの批判もある。[75]

諸外国の例をみても、合併当事会社が債務超過であることのみをもって、合併が許されないとは考えられていないようである。債権者保護の見地からは、カナダ連邦会社法のように、合併時の各当事会社の財産状態がどうであれ、合併後の会社が会社債権者を満足させせだけの資産を有することを確保すれば十分である。[76]

株主の利益を守るという観点からは、合併比率の公正さをどのようにして確保するかが問題となり、債務超過会社が当事会社に含まれている場合も、この問題の一部として整理することができるであろう。

最も直裁な対応は、債務超過会社を消滅会社として合併を行うと、対価を支払う限りは、存続会社の株主にとって、合併比率が公正でないという評価である。[77]とはいえ、独立当事者間取引においては、このような合併が実際に行われるとは想定しがたい。[78]存続会社としては、たとえ消滅会社が単体では債務超過であったとしても、合併による相乗効果（シナジー）を考慮に入れた上で、なお合併が存続会社の利益になると判断しているはずである。この点は、親子会社間合併などでも同様であり、相乗効果が期待できる場合か、そうでなくとも、親会社が実質的には子会社の債務保証をしていると判断される場合には（子会社を救済しなければ、親会社の信用を傷つける）、債務超過会社を吸収合併するという親会社の決定は経済合理性を有する。[79]この意味で、実質的債務超過会社の組織再編を一律に禁止するか否かという従来の議論は、硬直的であったのであろう。当事会社が債務超過であるか否かに、固有の論点がある訳ではない。[80]

この点、債務超過会社をそのままの状態で評価するのではなくて、合併によって存続会社が受ける利益や免れる損失を考慮して、存続会社にとって負の価値しかないのかを判断基準すべきとの見解もある。[81]これと類似した発想に立ちつつ、組織再編の結果として生じるシナジーを組織再編前の当事会社の企業評価に含めることは、組織再編の条件の決定の仕方一般に影響を及ぼすという難点があるという指摘がある。(82)とはいえ、債務超過会社の合併の可否という問題とシナジーの分配のあり方の問題は、理論的には別次元の議論であると考えることができるから、説明の仕方の違いに過ぎないともいえよう。

債務超過会社の合併が認められるとしても、合併対価を何ら与えないのでなければ、合併比率が著しく不公正にならざるを得ないから、合併契約の承認決議には取消原因（会社法八三一条一項三号）があり、ひいては、合併無効の訴えの対象となるとの見解がある。(83)合併比率が著しく不公正であることが直ちに合併の無効原因と構成すると解することも考えられるが、(84)争いのある合併が独立当事者間取引と評価できるのならば、合併比率の適正さを司法審査に服させる実質的な意味はない。他方で、独立当事者間取引といえないのであれば、特別利害関係株主が議決権を行使したことによって不当な決議がされた場合にあたる余地があり、株主総会決議取消事由を経由して、合併無効事由となる可能性がある。(85)

合併無効の訴えの対象になるような極端な事例を除けば、債務超過会社の合併に関する問題は、取締役の義務と責任の問題に還元されていくのであろう。(86)

三　債務超過会社の株式交換と会社分割

債務超過会社を株式交換によって完全子会社にできるかについては、会社法制定前から、これは可能であると主張されてきた。(87)完全子会社となる会社の企業価値がマイナスであっても、完全親会社が受け入れる対価は債務超過会社の株式であり、破綻が確定的でない限り、株主有限責任制の下ではプラスの価値を有するのが通常といってよいからである。一種のリアル・オプションであるともいえる。(88)

もっとも、この見解には、平成一七年改正前商法においては、株式交換による親会社の資本の額の増加額の上限が、完全子会社の純資産額を基準として定められているという難点があった（平成一七年改正前商法三五七条）[89]。この点は、会社法制の現代化によって、ほぼ解消されたといってよい（会社計算規則六八条一項一号（１）・六九条一項一号（１））[90]。現在では、債務超過会社が完全子会社となる株式交換も、それ自体は、適法と考えられている[91]。

会社分割については、議論が深められている訳ではない[92]。ただ、検討と対象となるべき事柄は、単に、当事会社、分割対象財産および分割後の会社の価値の正負ではない点は、先に合併に関して述べたことと同様である。むしろ、現実問題として重要なのは、「債務の履行の見込みに関する事項」（会社法施行規則一八三条六号・二〇五条七号）の解釈であろう。

会社分割を行うためには、依然として、「履行の見込み」があることが、会社法のもとでも要求されていると解した上で、そこでいう「履行の見込み」とは、「分割前の債務の履行の見込みが維持されているか」という観点から判断すべきである。会社分割後において、全ての債権者が満たされる財務状態にならないとしても、どの債権者にも不利益を与えることなく、一部の債権者であれ履行の可能性を高めることができるのであれば、そのような会社分割は認められても、問題を生じさせないし、現実には必要となる場面も少なくないであろう。

その意味で、「履行の見込み」とは、「従前の履行の見込み」であり、それが存在することが必要と解すれば、必要十分であると考えられる[93]。このような限定的な解釈は、平成一七年改正前からも可能であったろうが、この課題に正面から答える機会を与えたという意味で、法務省令の立案担当者の問題提起は大きな意味があったといえる。なお、この点は、分割対象の事業性、債権者保護手続の柔軟化にも関係し、更なる検討が必要である[94]。

四　小括

合併等の対価が柔軟化され、資本充実の原則にゆらぎが生じたため、債務超過会社の組織再編に関する議論も、大きな影響を受けることになった。会社法が中立的な利害調整機能を果たすべきという命題からは、種々の呪縛から解き放たれ、かなり単純な形での整理が容易になったとも考えられる。ただ、これでよいものかを含めて、今後の実務での運用と更なる理論的な検証が待たれる。

第五節　結　語

組織再編の規制緩和は、会社法制の現代化で一気に進んだ。経済界の要望が顕在化したという意味で、会社法の利用者の利便性を高めたとも評価できるし、他方で、規制の対象者への規律が緩みすぎなかったかとの懸念が残る(95)。会社法が利用者にとって便利なものであることは望ましいし、それを、利害関係人に不利益を与えることなく実現することが、立法であれ、解釈であれ、法を創造する立場にある者に期待されている。しかも、立法趣旨の理解においても分かりやすく、規制の内容も分かりやすいことが不可欠である。利用者にとっても便利であるし、利害関係人にとっても自分に与えられている規範を容易に知り得るからである。

会社法の今ある姿に関して、また、会社法のあるべき姿に関して、このような理解が共有されているとはいえないかもしれない。とはいえ、事前規制から事後規制への大きな転換がなされたとすると、その揺り戻しが現れることを、避けることはできないであろう。対価柔軟化を用いた少数株主の締め出しが濫用されないかという懸念は払拭できないし、国際的三角合併に対しては、規制緩和を要望してきた経済界からも警戒感が示されている。また、組織再編の対価柔軟化との関係でも、債務超過会社に関する組織再編に関する議論が動き始めている。

事前規制が大幅に緩められた状態においては、会社法の利用者に対する行為規範が明確に与えられる必要がある。そうでないならば、一方で、制度の濫用が危惧されるし、他方で、不必要に謙抑的な利用しかされないことにもなりかねない。組織再編に関する法規制は、このような過渡期にある。

現状においては、事前の歯止めとしては、実務の高い倫理観を期待しつつ、事後の救済としては、私人による裁判所を通じた法実現を探求することになろうか。事後救済の基準が明確になれば、それが事前の行為規範として働くよのであろうが、わが国の現在の社会基盤に適合した方法であるのか疑問が残る。立法も含めて、事前の行為規範を明確にすることが必要であろう。

うにはなる。会社法制の現代化においては、このような経験の積み上げによる法の再構築が望ましいと考えられた

(1) 中東正文「要望の顕現——組織再編」商事法務研究会編『会社法の選択——新しい社会の会社法を求めて』(商事法務、刊行予定)。本書は、約三年に及ぶ共同研究の成果であるが、その基本的な着想と姿勢については、同書の松井智予「序論」を参照されたい。

(2) 神田秀樹教授によれば、『企業組織再編』の分野については、商法は未整備で、基本的には、合併以外については、何も手を打っていなかった。その理由は、あまり強いニーズがなかったということではないかと思われる。ところが、一九九〇年代、バブル経済が崩壊し、その後の経済不況のなかで状況が変わってきた」。神田秀樹『会社法入門』(岩波書店、二〇〇六年)二三頁。

(3) 神田・前掲注(2)二一—二三頁は、次のように述べている。「この頃〔一九九年代終わり〕から当時の通産省による特別立法の先行というやり方が定着し始めたことも重要である。……商法とは異なるルールでやってみて、うまくいくようだったらそのルールを商法本体のルールとするという……流れができた」。また、「要するに、商法改正のプロセスは依然として大部分は法制審議会経由のルートであるが、議員立法のルートと、経済産業省先導型のルートも新たにできたのである」とする。

(4) 以上の諸点については、中東正文「ボーダレス時代のM&A」江頭憲治郎＝増井良啓編『融ける境　越える法　第三巻　市場と組織』(東京大学出版会、二〇〇五年)九九—一〇四頁で論じた。

(5) 法の再構築の諸相のうち、会社支配市場に焦点を当てたものとして、中東正文「会社支配市場に関わる法規制の再構築」江頭憲治郎＝碓井光明編『法の再構築　第一巻　国家と社会』(東京大学出版会、二〇〇七年)四一頁。会社支配市場ないし敵対的買収の規律に関する問題を、もっぱら会社法の問題として扱うのは適切でないことにつき、岩原紳作ほか「敵対的TOB時代を迎えた日本の買収法制の現状と課題——金融商品取引法の要点〔座談会〕」MARR一四七号(二〇〇七年)一九頁〔岩原発言〕。中東論文は、会社法制の現代化とそれに対応する証券規制改正を検討し、今

般の会社私法市場を巡る司法審査を通して、私人による法の実現の努力がなされてきたところ、それには限界が存在しており、官と民との役割が再分配された形で、証券取引法改正（金融商品取引法制定）が実現したと分析している。
（6）以下の叙述につき、詳しくは、中東・前掲注（1）参照。
（7）以上につき、「経団連の最近の動き（一九九七年一〇月）」（経団連ホームページ）を参照。
（8）法務省民事局参事官室「親子会社法制等に関する問題点」商事法務一四九七号（一九九八年）一八頁。
（9）通商産業省産業政策局産業組織課編『持株会社をめぐる商法上の諸問題 ── 株式交換制度の創設に向けて』別冊商事法務二〇六号（商事法務、一九九八年）を参照。
（10）経団連「『親子会社法制等に関する問題点』に対するコメント」（一九九八年九月一日）。
（11）経団連「わが国産業の競争力強化に向けた第一次提言 ── 供給構造改革・雇用対策・土地流動化対策を中心」（一九九九年五月一八日）のうち、「I産業競争力強化に向けた供給構造改革のための措置」。そこでは、会社法制に関して、①会社分割法制の創設、②分社化法制の整備（現物出資等の検査役調査を不要化など）、③株式交換・株式移転制度の早期導入、④キャッシュ・アウト・マージャーの導入などが提言されている。
（12）内閣総理大臣決裁「産業競争力会議の開催について」（一九九九年三月一九日）。
（13）経団連経済法規委員会「会社分割法制を導入する『商法等の一部を改正する法律案要綱中間試案』に対するコメントをとりまとめ」経団連くりっぷ一〇八号（一九九九年九月一日）。
（14）経団連「商法改正への提言」（二〇〇〇年一〇月一七日）。
（15）経団連の提言では、「完全子会社を設立する上で、全ての株主に対して同一条件で株式買付することを条件として、株式買付に反対する少数株主の有する株式を現金等で強制的に買い取ることを許容する強制株式買取制度を創設することが求められる。また、組織再編を柔軟、円滑に進めるためには、合併等により消滅する法人の株主に対して、当該消滅法人の株式の対価として、合併等により存続する法人または新設される法人の株式に代えて、あるいはそれに加えて合併比率の調整に必要な限度を超えて現金等を交付する形態の合併（キャッシュアウト・マージャー）を許容すべきである」と、主張されている。
（16）経団連「会社法改正への提言 ── 企業の国際競争力の確保、企業・株主等の選択の尊重」（二〇〇三年一〇月二一日）。

(17)　法務省民事局参事官室「会社法制の現代化に関する要綱試案」商事法務一六七八号（二〇〇三年）四頁、法務省民事局参事官室「会社法制の現代化に関する要綱試案補足説明」商事法務一六七八号（二〇〇三年）。

(18)　経団連経済法規委員会「『会社法制の現代化に関する要綱試案』についての意見」（二〇〇三年一二月二四日）。

(19)　中東・前掲注（4）九九頁参照。

(20)　在日米国商工会議所商法タクス・フォース「日本におけるクロス・ボーダー株式交換によるＭ＆Ａに関する意見書（Making Cross-Border Stock for Stock M&As Possible in Japan）」（二〇〇一年）。二〇〇二年五月末まで有効な意見書であるとされた。

(21)　外国会社との直接的な組織再編についての可否は、国際会社法における一つの課題として、議論が進められてきている。先駆的な業績として、龍田節「国際化と企業組織法」竹内昭夫＝龍田節編『現代企業法講座第二巻／企業組織』（東京大学出版会、一九八五年）二五九―三二九頁、落合誠一「国際的合併の法的対応」ジュリスト一一七五号（二〇〇〇年）三六頁、江頭憲治郎「商法規定の国際的適用関係」国際私法年報二号（二〇〇〇年）一三六頁がある。その後の議論については、松井秀征「外国会社との合併・株式交換をめぐる法的規律〔Ⅳ〕会社法からの分析」商事法務一六二五号（二〇〇二年）四三頁、藤田友敬「国際会社法の諸問題〔下〕」商事法務一六七四号（二〇〇三年）二〇頁、中東正文「企業組織の国際的再編」商事法務一七〇六号（二〇〇四年）二六頁などを参照。

(22)　例えば、経団連アメリカ委員会企画部会では、平成一六年四月一五日の会合で、経済産業省から、本文のような説明を受けている。経団連国際経済本部「日米両国の投資環境整備に向けて――日米間の「投資イニシアティブ」の現状」経済くりっぷ四四号。

(23)　活動の様子について詳しくは、経済産業省の「対外経済政策総合サイト」<http://www.meti.go.jp/policy/trade_policy/n_america/us/html/invest_initiative.html>（二〇〇七年）を参照。

(24)　日米投資イニシアティブ「二〇〇二年日米投資イニシアティブ報告書――成長のための日米経済パートナーシップ」（二〇〇二年）。

(25)　在日米国商工会議「小泉首相の施政方針演説における対日投資に対する決意を称賛（ACCJ Applauds Koizumi

Foreign Direct Investment Pledge）」（二〇〇三年二月四日付プレス・リリース）。

(26) 日本政府は、経済産業省の企業価値研究会での検討と、経済産業省と法務省が共同で策定した「企業価値・株主共同の利益の確保又は向上のための買収防衛策に関する指針」（平成一七年五月二七日）について説明を行った。

(27) 経団連「わが国産業の競争力強化に向けた第一次提言――供給構造改革・雇用対策・土地流動化対策を中心に」（一九九九年五月一八日）。

(28) 会社法制と証券法制は、法形式上、別々の体系を有しているものの、両者の連動が図られつつある。株式会社が、本来、多数の分散した投資家から資金を調達するための仕組みであり、資本市場との関わりが避けられないものであるとすれば、少なくとも市場を利用する証券を発行する株式会社については、会社法規制と証券法制は連動しつつ包括的な法規範を提供するものである必要があろう。

(29) 本章は、敵対的買収のみを対象とするものではなく、本文で示した点は、将来の検討課題としたい。なお、全体像を叙述して、一定の方向性を示したものとして、中東・前掲注(5)。

(30) 竹田省「現金の交付を伴ふ会社合併」『商法の論理と解釈』（有斐閣、一九五九年）二六五―二七〇頁、大隅健一郎「会社合併の本質」「会社法の諸問題〔新版〕」（有信堂、一九八三年）三八九頁、龍田節「株主総会における議決権ない し多数決の濫用」『権利の濫用・中』（末川博先生古稀記念）（有斐閣、一九六二年）一三三頁、上柳克郎＝鴻常夫＝竹内昭夫編「新版注釈会社法(13)」（有斐閣、一九九〇年）一六五―一六九頁〔今井宏〕、大隅健一郎＝今井宏「会社法論下Ⅱ」（有斐閣、一九九一年）一一〇―一一四頁、中東正文『企業結合・企業統治・企業金融』（信山社、一九九九年）一五二―一五三頁。

(31) 柴田和史「合併法理の再構成(6・完)」法学協会雑誌一〇七巻一号（一九九〇年）五八―六〇頁、江頭憲治郎『結合企業法の立法と解釈』（有斐閣、一九九五年）二六三頁。

(32) 相澤哲ほか「『会社法制の現代化に関する要綱試案』に対する各界意見の分析〔Ⅴ・完〕」商事法務一六九三号（二〇〇四年）四二―四三頁参照。

(33) 斉藤真紀「ドイツにおける少数株主締め出し規整(2・完)」法学論叢一五五巻六号（二〇〇四年）五九―六〇頁。

(34) 伊藤靖史「少数株主の締出しに関する規制のあり方について」同志社法学五六巻四号（二〇〇四年）九三―九四頁。

(35) 福島洋尚「株式会社における少数株主の締め出し制度」柴田和史＝野田博編『会社法の現代的課題』（法政大学出版局、二〇〇四年）二三六—二三七頁。

(36) デラウェア州の最高裁においては、事業目的基準（business purpose test）は、Singer v. Magnavox Co., 380 A. 2d 969（Del. 1977）事件判決、Tanzer v. International General Industries, Inc., 379 A. 2d 1121（Del. 1977）事件判決、Roland International Corp. v. Naja, , 407 A. 2d 1032（Del. 1979）事件判決の三部作で完成をみたが、その後のWeinberger v. UOP, Inc., 457 A. 2d 701（Del. 1983）事件判決で、廃棄された。ニューヨーク州などでは、事業目的基準が、今なお維持されている。

(37) 柴田和史「現金交付合併と正当な営業上の目的の法理に関する一試論」柴田和史＝野田博編『会社法の現代的課題』（法政大学出版局、二〇〇四年）一三—一四頁、柴田和史「追出合併（Cash*Out*Merger）と対価柔軟化」中野通明＝宍戸善一編『M＆Aジョイント・ベンチャー』（日本評論社、二〇〇六年）二一八頁。同様に、解釈で、正当な事業目的を要求し、これを欠いた株主総会決議は、著しく不当で、決議取消事由を有する場合があり得るとするものとして、前田雅弘＝中村直人＝北原直＝野村修也「新会社法と企業社会〔座談会〕」法律時報七八巻（二〇〇六年）五号六頁〔前田発言〕。同じく、少数株主の締め出しについて、事業上の正当な目的を要求する見解として、長島・大野・常松法律事務所『アドバンス新会社法〔第二版〕』（商事法務、二〇〇六年）七七五—七七六頁。

(38) 藤田友敬「企業再編対価の柔軟化・子会社の定義」ジュリスト一二六七号（二〇〇四年）一〇九頁、田中亘「組織再編と対価柔軟化」法学教室三〇四号（二〇〇六年）八一頁。

(39) 石綿学「会社法と組織再編——交付金合併を中心に」法律時報七八巻（二〇〇六年）五号六四頁。

(40) 中東正文「企業組織再編法制の整備」商事法務一六七一号（二〇〇三年）二一頁。また、会社法制の現代化が検討される前のものであるが、中東・前掲注(30)五四三—五四四頁も参照。

(41) 石綿・前掲注(39)六一—六二頁。この点につき、中東正文「M＆A法制の現代的課題〔上〕」商事法務一六五八号（二〇〇三年）一一—一四頁は、立法でしかるべき事前規制を課し、これに従うならば、原則として、合併の効力が覆ることはないという形で、取引の安定化を図ろうと提言していた。なお、田中・前掲注(38)七九—八〇頁は、株式買取請求権が行使された場合の公正価格の決定につき、同様の基準を満たした場合に、支配・従属会社間の合併も、独立当事者間の合併と同様に、合意された条件が公正なものとして尊重されるべきことを示唆する。
(42)　江頭憲治郎『株式会社・有限会社法〔第四版〕』（有斐閣、二〇〇五年）六八八頁注（2）など。
(43)　前田ほか・前掲注(37)七頁［中村直人発言］。とりわけ非公開会社における対価柔軟化の濫用を懸念するものとして、浜田道代「新会社法における組織再編」商事法務一七四四号（二〇〇五年）五二頁。
(44)　これら二点を含めて、交付金合併の不利益から少数株主を保護する必要があるのなら、どのような制度の整備が必要かについて論じるものとして、藤田・前掲注(38)一〇八―一〇九頁。
(45)　相澤ほか・前掲注(32)四三頁。
(46)　上村達男「会社の設立・組織再編（『会社法制の現代化に関する要綱試案』の論点（5））」商事法務一六八七号（二〇〇四年）一三頁。
(47)　相澤哲＝細川充「組織再編行為」商事法務一七六九号（二〇〇六年）一五頁。
(48)　この点を批判するものとして、稲葉威雄「法務省令の問題点――組織再編に関連して」ジュリスト一三一五号（二〇〇六年）二二―二三頁。解釈論として、存続会社等の株式以外の対価が交付される場合には、なぜそれが交付されるのか（不当な少数派の締め出しでない理由）も説明される必要があるとの見解がある（江頭憲治郎『株式会社法』（有斐閣、二〇〇六年）七七〇―七七一頁）。立法の過程に照らしても、実質的にも、このような解釈が採られるべきである。なお、東京証券取引所「合併等の組織再編、公開買付け、ＭＢＯ等の開示の充実に関する要請」（二〇〇六年一二月一三日）参照。
(49)　浜田・前掲注(43)五二頁、前田ほか・前掲注(37)八頁［中村直人発言］参照。
(50)　浜田・前掲注(43)五二頁。同様の視点を早くから提示していたものとして、川濱昇「株式会社の支配争奪と取締役の行動の規制（2）」民商法雑誌九五巻三号（一九八六年）五六頁。また、中東正文「合併、三角合併、株式交換・株式移転」川村正幸＝布井千博編『新しい会社法制の理論と実務』（経済法令研究会、二〇〇六年）二三三―二三四頁も参照。中東・前掲注(30)は、少数株主の締め出しと会社支配市場の規制のあり方を考察することを、主題の一つにしている。
(51)　中東・前掲注(30)一三六―一三九頁。

(52) 笠原武朗「少数株主の締出し」森淳二朗＝上村達男編『会社法における主要論点の評価』（中央経済社、二〇〇六年）一一四頁。

(53) 笠原・前掲注(52)一一九―一二二頁。株式買取請求権の機能の変容について、藤田友敬「新会社法における株式買取請求権制度」『会社法の理論〔上〕』（江頭憲治郎先生還暦記念）（商事法務研究会、二〇〇七年）二七六頁は、反対株主に反対株主に離脱の権利を与えるための制度という従前の機能よりも、経営者や多数株主の決定に対する監視機能の側面が重視されることになるとする。

(54) 産業再生機構のもとで経営再建中だったカネボウは、投資ファンド三社連合が設立した持ち株会社に買収され、さらに、ファンド連合が設立した別の新会社などに、日用品などの三事業を営業譲渡したところ、反対株主から株式買取請求権が行使された。

(55) 片木晴彦「企業組織再編」森淳二朗＝上村達男編『会社法における主要論点の評価』（中央経済社、二〇〇六年）二五五頁。

(56) 松古樹美「最近の組織再編の潮流にみるM＆A関連法制の現状と課題〔上〕」商事法務一六五三号（二〇〇三年）一六―一七頁ほか。

(57) 実質法に関する議論の状況については、中東・前掲注(21)二八―三〇頁、中東・前掲注(4)一一〇―一一二頁を参照。また、前掲注(21)も参照。

(58) 相澤哲編著『一問一答　新・会社法』（商事法務、二〇〇五年）二二三頁。

(59) 落合誠一＝神田秀樹＝近藤光男「会社法Ⅱ――会社〔第七版〕」（有斐閣、二〇〇六年）三三三頁〔落合〕、江頭・前掲注(48)七五七頁注(3)。

(60) 外国会社が内国会社を買収する際に三角合併を用いると、合併そのものは、内国会社間において行われるので、抵触法上の問題が生じにくい。もっとも、包括承継という説明のみで、在外資産や外国法が関係する権利義務の承継が当然に認められる訳ではないことが指摘されている（長島・大野・常松法律事務所・前掲注(37)六八五―六八六頁）。

(61) 「三角合併　合併当事者間の判定に親会社、グループ会社は含まれず――合併法人の一〇〇％親法人の株式交付は適格に」T&Amaster 一九一号（二〇〇六年）八頁。

(62)　この点は、国際会社法の研究領域の一つとして、国際的組織再編の実質法上の問題として、議論が重ねられてきている。中東・前掲注(21)一八頁ほか参照。外国証券取引所に上場されている株式であっても、内国証券取引所（金融商品取引所）で上場されていない以上は、譲渡性と換金性は低く、一般的には、総株主の同意が要らないにしても、特殊決議が必要と考えられてきたのであろう。例えば、龍田節「会社法〔第一〇版〕」（有斐閣、二〇〇五年）四七六頁は、特殊決議を当面は要求すべきとしていた。反対に、特殊決議までをも要求すべきではないとする見解として、落合誠一「合併等対価の柔軟化とM&A法制の方向性」企業会計五九巻八号二九頁（二〇〇七年）。

(63)　例えば、在日米国商工会議所＝欧州ビジネス協会「ACCJとEBC、三角合併の要件厳格化を求める経団連の姿勢に懸念を表明」（二〇〇六年一〇月二七日）。

(64)　中東正文「外国会社による三角合併」金融・商事判例一二五七号（二〇〇七年）一頁。

(65)　中東・前掲注(30)二〇九頁、中東・前掲注(50)二三〇頁ほか。なお、中東・前掲注(21)三〇頁参照。

(66)　浜田・前掲注(43)五〇頁。実務の感覚としては、あまりに厳しい規制になってしまい、受け入れがたいようである。武井一浩＝中東正文「会社法下のM&Aを語り尽くす〔2〕〔対談〕」ビジネス法務七巻二号六〇頁〔武井発言〕（二〇〇七年）参照。

(67)　東京証券取引所「上場制度総合整備プログラム」（二〇〇六年六月二二日）は、「企業行動と市場規律の調和」のため、「具体案の策定に向け問題点の整理を行う事項」として、「ディスカッション・ペーパーで掲げた企業行動（当初から対応を講じるべき企業行動として掲げるものを除く）」についても、どのような場合に、尊重義務遵守を図るための対応を講じるべきものとして掲げるべきか、具体的な要件、対応方法について整理を行う」、「特定の者を対象に発行するMSCBの発行や大規模な第三者割当増資の実施等について、開示内容や手続きの面を中心に整理する」としている。東京証券取引所「上場制度の改善に向けたディスカッション・ペーパー」（二〇〇六年三月二二日）は、「株主の権利に影響のある企業行動を決定する場合の透明性の向上」のため、ニューヨーク証券取引所やNASDAQにならって、「特定の株主（例えば一〇名以下）への一定の議決権割合以上の株式、新株予約権又は新株予約権付社債の発行については、原則として株主総会に付議する旨を定めた規定を上場規則に明記すること」が考えられるとする。上場諸基準の整備にあたっては、平成一八年九月七日に、「上場制度整備懇談会」（座長・神田秀樹東京大学教授）が設置された、平成一九年三月二七日には、中間報告が公表された。
(68) 神田秀樹『会社法〔第九版〕』（弘文堂、二〇〇七年）三一〇頁。
(69) 吸収合併契約等の株主総会による承認にあたって、取締役は、差損が生じることを説明しなければならない。裏を返せば、差損が生じても、合併等は可能であることを示しており、従前の実務を支持する。同様に解釈論に委ねられているとする見解として、藤田友敬「新会社法の意義と問題点――組織再編」商事法務一七七五号（二〇〇六年）六三頁注(34)。
(70) 大隅・前掲注(30)三九八頁、上柳ほか編・前掲注(30)一三三―一三五頁〔今井宏〕。
(71) 柴田・前掲注(31)六八頁。債務超過会社の組織再編を積極的に認める立場から、従来の議論を検証したものとして、河野悟「債務超過会社の組織再編に関する考察（1）（2・完）」民商法雑誌一三三巻二号一六〇頁、同巻三号三六二頁（二〇〇五年）。
(72) 松岡誠之助「赤字会社の合併」竹内昭夫＝松岡誠之介＝前田庸『演習商法』（有斐閣、一九八四年）二〇七頁、上柳ほか編・前掲注(30)一三五頁〔今井宏〕、遠藤美光「財務破綻にある株式会社の吸収合併（2・完）」千葉大学法学論集六巻一号（一九九一年）一三三―一三四頁。
(73) 資本充実の原則は放棄されたとする見解として、神田秀樹『会社法〔第八版〕』（弘文堂、二〇〇六年）二四四頁、弥永真生『リーガルマインド会社法〔第一〇版〕』（有斐閣、二〇〇六年）二一頁、弥永真生「会社法と資本制度」商事法務一七七五号（二〇〇六年）四八頁、五〇―五三頁。資本充実の原則は維持されているとする見解として、小林量「資本（資本金）の意義」企業会計五八巻九号（二〇〇六年）三一頁、前田庸『会社法入門〔第一一版〕』（有斐閣、二〇〇六年）二二頁、江頭・前掲注(48)三四頁。
(74) 相澤哲＝葉玉匡美＝郡谷大輔編著『論点解説　新・会社法　千問の道標』（商事法務、二〇〇六年）六七二―六七三頁。
(75) 今井宏＝菊地伸『会社の合併』（商事法務研究会、二〇〇五年）一五〇頁。稲葉・前掲注(48)二二頁は、資本充実の観点から、実質債務超過会社を合併する場合に、新株を発行することは許されないとする。
(76) 債権者保護に手厚いカナダ連邦会社法では、合併契約の添付書類において、当事会社の取締役または役員は、（a）

消滅会社および存続会社が支払不能に陥らないことと、存続会社の資産の時価が負債と表示資本の合計額を下回らないこと、および、（b）合併によって債権者が誰も害されないことと、全ての知れている債権者に対して適切な告知（Canada Business Corporation Act s. 185(3)で十分条件が示されている）がなされ、根拠に乏しくあるいは濫用に及ぶものではない異議が述べられていないことについて、そのように信ずべき合理的な理由が存すると、会社法長官を納得させなければならない（Canada Business Corporation Act s. 185(2)）。カナダ法の状況については、ビクトリア大学のMark Gillen教授、ブリティッシュ・コロンビア大学のJanis Sarra教授とRonald Davis教授に、懇意にお教えいただいた。

(77) 龍田節「合併の公正維持」法学論叢八二巻二＝三＝四号（一九六八年）二八四―二八五頁。龍田教授は、「いわばマイナスの価値しかもたない株式を積極財産と交換する結果になり、合併比率の公正さは完全に無視されるからである」とされる。中東・前掲注(30)一五〇頁も、「マイナスとプラスの間には、公正性の観点からは越え難い壁がある」とする。

(78) 神田秀樹「計算・組織再編・敵対的買収防衛策〔インタビュー〕」企業会計五八巻四号（二〇〇六年）三五頁は、「実質マイナスかどうかは、本当は誰にもわからないこと……。当事者はプラスに見ているのであればいい」とする。

(79) 藤田・前掲注(69)五八頁参照。

(80) 藤田・前掲注(53)三〇〇頁注(66)参照。

(81) 中東・前掲注(41)二五―二六頁、中東・前掲注(50)二三四頁。

(82) 藤田・前掲注(53)二九九頁注(65)。

(83) 弥永・前掲注(73)四二七―四二八頁。

(84) 東京高裁平成二年一月三一日判決（資料版商事法務七七号一九三頁）は、合併比率が著しく不公正であっても、反対株主は株式買取請求権を行使できるので、合併無効の原因とはならないとする。江頭・前掲注(48)七七五頁も同旨。学説の状況については、遠藤美光「合併比率の不公正と合併無効事由」江頭憲治郎ほか編『会社法判例百選』（有斐閣、二〇〇六年）一九八頁を参照。

(85) 江頭・前掲注(48)七六二頁。

(86)　中東・前掲注(50)二三四頁。
(87)　中東正文「株式交換・株式移転」金融・商事判例一一六〇号二五頁（二〇〇三年）、中東・前掲注(41)二六頁ほか。
(88)　中東正文「M＆A法制の現代的課題〔下〕――実務と理論の架橋」商事法務一六五九号（二〇〇三年）五一頁。
(89)　中東・前掲注(41)二八頁注(46)。
(90)　この点について、資本等の増加限度額の改正に伴い、「旧商法では議論があった、債務超過会社を完全子会社とする株式交換も一定の手続を踏むことで可能であることが明確となっている」とされる。武井一浩『会社法を活かす経営』（日本経済新聞社、二〇〇六年）二六六頁。
(91)　弥永・前掲注(73)四二八頁。
(92)　この点を論じるものとして、弥永・前掲注(73)四二八頁注(40)。
(93)　例えば、分割によるシナジーを考慮することも必要であろうし、会社分割と合わせて、資本注入が行われる場合など、一連の組織再編を全体として評価することが必要になろう。
(94)　藤田・前掲注(69)五八―五九頁参照。
(95)　朝日新聞二〇〇六年九月八日朝刊で紹介されている西川元啓新日本製鐵常任顧問と上村達男早稲田大学教授のコメントを参照。また、会社経営の効率性を高め、より多くの新たな富を創出させる上で、わが国のM＆A法制が重大な岐路にあることにつき、落合・前掲注(62)三二一頁。

第二部　企業結合法制の個別的課題

第一章　資産譲渡における企業承継者責任——製造物責任を中心として——

第一節　問題の所在

アメリカにおいても、資産譲渡においては、合併の場合と異なって、譲受会社は譲渡会社の債務を全て承継する訳ではない。ある会社が他の会社の買収を検討している場合に、このような事情をも考慮して、買収形態を選択することになろう。つまり資産譲渡の形をとれば、買収会社は対象会社の必要な部分のみを取得することができ、簿外債務や偶発的債務から、自身の財産を守ることができるのが法の建前である[1]。

ところが、次のような事例を考えてみると、状況は必ずしも簡単ではないことが知られよう。例えば、電化製品の製造業を営む譲渡会社Ｐ（predecessor）が、資産の全てを承継会社（＝譲受会社）Ｓ（successor）に譲渡し、直後に解散して残余財産を株主に分配してしまったとする。ところが、その数年後になって、Ｐが製造した電化製品に瑕疵があり、そのためにＶが莫大な損害を蒙った。ＶはＰ社に対して損害賠償請求をしようにも、もやはＰ社は存在しておらず、財産はＰ社の株主に分配されている。さりとて、Ｐ社の株主に請求するのは、とりわけ株式所有が分散化している公開会社を念頭におくと、現実的ではない[2]。となると、Ｖとしては、ディープ・ポケットであるＳ社に狙いを定めて訴えを提起することになろう[3]。

以上の場合に、企業承継者たるＳ社が責任を負うか、負うとするならば、どのような要件の下においてであるかが問われる。もとより責任を根拠づけるための理論も必要となる。このような責任を、企業承継者責任（successor liability）と呼んでいる。

企業承継者責任について議論がいち早くなされたのは、製造物責任の分野である。上述の例のように、製造物責任は、製品を購入してから損害が発生するまでの期間が相当に長期にわたる場合が少なくなく、その間に製造者が解散してしまっているという例が目立ったからである(4)。アスベストやＤＥＳなどを原因とする製造物責任は、この典型例である(5)。この他にも、環境責任や雇用の承継といった場面でも、企業承継者責任が問題となり、とりわけ最近ではスーパー・ファンド法(6)に基づく環境責任の承継に関する論文が多数公表されている(7)。ただ、本章では、やや時代遅れの感がない訳ではないけれども、製造物責任に関する議論を中心に取り扱うことにしたい(8)。というのも、会社法的な視点からの分析を行おうとする際には、製造物責任に焦点を当てるのが、議論を純粋なものに近づけることができるからである。

以下では、アメリカでの企業承継者責任を認める理論を簡単に見た上で（第二節）、製造物責任法からのアプローチについての紹介と批判的検討を行い（第三節）、比較的近時の会社法的な視点からの対応について検討する(9)（第四節）。その上で、以上の検討から、日本法に対してどのような示唆が得られるかにつき、簡単に考察することにしたい（第五節）。

第二節　判例法の展開

一　序　論

製造物責任において上述のような被害者保護の要請があるとしても、合併とは異なり資産譲渡においては、譲受会社は原則として責任を承継するものではない。ただし、アメリカにおいては、判例法によって、被害者を救済するべく、そのような原則に対する例外理論を樹立してきている。このような理論は、旧来から確固たる地位を有してきた伝統的な四つの理論と、主として一九七〇年代になって各法域で編み出された新しい理論に分類することができる。順次、説明を加えることにしよう。

二　伝統的な理論

伝統的な企業承継者責任の理論として、次の四つの場合の一つに該当するならば、譲受会社とて製造物責任を承継すると考えられてきた。これら理論が適用される範囲においては、資産譲渡を利用することによって、製造物責任の危険を外部化することが阻止される。

これらの伝統的な例外とは、① 明示的または黙示的に責任を承継する旨の合意が存する場合、② 資産譲渡が詐害的（fraudulent）である場合、③ 単なる継続企業（mere continuation）である場合、④ 事実上の合併（de fact merger）とみられる場合である。[10]

① 譲受会社が譲渡会社との間で、後者の全責任を承継する旨の合意がある場合には、それが明示的なものであれ、黙示的なものであれ、譲受会社が製造物責任を承継するのは当然のことである。しかしながら、このような合意は実際には稀有であるし[11]、仮にそのような約定をしたとすれば、デュー・デリジェンスに大きな誤りがあったか、買収方法に設計ミスがあったということにもなろう。また、そもそも契約的な責任の引受ができていたのであれば、いかにして製造物責任の被害者を保護するかという課題は、もはや解決済みであるとも言えよう。[12]

② 資産譲渡が債権者にとって詐害的であると認められる事例もまた、多くないとされる。取締役が違法な行為を好まないからとか、違法な行為は悪しき事業であるからとか、詐害行為によって譲受会社は利益を得ないからといった、楽観的な分析も存在する。[13] ともあれ、詐害的な資産譲渡は、独立当事者間取引（arm's length transaction）ではなく、実体の伴わないたくらみに過ぎないとされており、伝統的な詐害的譲渡に対する禁止に関して、会社法の場面

におけるリステイトメントにほかならないとされる[14]。

③　譲受会社が譲渡会社をただ単に継続しただけである場合にも、判例法は伝統的に、両者の同一性を認めて、譲受会社に企業承継者責任を認めてきている。同様に、④　資産譲渡という形態が採られてはいるものの、それが一定の要件を満たし、事実上は合併と見られる場合には、合併に関する原則が適用され、譲受会社は企業承継者としての責任を負うことになる。これら③および④の理論が適用される事例はよく生じるが、両者を区別する有益な基準は見あたらないとも主張されている[15]。現に判例に現れてくる例を見ても、必ずしも両者を厳格に区別をしてはいないようであるので、さしあたり以下では、事実上の合併理論を検討の対象とする。

ある資産譲渡が、事実上は合併であったと認定されるためには、幾つかの要件が必要である[16]。一般的な整理によれば[17]、（1）譲渡会社の企業が存続し、経営陣、従業員、営業地、資産および営業が継続されることが必要である。（2）株主が継続することも必要であるが、これは譲渡会社がその株式を対価として営業を譲り渡し、譲受会社は受け取った譲渡会社の株式を自社の株主に分配することを意味する。（3）譲渡会社が、法律的および実務的に可及的速やかに、解散し残余財産を分配することが必要である。さらには、（4）譲渡会社が通常の業務を遂行するのに必要な義務や債務を、譲受会社が引き受けていることが必要である。以上の四つの点が満たされた場合に、事実上の合併であったと判断され、譲受会社は企業承継者責任を負うことになる。これらの要件のうちで最も関心を払うべきであるのは、（2）の株主の継続であろう。というのも、一九六〇年代頃から、アメリカでは急速に合併の対価として現金を利用することを認めるようになっていたし[18]、後述するように、この条件をいかにして排除するかが常に課題とされてきたからである[19]。

三　新しい動き

以上で概観した伝統的な例外理論では不十分であると考える傾向が一般的に強く、各法域の裁判所は、新しい例外理論を開発し発展させていくことになった。なかでも注目すべき三つの理論構成について簡単に見てみることにしよう。

第一に注目を集めたのは、一九七六年のミシガン州最高裁のターナー事件判決[20]である。同事件で最も問題となったのは、伝統的な事実上の合併理論のうち、株主の継続（上述の（2））である。つまり本件では、全資産の譲渡が現金を対価として行われていたので、それでもなお譲受会社が譲渡会社の製造物責任を承継するかが争われた。裁判所は、おおよそ次のように述べて、株主は継続していなくても良いと判断した。すなわち、確かに株主が継続していれば譲渡会社と譲受会社の同一性は認めやすくはなるものの、企業の実体を把握する試みではなく、形式を重視するだけのものである。というのも、もともと、欠陥製品を製造した時の株主構成は損害（＝責任）が発生した時の株主構成とは異なり得るからである。資産譲渡の対価が株式であるか現金であるかは、程度の問題でしかなく、むしろ重要なのは他の要件であり、とりわけ企業を継続を可能とする条件が整っていたか（前述の（1））が最も重要なのである。以上の内容を有する例外理論が打ち出されたが、これを企業継続理論（continuation of enterprise theory）という。ターナー事件判決は、会社法的な発想から生まれたものではなく、むしろ製造物責任という厳格責任の法理から生み出されたものであろう。同判決は、企業承継者責任を避けたければ、譲受会社は、当該契約締結時に、保険、補償契約、第三者預託（escrow）または値引を活用することができると主張している。

このターナー事件判決で示された方向性を一層発展させたものが、カリフォルニア州最高裁が打ち出した著名な製造ライン理論（product line theory）であろう。同裁判所は、一九七七年のレイ事件判決[21]において、厳格責任の基礎にある考え方を全面に押し出した。すなわち、不法行為における厳格責任ルールの目的は、欠陥製品から生じた損害という費用を、損害を回避する能力がない被害者に負担させるのではなく、製造業者に負担させることにある。費用を製造業者に負担させることは、保険などを通して、その費用を製品の購入者一般に負担させることにほかならない。厳格責任の最高の政策は、損害を被害者から社会一般に転化させることにある。このような政策の中核を担うのが製造業者であって、譲受会社が譲渡会社の危険分散能力を資産やノウハウの面で承継している場合には、譲受会社に製造物責任を承継させる根拠があるとされるのである。何をもって製造ラインが承継されたと判断するかであるが、製造施設や原材料の棚卸などだけではなく、ノウハウや労働者や経営者などの承継があったか否かが判断要素となる。

企業継続理論や製造ライン理論とは異なった切り口から、譲受会社の責任を認め、製造物に起因する損害を被害者に回復させようとする理論もある。警告上の欠陥（warning defect）理論というが、譲受会社そのものに製造物責任を根拠づける直接の帰責性があると判断するものである。ニューヨーク州最高裁が一九八三年に示したシューマッハ事件判決(22)では、資産譲渡によって受け継いだ機械につき、譲受会社が機械購入者の従業員に対して操作が危険であることの警告をなさなかったという理由で、譲受会社に製造物責任を認めた。警告上の欠陥という製造物責任の典型的な事象をそのまま当てはめたものであり、過失に基づく責任を直接的に認めたものである。

四　小　括

以上でみてきたように、判例は、伝統的な例外理論から出発して、種々の理論を発展させ、製造物責任の被害者の救済を試みようとしている。製造物責任を譲受会社に承継させるための理論としては、大別すれば、不法行為ないし厳格責任という観点からアプローチするものと、会社法的なアプローチをなすものとに分けることができるように思われる。それらの複合とも捉え得るものもあるが、とりわけ新しい理論は製造物責任の観点から展開されているものである。

第三節　製造物責任法からのアプローチ

一　序　論

以上で見てきたように、とりわけ伝統的な殻を破った判例は、製造物責任法からアプローチして、その基礎にある考え方を応用することによって、被害者の保護を図ってきた。以下では、このようなアプローチの正当化の根拠を一層明確にするとともに、その理論を拡大しようとする試みについて紹介する。その後に、これらの点に対してなされている批判を概観し、会社法による対応策の検討につなげるように努める。

二　例外理論の根拠と拡張

製造物責任法からアプローチする立場の論拠は、事業ライン理論を承継した一九八一年のニュー・ジャージー最高裁の判決[23]に明確に記されている。ギルソン教授とブラック教授のまとめによれば、同判決は次の四つの正当化のための根拠を掲げている[24]。

第一は、企業承継者責任が認められないとすると、被害者たる原告としては、訴える相手が存在しなくなってしまうことである。第二は、譲渡会社は危険を分散する役割（risk-spreading role）を負っているが[25]、この役割を譲受会社は引き継いでいるものと評価できることである。第三は、製造物責任の根拠の一つは製造者が最安価損害回避者（cheapest cost avoider）であることにあるが[26]、事業を承継する譲受会社に安全のための措置を採らせることが望ましいことである。第四は、譲受会社は譲渡会社の暖簾を承継することによって利益を得ていることである。

このような根拠を基礎にしてであろうが、事業ライン理論をより純化して企業承継者責任を広く認めようと主張している論者もある[27]。この論者は、事実上の合併理論の要件を一つひとつ検討していき、結論的には、重要なのは継続事業（ongoing business）が承継されることのみであるという。その際に鍵となるのは、商標、商号、ロゴ、暖簾などの無形財産の承継であるとされる。このような基準の立て方の利点は、抜け道を考え出すことが困難であることと、譲受会社に継続事業を引き継ぐかという選択肢を与えることができることにあるという。

三　批判的見解

このように企業承継者責任を拡張しようという動きに対しては、とりわけ会社法を専門とする研究者から痛烈な批判がなされている。

おそらく最も象徴的であるのは、一九八九年代の終わりに開催されたシンポジウムの冒頭で示された次のようなフレーズであろう。それは、「これらの理論［例外を拡張する理論］を支えるために裁判所が示した議論や根拠には、理論的な説得力が存在しない。それらの正真正銘の釈明は、被害者に対する自然な憂慮なのである」[28]というものであった。[29]

具体的な批判は、おおよそ次の二つの視点からなされているように思われる。一つは、資産譲渡による製造物責任の外部化の防止である、[30]もう一つは、効率的な資産譲渡を害さない枠組みの構築である。[31]

第一の点に関しては、もしも企業承継者責任が認められないとすると、全資産を譲渡して解散し残余財産を分配してしまえば、譲渡会社（およびその株主）も譲受会社も、将来発生すべき債務から逃れることができる。将来の一〇億円の製造物責任を差し引いた企業価値が五億円であるとすれば、五億円と一五億円の間で交渉がまとまれば、譲渡会社と譲受会社にとってはパレート改善がなされるが、製造物責任の一〇億円分は被害者に費用（損失）が転嫁されることになる（外部性）。

企業承継者責任に批判的な論者は、それならば企業承継者責任を広く認めて行けば外部性が排除されるか（内部化）といえば、そうではないと説く。譲受会社が将来の製造物責任を承継するとすれば、その分を値引きして、譲渡会社から資産譲渡を受けることはずである。このような筋書き通りに進めば、外部性は生じない。しかしながら、現実の社会ではこのようにはならないというのである。というのも、譲渡会社は財産を切り売りすることによって網を潜り抜けることができるし[32]、そもそも将来の期待賠償責任額が予見可能であることが内部化を達成するための前提になるはずであるが、それは現実的ではないというのである[33]。譲受会社が企業承継者責任を負うことになれば、ロシアン・ルーレットに当たったようなものであるとしばしば比喩される。

第二点は、①被害者たる原告が損害の原因を惹起した事業が終了していないかのように補償されるという政策目標と、②企業承継者責任理論のために会社や資産の自由譲渡性が減じられてはならないという政策目標を掲げるものである。この二つの目標を同時に達成することは容易でないとされる。企業承継者責任がないとすれば、①の目標は達せられない。さりとて、損害賠償額の不確実性に対処するために企業承継者責任を一定の限度額で認めるとしても、企業価値すら不確実であり、裁判所が適正に算定できるとも限らないから、これがまた譲渡会社と譲受会社の効率的な交渉の妨げになる[34]。それならばと、企業承継者責任を限度額を設定せずに譲受会社に課すことも、一見したよりは不都合は少なく、譲渡会社を破産させてその手続の中で製造物責任の問題に対処することも考えられるとする。それでもなお、破産手続に持っていくための破産原因があるとは限らないなどの理由から、どのような基準をもってしても判例法でこれを実現するには限界があるとされる。結局のところ、立法的な解決を模索することになるが、この点については、項を改めて分析することにしよう。

第四節　会社法からのアプローチ

一　序　論

膨大な製造物責任に対応するには、伝統的な例外理論では見られないような形で、会社法的なアプローチも可能である。

最も素朴な対処法は、会社の解散を自由に認めずに制限を加えることであろう。しかしながら、これでは株主は投下資本の回収の機会が保障されないことになり、あまりにも劇的な波及効果を及ぼすことになってしまおう[35]。次に考えられるのは、解散を自由に認めつつも、残余財産の分配を受けた株主から補償を受けるという方法であるが、既に述べたように必ずしも現実的な方法とは言い難い。そもそも、とりわけ旧来の州会社法の多くは、一定期間経過後に株主が受け取った残余財産を払い戻させることを許してはいないと解されてきた[36]。そこで、会社法上も新たな工夫が必要とされるようになった。

二　模範事業会社法

模範事業会社法の一九六九年版では、解散の日から二年内に訴訟を提起するなどを措置を講じなければ、会社、取締役、役員および株主を相手にする救済は封じられると明文で規定されていた[37]。譲渡会社側への損害賠償請求を、ほとんど壊滅的に封じるような規定になっていたのである。

ところが、会社の解散後に製造物に基づく被害が続発する社会状況を目の当たりにして、立案者たちは、これに対応すべく一九八四年の模範事業会社法の根本改正の時に、現在の規定と同じように内容を改めた。このことは、同法のオフィシャル・コメントにも明確に記されている[38]。にもかかわらず、改正法は二年の制限期間を五年に伸張しただけのものであった。企業承継者責任が争われた訴訟においては、その大部分が資産譲渡の五年内に提訴されたものではないとの指摘がなされている[39]。

これでは、立案者のせっかくの意図もほとんど実現されないことになってしまう。他の法域においても事情はほぼ同様であり、ある調査では、一九九八年一月一日現在で、制限期間が二年の法域が一八、三年の法域が九、四年の法域が一、模範事業会社法と同じく五年としている法域が一三あり、ミシガン州においては一年という短い制限期間を設けている。他方で、明確な期間制限を設けていない法域が九も存在しているという(40)。

注意を要するのは、以上の期間制限は譲渡会社にのみ注目していることである。例えば、ミネソタ州会社法は、制限期間を一年にしながら(41)、譲渡会社が債務や責任を引き継ぐのは、譲渡会社と譲受会社との間で契約や合意があった場合か同州の法律に定めがある場合に限っている(42)。付された注釈によれば、立法者はここで、譲渡会社の製造物から生じた製造物責任訴訟に譲受会社が巻き込まれるのを最小限に押さえることを意図していた(43)。

三　新しい処方箋の模索

以上のような模範事業会社法および各州の動向に対しては、かなり異なったアプローチを試みる州も存在する。カリフォルニア州会社法においては、債権者が知れたる者か否かを問わず、所定の額について、財務的に信頼することができる会社や政府などに債務や責任を引受または保証させるという形で、支払のための適切な措置を講じることが解散会社には期待されている(44)。というのも、そのような措置がなされていないと、会社債権者は会社の名において、解散会社の株主に対して、分配された残余財産の価額を返還するように請求することができるからである(45)。注目すべきは、請求額に対して持株数に比例按分して支払えば済む訳ではなく、残余財産の価額の範囲内である限り支払に応じなければならないことである。比例按分を超える部分については、他の株主への求償が認められているが、現実的であるかは疑問である。

解散と清算手続そのものに焦点を当てるものであり、会社法的なアプローチの一つとしてユニークなものである。期間制限も設けられていないようである。カリフォルニア州の裁判所は、先にも見たとおり、おそらくは最も緩やかな要件で企業承継者責任を認めた先駆的な州であるから、このような裁判所の態度に呼応する形での立法者の対応としても注目される。この種の事件では準拠法の問題が大きいが(46)、カリフォルニア州で設立された会社が譲渡会社であり、製造も事故発生も同州内での話であると、被害者としては相対的に有利な取り扱いを受けることになろう。

また、学説においても、種々の立法論が提示されている。細かいところでは論者それぞれに違いも見られるが、譲渡会社の解散および残余財産分配と譲受会社の企業承継者責任とを関連させるような枠組みを提唱する者が多いことが特徴的である。そのような論者によれば、将来の製造物責任等に備えて、譲渡会社が保険を掛けるとか、第三者預託をなすとかの措置を講じなければ、譲受会社は企業承継者責任を負うが、相応の措置を講じておけば譲渡会社は責任を承継せずに済むようにとの立法をなすべきである(47)。譲渡会社の取締役等がそのようなことを不注意にして怠ると、彼（女）らもが、会社が解散しなかったら有していたであろう財産の額を限度として個人的に責任を負わなければならないと提案するものもある(48)。

一見したところ、このような解決方法には問題がないようにも思われるが、保険を掛けるにしても、それが現実的に可能かという疑問も呈されている(49)。第三者預託にしても、一体どれだけの預託をすれば良いかなどの課題が残ることが指摘されている(50)。

第五節　結　語

以上で、製造物責任に関するアメリカ法の状況を概観してきたが、解釈論ではもちろんのこと、立法論としても、これといった決め手がないようにも見受けられる。

先ほど述べた立法提案にしても、実際上の不都合があることはともかく、そもそも企業承継者責任が生じない場合にはどうなるのかといった視点からの議論はそれほどまでには熟してはいないように思われる。財産をバラバラに売り捌くことによって、例外理論をいかに発展させようとも、抜け道が出来てしまうことが避けられない。とすると、解散および清算といった手続そのものに焦点を当てるカリフォルニア州会社法のような立場にも、相当の説得力を見出すことができるようにも思われる。

我が国の商法に目を転じてみると、会社法での取り扱いは相当に明確であるように思われる。所定の手順さえ踏まれたならば、会社に知られていない債権者といえども清算から除斥され、除斥されると未だ分配されていない残余財産に対して弁済を請求することができるのみである（商法四二一条、四二四条）。本章が念頭に置いている事例では、被害者が譲渡会社やその株主から救済を受けることは、著しく困難であろう。

もっとも、営業の譲渡に関する規定により、譲受会社が将来の損害賠償責任を負う場合があり得ることもまた、理論上は否定できない。譲受会社が譲渡会社の商号を続用する場合には、製造物責任が「譲渡人ノ営業ニ因リテ生ジタル債務」に含まれるならば、譲受会社が責任を承継する可能性がある（商法二六条一項）。また、譲受会社が商号を続用しなくても、「譲渡人ノ営業ニ因リテ生ジタル債務ヲ引受クル旨ヲ広告」した場合には、同様に、譲渡会社が責任を承継する可能性がある（商法二八条）[51]。しかしながら、前者については、商号を続用する場合には免責の登記をすることによって（商法二六条二項）、後者については、債務引受の広告の方法を工夫して無制限に債務を承継しないようにしておけば良いだけであり、譲受会社は設計を誤らなければ、企業承継者責任を負うことはない。

以上のアメリカ法についての考察と、我が国の現行法の枠組みを前提とすれば、根本的な解決になり得るのは、世に出回る個々の製造物について製造者等とは別主体による保険や補償がつけられるようにすることであるようにも思われる。この際に重要であるのは、欠陥のない製品を製造するインセンティブを製造者から失わせないことであろう[52]。

（1）　合併を用いても、いわゆる三角合併（triangular merger）を実行すれば、買収主体を株主の有限責任で守ることができるが、対象会社の価値がゼロになる危険は負担しなければならない。

（2）　そもそも、理論的に、株主から分配された残余財産の取り戻しが可能かという問題もある。アメリカでは、判例において信託財産理論（trust fund doctrine）が発達しているが、解散後の会社に対する請求を一定期間内に制限する制定法の規定があった場合に、それとの優先関係が問題となり得る（See, e. g. Michael D. Green, Successor Liability: The Superiority of Statutory Reform to Protect Products Liability Claimants, 72Cornell L. Rev. 17, 49（1986））。企業承継者責任の文脈での信託財産理論の概要については、Mark J. Roe, Mergers, Acquisitions, and Tort: A Comment on the Problem of Successor Corporation Liability, 70 Va. L. Rev. 1559, 1564 n.15（1984）が分かりよい。同理論についての邦語文献として、柴田和史「信託財産の法理（１）（２）――アメリカ会社法における債権者保護の理論」法学志林九三巻四号三頁、九五巻一号六九頁（一九九六―一九九七年）。

（３）通常の債権者であれば、予防措置を講じることも必ずしも非現実的ではないかもしれないが、製造物責任の被害者となるのは普通の消費者であるから実際上困難であろう。

（４）See Robert W. Hamilton, Reflections on Successor Liability, 67 Wash. U. L. Q. 325, 329（1989）.

（５）Roe, supra note 2, at 1561.

（６）正式には、Comprehensive Environmental Response, Compensation and Liability Act と言い、CERCLA と略記される。

（７）環境責任の承継については、邦語文献も散見される。例えば、井原宏「事業買収における買手と環境責任の承継――アメリカ法の下において」比較法学二九巻一号一九頁（一九九五年）、吉川栄一「企業買収と環境責任の承継」上智法学論集四〇巻三号三三頁（一九九六年）など。いずれも、製造物責任に関して発達した諸理論をも踏まえた上で叙述されており、本章もこれらの文献に負うところが大きい。

（８）See generally Fletcher Cyclopedia on the Law of Private Corporations §7123.05（1990 & Supp. 1997）[hereinafter Fletcher].

（９）アメリカ法の比較的最近の概観については、Ronald J. Gilson & Bernard S. Black, The Law and Finance of Corporate Acquisitions 1503-57（2d ed. 1995）が分かりよい。また、Fletcher, supra note 8, §§7123.06-7129も、さほどきれいには整理はされていないものの、判例に関する情報量は多い。

（10）See, e. g., Gilson & Black, supra note 9, at 1507; Jerry J. Phillips, Product Line Continuity and Successor Corporation Liability, 58 NYU L. Rev. 909, 908（1983）.

（11）Phillips, supra note 10, at 908.

（12）See Gilson & Black, supra note 9, at 1507. もちろん、譲受会社の資産状態が著しく悪い場合には、このように割り切ることもできないであろう。

(13) Phillips, supra note 10, at 908.
(14) Gilson & Black, supra note 9, at 1507-08.
(15) Phillips, supra note 10, at 909.
(16) 良く知られているように、事実上の合併理論は、もともとは資産譲渡という手法をとることによって反対株主の株式買収請求権を回避しようとするのを防止するために編み出されたものである。See Fletcher, supra note 8, § 7045. 10（1990 & Supp. 1997）.
(17) See, e. g., Fletcher, supra note 8, § 7124. 20（1990 & Supp. 1997）; Phillips, supra note 10, at 909.
(18) 合併そのもので、対価が存続会社または新設会社の株式でなくてよいということになれば、対価の面で合併と事実上の合併との共通項が失われることになる。
(19) Phillips, supra note 10, at 912-14; Jerry J. Phillips, Successor Corporation Products Liability: Six or More Characters In Search of an Author, 67 Wash. U. L. Q. 335, 341（1989）.
(20) Turner v. Bituminous Cas. Co., 244 N. W. 2d 873（Mich. 1976）.
(21) Ray v. Alad Corp., 560 P. 2d 3（Cal. 1977）.
(22) Schumacher v. Richards Shear Co.,Inc., 451 N. E. 2d 195（N. Y. 1983）.
(23) Ramirez v. Amsted Industries 431 A. 2d 811（N. J. 1981）.
(24) Gilson & Black, supra note 9, at 1530-31.
(25) 個別的な被害者に損害を負担させるのではなく、社会全体で危険を負担させようとするものである。
(26) 最安価損害回避者とは、損害防止費用が最も安い損害防止手段を有する者をいう。簡潔かつ奥深い解説として、小林秀之＝神田秀樹『「法と経済学」入門』一六―一九頁、七八―七九頁（弘文堂、一九八六年）を参照。バイブルとも言うべき専門書としては、グイド・カラブレイジ（小林秀文訳）『事故の費用──法と経済学による分析』一五五頁以下（信山社、一九九三年）（原書は一九七〇年刊）。
(27) Phillips, supra note 10, at 921-23.
(28) Hamilton, supra note 4, at 329.

(29) 痛烈な批判は、事業ライン理論の拡張を主張されたフィリップ教授にも向けられている。Stephan H. Schulman, Commentary: Successor Corporation Liability and the Inadequacy of the Product Line Continuity Approach, 31 Wayne L. Rev. 135, 146-47 (1984).

(30) See, e. g., Gilson & Black, supra note 9, at 1533-38.

(31) Roe, supra note 2, at 1561-1583.

(32) このほか、破産手続を抜け道として上手に用いることもできるとされるが、詳しく述べる余裕はない (Id. at 1536-67)。例えば、比較的最近の文献として、Michael H. Reed, Successor Liability and Bankruptcy Sales, 51 Bus. Law. 653 (1996)、Nathan F. Coco, Note, An Examination of Successor Liability in the Post-Bankruptcy Context, 22 J. Corp. L. 345 (1997)。

(33) もしも事後に賠償金額が買収金額を超えてしまったことが判明すればどうか。譲受会社が買収金額を超えて責任を負うとすれば、被害者は資産譲渡がなかった場合以上に救済を受けられることになってしまう。さりとて、買収金額を企業承継者責任の上限とするとすれば、戦略的行動を可能とするかもしれない。この点、譲受会社は、責任額と同様に企業価値を範囲の形で購入しただけのことであると評価すべきであるとも言える (See Roe, supra note 2, at 1574-77)。

(34) 不確実さによって会社資産の譲渡性が阻害されることを危惧する見解としては、John P. Arness et al., Preventing Successor Liability for Defective Products: Safeguards for Acquiring Corporations, 67 Wash. U. L. Q. 360-61 (1989) もある。

(35) See Roe, supra note 2, at 1583-90; Hamilton, supra note 4, at 331-32.

(36) See 3 Model Bus. Corp. Act Ann. § 14. 07 Selected Cases 1 (Supp. 1997). また、前掲注 (2) を参照されたい。

(37) Model Bus. Corp. Act Ann. § 105 (1969).

(38) 3 Model Bus. Corp. Act Ann. § 14. 07 Official Comment (Supp. 1997).

(39) Green, Supra note 2, at 49.

(40) 3 Model Bus. Corp. Act Ann. § 14. 07 Statutory Comparison 2 (Supp. 1997).

(41) Minn. Stat. § 302A. 781, subd. 2 (1998) <http://www.revisor.leg.state.mn.us/cgi-bin/getstatchap.pl(Feb. 20, 1999)>. 模

範事業会社法注釈（前掲注（40））では、期間制限は二年として取り扱われているが、ここでは、ミネソタ州の公式ホームページらしきものに従った。

（42） Minn. Stat. § 302A. 661, subd. 4（1998）.

（43） David B. Hunt, Case Note, Towards a Legislative Solution to the Successor Products Liability Dilemma, 16 Wm Mitchell L. Rev. 587（1990）. このノートの著者は、現在の模範事業会社法のような内容の規定に改正し、限定的であるが必要なだけの救済を被害者に与えるべきであると主張する（Id. at 604）。

（44） See Cal. Corp. Code § 2005<http://www.leginfo.ca.gov/calaw.html（Feb. 20, 1999）>.

（45） Cal. Corp. Code § 2009.

（46） See, e. g., John T. Hundley, Business Expansion Through Asset Acquisition: Some Problems Posed by Product Liability Doctrines, 77 Ill. B. J. 492-93（1989）.

（47） E. g., Green, supra note 2, at 50-55; Arness et al., supra note 34, at 371-73. See Roe, supra note 2, at 1597-60; Hamilton, supra note 4, at 332-33.

（48） Green, supra note 2, at 53-54.

（49） Hamilton, supra note 4, at 332-33; Gilson & Black, supra note 9, at 1540-41.

（50） Hamilton, supra note 4, at 332.

（51） 商法二八条の適用場面については、異なった考え方があり得るが、最高裁は営業上の不法行為によって負担する債務が、同条にいう債務に含まれると判示している（最判昭和二九年一〇月七日民集八巻一〇号一七九五頁）。

（52） アメリカのスーパーファンド法から学ぶべきものも多いのかもしれないが、この問題をも含めた研究は他日を期することとしたい。

第二章　結合企業と自己株式

第一節　はじめに

商法制定以来、長きにわたって、会社が自己株式を取得することは、原則として禁止されてきた（平成一三年改正前商法二一〇条、昭和一三年改正前商法一五一条）[1]。例外は、一定の目的でなされる場合に限られていた。例外的に取得した自己株式も、取得の目的に対応して、消却または処分されることが予定されていた（平成一三年改正前商法二一一条）。

平成一三年六月改正商法は、自己株式規制について、大胆な政策の転換を行った。第一に、目的規制を撤廃し、自己株式取得を原則として自由とした（商法二一〇条）。数量規制もなくし、規定上は、自己株式の買受けについて、手続規制と財源規制が定められている。第二に、①自己株式の取得、②自己株式の保有、および、③自己株式の処理（消却または処分）が、別個独立のものと観念されることになった（商法二一〇条〜二一二条）。

このような政策の転換は、緊急経済対策としての証券市場活性化の方策であるからこそ、一気に実現したという経緯もある[2]。本章では、このような側面を意識しつつ、平成一三年六月改正商法には、とりわけ企業結合法制との関係で、どのような理論的あるいは実務的な課題が残されているのかを検証する。

なお、平成一五年五月一九日に、与党三党（自由民主党、公明党、保守新党）が、「商法及び株式会社の監査等に関する商法の特例に関する法律の一部を改正する法律案」（衆法第二一号。以下、「改正法案」という）を国会に提出した。改正法案の要点の一つは、定款の授権に基づき、取締役会決議による自己株式の取得を認めることにある。(3)

第二節　自己株式規制の転換の根拠

一　自己株式取得の弊害除去

旧来、自己株式取得が原則として禁止されてきたのは、政策的な配慮からであった。つまり、これを自由とするならば、①資本の維持、②株主の平等、③支配の公正、④株式取引の公正に関して、弊害が生じるおそれがある。(4)これらの弊害を除去するために、一般予防的な見地から、原則禁止の立場がとられてきた。

平成一三年改正商法は、この立場を大幅に転換させて、事前および事後の規制によって、各種の弊害に対して個別的な対応をすることにした。資本市場の機能が向上したことなどによって、現在までに、弊害を一般的に予防しなくても、個別的な対処が可能になったと考えられた。

第一に、資本の維持の問題に対しては、取得財源を配当可能限度額（配当可能利益）(5)の範囲内に限定し、定時総会決議で取締役会に授権をするときに財源規制を設けるとともに、さらには、買受けの実行のときにも財源規制を課している（商法二一〇条三項、二一〇条ノ二）。

第二に、株主の平等に関しては、自己株式の買受方法が規制された。会社が一部の株主だけから自己株式を買い付けることのないように、全ての株主に対して、持株を売却する機会を平等に与える。会社は、市場取引または公開買付の方法で、自己株式を買い受けることができる（商法二一〇条九項）。株主には、持株を売却する機会が均等に与えられる。(6)さらに、会社が特定の株主から自己株式を買い受ける場合に、他の株主は、自己を売主に追加するよう、議案の変更を会社に請求することができる（商法二一〇条七項）。

第三に、支配の公正に対する配慮は、手続規制によって、一定の対応がなされている。会社が自己株式を買い受けるには、買受けの内容を定時株主総会の決議で定めなければならない（商法二一〇条一項）。支配の所在を決めるのは株主自身であるから、経営陣に防御を許すかどうかを、株主総会で決めることには一理ある。

もっとも、株主総会において、授権の目的が具体的に示されないならば、株主は支配の争奪を意識して決議をしない。取締役会の裁量をも含んだ授権決議をするのみである。(7) 商法が定時総会の決議を求めている理由は、自己株式の買受けが利益処分としての性質を有することに由来しており（商法二八三条一項、二八一条一項四号参照）、支配の公正の実現を直接の目的としたものではない。改正法案では、定款授権がひとたび得られれば、支配争奪の場面で経営陣が介入することを防止する方策が狭まる。

支配の公正さを確保するための直接的な仕組みとしては、取締役の義務による対応がある。株主は、取締役が自己株式の買受けによって支配に介入する事例で、差止を請求できる場合がある（商法二七二条）。ただし、所定の要件を満たすことは難しい。(8) 事後的な救済措置として、損害を被った株主は、取締役の責任を追及することになろう（商法二六六条一項五号）。適切な責任追及が予定されていれば、取締役の違法行為が抑止される。しかしながら、買受価額の公正さに着目せざるを得ないから、支配争奪の事実を直視するものではない。結局、支配の公正そのものに着目した救済は、事後と事前のいずれも不十分である。(9)

第四に、株式取引の公正さの確保のため、証券取引法が改正され、相場操縦規制（証券取引法一六二条の二）、内部者取引規制（証券取引法一六六条）、開示規制（証券取引法二四条の六）が強化された。

以上のように、支配の公正さを十分に確保できるかは疑問もあるが、ともあれ従来の問題意識に対しては、一応の解決策が提示された。

二　新しい自己株式規制の狙い

(1)　立法者の趣旨

以上のように、自己株式取得に関する弊害につき、これを個別的に除去するための仕組みは相当に向上したといえるが、完全な対応ができたかには疑問が残る。にもかかわらず、自己株式取得の原則禁止が解かれたのは、残された弊害を上回る便益が認められたからであろう。

改正法案に付された理由によれば、「最近における経済情勢にかんがみ、経済の自由度を高め、経済構造改革を進める観点からいわゆる金庫株の解禁に関し商法等の規定の整備を行う」と説明されている。具体的に表現すると、効率的な経営が求められる現在、適正な資産構成という観点も含めた資産返却規制が必要となってきており[10]、改正法はこれに対応するためのものである。

自己株式取得を認める具体的な必要性として、改正法の提案者によって強調されたのは、次の三点である[11]。

第一の必要性は、代用自己株式としての利用である。企業組織再編に際して、会社は、新株の発行に代えて、保有自己株式の移転をする（商法三五六条、三七四条ノ一九、四〇九条ノ二）。単純な新株発行と異なるのは、発行済株式総数に変更がない点であり、配当負担の増加や既存株主の持株比率の低下を避けながら、機動的な組織再編ができるようになる。

第二の必要性は、株式の需給関係を調整し、また、株式の持ち合い解消の受け皿として利用することにより、株式市場の安定に資することである。

第三の必要性は、敵対的買収への防御策としての利用である。大株主や提携先が株式を放出するときに会社が自己株式を取得することを認めることにより、これらの株式が敵対的買収をしようとする者に取得されることを防止することが期待されている。

以上の三つの点に鑑みて、自己株式に関する取得・保有・処理の規制が大胆に整理された。これらは、結合企業の形成・運営・解消と、多かれ少なかれ関係を有する。順次、検討を行うことにしよう。

(2) 企業と投資家の期待

前述の立法者の意図は、実務において、どのように受け止められたのか。

生命保険協会が、平成一四年一二月二〇日に公表した「株式価値向上に向けた、企業の取り組み状況等について」と題するアンケート調査結果が興味深い（アンケート実施期間は平成一四年八月二二日から一〇月一日まで(12)）。「企業向けアンケート結果集計(13)」（図１）においても、「[機関] 投資家向けアンケート結果集計(14)」（図２）においても、明確な結果が示されている。

【図１】株式価値向上に向けた取り組みに関するアンケート――企業向けアンケート集計結果（生命保険協会）

Q21 (1)「金庫株」をどのように活用されていますか、もしくは活用できるとお考えですか？（複数回答可）

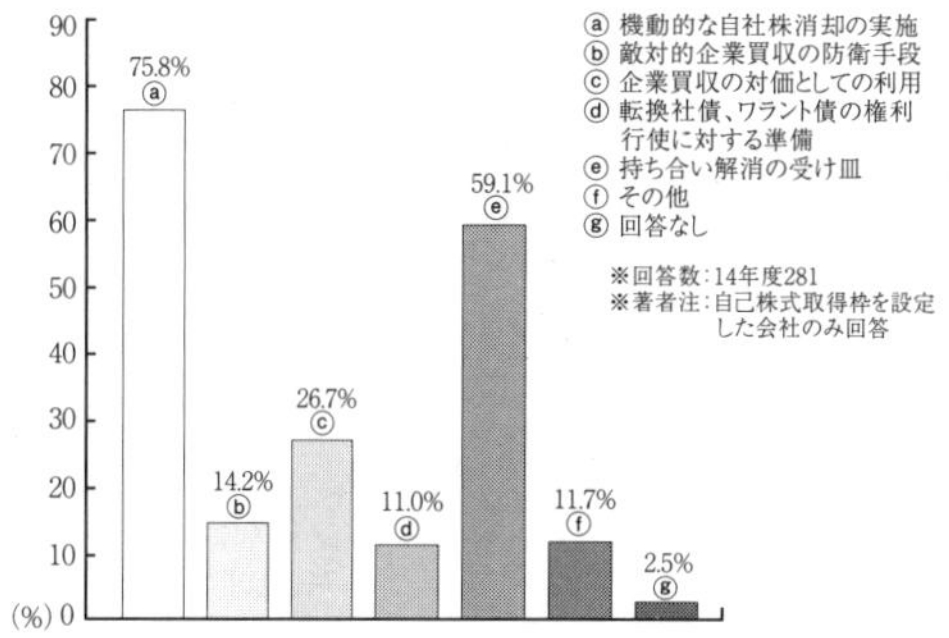

【図２】株式価値向上に向けた取り組みに関するアンケート――投資家向けアンケート集計結果（生命保険協会）

Q10　昨年度より解禁されました「金庫株」について、企業にどのような活用を期待しますか？（複数回答可）

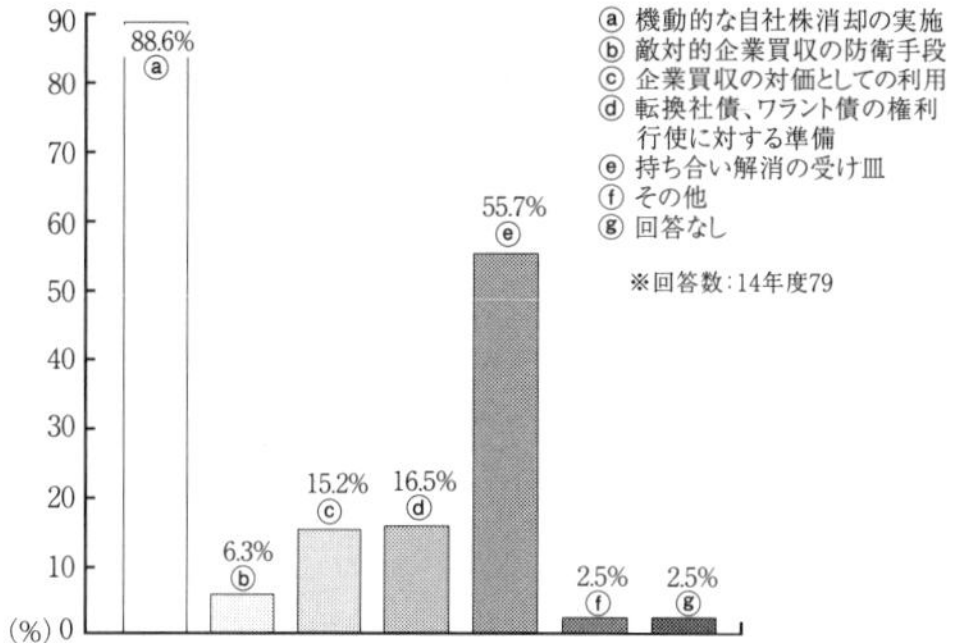

余剰資金の機動的な返却については、企業も積極的であり、投資家もこれを好意的に受け止めている（選択肢ⓐ）。持ち合い解消の受け皿としての利用に対しても期待が大きいが、企業や投資家の期待をそのまま法的にも支持すべきかは疑問もある（選択肢ⓔ）。代用自己株式としての利用も一部では視野に入れられているが、さほど活用が期待されている訳ではない（選択肢ⓒおよびⓓ）。敵対的企業買収への防衛手段としての利用は、企業も消極的であり（真意と回答が一致しているかは疑問もある）、投資家もそれを望んではいない（選択肢ⓑ）。

第三節　企業組織再編と自己株式の利用

一　代用自己株式の利用方法

平成一三年商法改正により、取得した自己株式は、取得目的に関わりなく、消却または処分を義務付けられなくなった。改正前においては、自己株式の保有は予定されておらず、消却の目的で取得した自己株式は、遅滞なく株式失効の手続をなし、その他の目的で取得した自己株式は、相当の時期に処分しなければならなかった（平成一三年改正前商法二一二条）。例外的に長期の保有が認められていたのは、ストック・オプション等に利用する目的で取得された場合のみである（平成一三年改正前商法二一一条、二一〇条ノ二第一項、二一〇条ノ三第一項）。

この点の改正により、会社は、取得した自己株式（金庫株）を保有し続けることができるようになった。保有自己株式を、新株の発行に代えて利用する場合に、代用自己株式と称する。株式移転（商法三五六条）、吸収分割（商法三七四条ノ一九）および吸収合併（商法四〇九条ノ二）といった企業組織再編の場合に利用することができる。結合企業の形成段階での自己株式の利用である。

他方で、新株予約権が行使された際に、会社は、新株の発行に代えて保有自己株式を移転することができる（商法二八〇条ノ一九第一項）。新株予約権は、企業結合のためにも利用されることもあるから、代用自己株式を、このような目的で利用することも可能である。

以上のように、結合企業関係を形成する上で、保有自己株式（金庫株）を利用することもできる。

二　代用自己株式の効用

(1)　緒　論

結合企業関係の形成において、新株の発行に代えて、保有自己株式を用いる利点は、どこに求められるか。前述のように、立法関係者は、単純な新株発行とは異なり、発行済株式総数に変更がないから、配当負担の増加や既存株主の持株比率の低下を避けることができると説明している。実際にも、自己株式取得の際の各社のプレス・リリースには、具体的な予定がなくても、「機動的な組織再編に備える」ためであると公表する企業は多く、現に保有自己株式を企業組織再編に利用したケースも出てきているという(15)。

(2)　結合企業関係の維持

企業組織再編に先立って、必要となるべき自己株式を取得しておけば、企業組織再編の前後で発行済株式数に変化はない。既存株主の持株比率も再編の前後で変わらないが、このことは、とりわけ結合企業の間において役立つであろう。

例えば、親会社が子会社の株式を五一％有している事例で、子会社が株式交換や合併などにより新株を発行すると、親会社の持株比率は過半数を割ってしまう可能性がある。親会社が子会社株式を買い増せば、従前の持株比率が維持されるが、親会社は出資の追加を余儀なくされる。子会社が自己株式取得を行って、親会社の持株比率に影響を与えないようにできるなら、親会社としてはありがたい。結合企業の間では、このような調整が必要である場合が少なくないかもしれない。

もっとも、親会社が支配的な地位を利用して、子会社に自己株式の取得をさせ、適切な資本政策を妨げるなら、問題がないとはいえない。結合企業全体として、子会社の利益にも適うように留意される必要があろう。

(3)　配当負担の増加の防止

配当負担が増加しないから代用自己株式は有益であるという説明は、一見もっともらしいが、やはり疑問がある。[16] 定額配当という慣行を前提とすれば、発行済株式総数が企業組織再編前後で変わらないから、配当財源は少なくても済むが、この前提がそもそも妥当であるのか疑わしい。[17] 資本コストを下回る収益しか期待できない場合には、余剰資金の全てを株主に分配（返却）すべきである。[18] 他方で、資本コストを上回る投資案件が豊富にあるなら、株主への配当はゼロにしてでも、留保利益等を再投資すべきであるかもしれない。定額の配当がなされることには、一定のシグナリング効果[19]があるとしても、企業金融論上、適切な資本政策であるとは限らない。

(4)　機動的な企業組織再編

代用自己株式を利用すれば、企業組織再編を機動的に行うのに役立つという説明もなされている。もっとも、何をもって機動性が高まったと言うのか、必ずしも明らかではない。企業組織再編に際して、営業や資産の受入側が株式を対価として支払うのであれば、新株を発行しようが、代用自己株式を利用しようが、手続に変わりはない。あえて言えば、現行法の下では、株券の印刷の手間に違いが生じるのかもしれない。

また、代用自己株式を用いれば、自己株式の取得から処分までを通して、資本金と発行済株式総数に変化がないことから、登記の手間を省く意味があるのか。[20] 企業組織再編の多くの類型では、効力の発生が登記に結びつけられている（商法三七〇条〔株式移転〕、三七四条ノ九〔新設分割〕、三七四条ノ二五〔吸収分割〕、四一六条一項・一〇二条〔合併〕）。株式交換の場合には、変更登記が不要な事例がないとはいえない（商登八九条の三）。株式の交付が予定されていない企業組織再編でも（営業譲受け、公開買付）、代用自己株式の利用の可否はさておき、何らかの実益があるのかもしれない。仮に便益があるとしても、立法論としては、発行済株式総数のうち、社内（金庫株）と社外の内訳を登記で明らかにすべきであり、このような利便性は存在してはならない。

(5)　債務超過会社の企業組織再編

企業組織再編の中でも、実質的な債務超過会社が関係する場合には、代用自己株式が意味を持つことになるのかもしれない。結合企業内では、グループ内の債務超過会社の処置が問題となっていることが多い(22)。

債務超過の子会社を親会社が合併によって救済する場合について考えてみよう。親会社が存続会社になることはできないと考えられている(23)。親会社は、マイナスの価値の子会社を受け入れて、新株を発行することになり、資本の充実が害されるからである(24)。

自己株式の処分については、新株発行に関する規定の大部分が準用されているにもかかわらず（商法二一一条三項）、現物出資に関する規定など、資本の充実に関する規定が準用されていない（商法二八〇条ノ八などの不準用）(25)。代用自己株式の処分に際しては、既発行の株式であるから、資本充実の原則が貫徹されなくてもよいとの前提によるのであろうか(26)。とするならば、債務超過の子会社を親会社が合併をしても、親会社が対価に保有自己株式を利用する限りは、適法と解する余地があるのかもしれない。

もっとも、債務超過会社の株主に対しては、合併の対価を与える必要はないという観点からの議論が主流になっている。合併において株式を交付しないのであれば、資本充実の問題にはならない(27)。債務超過の会社が完全子会社であり、この会社が消滅会社となり、完全親会社が存続会社となる合併については、可能であるとの見解が以前から有力であり(28)、実際にも、登記実務では認められている(29)。簡易合併の形式によることも少なくないと思われるが、現行法では現金の流出が純資産額の二％以内に限られており（商法四一三条ノ三第一項）(30)、この規制との均衡からは、債務超過額が幾ら大きくてもいいのか、課題が残るであろう。

完全親子会社関係にない場合でも、結合企業内部での再建・再編成を目的とする合併については、立法により債務超過会社の合併を可能とする余地があることを示唆する見解もある(31)。さらには、そのような目的の限定を付さずに、解釈論上も、債務超過会社の合併を広く認める見解も示されている(32)。子会社の少数株主には何も対価を与えないことになるが、株主の利益を保護するという観点からは、総株主の同意によるべきか、一般の合併と同様に多数決によって構わないのかという問題が残る。[33] 倒産手続によるのでなければ、総株主の同意が必要であると解すべきであろう。[34] 必要な手続さえ経ればよいとなれば、代用自己株式という便法を用いるまでもない。

なお、合併比率が公正に決まらないことから、債務超過会社を当事会社とする合併は、債務超過会社が消滅会社になるか存続会社になるかを問わず、許されないとする見解もある。[35] これに対しては、合併比率の公正さの要請は、もっと弾力的に考えられなければならないとの批判がある。[36] 確かに、合併比率算定の基礎となった当事会社の企業価値については、弾力的に考えられる必要があり、実務でも唯一の数値が求められている訳ではない。交渉によって得られた比率が公正かどうかが問われるのであり、公正な企業価値も相当の幅を有するものであろう。[37] 合併によるシナジー（相乗効果）も、合併比率の算定の基礎となる企業価値に折り込んで考えられてよい。[38] そのように子会社を評価してもなお債務超過ならば、原則として合併を行うことはできないと考えられる。[39]

債務超過会社の合併が認められないことを前提として、救済合併を予定している親会社が子会社の第三者割当増資に応じることがある。資本を注入して、債務超過を解消する。[40] もっとも、完全子会社ではない場合には、親会社から子会社の少数株主へ富の移転が生じてしまう。株式交換などを利用して、部分的子会社は完全子会社にしておくことが望ましいであろう。[41]

⑹　一株当たり利益（ＥＰＳ）

企業組織再編において、新株の発行に代えて、保有自己株式を移転することができれば、利益の希薄化が防止できるという見方もある。

しかし、一株当たり利益（ＥＰＳ）の計算においては、取得した自己株式は消却しようが金庫株として保有しようが、分母となる発行済株式数からは控除されるため、ＥＰＳに影響を与えない。[42] 自己株式を取得することと、取得した株式を新株に代用することとは、切り離して考えられるべきである。

なお、株価が割安な時期に自己株式を取得し、適正または割高な時期に利用することができなければ、代用自己株式の活用が株主の利益に反する結果になる可能性があるとの指摘がある[43]。さらに、企業組織再編の一連のスキームで、自己株式の取得と利用とを組み合わせることになると、内部者取引規制との関係で問題が生じよう[44]。

三　新株予約権の付与による企業結合

企業結合関係を形成する過程で、新株予約権を活用する事例がある[45]。とはいえ、これまでにも述べたのと同様に、新株予約権が行使された場合に、交付される株式が新株か保有自己株式かによって、大きな違いが生じるとは限らない。かりに違いが生じるとすれば、それはルールの非対称性によるものであって、これを金庫株の存在意義とかメリットなどと考えることは疑問である[46]。

四　自己株式保有（金庫株）を認める意味

このように考えてくると、企業組織再編の文脈で、保有自己株式を用いる意味はどこにあるのか。「自己株式の取得→保有→代用自己株式」と「自己株式の取得→消却→新株発行」とでは、何が違うのか[47]。

企業組織再編との関係を離れて、一般的にも、自己株式保有（金庫株）を目的を問わず可能としたことが批判されている。例えば、「保有自己株式の資産性を否定し、その処分に新株発行規制を準用することにより、自己株式を取得・保有した後にこれを処分する場合と、取得後ただちに消却して新たに新株を発行する場合とで大きな差異がなくなり、結果から見れば自己株式の保有規制を撤廃した理由は乏しくなった」と説かれる[48]。

ルールが非対称であるという現状についても、流動的であるとの指摘がある[49]。資本充実規制に関する規定などが自己株式処分に準用されていないことには批判が多いし、株券不発行制度が導入されれば、費用の違いがほとんどなくなる。また、自己株式の処分差益の取扱いについても、なお会計制度上の検討の余地が皆無ではないからである。

自己株式の保有に意味がないならば、これを認めないことにする、つまり取得した自己株式は当然に消却されるという法制度を採用することが考えられる[50]。会計の処理や税務の取扱いなどの煩雑さを避け、単純で明快なルールを実務に提供するためにも、存在意義が乏しい割りに取扱いがやっかいな金庫株（自己株式の保有）は、近い将来に、廃止すべきであろう。取得した自己株式は、未発行授権株式とするのが立法論としては望ましい[51]。

本章では、企業組織再編あるいは結合企業における保有自己株式の存在意義に限定して考察を行った。前述の生命保険協会の調査の結果にも示されているように、企業が代用自己株式としての利用にさほど期待を寄せていないことは、自己株式の保有を認める意味が乏しいことを裏付けているといえよう。むしろ企業も機関投資家も、株式を消却することを期待している。

第四節　持ち合い解消と自己株式取得

一　自己株式取得の利用方法

時価会計の導入と株価の低迷を受けて、株式の持ち合いの解消が進んでいる。持ち合い解消を放置すれば、結合企業には、① 株式が放出されることによって、市場が供給過多になり、株価が下落するという心配と、② 安定的な株主を失うために、敵対的な企業買収の対象となる危険が増えるという心配とが生じる。

株式を放出された会社は、自己株式を取得することによって、① 売りに出されている株式を市場から吸収することができる。平成一四年度は、持ち合い解消で大手銀行が保有株式を約六兆五〇〇〇億円放出したが、その四割強が自己株式取得で吸収されており、さらに平成一五年度は、自己株式取得の上限枠を設定する会社の裾野が広がっており、大手銀行が計画している約三兆五〇〇〇億円の保有株放出の大部分が、自己株式取得によって吸収される格好になると予想されている[52]。「株式市場で企業自身が買い手としての存在感を強めて」いるという。

持ち合い解消の対象となった会社は、自己株式を取得して、②買い占めの対象となる浮動株を吸収することができる。株価を維持することも、敵対的な買収を遠ざける効果がある。トヨタ自動車のように、敵対的企業買収の対象とは一般的には想定されない会社ですら、持ち合い解消に対しては危機感を持っている。[53]「かつて日本企業の強さを支えた持ち合いがほどけ、企業は自らの株価下落と、保有する銀行株の価値下落という二重のリスクに揺れる。トヨタの攻撃的な自社株買いは、自らの城（企業価値）は自ら守り、決して買収はさせないという決意の裏返しでもある[54]」と評されている。[55]敵対的企業買収からの防御には、具体的な買収が浮上する前から、浮動株を減らしておくなど、一般的な予防もあれば、具体的な買収者が現れてから、対抗措置として実施するものもある。

いずれの場合についても、自己株式を取得することのみで目的は達成され、これを消却するか、どのように用いるかは、直接的には問題がないことに留意する必要がある。

二　持ち合い解消の際の買い支え

持ち合いの解消によって、結合企業関係が解消されている場面で、放出される株式を買い支える例が少なくないし、実際にも、かなりの効果が存在するのであろう。市場への株式の放出と余剰資金の返却がたまたま重なっただけであれば、財務戦略としても、支持し得るのかもしれない。

しかしながら、自己株式取得については、株式取引の公正さが害されないかという懸念がある。とりわけ持ち合い解消の場面においては、大量の売りが市場に出るために、大がかりな自己株式取得は市場を操作するものではないかとの疑念が払拭しにくい。例えば、「株式の相互持ち合いの解消が進む中、急激に供給過多になった自己株式を、単に株価を維持するためだけに買い付けることが株価対策なのだとすれば、極端な場合には、それは株価操縦の誹りを免れない[56]」とする見解や、「需給関係の安定についても、自己株式買受による株価維持を意味するのであれば、相場操縦の懸念は避けがたい[57]」とする見解が有力である。

昭和四〇年代の自己株式取得規制の緩和の流れを止めた論文においては、株式取引の公正さの維持に対する懸念が強調されていた[58]。この論者は、近時、「自己株式を自由に取得することができないので、それを迂回する手段として株式の持合いが行われるようになったが、今度は迂回を続けるのが難しくなったので、本通りを通りやすくした。持合いについては、そのメリットを強調する意見もあるが、弊害が避けられず、国際的にも日本企業の特異体質と見られるため、持合いの解消は望ましいとするのが大方のコンセンサスであろう。その受け皿が、弊害の本家である自己株式取得になったことは、歴史の皮肉としかいいようがない[59]」と、痛烈に批判をする。

別の論者も、「金庫株の解禁が、あたかも即効性のある治療薬であるかのごとく誤解して、経営者が市場に不公正な取引を蔓延させるようなことがあれば、後世の学者は今回の改正を愚作と評するに違いない。そうならないためには、市場の健全性を維持することこそが最も重要な株価対策であることを、再認識しなければならない[60]」と力説するが、正鵠を得ていると評することができよう[61]。

なお、会社が自己株式取得を行う場合に直面する株式の供給曲線が右上がりが否か（買付価格を上げないと必要な数を取得できないか）という問題に関して、これを肯定する実証研究が目に付くという[62]。そうであるなら、自己株式取得によって株価が上昇するのは、必ずしもシグナリング効果によるものではないことになるが[63]、価格を上げる直接的な手段であるとすれば、さらに強い批判を浴びることにもなろう[64]。

三　敵対的企業買収の防御

(1)　敵対的買収の抑止

具体的な敵対的買収が現れる前に、潜在的な対象会社が防御策を講じることがある。敵対的買収の抑止の企てと表現してもよかろう。自己株式取得を用いる場合には、幾つかの経路が考えられよう。取得後に保有しようが消却しようが効果に違いはない。

第一に、会社の余剰資金を返却し、経営者の裁量に委ねられる資金の流れ（フリー・キャッシュ・フロー）[65]を減らせば、株主と経営者との間の代理費用（agency cost）を少なくすることもでき、その分だけ、株価が高くなる。株価が高く維持できれば、敵対的買収の対象となる危険性が小さくなる。余剰資金を返却させ、投資の収益率を上げることは、株主にとっても喜ぶべきことであるから、このような形での自己株式取得は法的にも否定的に考えられるべきではないのかもしれない[66]。また、会社が自己株式取得を行う場合に直面する株式の供給曲線が右上がりであるとするなら、自己株式取得は「限界株主」（市場価格に近い価格で株式を評価する株主）を取り除くことにより、株価を上昇させ、将来の買収への抑止効果を有することになる[67]。

第二に、自己株式を取得して、浮動株を市場から吸収すれば、安定株主の比率を高め、支配を固定化することができる。持ち合い解消の受け皿として自己株式を取得する場合にも、浮動株が市場に大量に流出することを避けることができ、支配を安定させることができる。現経営陣が株主構成を操作するなら、選任される立場の者が選任する立場の者を選り好みすることになり、選任行為の正当性を疑わせる材料になる。とはいえ、余剰資金の返却を錦の御旗にする限りは、主要目的基準を使うとしても、自己株式取得が不公正であると判断される事例は、ほとんど想定できないかもしれない[68]。自己株式取得以外の事前の防御策をも包摂する形で、審査基準を確立していく必要があろう[69]。

(2)　敵対的買収の阻止

具体的な敵対的買収が仕掛けられた段階で、緩やかな結合企業関係を維持するために、自己株式の取得により阻止を試みることが想定される。

第一に、対象会社が自己株式を買い付ければ、株価の上昇や浮動株の払底を招いて、買収者の支配獲得を困難にする可能性がある[70]。とりわけ商法改正法案が成立すれば、定款で授権された範囲で、取締役会は自己株式取得を行う裁量権を有することになる。本章では、結合企業を特に念頭に置いているから、友好的な企業の持株比率を高めることができれば、敵対的買収を阻止する効果が生じることが多いであろう[71]。支配を歪める新株発行が違法とされるのと同様に、自己株式取得がそのような目的で利用される場合には、違法としなければならない[72]。

第二に、より直截的な方法として、会社が敵対的な買付者から持株を買い受けて（グリーン・メール）、買収から逃れるという方法もある。公開会社については、公開買付と市場買付のほかに、株主総会の特別決議を経て、特定の第三者から自己株式を買い受けることも許されている（商法二一〇条九項、二項二号、五項）。この方法によるならば、敵対的買付者を排除した株主総会で承認された以上[73]、買受けの適法性を問う意味は多くないであろう。これに対して、敵対的買収者から、市場買付によって買い受ける場合はどうか。解釈論としては、ToSTNeT-2を用いれば、市場買付と言ってよいかが問題となる。公開会社の場合、値段さえ公正ならば、特定の者から買っても別によいはずであるが、市場取引に限るという形で規制しているのは、株価が異常に高騰しているときに、グリーン・メイラーから怪しげな値段で買うことを許すことになりかねないからである[74]。ToSTNeT-2を用いた買受けは原則として市場買付であるが、支配争奪の場面で特定の者から自己株式を買い受けるための利用は、市場買付であるとは言えず、取締役会限りでの実行は許されない[75]。

以上のように、どのような形での阻止を期待するかにかかわらず、具体的な敵対的買収が生じてからの自己株式取得は、支配の公正を害するものとして、違法とされるべき場合が多いであろう。特定の者からの買受けでないにしても、余剰資金の返却を理由とするものならば、支配争奪の場面で、なぜ支配に影響を与える自己株式取得によらなければならなかったのか、なぜ配当では目的を達成することができなかったのか、これらの点を対象会社の取締役会は説明する責任があると考える。より支配に影響を与えない他に採りうる手段がないことを示すべきであろう。

第五節　おわりに

結合企業における自己株式の利用について、形成、運営および解消の各段階を意識しながら、検討を進めてきた。結合企業の形成段階では、企業組織再編の際に、保有自己株式を代用自己株式として利用することができる。しかしながら、なぜ自己株式を用いなければならないのか、言い換えれば、取得した自己株式をいったん消却して、その後に新株を発行するのでは目的を達成できないのか。新株発行との法的な違いは存在するが、このルールの非対称性は本来あってはならないものであり、これをもって、自己株式の優位さということはできない。結論的には、少なくとも企業組織再編の場面を想定すると、規制の簡略さも考えて、取得した自己株式は当然に消却されるように法改正をすることが望ましい。

結合企業を運営する際に、自己株式取得を用いれば、追加的な出資をすることなく、一定の持株比率を維持することができる。企業組織再編のときの代用自己株式の利用にも関係するが、とりわけ、外部の企業を結合企業に組み込む際に、適当な自己株式取得を行えば、結合企業内部での持株関係が影響を受けなくても済む。これも、代用自己株式の効果というよりは、自己株式取得そのものがもたらす効果であり、自己株式の消却を義務付けることの妨げとはならない。

株式の持ち合い解消に象徴されるように、結合企業関係を解消させたり弱めたりする動きがある。この受け皿として、自己株式取得が期待されている。取得した自己株式を保有するか消却するかとは、無関係であることに留意する必要がある。このような場面での自己株式取得には、株価を安定させる効果が期待されているが、そうであるとすると、相場操縦とまで言わないにせよ、市場の機能を害するのではないかとの強い懸念がある。さらに問題であるのは、せっかく持ち合いが解消されていくのに、自己株式取得を利用すれば、会社支配市場が成熟できない状態が続いてしまう(76)。敵対的買収を一般的に予防する効果もある。具体的な買収に直面したときに、現経営陣が、自らの保身のために自己株式取得の権限を濫用する可能性もある。これに対する一つの歯止めは、取締役会限りでの自己株式取得に数量規制を課すことである(77)。新株発行に関して数量規制（スピード制限）を課すのであれば(78)、自己株式取得にも同様の規制を課すことが考えられてよい。

このように考えてくると、原点に遡って、従来の一般予防規制では何が物足りなかったのか、現在の事後規制によって弊害の除去が十分に行われることになったのか、改めて検証してみる必要があろう。(79) 自己株式取得が柔軟に行われているアメリカですら、著名な会社法の教科書には、「驚くかもしれないが、公開会社による自己株式取得にまともな理由があることは稀である」という記述がある。(80)

（1） 沿革については、小林量「自己株式の取得制限（二一〇条）」法教二三三号（二〇〇〇年）一〇～一一頁、野村修也「金庫株の解禁」ジュリ一二〇六号（二〇〇一年）一〇一～一〇二頁などを参照。

（2） 自己株式取得規制の方向転換の理論的な支えになったのは、企業金融の手段として機動的に活用するという観点から、緻密な解明がなされてきたことが大きいであろう。小林量「企業金融としての自己株式取得制度（1）（2・完）」民商九二巻一号（一九八五年）一頁・九二巻二号（一九八五年）一八九頁、小林量「公開会社の自己株式取得」ジュリ一〇五二号（一九九四年）九頁、神田秀樹「自己株式取得と企業金融〔上〕〔下〕」商事一二九一号（一九九二年）二頁・一二九二号（一九九二年）七頁など。

（3） 平成一三年一〇月商法改正に伴って、「株式の消却の手続に関する商法の特例に関する法律」が廃止されたために、定款授権による自己株式取得ができなくなった。法案提出に至る経緯については、商事法務編集部「与党提出の商法等改正法案の経緯と概要」商事一六六四号（二〇〇三年）四～五頁を参照。本章の執筆時点では、通常国会（第一五六回国会）で成立するかは微妙とされるが、関係する部分については、適宜言及していく（校正中の七月二三日に成立し、九月から施行予定とされる）。改正法案については、衆議院ホームページのほか、新旧対照表が商事一六六四号七頁以下に掲載されている。改正法案に基づく商法二一一条ノ三第一項によれば、会社は、「取締役会ノ決議ヲ以テ自己ノ株式ヲ買受クル旨ノ定款ノ定アル場合ニ於テ第二百十条第九項本文ニ規定スル方法ニ依リ自己ノ株式ヲ買受クル」ことができる。買受方法が、市場買付か公開買付に限られているから、実際の利用は、従前のように、公開会社に限られることになろう。

（4） 龍田節「自己株式取得の規制類型」論叢九〇巻四＝五＝六号（一九七二年）二〇二頁、吉原和志「自己株式取得規制の緩和に関する論点（1）（2・完）」民商一〇七巻三号（一九九二年）三二五頁・一〇八巻三号（一九九三年）三三七頁。

（5）　平成一三年六月改正商法により、減資差益（その他資本剰余金）も配当の財源とすることができるようになった（商二八八条ノ二第一項四号参照。また、商法施行規則八九条）。そこで、従前は「配当可能利益」と呼ばれてきた商法二九〇条一項に定める限度額は、「処分可能な剰余金の限度額」とでも表現する方が正確であるとされる（神田秀樹『会社法〔第四版〕』一八二頁（弘文堂、二〇〇三年））。なお、商法では、「利益」の概念は、もともと厳格な意味で用いられてきた訳ではないと指摘されている（租税法学会「会社法の改正と法人税制〔シンポジウム〕」租税三一号（二〇〇三年）八二～八三頁〔弥永真生〕）。

（6）　龍田節「自己株式の取得と株主の平等」論叢一三四巻五＝六号（一九九四年）二六頁は、経済的結果における平等（実質的平等）の重要さを強調する。

（7）　藤田友敬「自己株式取得と会社法〔上〕」商事一六一五号（二〇〇一年）一〇頁。

（8）　もっぱら支配維持目的で自己株式取得がなされたとしても、対価が不当でなければ、会社に回復すべからざる損害が生じるおそれがあるとは当然には言えない。また、事前の公告がなされないので、差止の機会を失する可能性が高い（藤田・前掲注（7）一一頁）。

（9）　藤田・前掲注（7）一一頁、龍田節「自己株式の自由化」神院三一巻二号（二〇〇〇年）一九～二〇頁参照。数量規制が設けられるならば、取締役会による持株比率の大幅な変動を抑制することはできよう（小林・前掲注（2）民商九二巻二号二〇〇～二〇一頁、龍田・前掲注（9）一七頁参照）。

（10）　小林量「コーポレート・ファイナンス法制の柔構造化」商事一六〇三号（二〇〇一年）一八頁参照。

（11）　相沢英之ほか『一問一答／金庫株解禁等に伴う商法改正』七頁（商事法務研究会、二〇〇一年）。また、原田晃治ほか「自己株式の取得規制等の見直しに係る改正商法の解説」別冊商事法務編『改正商法対応シリーズ1／金庫株解禁等の理論と実務』別冊商事二五五号（二〇〇二年）五～六頁。

（12）　調査の全体像については、<http://www.seiho.or.jp/news/h14/141220b.html>（二〇〇三年）を参照。

（13）　集計は、<http://www.seiho.or.jp/news/h14/pdf/2002kabu/kigyouanke.pdf>（二〇〇三年）。

（14）　集計は、<http://www.seiho.or.jp/news/h14/pdf/2002kabu/toushikaanke.pdf>（二〇〇三年）。

（15）　松古樹美「最近の組織再編の潮流にみるM&A関連法制の現状と課題〔下〕」商事一六五三号（二〇〇三年）一六

頁。

(16) この点に関して、「配当だと株式数が無くならず将来の配当負担が軽くならないから、自己株式取得の方が余剰資金の返却として優れている」という説明に対しては、「この種の議論は理論的にはまったくナンセンスというほかない。配当と自己株式取得の違いは、一定の資金が社外に流出することは共通で、ただ株式数はそのままで株式の価値が流出した財産の分比例的に減少するか（配当）、株式の価値はそのままでその分株式数が減るか（自己株式取得）という違いがあるに過ぎない。要するに両者が行われた後の株主総資本は同じで、株式の大きさが変わるだけのことである」との明快な批判がある（藤田友敬「株式会社の企業金融（7）」法教二七〇号（二〇〇三年）七〇頁）。なお、品谷篤哉「自己株式（金庫株）買受と商法」法時七五巻四号（二〇〇三年）四二頁参照。

(17) 吉原・前掲注(4)民商一〇七巻三号三三一〜三三三頁、藤田・前掲注(7)八頁注(12)、藤田友敬「株式会社の企業金融（1）」法教二六四号（二〇〇二年）一〇五頁、藤田・前掲注(16)七〇頁ほかを参照。

(18) 中東正文『企業結合・企業統治・企業金融』三六九頁以下（信山社、一九九九年）では、余剰資金を返却するインセンティブを経営者に与える方策や、余剰資金の返却を支える法的制度の設計について論じた。

(19) 通常は、配当の増加がもたらすシグナリング効果（情報伝達機能）が議論される。藤田・前掲注(16)六七〜六八頁などを参照。

(20) 中東正文「自己株式」法教二六四号（二〇〇二年）一三頁。

(21) 資産の評価替えと暖簾の計上をしてもなお、債務超過である会社のみを取り扱う。

(22) 債務超過会社が当事会社となる合併の可否について、伝統的な通説に対峙し、先駆的に本格的な考察をしたものとして、柴田和史「合併法理の再構成（1）——吸収合併における合併対価の検討」法協一〇四巻一二号（一九八七年）一六三七頁、遠藤美光「財務破綻にある株式会社の吸収合併（1）——債務超過の場合を中心として」千葉四巻一号（一九八九年）四二〜四三頁がある。債務超過会社の企業組織再編を全般的に検討したものとして、中東正文「M&A法制の現代的課題〔下〕——実務と理論の架橋」商事一六五九号（二〇〇三年）五〇〜五一頁。

(23) 大隅健一郎『新版会社法の諸問題』三九八頁（有信堂高文社、一九八三年）、上柳克郎ほか編『新版注釈会社法(13)』一三三〜一三五頁〔今井宏〕（有斐閣、一九九〇年）。登記実務でも、「債務超過の状態にある株式会社を解散会社とする吸収合併の登記は受理できない」（昭和三三年五月二六日民四第七〇号民事局第四課長変更指示）、「債務超過の状態にある株式会社を解散会社とする合併は、資本充実の原則に反し許されないので、その登記の申請も受理されない」（昭和五六年九月二六日民四第五七〇七号民事局第四課長回答）とされてきた（稲葉威雄ほか編『実務相談株式会社法五〔新訂版〕』三四六～三四七頁（商事法務研究会、一九九二年）所収）。

(24) 債務超過会社の合併の可否は、合併の本質に関する議論によって左右されるべきものではない。竹内昭夫＝松下満雄「企業の合併と分割」竹内昭夫＝龍田節編『現代企業法講座第三巻／企業運営』四一六～四一八頁〔竹内〕（東京大学出版会、一九八五年）参照。

(25) 立案担当者は、自己株式処分の対価を現金に限る趣旨であると考えていたようである（原田晃治ほか「自己株式の取得規制等の見直しに係る改正商法の解説〔上〕」商事一六〇七号（二〇〇一年）一八頁など）。しかしながら、同条は、現物出資をするための根拠規定ではなく、現物出資をする場合に服するべき規制を定めたものである。処分の対価は現物であってもよく、検査役調査なども必要ではない（藤田友敬「自己株式取得と会社法〔下〕」商事一六一六号（二〇〇一年）六頁、中東・前掲注(20)一四頁)。

(26) 厳密な検討は、藤田・前掲注(25)六～七頁を参照。

(27) 合併対価の種類を柔軟化して解釈し、存続会社の株式に限定しない立場からの考察として、柴田和史「合併法理の再構成（六・完）──吸収合併における合併対価の検討」法協一〇七巻一号（一九九〇年）六八頁。

(28) 松岡誠之助「赤字会社との合併」竹内昭夫ほか『演習商法』二〇七頁（有斐閣、一九八四年）、上柳ほか・前掲注(23)一三五頁〔今井宏〕、上柳克郎ほか編『新版注釈会社法（1）』一三六頁〔今井宏〕（有斐閣、一九八五年）、遠藤美光「財務破綻にある株式会社の吸収合併（2・完）──債務超過の場合を中心として」千葉六巻一号（一九九一年）一三三～一三四頁。

(29) 西村総合法律事務所の大岸聡弁護士にお教えいただいた。

(30) 簡易営業譲受けの要件との比較においても（商二四五条ノ五第一項）、合併交付金の過多が重要な基準になると当然には言えない。将来的に、交付金合併が認められるようになれば、現行法のような基準の設け方は通用しないであろう。交付金合併が解釈論上も可能であると主張するものとして、柴田・前掲注(27)六〇頁、江頭憲治郎『結合企業法

の立法と解釈』二六三頁（有斐閣、一九九五年）、江頭憲治郎『株式会社・有限会社法〔第二版〕』六三四頁注２（有斐閣、二〇〇二年）。

(31)　今井宏＝蓮井良憲「合併の法理論と会計」荒川邦寿編『会社合併・分割の会計』一六三頁（中央経済社、一九八三年）、上柳ほか・前掲注(28)一三六頁〔今井〕。

(32)　柴田・前掲注(27)六八頁。

(33)　消滅会社が債務超過であるならば、その株式の価値はゼロであるから、合併対価として何も交付しない合併が許され、また、多数株主の手に解散を決定する力がある以上は、少数株主の希望は法的に斟酌すべきことではないとする見解もある柴田・前掲注(27)六八頁・一〇六頁）。また、江頭・前掲注(30)『株式会社・有限会社法』六四八頁注８は、「完全親会社が存続会社となる場合のように、無増資合併であれば、実務のニーズもあり、認めて差し支えない」として、前述の柴田論文を引用する。対価を交付しないことにつき総株主の同意が必要か、あるいは、多数決で決定できるのか、見解が分かれるであろう。江頭・前掲注(30)『株式会社・有限会社法』六二八頁注２は、一〇〇％減資に関して、「総株主の同意を要求しては迅速な会社の任意整理は不可能なので、総会の特別決議により一〇〇％減資は可能であり、ただ会社が債務超過でないのに一〇〇％減資を行うことは実体的に違法なので、株主は、その点を資本減少無効の訴えにより争い得ると解するべき」であるとする。

これに対しては、債務超過会社の合併に関して、債務超過の消滅会社の締め出しにも慎重な配慮が払われてよいとして、「少数株主は、その所有に係る株式の経済的価値が実質マイナスの状態にあるから、——株式買取請求権を実質的に行使できないのは当然であるが、さらに加えて、全くその意思に反して株主たる地位を失うことになるから、——その保護に問題が生じる」とし、「消滅会社株主に何等の利益をも認め難い合併を無限定に容認することの論理的合理性は乏しい」とする見解がある（遠藤・前掲注(28)一三一〜一三二頁）。

(34)　解散が確定するまで、個々の株主が有する株式の評価は尊重されるべきである。現行法上も、解散は株主総会の特別決議でなし得るが、一部の者が営業を引き継ぎながら、少数株主のみが会社からの退出を余儀なくされる場合には、単純な解散と状況が同じであるとは言えない。営業財産をバラバラに譲渡して（バスト・アップ）、残余財産を株主に平等に分配するのなら、問題はなかろう。多数決の濫用には、決議取消の訴え（商二四七条一項三号）や合併無効の訴え（商四一五条）などで対処が可能であると反論されようが、合併がひとたび効力を生じると、これを元に戻すのは大変なことであり、裁判所も無効を認めることには躊躇するに違いない。

（35）龍田節「合併の公正維持」論叢八二巻二＝三＝四号（一九六八年）二八四〜二八五頁、拙著・前掲注（18）一四九〜一五〇頁。

（36）柴田・前掲注（22）一六六四頁注64、柴田・前掲注（27）一三〇〜一三二頁注42。

（37）龍田・前掲注（35）二八五〜二八六頁、拙著・前掲注（18）一五五〜一五六頁注20参照。合併の公正さの維持のため、龍田・前掲注（35）三〇一頁は、カリフォルニア法を参照しつつ、行政機関による効果的な事前審査制度が設けられることが最も望ましいとする（同二九三〜二九五頁参照）。わが国でも、平成一五年改正産業再生法において、企業組織再編が「認定事業者の事業再構築、共同事業再編または経営資源再活用を行うために必要かつ適切であることについて主務省令で定めるところにより主務大臣の認定を受け」ることが必要とされている（同法一二条の九第一項など）。

カリフォルニア会社法では、少数株主を締め出す結果となる取引に焦点が当てられており、親会社が普通株式以外の財産を対価に子会社を合併することは原則として許されていないが、例外的に、略式合併（short-form merger）の要件を満たす場合のほか、会社局長官（Commissioner of Corporations）などが取引の公正さを承認した場合にも、現金などを対価とすることが可能となる（Cal. Corp. Code §§1101, 1101. 1）。

少数株主の締め出しの文脈では、カナダ法も参考になろう（中東正文「M＆A法制の現代的課題〔上〕——実務と理論の架橋」商事一六五八号〔二〇〇三年〕一三〜一四頁ほか参照）。少数株主を締め出す取引（going private transactions）には、厳格な手続規制が用意されているが（①質の高い情報開示、②独立した評価人による評価、③少数派の多数の賛成〔Ontario Securities Commission Rule 61-501, Insider Bids, Issuer Bids, Going Private Transactions and Related Party Transactions〕）、会社局長官（Director; Ontario Business Corporation Act, R. S. O. 1990 c. B. 16, §278）の決定による規制の適用除外が認められている（OSC Rule 61-501§§4. 5, 5. 8, 9. 1. See Ontario Business Corporation Act, R. S. O. 1990 c. B. 16, §190(6)）。

（38）通常の意味でシナジーとは言わないであろうが、難しいのは、親会社が自社の信用などを維持するために、債務超過の子会社を吸収合併する場合である。親会社が、マイナス二〇の子会社を合併して、一〇〇の損失を防いだとしたら、子会社の貢献は幾つと数えればよいのか、そもそも貢献があったと考えてよいのか。基本的には、シナジーの分配は、当事会社の取締役の経営判断に基づく交渉によると考えることができよう。なお、この例で、子会社を合併することによって、親会社に二〇以上のメリットが認め難いなら、親会社の取締役の責任が問題となり得よう（合併比率が不当であっても合併後の会社に損害がない以上、取締役の会社に対する損害賠償責任は生じないとする裁判例もあるが（最判平八・一・二三資料版商事一四三号一五八頁）、債務超過会社の合併でも同じように考えられるか疑問がある）。とするなら、現実問題としては、救済が必要かつ可能な合併には、障害があってはならないはずなのかもしれない。

この点、消滅会社の暖簾に評価されている消滅会社自身の超過収益力とは別に、合併自体により存続会社の収益力が増加することがあるとの分析がある。論者は、合併により、債務超過分を上回る利益が存続会社にもたらされることが確実であれば、合併条件の公正さが保てる場合があり、合併を無条件に否定することには問題がないとはいえないとする（庄政志「会社合併をめぐる若干の問題点について」末永榮助先生古稀記念『進展する企業法・経済法』二一〇頁（中央経済社、一九八二年））。合併による損失の回避を合併による利益の獲得と同様に考えることができるならば、最終的には、債務超過かが疑われる会社の潜在的資産であるとみることもできよう。

(39)　合併比率の公正さの確保は、当事会社の株主のためのものである。とするならば、総株主の同意がありさえすれば、当事会社の一方または双方が債務超過であることを問題にする必要はない。

この点、債務超過の完全子会社を消滅会社にする合併で、株主（＝親会社）に対して何ら割り当てを行わないのであれば、合併を認めてよいという説得的な見解がある（前掲注(28)参照）。傾聴に値するが、現時点では、否定的に考える（中東・前掲注(18)二一九〜二二二頁参照）。完全子会社であるから、消滅会社の株主の保護は考慮する必要はないが、存続会社の株主は、会社の価値の下落を避けられない。

債務超過の営業の譲受け、債務免除、無利息貸付などの行為が許されていることとの比較から、この点にこだわる必要はないとの考えもあり得よう（柴田・前掲注(27)一一〇〜一一一頁参照。なお、遠藤・前掲注(28)一三二〜一三三頁も参照）。しかしながら、存続会社に全く見返りのない行為は、取締役の善管義務違反の問題を生じさせるはずである。合併によって生じる利益や回避される損失を取得する資産として評価することを積極的に認めるなど、この文脈での債務超過の概念を刷新することによって実務の要望に応えるのが望ましいであろう。

なお、他企業の支援と取締役の責任に関して、「他企業支援行為は、直接会社の利益の最大化にならなくても、少なくとも長期的には、会社の利益を図るために行われる場合が多い。会社の得られる利益が抽象的、間接的、あるいはかなり長期的にみて初めて考えられる場合であっても、会社の利益のために誠実に判断したのであれば、経営判断の原則が適用されるのであろう。——通常の業務行為とは異なる行為で、直接的には自社の利益とならないような行為については、善管注意義務との関係では取締役に任される経営裁量の幅が狭くなる」と分析されている（近藤光男「会社の寄付と取締役の善管注意義務〔下〕」商事一六六三号（二〇〇三年）一五頁）。

(40) 例えば、ソニーは、完全子会社であるソニーアーバンエンタテインメントを吸収合併するに際して、後者の債務超過を解消するために、七〇億円の増資を引き受けた。ソニー「子会社の吸収合併に関するお知らせ〔プレスリリース〕」（二〇〇一年一一月三〇日）<http://www.sony.co.jp/sonyInfo/News/Press/200111/01-058/>。

(41) 債務超過会社が完全子会社となる株式交換は、商法上も可能であると解する（中東正文「株式交換・株式移転」金判一一六〇号（二〇〇三年）二五頁、中東・前掲注(22)五一頁）。具体的には、株主総会での承認を前提として、完全子会社となる会社の株主には、一株あたり一円を割り当て、完全親会社の株主の株式の価値に達するだけの株式数を有する者にのみ、株式を割り当てることになろう。

(42) 松古・前掲注(15)一六頁。

(43) 同一六頁。

(44) 同一六頁。龍田・前掲注(4)二三〇頁参照。

(45) 例えば、西友とウォルマートとの包括業務提携につき、西友「包括的業務提携に関するお知らせ〔プレスリリース〕」（平成一四年三月一四日）<http://www.seiyu.co.jp/business/press/news/020314_1.html>、西友「第一回ないし第三回新株予約権発行に関するお知らせ〔プレスリリース〕」（平成一四年四月二五日）<http://www.seiyu.co.jp/business/press/news/020425_2.html>、豊田自動織機とアイチコーポレーションの業務資本提携につき、豊田自動織機「業務資本提携に関するお知らせ〔プレスリリース〕」（平成一四年四月二五日）<http://www.toyota-shokki.co.jp/news/release/2002/020425aichi/>などを参照。

(46) 藤田・前掲注(7)六〜七頁。

(47) 原田ほか・前掲注(11)七頁注２は、保有自己株式を代用自己株式として用いれば、①発行済株式総数に変動がない、②資本の額等に変動がない、③株券の廃棄が必要ではないという違いを指摘する。
(48) 高橋真弓「自己株式取得・保有・処分規制の改正」法時七四巻一〇号（二〇〇二年）三七頁。また、神田・前掲注(5)七八頁注13も参照。
(49) 高橋・前掲注(48)三七頁。
(50) 同三七頁。
(51) 竹内昭夫「自己株式取得規制の緩和と商法・税法」商事一二八六号（一九九二年）七頁、岩原紳作「自己株式取得規制の見直し〔下〕」商事一三三五号（一九九三年）一五頁、中東・前掲注(20)一四頁。
(52) 日本経済新聞二〇〇三年六月四日朝刊。平成一五年五月三〇日現在で、自己株式取得の上限枠を設定した会社は、一四八五社と前年同期より一五％増えた。
(53) 牧野洋「経営が変わる（中）」日本経済新聞二〇〇三年五月一五日朝刊。「株安の背景には銀行との株式持ち合い解消がある。大和総研によると、二〇〇一年度までの八年間で、銀行保有の持ち合い株は二七兆円から一四兆円に下がり、事業会社保有の銀行株も四〇兆円から八兆円に減った」という。
(54) 牧野・前掲注(53)。
(55) トヨタ自動車は、平成一五年六月二日から一二日まで、自己株式の市場買付を行い、平成一四年の定時総会で授権枠のほぼ全部を使い切った。トヨタ自動車「自己株式の市場買付けに関するお知らせ〔プレスリリース〕」（平成一五年六月一二日）<http://www.toyota.co.jp/IRweb_i/invest_rel/pr/2003/0612.html>。
(56) 野村・前掲注(1)一〇七頁。
(57) 品谷・前掲注(16)四二頁。
(58) 龍田・前掲注(4)二一二～二一四頁・二二九～二三一頁・二五〇～二五一頁。
(59) 龍田・前掲注(9)四一～四二頁。
(60) 野村・前掲注(1)一〇七頁。
(61) 市場のあり方に関して、「わが国の企業が株式の需給関係によって株価に影響を与える可能性を得たいと望んでいるのだとすれば、それは――それが違法な相場操縦にまで至らないとしても、取得の数量・時期・価額・方法等についてきめ細かい規制が設けられたとしても、また、限度規制の下における取得であっても――どの投資家も市場の規模および価格に影響を与える力をもたない（＝どの投資家もプライス・テイカーである）という完全市場の条件から却って遠ざかることを望んでいるのではないかと危惧する」との鋭い見解がある（吉原・前掲注（4）民商一〇八巻三号三四〇頁）。

(62) 神田・前掲注(2)商事一二九二号五頁。なお、中東・前掲注(18)一三七～一三八頁を参照。本文で述べた事象は、ファイナンスの理論（ＣＡＰＭなど）とは相容れないかもしれないが、現実の姿としては、理解がしやすい。そうであるならば、会社の現在の株主は、保有する株式の価値なり、会社の将来の収益力などについて、異なった評価を有していると言え、少数株主の締め出しがそのような評価を尊重しないものであることが明確になる。

(63) 神田・前掲注(2)商事一二九二号五頁。

(64) 野村・前掲注（1）一〇七頁は、「自己株式の取得は、こうした即効性のある行為ではなく、市場に対し経営者の考えを伝達する効果（シグナリング効果）を発揮する手段として理解されるべきである」とする。

(65) 詳しくは、中東・前掲注(18)三四〇～三四一頁参照。

(66) ただし、余剰資金を返却する際に、なぜ配当ではいけないのかという問題は残る。配当であれば、株主の持株比率は変わらないのであるから、支配の固定化といった問題は生じない。例えば、中東・前掲注(18)三八三頁参照。

(67) 神田・前掲注(2)商事一二九二号五頁。このような見方によるならば、市場価格は、現在の株主の中で株式を最も低く評価している者の評価額であることになる。

(68) 一段と敏感な見解は、経営者の自己保身と会社の長期的利益との線引きが現実には容易でなく、敵対的買収の一般的予防という目的が自己保身と紙一重であることから、支配の公正さへの影響を重く捉える（品谷・前掲注(16)四二頁）。これに対しては、「会社が自らの長期的な利益の観点から、敵対的買収の脅威にさらされることが、会社にとっても必ずしも利益にならないと判断し、かかる判断に基づいて、敵対的買収をいわば一般的に予防するために、会社が自己株式を取得することは、商法上、特に問題はない」とする見解があるが（原田ほか・前掲注(11)八頁注３）、あまりに気楽な姿勢は妥当と言えない（後掲注(69)参照）。また、「既に買収が行われて株式の市場価格が釣り上がっているというような状態にまだ至っていないときに、会社が安定株主工作的に買うことまで違法というつもりはまったくない」との意見があり（江頭憲治郎ほか「自己株式②〔座談会〕」ジュリ一二四七号（二〇〇三年）一一三頁〔江頭〕）、現実的な判断としては、このあたりに落ち着くのであろうか。

(69) 近時は、新株予約権を活用した抑止策（ポイズン・ピル）の設計が発展しつつある。わが国で実際に使われた場合に、どのような審査基準によるべきかも今後の課題というほかないが、企業防衛の必要性が一般的に認められるとしても（企業の長期的利益の保護、従業員などのステイク・ホルダーの保護など）、あるいは、ポイズン・ピルが、「現職経営陣と敵対的買収者、そして一般株主らの微妙な利害関係のバランスをとるべく絶妙にアレンジされたツールである」（太田洋＝中山龍太郎「米国におけるポイズン・ピルの『進化』とその最新実務〔下〕」商事一六六二号（二〇〇三年）三一頁）と一般的に評価できるとしても、具体的な防御策の適法性を常に根拠付けることにはならない。わが国でポイズン・ピルを導入した場合には、経営陣にピルの消却につき米国以上に裁量を与えかねない点が、大きな課題となろう（委任状合戦によって買収前に経営者を入れ替えておく必要がある）。もし控えめなピルに設計するのなら、消却事由に株主総会決議を含めるとか、独立した第三者の決定に消却を委ねるといった方法があるのかもしれない（商法二八〇条ノ二〇第二項七号）。なお、わが国において防御策の導入を積極的に肯定したり、導入に妥協すべきと判断するだけの社会的背景は、まだ十分に成立してはいないとの見解があるが（森田果「企業買収防衛策をめぐる理論状況〔下〕」商事一六六四号（二〇〇三年）三一頁）、日米の異同をも踏まえた緻密な分析によるもので、妥当であると考える。

(70) 龍田・前掲注(9)二〇頁。

(71) 友好的な株主の割合が少なく、敵対的な株主の割合が多ければ、自己株式取得により、かえって敵対的買収者を利することにもなりかねない。

(72) 龍田・前掲注(9)一六頁、江頭・前掲注(30)『株式会社・有限会社法』一九一頁注4。

(73) のみならず、立法論上の是非はあるが、株主は議案の売主に自己を加えることを請求することができる（商二一〇条七項）。

(74) 江頭憲治郎ほか「自己株式①〔座談会〕」ジュリ一二四五号（二〇〇三年）一〇五〜一〇七頁〔江頭〕参照。

(75) 江頭ほか・前掲注(74)一〇五〜一〇七頁〔江頭〕参照。

(76)　株式持ち合いや安定株主の絆が一段と強まるとみることもできよう。
(77)　小林・前掲注（２）民商九二巻二号二〇〇～二〇一頁。
(78)　中東・前掲注(22)四九頁参照。
(79)　龍田・前掲注（９）四二頁は、「事前予防より事後規制がすぐれるのは、無用の拘束を除去すると同時に、必要な規制目的の実現が全うされるときである。自己株式が毒物の指定から外れても、劇物であることに変わりはない。企業がその取扱いに細心の注意を払わなければならないのはもちろん、違法な利用には厳しい規制で望むことが必要である」と警鐘を鳴らす。
(80)　Robert Charles Clark, Corporate Law 626（1986）. 訳文は、龍田・前掲注（９）四二頁注81によった。

第三章　改正法と敵対的買収防衛策

改正の概要

○会社法制の現代化は、敵対的買収に何らかの作用を与えることを、直接の目的とはしていない。しかし、派生的な効果が生まれている。

○現代化の目玉の一つは、合併等の組織再編の対価を柔軟化したことにある。強圧的な二段階公開買付に道筋を拡げるなど、買収側を有利にする副次的効果を伴っている。取締役の解任決議の要件も、原則として普通決議となった。

○買収側と防衛側のパワー・バランスが、大きく崩れかかっている。会社法が買収側を後押ししたとなると、その反動として、防衛策を広く認める方向への力学が働く余地がある。

○実際にも、おそらくは無意識のうちに、防衛策の幅を拡げる改正もなされた。例えば、新株予約権の無償割当てに関する規定の新設、種類株式に関する規定の柔軟化と明確化などである。

第一節　序　論

会社法制の現代化は、敵対的買収(1)に関して、実質改正を行おうと企図されたものではない。組織再編法制の柔軟化が一つの目玉になったが、敵対的買収者を後押しする目的は持たれていなかった。その他の改正にしても、専ら敵対的買収の文脈を想定して、買収側と防衛側のどちらかを有利にすることを狙ったものではない(2)。

もっとも、別の目的で導入された制度が、結果的に、敵対的買収の法的な土俵を変更してしまうことはある。今般の会社法の制定で、支配争奪には中立的と思われていた規定が、一転して、攻撃側と防衛側の一方に力水を与えるという効果が出始めている。当初の目的と違っても、流用できるすべての手段を使うことは、実務家としては素直な発想かもしれない。

以下では、会社法制の現代化に伴って、どのような派生的な影響が、敵対的買収に関する法規制に生じるかを概観する。その上で、そのような影響を放置していいのか、何らかの対策が必要なのかも、解釈論あるいは立法論として検討していく(3)。買収防衛策の適法性については、裁判例が続いており、また、行政庁の指針も示されているので、この点にも言及する。

第二節　組織再編の対価の柔軟化と敵対的買収

一　組織再編の対価の柔軟化

組織再編における対価の柔軟化とは、組織再編行為において、吸収合併の存続会社等が、対価として、同社の株式に代わる金銭等の交付を認めることである（会社七四九条一項二号・三項など）。

会社法の制定前においても、学説上、合併の対価を存続会社の株式に限定する必要はなく、現金等であっても構わないという見解が強くなっていた(4)。この見解が立法で取り入れられ、アメリカやカナダと同様の柔軟化がなされた。もっとも、外資による日本企業の敵対的買収に拍車を掛けると危惧され、対価の柔軟化に関する規定は、他の規定よりも一年遅れで施行される（会社法附則四項）。

合併において現金が対価として用いられる場合を、交付金合併という。以下では、組織再編の対価の柔軟化の典型例として、交付金合併を念頭において、検討していこう。

二　交付金合併による少数株主の締め出し

交付金合併の実際上の意義は、多数株主が少数株主を締め出すことにあろう。例えば、買収会社が、受皿となる一〇〇％子会社を設立し、それを存続会社とする交付金合併を行えば、対象会社である消滅会社の少数株主を現金で締め出す（排除する）ことができる。(5)

従前も、株式合併や株式移転を利用して、ジャパニーズ・スクイーズ・アウト（日本式の締め出し）が可能とされてきた。交付金合併が解禁されれば、合併を行う目的と少数株主を締め出す目的とが、混在して語られる可能性がある。実際にも、敵対的買収に対する防衛策として、わが国では、新株の第三者割当てが伝統的に利用されてきたが、その適法性の審査においては、主要目的基準が利用され、新株発行による資金調達目的の存否のみが問われ、なぜ公募によらず（敵対的買収者にも引受けの機会を与えず）、特定の第三者への割当てを行ったかが、ほとんど問題にされてこなかった。(6)

このような審査基準は適切でないと考えるが、交付金合併でも、適法性の審査が同じように行われて、合併が事業目的に適うかが専ら審査され、対価が何であるかは付随的な審査対象にされる可能性がある。とするならば、交付金合併によれば、少数株主の締め出しが一段と容易になる。

三　少数株主の締め出しと強圧的な買収

交付金合併による少数株主の締め出しが無制限に認められるのならば、敵対的買収に助力することになろう。強圧的な公開買付が、一段と容易になるからである。

二段階公開買付というが、第一段階の公開買付では、買付価格は市場価格にプレミアムを付けておき、合併に必要な三分の二以上の株式数のみを買付対象とする。その公開買付開始公告において、第二段階の取引として、市場価格（公開買付価格以下）での交付金合併を行う予定であると公表する。対象会社の株主は、第一段階の公開買付が成功し、第二段階の取引で締め出されることを懸念して、公開買付に応じようとしてしまう。応募を急き立てられた形になり、選択が歪められるという意味で、強圧的な性格が内在している。

交付金合併の解禁前でも、ジャパニーズ・スクィーズ・アウトを予告すれば、同じような強圧的な公開買付になる。第二段階の取引について何も言わなくても、公開買付に応募しないで、少数株主として残存する危険がある以上、部分的な公開買付には強圧性がある。(7) その意味では、交付金合併の解禁そのものに直接的な作用があるというより、それが少数株主の締め出しに対する会社法の姿勢の象徴となるという意味合いが大きいのかもしれない。

以上のように、会社法制の現代化の目玉である組織再編の対価の柔軟化は、敵対的買収を援助するという面を有している。(8)

第三節　会社法制の現代化と買収防衛策

一　敵対的買収の歴史と機能

アメリカでは、一九八〇年代に敵対的買収が盛んになり、それに呼応する形で買収防衛策の開発も進められた。潜在的な対象会社による独自の防衛策は、各州の会社法にも取り入れられていき、(9) 各社で自主的に導入する防衛策としては、ポイズン・ピルが、最も一般的に利用され続けている。アメリカでも、敵対的買収の比率は決して高くはなく、多くのM&Aは友好的に行われる。

わが国では、株式の持ち合いが強固であったから、対象会社の同意を得ずには支配を獲得することができなかった。

ところが、経済の悪化とともに、株価が下落した状態が続くようになると、他社の株式を保有し続けることが困難になり、持ち合いは次第に崩れていき、安定株主が不在の上場会社が増えてきた(10)。

折からの不景気に加えて、多くの会社では資金の内部留保に熱心であったから、豊富な自己資本を十分に生かし切れない会社が目立つようになった。株式の時価総額よりも、純資産額の方が大きい会社も少なくない。ＰＢＲ（株価純資産倍率）が一よりも小さくなり、時価総額で株式の全部を取得した上で、会社をバラバラに売却するだけでも、買収によるさや取りで儲けることができる。

株価が割安の会社がある場合に、それを買収して、経営陣を入れ替え、収益を改善すれば、買収者は儲けることができる。このような目的で買収が行われるのであれば、たとえ敵対的なものであっても、社会的に望ましい。敵対的買収が行われれば、対象会社の株主に対しては、市場価格にプレミアムを付した価格で、公開買付等が行われ、対象会社の株主は売却益を手に入れることができる。将来の収益の増加分を、対象会社の株主と買収者とで分け合う。

現に敵対的買収が行われなくても、買収の対象になるのではないかと経営者が感じれば、より効率的に事業を行うように、市場（会社支配市場）からの規律が働くことになり、その会社の株主が利益を受ける。敵対的買収には、規律づけの機能があるので、対象会社の経営陣が反対していることのみをもって、直ちに悪いものであるとは考えられていない。

敵対的買収が現に行われ、または、潜在的に行われる環境にある場合に、対象会社が防衛策を講じる例が目立ってきた。現に敵対的買収者が現れてから導入する防衛策を、有事導入・有事発動型といい、これが従来の防衛策の主軸であった。新株発行や新株予約権の発行の是非が問題となった場合に、裁判所は、主要目的基準を用いて審査をしてきた(11)。これに対して、具体的な買収者が現れる前に防衛策を用意する場合を、平時導入・有事発動型といい、開発が一気に進んでいる。

以下では、平時導入・有事発動型の防衛策を紹介し、その適法性を検討していく(12)。その際に留意されるべきことは、会社が防衛策を導入する場合に、導入ないし発動を決する取締役は、利益相反の立場にあるという厳然たる事実である。「企業価値を維持するために防衛をする」と取締役が主張したとき、それが主観的には事実であるとしても、「取締役の保身ではないか」という疑念を払拭できない。「保身になっていない」と評価される仕組みを構築することが、重要になっている。

二　ポイズン・ピル

(1)　ポイズン・ピルとは

ポイズン・ピル（毒薬）は、敵対的買収者が解毒した上で買収しないと、毒が回って苦しくなるところから、防衛策として機能する。より中立的な表現として、ライツ・プランとも呼ばれる。

日本では、新株予約権を使った設計がなされている。敵対的買収者が対象会社の一定割合（二〇％など）の株式を取得し又は公開買付などを実施した場合に、その時点での株主に対して新株予約権が交付されるが、敵対的買収者に限って、新株予約権の行使ができない（差別的取扱条項[13]）。新株予約権を発動させる上述の事由を、トリガー事由という。この新株予約権は、行使価額が低く設定されているために、トリガー事由を招いた敵対的買収者は、他の株主が安く新株を取得する分、持分が希釈され、損害を被ることになる（フリップ・イン条項）。

(2)　ライツ・プランの類型

日本型ライツ・プランには、三つの類型がある。

第一に、① 株主割当型であり、一定時点の株主に対して、新株予約権を割り当てるものである。平時において基準日を設定した事例もあるが（ニレコ）、新株予約権が株式と一緒に移転しないために（随伴性の欠如）、後述のように、差止めの仮処分が命じられた。

これに対して、事前警告型防衛策の内容とされている場合には、トリガー事由が生じた時点での株主に割り当てられるから、後述の信託型と同様に、市場の混乱は最小限に抑えられる（松下電器、日本技術開発）。平時には事前警告のみを行い、有事に新株予約権を発行する。買収の開始を条件として割り当てる旨を決議しておく場合にも、随伴性の問題を乗り越えることができる。

第二に、②信託型のうち、ＳＰＣ（特別目的会社）を用いた方式がある（イー・アクセス）。平時において、会社が新株予約権をＳＰＣに発行して、その新株予約権を信託銀行の信託勘定に預けておく。トリガー事由が発生したら、新株予約権が、信託銀行から会社の株主に交付される。

信託を用いると、事実上、新株予約権の随伴性を確保することができる。さらに、株主の引受行為を必要としないから、株主全員に新株予約権を交付することができるという利点もある。もっとも、会社法では、新株予約権無償割当てが可能であることが明確にされており（会社法二七七条）、信託によらなくても、同じ目的を達成することができるようになった。

また、開発当初の設計では、新株予約権の行使は個々の株主が行わなければならないために、何らかの事情で行使ができなくて、損害を被る株主が出てくる可能性があったが、会社法の下では取得条項を付しておけば（会社法二三六条一項七号ニ）、株主にもれなく新株予約権を行使させることができる。

第三に、③信託型のうち、直接方式がある（西濃運輸）[14]。ＳＰＣ方式の利点はすべて備えつつ、ＳＰＣを用意する段取りを省略することができる。

(3)　買収防衛策に関する指針

支配争奪の去就を決めるのは、株主であって、現経営陣ではない。発動の条件について、取締役会の恣意的判断を排除するなど、取締役の保身を許さない工夫が不可欠である。

この点について、経済産業省と法務省が平成一七年五月二七日に公表した「企業価値・株主共同の利益の確保又は向上のための買収防衛策に関する指針」（以下、「指針」という）[15]においては、一定の規範が示されている。①企業価値・株主共同の利益の確保・向上の原則、②事前開示・株主意思の原則、③必要性・相当性確保の原則が掲げられている。

企業価値・株主共同の利益の確保・向上の原則（①）に関して、指針は、この原則に適った代表例として、「強圧的二段階買収……など株主に株式の売却を事実上強要するおそれがある買収を防止するための買収防衛策」を掲げている（指針四頁）。少数株主の締め出しを一般的に許容する会社法の波及的効果が大きいことを想起させる。

株主意思の原則（②）に関して、ライツ・プランは、設計によっては、株主総会の特別決議が必要となる場合もあるし（会社法二四〇条一項・二三八条三項・三〇九条二項六号。なお、同一一三条三項参照）、取締役会限りで導入できる場合もある（会社法二四〇条一項）。株主総会決議が必要でない場合にも、ライツ・プランの導入は株主の合理的意思に合致していることが期待され、導入後も株主の意思によって廃止する手段が用意されていることが必要である。

具体的には、取締役の任期を一年に短縮し（会社法三三二条一項ただし書。期差取締役会の否定）、取締役の解任要件を普通決議に据え置く（会社法三三九条一項・三〇九条一項・三四一条参照）などの方策により、敵対的買収者が支配を取得しようとした場合に、委任状争奪戦によって、ライツ・プランを廃止することができるようにしておくといった工夫が考えられる（プロキシー・アウト）[16]。相当性（③）にも関係するが、現経営陣の同意がない限り廃止できないようにするなど、デッド・ハンド型のライツ・プランは、許されない。

必要性・相当性確保の原則（③）との関係では、第三者割当型のうち、買収開始前の一定日を基準日として全株主に対して予め割り当てておく場合には、新株予約権の発行と同時に、株主に過度の財産上の損害を生じさせるから許されない[17]。新株予約権に随伴性がないから、新株予約権を伴わない株式の価値が決定できず、既存株主に不測の財産上の損害を与える可能性が高い。随伴性の欠如の点は、先に述べた信託型ライツ・プランのほか、後で紹介する事前警告型や条件決議型ならば、問題が最小化されよう。

指針は、平時導入型の防衛策の適法性と合理性を高めようとするものであり、以下で述べる防衛策にも妥当する。

指針には法的な拘束力はないが、関係者によって尊重され、企業社会の行動規範となることが期待されている。

三　事前警告型防衛策

事前警告型防衛策とは、平時においては具体的な防衛策を仕掛けるものではなく、敵対的買収者が事前の警告に従わない場合に、取締役会限りで相当の防衛策を発動することを公表しておくものである。

事前警告において、典型的には、①事前に大規模買付者が対象会社の取締役会に対して十分な情報を提供し、②取締役会による一定の評価期間が経過した後に大規模買付行為を開始することが求められる(18)。

評価期間の設定については、公開買付の性質により、①対価を現金（円貨）のみとする公開買付による全株式の買付の場合には、大規模買付者が必要情報の提供を完了した後、六〇日間とされ、②その他の場合には、九〇日間などと設定されるのが通例である。現金による全部公開買付の場合には、評価が相対的に容易なので、株主のための熟慮期間、取締役による検討及び代替手段の提示等のための期間は、短くてもよいからである。

事前警告に従わない大規模買付者に対して、取締役会で発動する防衛策のうちで、既に用いられたのは株式分割であるが(19)、これに限られない。大規模買付者に行使を認めない新株予約権の無償割当てが、今後の主流になっていくのであろう。

事前警告型防衛策について、先の指針は、企業価値・株主共同の利益の確保・向上の原則に適った代表例として、「株主が株式を買収者に譲渡するか、保持し続けるかを判断するために十分な情報がないなど株主が当該提案を判断することが困難な場合に買収者に情報を提供させたり、あるいは、会社が買収者の提示した条件よりも有利な条件をもたらしたりするため、必要な時間と交渉力を確保するための買収防衛策」を掲げて、積極的に評価しており、妥当であろう。

四　条件決議型ワクチン・プラン

条件決議型ワクチン・プランは、差別的行使条件が付された新株予約権の無償での株主割当てを、平時において停止条件付で決議するものである[20]。

新株予約権を利用する点で、ライツ・プランの一類型であるといえるが、防衛策の導入段階では実際に新株予約権を発行しない点で、事前警告型防衛策の一亜種ともいえよう。敵対的買収を受けた場合に、対象会社の株主と経営陣に、情報、時間及び交渉力を与えようとする点で、どれも共通した目的を有する。

なお、新株予約権を想定した事前警告型防衛策及び条件決議型ワクチン・プランのいずれについても、取得条項付新株予約権の発行が認められるようになったことから、精度が高い設計が可能となった。

五　種類株式の活用

会社法においては、種類株式の内容が柔軟化され、新しい防衛策の開発が可能となるとして、設計に工夫がなされつつある[21]。

(1)　全部取得条項付種類株式

全部取得条項付種類株式とは、当該種類の株式について会社が株主総会の決議によって全部を取得することができるとの内容を有する種類株式である（会社法一〇八条一項七号）。もともとは、一〇〇％減資を多数決で行うことができるように工夫された仕組みであるが、買収防衛策としての利用が模索されている。

買収防衛策としての設計に共通の認識はないが、例えば、取得の対価として会社の議決権制限株式を定めておき（会社法一〇八条二項七号・一七一条一項）、有事において、株主総会決議によって、買収者が保有する株式を議決権制限株式に転換してしまう。

実際に導入するには、何らかの種類株式発行を定款で授権し、既に発行している株式を、株主総会の特別決議によって、全部取得条項付種類株式に変更する（会社法三二二条一項一号ロ・一一一条二項）。これにより、発行済株式の全部が全部取得条項付種類株式に入れ替わることになる。一連の手続には、改正前商法では総株主の同意が必要であったが、会社法の下では、株主総会の特別決議で行うことができる。

さらに設計を進めれば、全部取得条項付種類株式にした上で、これを一定の事由が生じたことを条件として会社が取得を決定することができる形の取得条項付種類株式（会社法一〇八条一項六号）にしておくことも考えられる。そのような取得条項付（種類）株式に一気に転換しようとすると、総株主の同意が必要になる（会社法一一〇条・一一一条一項）。そこで、いったん種類株式発行会社となった上で（授権をすれば実際に種類株式を発行する必要はない）、発行済株式を先の内容にする定款変更をすれば、株主総会の特別決議で実現することができそうでもある。なお、発行済株式を全部取得条項付種類株式にする場合に、その定款変更に反対の株主は株式買取請求権を与えられる（会社法一一六条一項二号）。

全部取得条項付種類株式を媒介とした買収防衛策について、適法とする見方もあろうが(22)、実際に利用できるまでには洗練された方法となっていない(23)。

(2)　一部株式についての譲渡制限

会社法の制定前は、一部の株式についてのみ譲渡制限を付することができるか否か、解釈論上の争いがあった。会社法では、譲渡制限株式を種類株式の一種と位置づけることになったから（会社法一〇八条一項四号）、譲渡制限株式を友好的な第三者（ホワイト・ナイト）に割り当てておけば、防衛の効果が高まることになる。

(3)　拒否権付株式及び複数議決権株式

さらに進んで、譲渡制限株式に拒否権を与えておけば（会社法一〇八条一項八号）、防衛効果は一段と高まることになる。複数の議決権を与えられた場合（複数議決権株式）とともに（わが国の上場会社では導入不可(24)）、黄金株と呼ばれることがある。

ただ、指針における必要性・相当性の原則を満たさないという疑念がある。[25] 株式市場への大きな影響が避けられないことも根拠の一つである。市場に悪影響を与える種類株式を発行している会社は、そもそも上場に適してはいない。

(4)　議決権制限種類株式

議決権制限プランと開発者は名付けており、議決権制限種類株式（会社法一〇八条一項三号）を活用するものである。[26] このプランでは、一定の割合以上（発行済株式総数の二〇％以上など）の株式を保有する株主の株式だけを議決権制限種類株式とすることによって、買収者に株主総会における決定権を与えない。

具体的な導入の手順は、全部取得条項付種類株式を導入する場合と同様で、基本形としては、①新規に何らかの種類株式を追加して、②普通株式を議決権制限種類株式に変更し、議決権行使の条件として、「株主が有する株式の数が発行済株式総数の一定割合未満であること」等を定める（会社法一〇八条二項三号・三〇九条二項一一号・四六六条。会社法三二二条一項一号参照）。

敵対的買収者に議決権の行使をさせないという発想は、アメリカでも各州の会社法に取り入れられており、現在では、二七州が採用している。[27] 支配株式取得法というが、対象会社の議決権総数等の一定割合以上を取得した者は、利害関係のない株主の多数決による承認がなければ、議決権を行使することができないと定める。買収の成否を対象会社の株主の集団的な決定に委ねるものであるから、強圧的な公開買付に対応する方策であると理解されている。

わが国においても、昭和二五年改正前商法では、一一株以上の株式を有する株主の議決権を定款で制限することが許容されていた（同改正前商法二四一条一項ただし書）。この点をも参考にすれば、議決権制限プランの適法性に疑問は少ないものの、一定割合以上の株式を有する株主について、議決権の全部を否定するのではなくて、その一定割合を超える部分のみ、議決権を行使させないという工夫ができるのなら、一段と洗練された設計になろう。この際、立法によって、大株主の議決権を制限する定款の定めを許容するべきであるとも考えられる。

六　特別決議条項及び公正価格条項

特別決議条項とは、合併その他の組織再編に関して、株主総会決議の要件を引き上げる定款の規定をいう（会社法三〇九条二項一二号・同項柱書）。その狙いは、敵対的買収者が第二段階の交付金合併を行うために取得しなければならない株式数を増加させて、強圧的な買収を抑制することにある。

公正価格条項は、特別決議条項を進歩させたもので、第二段階の合併等において、公正価格（第一段階の公開買付価格）が支払われるのであれば、決議要件を加重しないという例外を設けるものである。より端的に、強圧的な二段階公開買付に対処する。

いずれの定款の規定も、現在までに、アメリカでは二七の州会社法で公正価格法という形で立法化されている[28]。わが国でも、同様の規定を会社法に導入することも一案であるが、より端的に、第二段階の合併等を規制して、強圧的な買収を難しくするべきであると考える[29]。

なお、定款で合併等の要件を加重すること自体は、敵対的買収からの防衛だけを意味するものではなく、基礎的な変更をより慎重に行わせるものとして、必ずしも否定的に考える必要はない。比較法的にみても、最少では総株主の議決権の三分の一（＝二分の一〔定足数〕×三分の二〔可決要件〕）で承認されてしまうのは、要件が緩やかにすぎる。

七　期差取締役会

監査役会設置会社の取締役の任期は、会社法においても、最長でも二年と法定されている（会社法三三二条）。期差取締役会とは、終任時期をずらすことによって、買収の成功後に取締役会を支配する時期を遅らせる効果を狙ったものである。累積投票制度と組み合わせれば、わが国でも、それなりの防衛効果を期待できる。

とはいえ、わが国では、株主総会決議によって、取締役を無理由で解任することが認められている。しかも会社法においては、解任決議の要件は、原則として普通決議である（会社法三四一条・三〇九条一項）。また、委員会設置会社でなくても（会社法三三二条三項）、実務では、定款によって取締役の任期を一年に短縮する動きが拡がりつつある。株主から信任を受ける機会を増やそうとしたり、ライツ・プラン等の防衛策を導入した場合に、委任状合戦による取締役の入替えの機会を増やして、防衛策への株主の意思の反映を強化しようとしている。さらに、会社法においては、監査役会設置会社でも、取締役の任期を一年にしておけば、取締役会限りで剰余金の配当等を決定することができるようになる（会社法四五九条一項四号）。

このように、取締役の任期を一年に短縮するという大きな動きがある中で、買収防衛策として期差取締役会を導入するのは現実的ではないであろう。

八　取締役の解任決議の要件

会社法においては、取締役の解任決議の要件が、定款で別段の定めがない限り、普通決議とされた（会社法三四一条）。そのままでは、敵対的買収者に議決権の過半数を取得された段階で、取締役のすべてが入れ替えられてしまう。ところが、定款で解任の要件を加重すれば、敵対的買収の成功後に取締役会の支配を確保する時期を遅らせることができる。買収者が借入金によって買収資金を調達している場合（ＬＢＯ）などに、買収者は負担を感じることになる。

とはいえ、経営をあずかる取締役会は、その時の株主によって信認されてこそ、権限が正統化されるのであるから、解任決議の要件を引き下げた会社法の趣旨に照らして、安易にこれを引き上げる定款の定めを置くことは許されるべきではなかろう。

第四節　攻防の土俵としての法規制

一　武器の対等

わが国においても、敵対的買収防衛策を整備すべき理由として、企業価値を毀損するおそれのある買収に対して一定の歯止めを設け、「国際的なイコール・フッティング（立場の対等）」を実現する必要があることが、しばしば掲げられる(30)。しかし、内国会社を外国会社からの敵対的買収から守るためだけならば、諸外国と同様の防衛策を整備すべきという結論に直結しない。敵対的買収に不可欠な公開買付や市場買付は、ほとんどの場合に日本法の規制のもとで実施され、支配権獲得後の第二段階取引も、日本法に準拠して行われる。敵対的買収の法規制は、内国法の問題なのであり、国際的な文脈から読み解く必然性は小さい。

とはいえ、国内の法規制を考える上で、諸外国の経験から学ぶべきことは多い。イコール・フッティングという点で、攻撃側と防御側には武器が対等に与えられるべきである。問題は、どのような形で武器対等を実現するかである。攻防の双方に重装備を認めるか、双方に軽装備しか認めないか、あるいは、それらの中間的な規制を設けるのか。

この点、合併等の対価の柔軟化によって、わが国は、攻撃側に強力な武器を与えつつある。強圧的な二段階買収が容易に行われることが想定されるからである。他方で、会社法の制定によって、防衛側の採りうる武器の種類と質感は充実しつつある。激しい争いを可能とする形で武器対等の土俵が設けられつつある。

対価の柔軟化の妥当性について会社法の制定後も懸念を示す論者は、「アメリカが築いてきた、M＆Aの攻撃側も防衛側も多くの武器をもって戦い、行きすぎは裁判所が事後にチェックする法的環境よりも、M＆Aの老舗イギリスが打ち立ててきた、明確で公正な事前の競技ルールを遵守しながらどちらがより多くの株主の支持を得るかを競う法的環境のほうが、穏当なのではないかとも思う」と述べている(31)。

公開買付規制についても、「イギリスでは、対象会社の取締役が取りうる防御措置が限定されており、それとのバランス上、強制的な全部買付制度が設けられている。他方、アメリカにおいては、対象会社経営陣の行動の自由との関連において、公開買付者の行動の自由ないし取引規制・取引条件設定に寛容な態度が採用されている」とし、「公開買付規制と対象会社の防御措置、さらには、会社法の企業結合法制、とりわけ少数株主保護規制を総合的に考察する必要性が明らか」と説かれている。(32)

このようなバランスの取り方については、従前から意識されてきており、イギリス型の規制に共感する傾向が強かった。(33)

二　攻撃の武器が多い中での防衛策

敵対的買収の攻防のバランスは、現時点で、どのようになっているか。攻撃側についてみると、部分的公開買付が許容されており、その成功後に、残存株式を放置することが許され、他方で、強制的に取得することも可能な法制度になっている。

経済産業省と法務省の指針においても、強圧的買収に対抗するための防衛策は、株主共同の利益を確保し、向上させる防衛策の代表例として掲げられている（指針四頁）。会社法の合併等の対価の柔軟化に関する規定が施行されれば、強圧的買収の動きが加速することが想定される。

このような中では、攻防の武器対等という観点から、防衛策を比較的自由に認めるほかないであろう。本章で見てきた各種の防衛策は、指針に適合している限り、おおよそ適法と判断してよい。

三　将来の法規制のあるべき方向性

将来のあるべき法規制については、会社法制の現代化によって動き始めているアメリカ型の武器対等から、イギリス型の武器対等に方向転換するのが、社会費用の観点からも望ましいと考える[34]。

具体的には、上述の防衛策によって防ごうとする攻撃方法を、予め規制しておき、強圧的な買収等ができない仕組みにするべきである。

各種のライツ・プラン、公正価格条項などの狙いの一つは、二段階買収等の強圧的な買収を妨げる点にある。とするならば、二段階買収等における強圧性を排除するような法制度を整備することが直接的な対応となる。

まずは、第二段階での締め出し取引を含めて、合併等の対価の柔軟化に対する規制が必要であろう[35]。わが国の会社法制での対応としては、カナダの会社法証券規制を参考にすべきであると考える[36]。立法論としては、少数株主の締め出しを一律に禁止するのではなく、実務にとっても安定的な形で、交付金合併の利用を認めるべきである。すなわち、当事会社が支配・従属関係にある場合には（ゴーイング・プライベート取引）、①質の高い情報開示、②独立した評価人による評価、③少数派の多数の賛成を要件として、交付金合併を許容すべきである。

また証券取引法上も、第一段階の公開買付で、対象会社の株式の全部を対象とさせることが肝要である。さらには、自分だけが売り残してしまったら困るという対象会社株主の危惧を避けるために、残存した少数株主がイニシアティブを持って、持株の買取りを請求することができることにし、退出の機会を保証すべきである。

事前警告型防衛策、条件決議付ワクチン・プランなどで目指されたのは、公開買付において、株主が適切な選択をするために、買収者に関する情報と熟慮期間を確保することであり、その熟慮期間に対象会社の経営陣に代替策の提示をさせて、株主に選択肢を与えることにある。このような仕組みは、各会社の努力に待つのではなくて、法制度として整備すべきである。

公開買付規制の改革にあたっても、カナダ法が、大いに参考になるものと考えられる。すなわち、最短期間の定めについて、カナダのオンタリオ州証券法は三五日間という日本に比べて長い期間を設定しているが（九五条）、その趣旨は、①対象会社の株主に応募の適否について検討する十分な時間を与えるとともに、②敵対的公開買付においては、対象会社の経営陣が、他社からの提案を検討するために必要な時間を確保することにある。対象会社の経営陣に対して、公開買付の適否を考える余裕を与え、必要に応じて、競合買付の勧誘をすることは、株主の利益に資するものであると理解されている。

さらに、カナダにおいては、ポイズン・ピルの設計において、熟慮期間が短いという問題に対処されるのが通常である。典型的なピルでは、買付期間を延長するように工夫がされており、これにより、経営陣がより有利な買収提案を探す時間を得られるようにする。買収者が、十分な熟慮期間を与えない場合に、ピルが発動する仕掛けにしておく。熟慮期間が短いことのみが対応すべき問題とされており、カナダにおいては、法律上、最長期間の定めはない。

わが国の証券取引法においても、最長期間の法定を廃止し、対象会社の経営陣が株主の利益のために必要と考える場合には、公開買付期間を法が定める基準に従って伸長することを求めることができるようにすることが考えられる。(37) 以上のような形で、買収側の武器を制限するのなら、防衛側の武器も制限されるべきであり、イギリスにおけるように、防衛策の導入には、対象会社の株主総会の承認が必要であるとすべきである。(38) このような形での武器対等は、社会的費用の観点からも望ましい。

第五節　結　語

会社法の下での敵対的買収防衛策については、どのような方策が可能であるのか、さらには、各々の方策に関して設計の精度を高めるかにつき、既に示された司法審査や行政庁の指針をも参考に、なお開発と検討が進められている途上にある。

とはいえ、防衛策の開発に熱心になるあまり、基本となる法規制がいかにあるべきかという問題が見過ごされてはならない。攻撃側と防衛側で武器が対等な土俵を法的に整備するにしても、土俵の設定のあり方には選択肢がある。この点の方向性を決定した上で、個別的な防衛策の適否を議論するべきであろう。

（1）敵対的とは、対象会社の経営陣（取締役）が買収提案等に反対している状況を意味する。株主及び企業価値に与える影響の是非とは無関係である。
（2）江頭憲治郎教授は、「法制審議会の審議においては、『敵対的企業買収に対する防衛措置』という問題を正面から論じたことは一度もない」とされる。江頭憲治郎「新会社法の意義と特徴〔講演録〕」ジュリ一三〇〇号一〇頁（二〇〇五年）。
（3）中東正文「合併、三角合併、株式交換・株式移転」川村正幸＝布井千博編『新しい会社法制の理論と実務』別冊金融・商事判例（経済法令研究会、二〇〇六年）参照。
（4）柴田和史「合併法理の再構成（6・完）」法協一〇七巻一号五八〜六〇頁（一九九〇年）、江頭憲治郎『株式会社・有限会社法〔第四版〕』六八七頁注（2）（有斐閣、二〇〇五年）ほか。
（5）多数株主が議決権を行使したことによって、著しく不当な決議がなされた場合には、決議取消事由となり（会社八三一条一項三号）、ひいては、合併の無効原因になる（会社法八二八条一項七号・二項七号）。
（6）藤田友敬「ニッポン放送新株予約権発行差止事件の検討（上）」商事一七四五号九頁（二〇〇五年）参照。藤田教授は、ライブドア対ニッポン放送事件に関する一連の決定の判断枠組みを採用するなら、「筋の悪い買収者に対する防衛を正当化するため「嘘も方便」的に資金調達目的の認定をする必要がなくな〔り〕……、主要目的ルールの運用の仕方を大きく変えていく契機となる」とされるが、正当であろう（ライブドア対ニッポン放送事件に関する中東意見書「企業買収をめぐる諸相とニッポン放送事件鑑定意見」〔別冊商事法務二八九号〕（一四九）頁（二〇〇五年）も参照）。
（7）対象会社の株式の一〇〇％を買い付ける予定の公開買付であっても、対象会社の株主は、残存してしまうことを危惧するから、公開買付が失敗に終わると信じることができない限りは、応募に走りやすくなる。このような危惧を払拭するためには、少数株主に転落した残存株主には、買付後も買付者に対して持株を買い取るよう請求する権利を与えるべきである。中東正文「企業組織再編法制の整備」商事一六七一号二二頁（二〇〇三年）、末岡晶子「ＥＵ企業買収指令における敵対的買収防衛策の位置づけとＴＯＢ規制」商事一七三三号四〇頁（二〇〇五年）、中東・前掲注（3）。また、北村雅史「ＥＵにおける公開買付規制」商事一七三二号一〇頁（二〇〇五年）も参照。
洲崎博史「不公正な新株発行とその規制（1）（2・完）」民商九四巻五号五六一頁、六号七二一頁（一九八六年）参照。

(８)　浜田道代「新会社法における組織再編」商事一七四四号五一～五二頁（二〇〇五年）。

(９)　最新の状況については、太田洋＝今井英次郎「米国各州における企業買収規制立法の最新状況（上）（下）」商事一七二二号三五頁、一七二三号三八頁（二〇〇五年）。また、吉原和志「州による企業買収規制の展開と現況（上）（中）（下）」商事一二一六号九頁、一二一八号二〇頁、一二二一号一四頁（一九九〇年）、中東正文『企業結合・企業統治・企業金融』八八頁以下（信山社、一九九九年）も参照。

(10)　わが国における敵対的買収に関する環境の変化や具体的な事例については、大杉謙一ほか『M&A攻防の最前線』一二二頁以下、一三七頁以下（金融財政事情研究会、二〇〇五年）を参照。

(11)　詳しくは、藤田・前掲注(６)八～一一頁を参照。資金調達の意義を捉え直して、従来の主要目的基準から解放し、もっぱら企業価値が創造されるか否かの基準から、株式等の発行の是非を判断する包括的かつ統一的な解釈枠組みを提言するものとして、落合誠一「株式・新株予約権と資金調達」商事一七四四号一五～一六頁（二〇〇五年）。

(12)　前掲注(６)別冊商事法務二八九号のほか、近時の論文については、旬刊商事法務を参照。多数の書物が刊行されているが、例えば、野村證券株式会社ＩＢコンサルティング部編『敵対的M&A』防衛マニュアル』（中央経済社、二〇〇四年）、武井一浩＝太田洋＝中山龍太郎編著「企業買収防衛戦略」（商事法務、二〇〇四年）。

(13)　トリガー事由を引き起こした敵対的買収者に対して、新株予約権を渡さないという方式もあり得るが、最先端の設計によれば、いったん渡した上で、第三者への譲渡の道を開けておく（経済産業省「ライツプランの新類型について」〔二〇〇五年七月七日〕参照）。これによって、敵対的買収者に経済的な損失を回避する余地を残すから、株主平等原則の問題を乗り越えやすいし（会社法一〇九条一項）、課税上も有利にすることができる（国税庁「新株予約権を用いた敵対的買収防衛策の【新類型】に関する原則的な課税関係について（法人税・所得税関係）」〔二〇〇五年七月七日〕参照）。上述の経済産業省と国税庁の文書は、自由民主党総合経済調査会企業統治に関する委員会「公正なM&Aルールに関する提言」（二〇〇五年七月七日）<http://www.jimin.jp/jimin/saishin05/seisaku-006.html>に別紙として付されている。

(14)　石綿学「敵対的買収防衛策の法的枠組みの検討――事前予防のための信託型ライツ・プラン（上）（中）（下）」商事一七一六号四頁、一七一七号三八頁（二〇〇四年）、一七二一号二四頁（二〇〇五年）、石綿学ほか「日本型ライツ・

プランの新展開（上）（下）」商事一七三八号三〇頁、一七三九号九一頁（二〇〇五年）。

(15) 経済産業省のホーム・ページから関係資料が得られる <http://www.meti.go.jp/press/20050527005/20050527005.html>。

(16) わが国では、公開買付と委任状勧誘との組合せの利用は困難で過大な費用を要することにつき、大杉謙一「企業買収防衛策のあり方」商事一七二三号三四～三五頁（二〇〇五年）。

(17) 詳しくは、指針一一～一二頁を参照。ニレコ事件では、既存の株主に新株予約権が割り当てられたが、随伴性が欠如していることが重視されて、発行差止めの仮処分が認められた（東京地決平成一七・六・一商事一七三四号三七頁、東京地決平成一七・六・九商事一七三五号四四頁、東京高決平成一七・六・一五商事一七三五号四八頁）。藤田友敬「ニッポン放送新株予約権発行差止事件の検討（下）」商事一七四六号八頁（二〇〇五年）参照。

(18) 日本技術開発が導入した事前警告型防衛策について、同社の二〇〇五年七月八日付リリース「大規模買付行為への対応方針に関するお知らせ」などを参照。同社が事前警告に従わなかった大規模買付者に対抗するため、株式分割を決定したところ、東京地裁でも適法性が確認された（東京地決平成一七・七・二九商事一七三九号一〇〇頁）。藤田・前掲注(17)九頁参照。

(19) 二〇〇六年一月四日以降を割当日とする株式分割については、株式分割の効力発生日が割当日の翌日とされる（証券保管振替機構「株式分割の効力発生日についてのお願い」〔二〇〇五年六月一〇日〕）。これが実施されれば、株式分割は事実上、公開買付に対する防衛策としては機能しなくなる。

(20) 武井一浩ほか「『条件決議型ワクチン・プラン』の設計書（上）（中）（下）」商事一七三九号八五頁、一七四三号四二頁、一七四五号三九頁（二〇〇五年）。

(21) 岩原紳作ほか「新会社法の企業実務にとっての意義〔パネルディスカッション〕」ジュリ一三〇〇号二五～三一頁（二〇〇五年）、大杉ほか・前掲注(10)三二六～三三四頁〔近藤浩〕ほか参照。

(22) 経済産業省企業価値研究会「企業価値報告書」七七頁（二〇〇五年五月二七日）参照。

(23) 岩原ほか・前掲注(21)二六頁〔河和哲雄〕（実務界で買収防衛策として完結したものが公表されたり、正当と認められたものではない）、大杉ほか・前掲注(10)三三四頁〔近藤〕（証券市場での価格形成を可能とするものではなく、導入可能性には疑問がある）。
(24) 非公開会社では、複数議決権株式を設けることができる（会社法一〇九条二項）。
(25) 岩原ほか・前掲注(21)二九頁［河和］参照。
(26) 葉玉匡美「議決権制限株式を利用した買収防衛策」商事一七四二号二八頁（二〇〇五年）。
(27) 太田＝今井・前掲注(9)商事一七二三号四〇頁。
(28) 同・前掲。
(29) 公正価格法の欠点の一つは、友好的な合併等の妨げにならないように、買収成功前の取締役会の同意があれば、決議要件が引き上げられないことにある。すべての友好的な合併等に強圧性がないとはいえず、とりわけ、経営陣による買収（ＭＢＯ）では、問題が顕在化するであろう。
(30) 例えば、日本経済団体連合会「企業買収に対する合理的な防衛策の整備に関する意見」（二〇〇四年一一月一六日）。
(31) 浜田・前掲注(8)五二頁。
(32) 森本滋「公開買付規制にかかる立法論的課題」商事一七三六号一一頁（二〇〇五年）。
(33) 川浜昇「株式会社の支配争奪と取締役の行動の規制（2）」民商九五巻二号五六頁（一九八六年）。川浜教授は、「米国の現在陥っている状態、あえていえば惨状は、会社支配における株主の地位を口先では尊重しながらも実は軽視し、一方で公開買付者に彼らに都合の良い方策の開発を自由に許し、他方対象会社経営陣に対抗措置の開発を自由に許したことにあると言える。今後わが国で、公開買付における株主の自由な意思決定の確保や平等な取扱が問題となった場合、英国のようにそれを直接実現する方策を探求すべき」とされる。また、中東・前掲注(9)一四三〜一四五頁、中東・前掲注(3)など。
(34) 以下の叙述につき、詳しくは、中東・前掲注(3)を参照。
(35) より厳密で斬新な考察として、藤田友敬「企業再編対価の柔軟化・子会社の定義」ジュリ一二六七号一〇三〜一一〇頁（二〇〇四年）。
(36) 中東・前掲注(7)二一頁。
(37) 基準も設け方においては、日本技術開発で採用された事前警告型買収防衛策の設計が参考になるであろう。

(38)　田中亘「敵対的買収に対する防衛策についての覚書（1）（2・完）」民商一三一巻四＝五号六二二頁、六号八三四頁（二〇〇五年）は、効率性（カルドア＝ヒックス型）を判断基準とした上での政策論として、株主総会の事前の承認を求めることを示唆する。

第四章　企業買収・組織再編と親会社・関係会社の法的責任

第一節　本章の課題

企業買収ないし組織再編を考察するにあたっては、親会社や関係会社の法的責任を分析することが重要である。この問題は、二つの局面に大きく分けて検討するのがよかろう[1]。第一に、結合企業法制である。会社の支配・従属関係の「形成」、「運営」および「解消」の三段階のうち、結合企業の運営に関する部分である。第二に、企業買収や組織再編が直接的な引き金となって、親会社等の責任を問題とすべき場面であり、上記の三段階では、結合企業の形成に関する部分である。会社法制の現代化によって事前規制から事後規制へ転換したことで、問題が一段と顕在化しつつある。

本章では、結合企業の運営につき、近時の法規制の歴史を概観する（第二節）。その上で、結合企業の形成時の親会社等の責任について、検討されるべき問題点の端緒を探る（第三節）。最後に、今後の展望につき簡単に述べる（第四節）。

第二節　結合企業法制の近時の歴史

一　序　論

結合企業法制は、壮大な課題であり、わが国の学界にも、古くから重厚な議論の蓄積がある。(2) 近時の議論の展開は、結合企業の形成手段に関する立法の歴史と密接に関係している。結合企業の形成を容易にする会社法制の諸改正の流れの中で、立法による対処も、裁判所による創造的な法解釈も、後手に回っている感がある。企業結合を促進する方向に、推進力が強く働いてきており、結合企業の活動を制限しかねない規制は、なかなか実現しなかった。

二　株式交換・株式移転制度の導入

平成一一年商法改正によって、株式交換・株式移転制度が導入された。これは、平成九年の独占禁止法改正で、純粋持株会社の設立等が解禁されたことを受けたものである。同改正にあたっては、衆議院商工委員会において、「六　持株会社の設立等の企業組織の変更が利害関係者の権利等に配慮しつつ円滑に行われるよう、会社分割制度や株式交換制度等について検討を行うこと」、参議院商工委員会においても、「五　持株会社の設立等企業組織の変更が円滑に行われるよう、……株式交換制度等、会社法上の企業組織の変更規定についても検討すること」という附帯決議がなされている。(3)

株式交換制度等の導入を促しつつも、衆議院商工委員会の附帯決議では、利害関係人の権利等への配慮が期待されている。衆議院商工委員会では、より明確に、「三　持株会社によるグループ経営における……情報開示制度の改善を行うとともに、持株会社株主の子会社事業への関与や子会社関係者の権利のあり方等、会社法制について検討を行うこと」との附帯決議がなされている。

株式交換制度の導入が具体化した段階で、主に懸念されたのは、完全子会社となる会社の株主の保護であり、とりわけ、①完全親会社の株式との交換を多数決で行わせることについて、憲法が禁止する強制収用とならないか、②親会社の株主の保護に関して、情報開示と監督是正権が十分に保障されるか、などであった(4)。

結合企業法制との関係では、株主権の縮減の問題（②）が重要である。完全子会社となる会社の株主は、株式交換の効力が発生すると、完全親会社を経由してのみ、従来の権利を行使することができる。

具体的には、重畳的な企業組織において、親会社の株主に、親会社が有する子会社の株式に関する議決権の行使を認めるか（議決権のパス・スルー(5)）、子会社の取締役に対する代表訴訟提起権（二重代表訴訟）を認めるか(6)、子会社に対する帳簿閲覧権を認めるか、といった諸問題が議論されてきた(7)。

この点は、親会社取締役等に対する責任追及に実効性があれば、親会社取締役等を通じた子会社取締役等に対する規律付けも十分になされると割り切るのか、という問題にも関わるのであろう。結局、平成一一年商法改正においては、株主の子会社の書類に対する閲覧・謄写権を新設する（平成一七年改正前商法二六〇条ノ四・二六三条・二九三条ノ八）、業務検査役の選任の要件を緩和する（同二九八条）、などの措置が講じられた。

しかしながら、「平成一一年改正が多重代表訴訟の立法を見送ったのは、その後の事態の推移をみれば、過ちであったことが明らか」であるとして、立法による手当てを求める見解が示された(8)。

三　会社分割制度の導入

続く平成一二年には、会社分割制度が導入され、一段と、重畳的な企業組織の構築が促進されることになった。もっとも、立法の段階で最も議論になったのは、従業員を含む会社債権者の保護のあり方であって、結合企業法制を整備する機会とはならなかった。

四　会社法制定

(1)　組織再編と株主代表訴訟

結合企業法制に関して、会社法制の現代化においては、一定の立法的解決がなされた。代表訴訟が係属中に、会社が株式交換や株式移転によって、他の会社の完全子会社になったとしても、原告株主が完全親会社の株主になった場合には、原告適格を喪失することはなく、代表訴訟は継続するとの規定が創設された（会社法八五一条一項一号、会社法施行規則二一九条）。

このような立法措置がなされたのは、下級審の裁判例で、原告適格を喪失するとされているため、逆に、これを喪失しないとする立法上の手当てを行うものである。(9) もっとも、組織再編の対価柔軟化との関係では、たとえば、株式交換の対価が現金である場合には、会社法による手当てが及ばない。今後の解釈に委ねられる。

学説には、対価柔軟化を前にして、原告適格の維持を認めるかを判断する基準としては、「株主代表訴訟係属中に、原告株主が自分らの意思にかかわらず、会社の行為により一方的に株主資格を喪失したか」で十分であり、実質的な投資関係の継続は必要でないとの見解が示されていた。(10) 株主による役員等への規律付けの機能が一段と重視されており、このような見地から、上記の見解が支持されるべきである。

以上の会社法による手当ては、直接的には、結合企業の形成過程における問題であるが、理論的には、結合企業の運営を法的にどのように規律するかという根本的な理念に遡る。

(2)　少数株主の株式買取請求権

会社法制の現代化の検討に際しては、平成一五年一〇月二二日の法制審議会会社法（現代化関係）部会の要綱試案でも、略式組織再編制度を導入することとの関係で、「ある株主が新たに〔九割〕以上の議決権を保有することになった場合における他の少数株主から当該支配株主又は会社に対する株式の買取請求……等の制度を設けるかどうかについては、なお検討する」とされていた[11]。

要綱試案に対する各界の意見をみると、賛否が相半ばするようでもあるが、大学関係からの意見は全て、少数株主に株式買取請求権を与えることに賛成している[12]。しかし、会社法の制定にあたって、実現されることはなかった。

五　公開買付における全部買付義務の導入

平成一八年証券取引法改正と同施行令改正によって、買付後の株券等所有割合が三分の二以上となる場合には、公開買付者は全部買付義務を負うこととされた（証券取引法二七条の一三第四項、他社株府令一四条の二の二）。

全部買付義務の導入は、金融庁金融審議会金融分科会第一部会公開買付制度等ワーキング・グループの検討の成果である。同グループの報告書によれば、全部買付義務を課す趣旨は、「手残り株をかかえることとなる零細な株主が著しく不安定な地位に置かれる場合」を想定してのことである[13]。

会社法制の現代化においては、支配株主または会社に対する少数株主の株式買取請求権が否定されながら、事実上、買収者に同じ負担を課すことになる全部買付義務は、なぜ法制度化され得たのか[14]。立法の時期の社会経済状況によるという説明が最も素直であろう[15]。

六　小　括

企業買収ないし組織再編法制の変遷との関係で、結合企業法制の整備の状況を概観してきた。

大きな流れの一つとして、結合企業において、親会社等から子会社等に対する方向での統制については、立法においても一定の進展が見られた。株主権の縮減が問題意識として持たれたので、当然の結果ともいえよう。親会社の株主等の子会社に対する各種書類の閲覧権が整備され、株式交換等の際の代表訴訟の継続が明文で認められたのも、これらの動きの中で捉えることができる。

反対に、子会社等から親会社等に対する方向での結合企業法制は、全部買付義務の導入という企業結合段階での手当てを除いて、何ら実現されることはなかった(16)。このような視点は、会社法制の変革を後押ししてきた経済界が関心を持つものではなかったろう。持株会社を頭上に作る場面や、事業会社が分社化する場面を念頭に置けば、学界を含む世間の関心が、親会社等の株主等による子会社等に対する規律付けに集中したのも、自然ではある(17)。

第三節　M&A時における親会社等の責任

一　問題の概観

企業買収や組織再編によって、結合企業関係が形成される段階で、利害関係人の利益が適切に保護される法的枠組みが不可欠である。近年になって、組織再編手続の簡素化が進んだこともあり、とりわけ会社分割法制に関して、債権者の保護が十分ではない事例を想定した議論が進められている。十分な救済手段が欠けていることが、現に問題となった事例も生じてきている。さらに、組織再編の対価柔軟化に関する規定が施行されれば、この問題が一段と深刻になる可能性がある。以下では、結合企業の形成時における親会社等の責任を考察する。

二　会社分割法制の変遷と会社債権者保護

平成一七年秋の私法学会シンポジウムでは、会社分割を例にしつつ、組織再編と債権者保護について、批判的な検証がなされた(18)。すなわち、組織再編をめぐる会社債権者の扱いは、会社法現代化の審議の過程では、ほとんど議論されなかったところ、個別的には不合理とはいえない内容の実質改正が、互いに競合することによって、詐害性の強い組織再編を組織法的な規制では対処できない状況が生じる可能性があると警告されている。

これらの諸要素の一つは、債権者保護手続の対象となる債権者の範囲が、狭められたことである。平成一二年商法改正による会社分割制度の導入に際しては、分割会社の債権者で会社分割によって分割会社に対して履行の請求ができなくなる者は、個別催告がなされない限り、当事会社の両方に請求することができた（平成一六年改正前商法三七四条ノ一〇第二項・三七四条ノ二六第二項）。保護されるべき債権者は、個別催告が要求されていたのに、それが怠られた者だけではなくて、そもそも個別催告が不要である者についても、同じように取り扱われた。

ところが、平成一六年商法改正によって、会社が官報公告に加えて定款所定の日刊紙または電子公告を行った場合に、不法行為債権者以外の債権者との関係では、連帯債務を免れるとされた（平成一七年改正前商法三七四条ノ一〇第二項・三七四条ノ二六第二項参照）。

さらに、会社法の制定にあたっては、当事会社の連帯債務という形での保護を受けることができる債権者は、個別催告を受けなかった場合に限られることになった（会社法七五九条二項三項・七六四条二項三項）[19]。となると、偶発的な不法行為債権者のように、会社にとって、知れている債権者でない場合には、個別催告の対象とはならず、したがって、連帯債務の対象ともならず[20]、また、会社分割無効の訴えの原告適格も有しない（会社法八一八条二項九号一〇号・七九九条四項・八一〇条四項）。

このような議論のなか、立案担当者が、問題点を重視したのであろうか、次のような解釈を提言した[21]。すなわち、分割会社の不法行為債権者は、分割会社と債務引受けをした承継会社の双方に損害賠償を請求できるものと解すべきである。会社分割の時点で、自分が分割会社の債権者であるという認識を欠く以上、承認を擬制する規定の前提を欠いて、会社分割を承認したとはみなされないという解釈である。

創造的な解釈として肯定的に評価できるが、本来なら、法案の段階で無理な解釈をする必要がないようにすべきであったろう。この解釈で十分か否かを含め、今後、一段と検討を要する課題である。

三　少数株主の締め出し

(1)　問題の所在

買収者が対象会社を完全に支配するために、会社法制の各種の規制緩和や、産業活力再生特別措置法による商法の例外規定を活用して、ジャパニーズ・スクィーズ・アウトが試みられてきた。会社法の組織再編対価の柔軟化に関する規定が施行されれば、少数株主の締め出しが一段と現実的な問題となる。

本章では、事前規制から事後規制へという発想の転換の文脈において、親会社等の責任を問題とすべき場合もあるのではないか、という観点から考察を行う。とりわけ、産業再生機構による支援を終えて、対象会社がファンド等に譲渡された事例[22]や、さらには、ＭＢＯに関する事例を[23]、念頭に置いていく。

(2)　独立当事者間取引とならない可能性

ファンドによる産業再生機構からの買収事例であれ、ＭＢＯであれ、利益相反の契機が生じやすいという意味において、法的な問題点は共通する。

経営者による買収という名目でなされても、ファンドからの資金提供が必要な事例が多いと考えられ（ＬＢＯ）、ここでは、対象会社（の少数株主）と経営者の利益相反のみならず、対象会社とファンドとの実質的な利益相反も問題となる。このような買収では、通常、独立した当事者間で、真摯に買収条件が交渉されるという過程を期待することができない。

その上、買収者は、支配取得後の対象会社の利益を独占したいから、また、対象会社の資産等を買収資金の調達にあたって担保に提供している場合には、対象会社を完全子会社にすることが望ましいから[24]、対象会社の少数株主を早い段階で排除しようと試みる。

独立当事者間取引といえないのであれば、売却価格も含めて、取引が完全に公正であることにつき、厳格な審査が求められる。これが争われる差止め訴訟、無効訴訟、損害賠償訴訟などにおいては、公正さに関する証明責任は、会社およびその取締役の側が負うべきである。取引の公正さを争う少数株主は、原則として、証明責任を負わされるべきではない。構造的に、証拠が会社に偏在しており、会社ないし支配株主と少数株主との間には、情報の非対称性が存在していることからも、取引過程における情報開示が重要である。

情報開示に関しては、平成一八年一二月一三日に、平成一八年証券取引法改正を受けて、組織再編行為、公開買付、ＭＢＯなどに関する適時開示を充実するため、発行者以外の者による株券等の公開買付けの開示に関する内閣府令が改正された(25)。東京証券取引所においても、同日、要請文「合併等の組織再編、公開買付け、ＭＢＯ等の開示の充実に関する要請について」が発出されている(26)。

金融審議会公開買付制度等ワーキング・グループ報告においては、ＭＢＯや親会社による子会社株式の買付について、経営陣等が買付者となり、株主との間で利益相反が問題となることがあり得ることから、公開買付価格の妥当性や利益相反を回避するためにとられている方策等について、一般の公開買付よりも、きめ細やかな開示が必要であると提言されていた(27)。支配従属会社間にあっては、公開買付であれ、ＭＢＯであれ、利益相反の契機が存在する場面では、より詳細な開示を求めて、ひいては、実際にも公正な形で行われることが期待されている(28)。

(3)　少数株主の対応策

支配株主が少数株主の締め出しを伴う取引を行おうとするときに、少数株主はどのように対応すべきか。

(i)　取引の差止め

少数株主にとって、理想的であるのは、差止めの仮処分命令を得ることであろう（民事保全法二三条二項）。もっとも、仮処分事件で勝訴するのは、必ずしも容易ではない。

法律上の要件に関して、被保全権利は、株主総会決議が必要な場合であれば、特別利害関係株主が議決権を行使したために著しく不当な決議がなされたとして、株主総会決議の瑕疵を争うことができる（会社法八三一条一項三号）。

略式組織再編などのように取締役会決議のみで取引が可能な場合も、その決議の瑕疵を争うことができる（会社法七九六条二項参照）。他方で、保全の必要性については、「債権者に生ずる著しい損害又は緊急の危険を避けるため」であることが必要であり、債務者となる会社に生ずる損害との比較衡量を行うのが先例であるから[29]、訴えに参加した株主が少ないと保全の必要性が認められにくいかもしれない[30]。

少数株主が集結することが容易でないのなら、実際問題としても、少数株主に差止めの訴訟を提起することを期待するのは、現実的ではない。弁護士主導の集団訴訟などを推進していないわが国において、多額の裁判費用を負担してまで、差止仮処分のように、専門家が知力と体力を結集させる必要のある事件を遂行しようとする少数株主が存在するのか。買収防衛策の差止仮処分が命じられたニレコ事件でも、債権者はファンドであった[31]。一般に想定される少数株主には、費用対効果の点で、大掛かりな訴訟を期待できない。

(ii)　原状回復の請求

取引の効力が発生した後は、手続や内容の不公正さが見つかったとしても、原状回復を求める訴訟を提起することは、少数株主にとって、一段と障害が高いであろう。保全事件のように時間的な制約等は少ないであろうが、いったん効力が発生した以上、裁判所は効力を覆すのに躊躇を感じるに違いない。かりに少数株主が勝訴しても、元の状態に回復するのに数年かかるのでは、本来あるべき姿に戻るという前提そのものが、企業活動の性格からして現実的ではない。

(iii)　株式買取請求

となると、少数株主にとって最も利用が便利であるべきで、最後の砦ともいうべきものは、反対株主の株式買取請求権になるのであろうか。会社法のもとでは、株式買取請求権制度が企業再編条件の審査とあるべき企業再編条件の設定という性格をも持つに至り、株主に投下資本の回収ないし離脱の自由を保障するという機能よりも、経営者あるいは多数株主の決定に対する規律付けの機能が前面に出てくることになると指摘される[32]。この観点からも、株式買取請求権の利便性と実効性が重要である。[33]

株式買取請求権が少数株主にとって便利な救済手段であるのかについては、幾つかの段階で疑問が呈されている。[34]一つは、具体的な権利行使の手続の煩雑さである。今一つは、買取価格について協議が整わなかった場合における非訟事件に関する裁判費用の負担である。

実際に株式買取請求権を行使するにあたっては、反対株主は、弁護士費用や自ら依頼した鑑定人の報酬などを覚悟しなければならない。ただ、この点については、「会社を原則的に負担者とする方法で、立法的解決を図るのがもっとも妥当である」として、「たとえば、会社側の最初に提示した額が裁判での決定額よりも相当に低い場合、右費用〔裁判所が評価を命じた鑑定人への報酬等、それ以外の鑑定費、弁護士報酬等〕を会社に課すようにすれば、公正価格の申出段階から会社に慎重な価格算定をなさしめるインセンティブとなり得る」とする見解がある。[35]会社ないし支配株主が、相当の根拠に基づき、適切と考える対価で組織再編を行おうとするのであるから、会社に公正価格の算定にかかる費用を負担させるのが妥当であろう。[36]

なお、公正価格を決定するにあたって、独立当事者間取引が行われた場合と、そのような形式が整っていない場合とでは、公正価格の決定方法が異なるべきである。独立当事者間取引であれば、厳しい交渉の過程で譲渡価額等が決定されていくから、これと異なる公正価格を求める反対株主が積極的に根拠を提示する必要がある。

これに対して、少数株主が締め出される場合には、独立当事者間取引ではあり得ず、締め出し取引の公正さの証明責任を会社に負わせるべきである。このような事例においては、株式買取請求権が行使された場合においても、公正価格の決定にあたって、申請人の主張に一応の根拠が認められる場合には、裁判所の評価は、この主張を否定する根拠が被申請人から示されるのでない限り、申請人の評価を尊重するのが適切である。非訟事件においては、当事者の手続上の地位が不明確であることに鑑みても、このように解するのが望ましい。[37]

（4）　当事会社の資力

株式買取請求権の利便性と実効性が高まるとしても、実際に補償または規律付けの機能を果たすためには、具体化された株式買取請求権によって、少数株主が確実に経済的な満足を受けることが必要である。

買収者が、予定を超える買収額を支払うことを避けるために、対象会社を完全子会社にした上で、対象会社の事業の全てを別の会社等に移してしまうという方法などが考えられる。(38) もちろん、このような行為が全て許されるものではなく、会社法上の救済に加えて、詐害行為取消などの一般私法上の救済手段が検討されるべきである。としても、この裁判費用が、またしても少数株主の肩に重くのしかかる。

このような状況を踏まえると、実質的な買収主体に、不公正な行為や対価についての責任を負わせる法理が必要である。(39)

四　小　括

企業買収や組織再編において、一定の場合には、親会社等の責任を認める法理が構築されなければならない。たとえば、法人格否認の法理を活用する、親会社等の信認義務を認める、などといった従来の議論の延長線上で考えていくこともできよう。さらには、会社分割法制に関してみたように、一定の場合には、法定の連帯責任を親会社等に課すという方向性も考えられてよかろう。これは、結合企業時の有限責任の否定でもあるが、通常の株式取得による企業買収では、対象会社の偶発債務等からの危険の遮断が期待される。そこで、要件を明確かつ厳格にするとか、責任の上限を法定するとか、健全な企業買収の妨げにならないような工夫が必要である。

より具体的で実効性のある理論やそれに基づく制度設計については、今後の研究課題としたい。とはいえ、目前の不公正な事例については、法人格否認の法理などの活用により、個別的な事案について正義が貫徹されるように、創造的な法解釈が望まれる。

第四節　結　語

本章では、企業買収や組織再編時に、一定の状況においては、親会社等の責任を認めることが適当であることを概説してきた。

もし結合企業の形成時に、買収法制や組織再編法制の中で十分な対応ができないのであれば、一般的な結合企業法制の問題としても、意識して検討される必要がある。これは同時に、企業結合の手段が柔軟化されるという時代の流れの中で、結合企業法制の整備が後回しにされてきたことが非難されるべきことをも意味しよう。

結合企業の形成と運営における親会社等の責任には、このような関連性が存する。この点を意識して、具体的な法が構築される必要がある。

（1）江頭憲治郎『結合企業法の立法と解釈』二〇頁（有斐閣、一九九五年）参照。

（2）詳しくは、江頭・前掲注（1）三一―二〇六頁、資本市場法制研究会編『持株会社の法的諸問題』（資本市場研究会、一九九五年）、遠藤美光＝清水忠之編（田村諄之輔先生古稀記念）『企業結合法の現代的課題と展開』（商事法務研究会、二〇〇二年）などを参照。

（3）通商産業省産業政策局産業組織課編『持株会社をめぐる商法上の諸問題』別冊商事法務二〇六号七九―八〇頁（一九九八年）。

（4）川浜昇＝中東正文「株式交換」（日本私法学会商法ワークショップ記録）私法六一号一五八―一五九頁（一九九九年）参照。

（5）前田雅弘「持株会社」商事法務一四六六号二八―二九頁（一九九七年）参照。

（6）最近の文献として、高橋均「完全親子会社形態における完全子会社取締役の責任のあり方」商事法務一七九三号二八―三一頁（二〇〇七年）がある。二重代表訴訟を解釈論として認めるべきことを、従前から明確に主張してきたものとして、浜田道代「サービス提供取引の法体系に関する一試論」浜田道代ほか編『現代企業取引法』三二頁（税務経理

協会、一九九八年）、山田泰弘『株主代表訴訟の法理』三二五―三二七頁ほか（信山社、二〇〇〇年）、周劍龍「判批」金融・商事判例一一二七号六六頁（二〇〇一年）など。

(7) 全般的に、前田・前掲注（5）二三頁以下、森本滋「純粋持株会社と会社法」法曹時報四七巻一二号一頁（一九九五年）を参照。

(8) 浜田道代「役員の義務と責任・責任軽減・代表訴訟・和解」商事法務一六七一号四四―四五頁（二〇〇三年）。

(9) 法務省民事局参事官室「会社法制の現代化に関する要綱試案補足説明」第四部の第四の8（二〇〇三年一〇月）参照。学説の大多数は、原告適格の喪失を認める解釈に対して、反対していた（浜田・前掲注（8）四三頁、柴田和史「株式移転における株主代表訴訟の問題」判例タイムズ一一二二号二五―二六頁（二〇〇三年）参照）。裁判例の概略は、山田泰弘「企業再編対価の柔軟化と株主代表訴訟」立命館法學二九四号九二―九五頁（二〇〇四年）も参照。

(10) 山田・前掲注（9）一〇九頁。会社法制定後の議論として、高橋・前掲注（6）二六―三〇頁。

(11) 法制審議会会社法（現代化関係）部会「会社法制の現代化に関する要綱試案」第四部の第七の3注（4）（二〇〇三年一〇月二二日）。

(12) 相澤哲ほか「『会社法制の現代化に関する要綱試案』に対する各界意見の分析〔V・完〕」商事法務一六九三号（二〇〇四年）。絶対的な支配従属関係が認められる場合に、従属会社の少数株主の利益を保護するため、支配株主に対する株式買取請求権を認めることが必要であると、提唱していた見解として、森本滋「企業結合」竹内昭夫＝龍田節編『現代企業法講座　第二巻　企業組織』一三二頁（東京大学出版会、一九八五年）。

(13) 金融庁金融審議会金融分科会第一部会「公開買付制度等ワーキング・グループ報告」（平成一八年一二月二二日）九頁。なお、公開買付規制の改正については、大来志郎「金融商品取引法制の解説（4）公開買付制度・大量保有報告制度」商事法務一七七四号三八頁、政令と内閣府令の整備について、大来志郎「公開買付制度の見直しに係る政令・内閣府令の一部改正の概要」商事法務一七八六号四頁（二〇〇六年）。

(14) 証券取引法研究会「証券取引法改正に係る政令等について」二一一―二一三頁（日本証券経済研究所、二〇〇六年）〔森本滋発言、池田唯一発言〕。

(15) 証券取引法研究会・前掲注（14）二一三頁〔藤田友敬発言、池田発言〕参照。

(16) 結合企業に対する「現行法における規制の適用範囲の拡大は主として親会社保護を目的とする。子会社を保護するために伝統的会社法規定の適用対象ないし範囲を拡大する試みはなお積極的になされていない」と指摘されていた。森本・前掲注(12)一二四頁。

(17) もっとも、従属会社の少数株主や債権者の利益の保護に関して、支配会社やその取締役らの義務や責任について、引き続き、議論は深められていた。前掲注(2)を参照。従来の学説の整理として、株主による支配会社等に対する責任追及に関して、周劍龍『株主代表訴訟制度論』二八五―二八九頁(信山社、一九九六年)。従属会社の債権者の保護に関しては、斉藤真紀「子会社の管理と親会社の責任(1)―(5)完」法学論叢一四九巻一号一頁、三号一頁、五号一頁、一五〇巻三号一頁、五号一頁(二〇〇一―二〇〇二年)。

(18) 藤田友敬「新会社法の意義と問題点――組織再編」商事法務一七七五号五八―六〇頁(二〇〇六年)。

(19) 北村雅史「会社法における会社分割と債権者保護の問題点」ＭＡＲＲ一三九号一三頁(二〇〇六年)参照。

(20) 浅妻敬＝佐々木将平「事業譲渡、会社分割、スピンオフ」川村正幸＝布井千博編『新しい会社法制の理論と実務』二四三頁(経済法令研究会、二〇〇六年)。

(21) 相澤哲ほか編著『論点解説　新・会社法』六九二―六九三頁(商事法務、二〇〇六年)。

(22) たとえば、ファンド傘下で経営再建中のカネボウにつき、「少数株主、〝抜け殻〟に疑義」日経ビジネス二〇〇七年三月一九日号五二―五三頁。

(23) たとえば、「すかいらーく、『牛角』など一年で八〇件――ブームのＭＢＯ、裁判所が注視」日経ビジネス二〇〇七年二月一二日号一二頁。

(24) 中東正文『企業結合・企業統治・企業金融』七二―七三頁(信山社、一九九九年)参照。

(25) 大来志郎「公開買付制度の見直しに係る政令・内閣府令の一部改正の概要」商事法務一七八六号四頁(二〇〇六年)。

(26) 青克美＝内藤友則「合併等の組織再編行為、公開買付け、ＭＢＯ等に関する適時開示の見直しの概要」商事法務一七八九号三七頁(二〇〇七年)。

(27) 大来・前掲注(25)五―六頁。

(28) 外資による三角合併への対応の決着点として、平成一九年三月一三日に、「合併等対価の柔軟化の施行に伴う『会社法施行規則の一部を改正する省令案』」がパブリックコメントに付され、そこでは、情報開示が加重されている。とくに、当事会社が共通支配下関係にあるときに、少数株主の利益を害しないように留意した事項を開示することとされる（会社法施行規則改正案一八二条三項三号など）。

(29) 最決平成一六年八月三〇日商事法務一七〇五号二三頁（住友信託対ＵＦＪグループ事件）。

(30) 株主総会決議取消の訴えであれ、単独株主権なのであるから、本来、事後の取消を待たずに、単独株主であっても、保全を求めることができるのが、論理的である。

(31) 東京高決平成一七年六月一五日金融・商事判例一二一九号八頁。なお、東京鋼鐵が平成一九年二月二二日に開催した株主総会で、大阪製鐵の完全子会社になる議案が否決されたのも、ファンドが委任状争奪戦を行ったからである。

(32) 藤田・前掲注(18)五六頁。

(33) 一般論として、株主間の利害調整の基準は、理論的に正当であるとしても（基準の正当性）、それが裁判所にとって使えるものではければならない（基準の実効性）。神田秀樹「合併と株主間の利害調整の基準」江頭憲治郎編（鴻常夫先生還暦記念）『八十年代商事法の諸相』三四三頁（有斐閣、一九八五年）。

(34) 米国でも、株式買取請求権制度の妥当性について議論され、費用負担の問題が大きな問題となった。神田秀樹「資本多数決と株主間の利害調整（５）完」法学協会雑誌九九巻二号二五〇―二六〇頁（一九八二年）、木俣由美「株式買取請求手続の再検討〔上〕」商事法務一四六二号三五―三七頁（一九九七年）参照。

(35) 木俣由美「株式買取請求手続の再検討〔下〕」商事法務三一―三三頁（一九九七年）。

(36) カネボウ事件では、裁判所が選任した鑑定人に支払う報酬は五〇〇〇万円にも及び、これを申請人らと被申請人で折半して予納することとされた。普通の少数株主が耐えることができる金額ではない。

(37) このように解することにより、非訟事件を当事者主義的に組み立てなおすことができよう。さもなければ、当事者の双方が激しい論争をしても、ぬかに釘を打っただけの状態になってしまう。この点の検討にあたっては、河野正憲名古屋大学教授にご教示いただいた。叙述についての責任は、筆者に帰するものである。

(38) カネボウ事件では、カネボウの営業の全部を別の会社に移して、営業譲渡の対価を受け取らないまま、譲渡代金債権についての免責的債務引受けを取締役会が承認した。

(39)　買収対象会社の債権者の保護も検討の必要がある。ただ、本章が取り扱う事例に関する限り、対象会社の少数株主にとって、不公正な取引が行われないのであれば、会社債権者もまた不利益を被ることはないと、一応は考えてよいであろう。従属会社の債権者の保護と少数株主の保護の関係については、森本・前掲注(12)一三六頁注(97)も参照。

第五章　株式買取請求権と非訟事件手続

第一節　序　論

会社法制の現代化においては、とりわけ組織再編法制に関して、事前規制から事後救済への転換が顕著に図られた。平成年間における一連の会社法制の改正において、会社法の制定は、規制緩和の総決算であったと評することができよう(1)。

この間の組織再編法制の改正においては、経済界からの要望が法改正に率直に実現されていった。また、経済産業省が産業活力再生特別措置法を通して産業政策を先行して実施していき、その内容を後から、法務省が会社法制において一般的な形で受け入れていったという経緯が何度もみられる。さらには、国外からの要望ないし圧力を受けて、国際的な文脈で組織法制が議論されることが多くなり、これが官庁の垣根をも融けさせて、組織再編法制の規制緩和を加速させた(2)。

事前規制から事後救済への転換がなされれば、必然的に、事後救済のための諸制度が実効性を有していることが重要になろう。会社法においては、株式買取請求権制度の存在意義が大きく変化したことが指摘されている(3)。この点の変更を強調する論者は、買取価格が「公正な価格」に変更されたことから、「経営者あるいは多数株主の行う決定に対するチェック機能……が前面に出てくる」と分析する(4)。この段階に及んでは、事後救済のための制度が、経営者などに対して事前の行為規範を提示することになるから、事前規制と事後規制との分水嶺は一段と曖昧なものとなり、両者の役割分担こそが重要となろう(5)。

本章では、組織再編時における株主の株式買取請求権について(6)、まず、最近の利用状況や運用状況を簡単に確認する（第二節）。その上で、株式買取請求権制度の機能に関する現在までの議論を概観するとともに、会社法の制定が制度の機能ないし趣旨にどのような影響を与えるものかを考察する（第三節）。そして、その制度趣旨からみたときに、株式買取価格決定事件が適切な裁判構造になっているのか、なっていないとすれば、どのように構築すべきかについて検討する（第四節）。

第二節　株式買取請求権制度の運用状況

組織再編行為が株主総会等で決定された際に、株式買取請求権が行使される事例が増えている。東京地裁民事第八部（商事部）の新受件数でみると、一八件（平成一二年）、一二件（同一三年）、一八件（同一四年）、二五件（同一五年）、八件（同一六年）、三二件（同一七年）、二四件（同一八年）と、ほぼ横ばいか、漸増している状況にある(7)。

近時の事件の特徴としては、大規模な組織再編等において、株式買取請求権が行使され、協議が調わずに、価格決定の申立てが行われることが多くなっていることであろう。新聞等でも、株式買取請求権制度が取り上げられるようになった(8)。一般の投資家にも、制度の存在、趣旨、手続などを認識させる機会が増えた。また、制度の実効性の観点から、制度の使い勝手の悪さなどが議論される契機にもなっている(9)。

著名な事例としては、カネボウの営業譲渡に関して、実質的に締め出される少数株主によって、株式買取請求権が行使され、価格決定の申立てがなされた事案もある。この事件を踏まえて、東京地裁民事第八部の裁判官は、「今後は、組織再編等に反対する株主による株式買取請求が増加するものと考えられ、会社においても、決議に先立ち、客観的な資料に基づく公正な価格の検討が求められよう」と述べていることが、経営者や多数株主に対して規律正しい行動を期待している点で、注目される。(10)

法律論的に興味深い事例には、シティグループが日興コーディアルグループを株式交換によって完全子会社とした案件がある。会社法のもとでの株式買取請求権に関する解釈論を喚起したものとしても重要である。この点については、株式買取請求権と議決権との関係で、後で簡単に検討してみたい。(11)この事例では、日興コーディアルグループの株主二九名が、株式買取請求をしたとされ、その株式数は一、二四〇万株（発行済株式総数の一・三％）にも及び、個人投資家だけではなく、機関投資家も請求を行ったとみられている。(12)

このように、今日においては、組織再編の内容に不満を持つ株主が株主買取請求権を行使する可能性があることを想定して、取引の設計を行う必要がある。これを怠れば、時として、組織再編後にも深刻な紛争が残されることにもなりかねない。

第三節　株式買取請求権の機能

一　株式買取請求権制度の導入

わが国の株式買取請求権制度は、戦後占領下のＧＨＱ／ＳＣＡＰとの交渉を経て、昭和二五年商法改正によって、米国法の制度の枠組みを取り入れたものである。(13)

このような事情もあってか、株式買取請求権制度の機能や功罪に関する検討は、米国における同制度の導入の契機と導入後の変遷を踏まえつつ、米国における議論を参考にする形で、行われることが多い。(14)

米国における株式買取請求権制度の発生経緯については、必ずしも定まった理解がない。(15)また、制度の趣旨や機能についても、定見はないが、一般的には、会社が合併などの基礎的な変更を行おうとする際に、これに反対の株主に会社から退出する機会を保障したものであると理解されている。株式買取請求権制度の導入によって、多数決によって基礎的な変更を行うことを正当化しようとしたのである。同時に、株式買取請求権が反対株主に与えられることにより、会社が効率的な基礎的な変更を行うことを妨げる方向に作用するとも説かれる。他方で、反対株主に株式買取請求権という救済方法を与えておくことにより、合併等を円滑に行うことを可能とし、多数株主の利益を図るという趣旨をも含むことが指摘されている。[16]

二　株式買取請求権制度の機能に関する議論

わが国においても、株式買取請求権が、会社荒らしによって濫用されるのではないかという見方が、導入直後から強く示されていた。

このような危惧が端的に示されているのが、昭和二七年一二月二七年に法務事務次官名で発出された「商法改正の要望に関する照会について」に対する回答である。[17]これは、昭和二六年七月に改正商法が施行されたことを受けて、法務省は実施状況に関心を有していたところ、東京商工会議所、日本造船工業会および東京株式懇話会の三団体から、法務大臣に宛てて商法改正要望書が提出されたことを契機として、各界の意見が照会されたものである。[18]

上記の三団体からの要望においては、「五、株主の株式買取請求権に関する規定を削除すること」とされ、理由としては、「営業譲渡等又は合併に反対する株主の株式買取請求権の制度は、買取価格の評価が困難で当事者間に争を生ずる因をなすものであるのみならず、当該株主の利益のみを保護し、他の株主及び会社債権者の利益を顧みないうらみがあり、特に悪質の株主がこれを会社荒らしの武器として濫用する弊害がおそれられているからである」と説明されている。[19]

各界からの回答は、全体として、削除賛成の意見が多かったとされるが、[20]各裁判所の意見では、削除について、支持庁が八であるのに対して、反対庁が一二であり、[21]濫用の懸念が強くは持たれていないようでもある。他方で、大学関係では、株式買取請求権制度の廃止に賛成の意見が強く、廃止に反対の意見を述べるものは少ない(22)。意見の分布をみる限りでは、会社荒らしのために濫用される懸念が現実化していない状況において、そのような濫用的行使に対して裁判所が適切に対応できるかが、裁判所や経済界では検討され、裁判所では積極的に考えられる傾向が強かったのに対して、経済界では、慎重に考える傾向が強かったのかもしれない(23)。学界では、むしろ、株式買取請求権制度の理論的な存在意義ないし機能が探究される傾向にあったようでもある。

その後も、株式買取請求権の機能については、様々な議論が展開されてきた(24)。米国での激しい議論、州会社法や模範事業会社法の変遷などが参考にされることも少なくない(25)。会社法制定前の議論の終着点は、次の叙述に端的に示されているように思われる。すなわち、「〔株式買取請求権制度〕の目的は、一方において不公正な合併から離脱する手段を与えることによって少数株主を保護するとともに、他方においてこの権利を避けるべく公正な合併条件が定められるようにするためである(26)」。この見解は、さらに続けて、「その意味で株式買取請求権は、株主の合併条件に対する不満を噴出させる安全弁であるから、利用しやすい制度になっていながら利用する株主がないという状態が最も望ましい」と述べる(27)。

同様の発想を伝統的な表現をすれば、株式買取請求権制度を忠実義務理論の中に位置づけていく理解するという主張につながるのであろう。このような見解を示す論者は、株主がなぜ反対するのかが基本的な問いであり、その答えは、当該条件での合併がなかったならば自分はより利益を得ていたはずというものであり、これは忠実義務違反の主張にほかならないと述べる(28)。

このような見解も示されているように、株式買取請求権制度は、単に多数決に敗れた少数株主に離脱の機会を与えるという保護的な機能から、より積極的に、この制度の存在そのものが経営者に対する牽制機能を持つものとして再評価がされつつあった(29)。

三　会社法制の現代化と株式買取請求権制度の機能の変化

このような流れの中にあって、会社法が制定され、株式買取請求権制度も、内容面での改正を受けたし、この制度を取り巻く環境も変化が生じた。(30)

第一に、株式買取請求権に関する規定の改正として、最も注目されるべきであるのは、買取価格が、「決議ナカリセバ其ノ有スベカリシ公正ナル価格」から、「公正な価格」に変更されたことである（会社法七八五条一項ほか）(31)。これは、シナジーの分配を株式買取価格の決定において行うことを可能とするものであるが、株式買取請求権制度の趣旨と機能に大きな変更を生じさせた。すなわち、あるべき組織再編を想定して、それから逸脱した場合に、株主に救済を与えるという性格が明確化された。冒頭でも述べたように、株式買取請求権制度は、経営者の組織再編に関する決定を牽制するという機能を有し、最終的には、裁判所が株式買取価格決定申立事件を通じて、経営者に対する牽制を実現させることになる。(32)

このような政策判断について、「組織再編の場合における取締役の善管注意義務の基準が明確化されていない我が国では、事実上交付金合併等が少数株主の利益を害するような形で濫用的に用いられる可能性は否定できず、反対株主に、「決議なかりせば」の価格と公正価格のいずれか高い方の価格まで保証し、これにより取締役に対し企業価値を高める組織再編を公正価格で行うという動機付けをしていくことは、合理的な政策判断である」と評価する見解もある。(33)

この政策判断を是とするか否かは別として、(34)経営者あるいは多数株主に対する牽制という機能が、会社法の制定によって、一段と明確にされ、推し進められたと理解することができよう。

第二に、株式買取請求権を行使することができる株主の範囲が拡大され、株式買取請求権と議決権との関係が、完全に分離されたことである。(35)会社法のもとでは、従前から議決権に関係する手続を行った株主だけではなく（会社法七八五条二項一号イほか）、株主総会決議が必要とされる場合に、「当該株主総会において議決権を行使することができない株主」もが、株式買取請求権を行使することができる（会社法七八五条二項一号ロほか）。この点も、株式買取請求権制が有する経営者等に対する牽制機能を高めることに関係するであろう。

なお、シティグループと日興コーディアルグループとの株式交換に際しては、基準日後に株式を取得した株主が、株式買取請求権を行使することができるか否かが議論された。一部の報道においては、基準日後に株式を取得した（厳密には、名義書換を完了した）株主も、株式買取請求権を行使することができるとの記事が掲載されたとされ、これに対して、日興コーディアルグループは、「基準日より後に名義書換された株式につきましては、最終的には裁判所において判断されることになろうかと存じますが、会社法に基づく反対株主の株式買取請求権の対象とはならない可能性がありますので、ご注意ください」とのリリースを公表している(36)。

会社法のもとでは、①文言上、基準日後の株主を排除してはいないし、②実質的にも、株式買取請求権と議決権との関係が完全に分断され、さらに、③基準日後に譲渡された株式について、株式買取請求権を行使することができる者が不在になる可能性があることも考えると、基準日後に株式を取得した者も、株式買取請求権を行使することができると解される(37)。もっとも、従前の議論において意識されてきたように、株主の機会主義的行動を許してはならない。この観点からは、株式の取得（名義書換）の前後であるかが問題なのではなく、組織再編の具体的な計画が公表された時点の前後であるかが問題とされるべきであり(38)、基準日の前後を問題とするのは適切でない。

第三に、株主の機会主義的行動に関して、会社法は、一方で、株主が株式買取請求権を行使した場合に、会社の承諾がない限り撤回することができないという制約を加えている（会社法七八五条六項）。他方で、この制約が過度の負担とならないように、吸収合併等の場合の行使期限を、効力発生日の前日とした（会社法七八五条五項）。撤回の制限は、機会主義的行動を制約する効果を有するが、行使期間の延長は、機会主義的行動の余地を拡げる可能性がある(39)。

このようにみてくると、今後の課題は、経営者に対する牽制機能を果たさせつつ、株主の機会主義的な行動を抑制することを、どのようにして実現するかにあろう。以下では、牽制機能の向上の観点から、不公正な組織再編が行われた場合に、手続法上、どのような工夫が可能かについて、若干の考察を行う。

第四節　株式買取価格決定の裁判構造

一　問題の所在

株式買取請求権が行使されて、価格について株主と会社との間で協議が調わない場合には、株主または会社は裁判所に対して、価格決定の申立てをすることができる（会社法七八六条二項）。株式価格決定は非訟事件として取り扱われているが（最決昭和四八年三月一日民集二七巻二号一六一頁（以下では、「最高裁昭和四八年決定」ともいう。））、このような裁判構造から、当事者の主張等の活動が糠に釘を打ち付けるだけの状態にもなりかねない。

以前から、「現行法には価格決定への当事者の関わり方に関する措置は講じられておらず、議論も尽くされていない。これでは、会社、株主双方が互いに高値の『ふっかけ』をすることはあっても、公正価格を真摯に模索しようとのインセンティブは働かない」として、買取請求手続の過程を公正かつ機能的なものに改善すべきであると提言されてきた。[40]論者は、「株式買取請求が、会社運営の健全性を維持するための予防的機能を併せ持つことを重視」すべきことを強調しており、[41]本章の問題意識からも注目される。

その後、会社法が制定され、株式買取請求権制度については、利益相反取引に対する会社ないし取締役への牽制という機能が一段と重視されるようになった。実体法上は、独立当事者取引でない取引については、公正であることの立証責任を会社側に負わせるべきであると解され、これを出発点として、価格決定の裁判も進められるべきである。問題は、どのようにして、これを可能とする裁判構造を組み立てるかであろう。[42]

この問題を考えるにあたっては、株式買取価格決定申立事件を非訟事件手続法によって審理裁判することが憲法三二条（裁判を受ける権利）ないし同八二条（裁判の公開）に違反しないかが問われた最高裁昭和四八年決定に関して、河野正憲教授が提起された視点が重要である。(43)

そこで、以下では、最高裁昭和四八年決定の要旨を紹介した上で、河野教授の提言を踏まえて、実体法たる会社法の発想を、どのようにして手続法に組み込んでいくのかについて検討していく。

二　最高裁昭和四八年三月一日決定

最高裁昭和四八年決定は、株式に譲渡制限を設ける定款変更決議に反対した株主が、株式買取請求権を行使した事案に関するものである。

価格決定を申し立てた株主は、抗告審において、①「株式買取価格の決定は訴訟事件であるから、これを非訟事件手続法によって審理裁判することは、憲法三二条、八二条に違反する」、また、②「かりに、非訟事件であるとしても、株価の決定という当事者にとって重要な問題を審理するに当たり当事者に十分な攻撃防禦の機会を保障していない現行の非訟事件手続法および本件における審理手続は、憲法三二条、八二条に違反する」と主張した。

これに対して、最高裁は、以下のように述べて、株主の主張を退けた。

裁判所による価格の決定は、客観的に定まっている過去の株価の確認ではなく、新たに「決議ナカリセバ其ノ有スベカリシ公正ナル価格」を形成するものであるといわなければならない。そして、右にいう「公正ナル価格」の特質からみて、価格決定に当たり考慮さるべき要素はきわめて複雑多岐にわたらざるをえないが、法が価格決定の基準について格別規定していないことからすると、法は価格決定を裁判所の裁量に委ねているものと解することができる。このような裁量性に加え、価格決定がたんに請求者たる株主および会社の利害に関するだけでなく、他の株主、会社債権者等の利害にも影響するところが少なくないこと、また、価格の決定がすでに成立している株式売買の価格を事後的に定めるものであるところ、株価は変動の可能性が高いものであるから、とくに手続の迅速処理が必要とされること等を考えると、価格の決定に当たっては、裁判所の監督的、後見的役割が期待されているものといわなければならない。かくして、裁判所は、具体的事件につき、当事者の主張・立証に拘束されることなく、職権により諸般の事情を斟酌して迅速に買取価格を決定することが要請されるのであって、その決定の性質は、裁判所が、私人間の紛争に介入して、後見的立場から合目的の見地に立って裁量権を行使し、権利の具体的内容を形成するものということができる。

してみれば、株式買取価格の決定が固有の司法権の作用に属しない非訟事件の裁判であることは、前記判例の趣旨に徴し明らかであり、したがって、また、本件を非訟事件手続法により審理裁判すること、本件非訟事件の手続に関する法律の規定および本件における実際の審理手続について、憲法三二条、八二条違反の問題を生じないことも、前記判例の趣旨に徴して明らかということができる。

最高裁昭和四八年決定の前にも、非訟事件処理の適法性をめぐる争いについては、最高裁判所が様々な事案について示されてきており、本決定も、株式価格の決定について、従来の判例を踏襲したものであるとされる。(44)

三　手続的保障の重要性

最高裁昭和四八年決定で示された最高裁の問題意識に対しては、河野教授が、以下のような痛烈な批判を加えられた(45)。すなわち、これまでの事件は、手続の対審と公開を要求するものであったことから、従来の最高裁の判断は、その手続が訴訟事件であるか、非訟事件かという点のみに終始しており（抗告理由①）、非訟事件自体の手続的保障についての関心が薄かった。しかし、本件では、これまでの判例理論のなかで、二義的に取り扱われてきた非訟事件における手続的保障（抗告理由②）が問題とされるべきであった。この点について、最高裁は、何ら解答を与えていないと主張される。

会社法が株式買取請求権制度を設けている趣旨からしても、換言すれば、同制度に期待されている機能を実現する観点からしても、非訟事件における手続的保障という視点は、欠かすことができない。

先に述べたように、株式買取請求権制度の現代的意義は、基礎的な変更に反対する株主に退出の機会を与えるという面だけではなく、むしろ、経営者あるいは多数株主が行う重要な決定に対する規律付けを与えるという面が強調されることになる。そして、このような牽制機能が期待されるのは、通常、経営者あるいは多数株主が少数株主との間で利益が相反しており、独立当事者間取引として、関係当事者の交渉を通した公正な条件への到達が期待できないからである。

株式買取価格決定の場面を想定して敷衍すれば、裁判所に独自の判断が期待されるのは、独立当事者間取引でなく、株主と会社の主張が鮮烈に対立する場面においてである(46)。にもかかわらず、このような場合において、裁判所の裁量が強調され、手続的な保障が十分でないままであるとするなら、実体法たる会社法の論理からしても、適切であるとは考えられない。

四　当事者主義的な手続の構築

会社法の論理としては、会社が行う取引において、経営者あるいは多数株主と少数株主との間で利益相反が存在している事案、つまり、独立当事者間取引とは評価できない事案においては、その取引の公正さの証明責任は、会社に負わせるべきである(47)。

このような解釈論は、少数株主が、組織再編行為の差止めを求める場面、その無効を求める場面、取締役等に対して損害賠償を求める場面などにおいては、貫徹され得るものである。

ところが、株式買取価格の決定を求める場面において、最高裁昭和四八年決定が判示するように、「法は価格決定を裁判所の裁量に委ねて」おり、「価格の決定に当たっては、裁判所の監督的、後見的役割が期待されて」おり、「かくして、裁判所は、具体的事件につき、当事者の主張・立証に拘束されることなく、職権により諸般の事情を斟酌して迅速に買取価格を決定することが要請される」という論理を強調すると、当事者の双方が激しい論争をしても、糠に釘を打った状態だけになってしまう。(48) とりわけ、「当事者の主張・立証に拘束されることなく」という判示が、訴訟事件において実体法が期待する証明責任の分配に何ら配慮しないまま、「価格決定を裁判所の裁量に委ねている」ことを意味するのならば、当事者の論争は無に帰する可能性もある。

この点、東京地裁民事第八部では、「株価の算定は相当に専門性の高い事項であり、算定手続や前提条件の設定方法によって相当価格の開きが出る可能性がある。そこで、当部〔東京地裁民事第八部〕では、公認会計士等の専門家を鑑定人に選任した上で当事者双方と鑑定条件を詰め、鑑定を実施しており、その鑑定結果に基づき当事者間に和解を勧試することもある」という。(49) ここでは、当事者双方の主張に耳を傾ける姿勢が示されているといえよう。実際にも、レックス・ホールディングスのＭＢＯに関する株式取得価格決定申立事件に関して（全部取得条項付種類株式に関する会社法一七二条一項の事例）、東京地裁は、当事者双方からの主張に丁寧に答える形で、理由についての判示を行うように努めている（会社法八七一条参照）。(50) 裁判所における運用として、当事者の手続的保障を尊重するものとして、評価に値しよう。

さらには、先に述べたように、独立当事者間取引としての実質を有していない事例においては、より踏み込んだ判断（理由の付記）が示されていくべきである。具体的には、株式買取請求権が行使された場合に、公正な価格の決定にあたって、申請人の主張に一応の根拠が認められるのであれば、裁判所は、この主張を否定する根拠が相手方から示されるのでない限り、申請人の評価を尊重すべきである。このように解してこそ、非訟事件において当事者の手続上の地位が不明確であるという課題を克服することができようし、非訟事件を当事者主義的に組み立て直すことができる。(51)

第五節　結　語

会社法の制定によって、株式買取請求権制度の機能の重点が、経営者に対する牽制機能に置かれることが一段と明確になった。そこで、この機能がより発揮されるように、実体法の観点から、非訟事件の手続を当事者主義的に組み直す作業を行った。本稿は、株式買取請求権を素材として、実体法と手続法との交錯を探究する初歩的な試みでもある。

(1)　中東正文「組織再編――対価の柔軟化を中心として」淺木愼一＝小林量＝中東正文＝今井克典編（浜田道代先生還暦記念）『検証会社法』二一三頁（信山社、二〇〇七年）参照。

(2)　組織再編法制の改正の過程で浮き彫りになったのは、会社法の脱神話化が進行しているという疑念である。会社法は関係者の利益調整を図るという無色透明な存在であるという神話が、従前は、無意識であったとしても、一般的に共有されてきた。会社法の脱神話化は、組織再編法制の分野で最も顕著に見られ、立法に関係する者（アクター）の要望が顕在した典型的な分野であるといえよう。中東正文「要望の顕現――組織再編」商事法務研究会編『会社法の選択――新しい社会の会社法を求めて』（商事法務、刊行予定）。

(3)　藤田友敬「新会社法における株式買取請求権制度」『企業法の理論〔上巻〕』（江頭憲治郎先生還暦記念）二六三頁（商事法務、二〇〇七年）。具体的な改正点については、同論文二六四―二六七頁を参照。

(4)　藤田・前掲注(3)二七六頁。

(5)　資本多数決に関する諸規整の類型化については、神田秀樹「資本多数決と株主間の利害調整〔一〕―〔五・完〕」法学協会雑誌九八巻六号七六一頁、同八号一〇五六頁、同一〇号一二九六頁、同一二号一六〇九頁、九九巻二号二二三頁（一九八一―一九八二年）が参考となる。なお、この点に関して、新株発行の無効原因に関する一連の最高裁判例の枠組みを再確認することが有意義であろう。すなわち、手続上の瑕疵のある発行や著しく不公正な発行について、最高裁は、原則的に、無効事由にはあたらないとしている（最判昭和四六年七月一六日判例時報六四一号九七頁（有利発行について株主総会特別決議を欠く事例）、最判平成六年七月一四日判例時報一五一二号一七八頁（著しく不公正な発行であっても無効事由にならないとされた事例））。他方で、差止仮処分命令に違反した新株発行を無効とし（最判平成五年一二月一六日民集四七巻一〇号五四二頁）、さらに、差止仮処分の機会が保障されない形で新株発行が行われるのなら、つまり公示が欠缺している事例では、新株発行差止請求をしたとしても差止めの事由がないためにこれが許容されないと認められる場合でない限り、無効となると解している（最判平成九年一月二八日民集一五巻一号七一頁）。これらから窺われるように、勝負は事前に決するのが原則的な形となる。このような司法審査の姿勢が、会社法のもとでは、一段と明確にされていくのであろう。

(6)　株式買取請求権が認められるのは、組織再編の場面に限られないが、複雑な考慮要因が交錯するのは組織再編においてであろうから、この場面のみを念頭において、本章は考察を進める。

(7)　東京地裁民事第八部の新受件数については、鹿子木康＝山口和宏「東京地裁における商事事件の概況」商事法務一七九六号一九頁〔図六　非訟事件の新受件数〕（二〇〇七年）を参照。上場会社に関して株式買取請求権が行使された事例について、竹中正明「合併反対株主の株式買取請求権」商事法務八四八号四―五頁（一九七九頁）参照。

(8)　例えば、宮本岳則「インサイド法務――株式買い取り請求権、実効性に課題」日本経済新聞二〇〇七年九月一七日、岡田広行「暴走するファンド」週刊東洋経済二〇〇七年六月一六日号一一六―一一九頁、「少数株主、〝抜け殻〟に疑義」日経ビジネス二〇〇七年三月一九日号五二―五三頁など。

(9)　株式買取請求権の行使が活発になる前から、株式買取価格が公正な過程を実現することを提唱する見解がある。木俣由美「株式買取請求手続の再検討〔上〕〔下〕」商事法務一四六三号三四頁、一四六四号三〇頁（一九九七年）。裁判に必要な費用の負担の仕方についても、木俣論文は有益な提言を行っている。この点についても含め、株式買取制度の包括的な検討については、別稿での検討を予定している。

(10)　鹿子木＝山口・前掲注(7)二〇頁。

(11)　また、組織再編の対価の柔軟化との関係でも、外国会社の株式を対価と用いる最初の例であり、この点でも、今後の実務の参考になるであろうし、立法論的な考察の素材としても重要な先例である。

(12)　日本経済新聞二〇〇八年一月三〇日。フロアとして設定された一、七〇〇円を基準とすると（日興コーディアルグループ「株式交換契約の変更に関するお知らせ」二〇〇七年一一月一四日付リリース)、約二一〇億円にのぼり、おそらくは株式買取請求権制度が導入されてから、最大規模の株式買取請求であろう。

(13) 中東正文『商法改正〔昭和二五年・二六年〕――GHQ/SCAP文書』解七二―七三頁ほか(信山社、二〇〇三年)参照。

(14) 島本英夫「株式買取請求権――米国法と比較して」同志社商学二巻二号一四六頁(一九五〇年)、深見芳文「アメリカ会社法に於ける株式買取請求権制度」法学論叢六四巻五号五〇頁(一九五八年)、島本英夫「株式買取請求権について」同志社法学一五巻四号一頁(一九六四年)、龍田節「合併の公正維持」法学論叢八二巻二＝三＝四号二七六―二八三頁(一九六八年)、木俣由美「株式買取請求権の現代的意義と少数株主保護(一)(二・完)」法学論叢一四一巻四号三一頁、一四三巻二号八一頁(一九九七―一九九八年)、山本真知子「アメリカ法における株主の株式買取請求権と議決権との関係」法学政治学論究三六号二二一頁(一九九八年)ほか。山本論文では、わが国における株式買取請求権制度の導入時からの議論の状況(同二二一―二二二頁および関係注)、米国における株式買取請求権の沿革と機能に関する議論の状況(同二二九―二三五頁および関係注)などが、簡潔に叙述されており、適宜、参照されたい。

(15) 神田・前掲注(5)九九巻二号二四四―二四六頁、山本・前掲注(14)二二九―二三〇頁。米国の主要な州における株式買取請求権制度の変遷を丹念にたどるものとして、伊藤紀彦「アメリカにおける株式買取請求権の発生と発展」中京法学一巻一号二五七頁(一九六六年)。

(16) 以上の諸点については、前掲注(14)および(15)で掲げた文献のほか、例えば、木俣・前掲注(14)法学論叢一四一巻四号三一頁、神田・前掲注(5)法学協会雑誌九九巻二号二四三―二七六頁を参照。

(17) 法務省民事局編『商法改正に関する意見集』(法務省民事局、一九五三年)。各界の意見の概要については、島本・前掲注(14)同志社法学一五巻四号一四―一八頁を参照。

(18) 法務省民事局編・前掲注(17)一頁〔法務事務次官清原邦一〕。

(19) 同三頁。

(20) 島本・前掲注(14)同志社法学一五巻四号一五頁。

(21) 法務省民事局編・前掲注(17)八頁。支持庁は、広島高裁、札幌高裁函館支部、宇都宮地裁、前橋地裁、静岡地裁、長野地裁、富山地裁、旭川地裁であり、反対庁は、福岡高裁、札幌高裁、東京地裁、浦和地裁、水戸地裁、新潟地裁、大阪地裁、奈良地裁、名古屋地裁、鳥取地裁、佐賀地裁、大分地裁である。

(22) 法務省民事局編・前掲注(17)一四―五八頁。廃止に賛成の見解を示した大学は、一橋大学、慶應義塾大学（津田利治教授。理論的に背理であるのみならず、株主の利益保護に偏して、他の株主や特に会社債権者の利益を無視する嫌いがある。しかし、不当な条件による合併等を未然に防止している作用も看過できず、具体的な弊害も現れていないから、急いで廃止する必要もない。）、日本大学、名古屋大学（北沢正啓助教授。多数決主義と債権者の利益保護に鑑み、排すべき。）、京都大学（大隅健一郎教授、大森忠夫教授。株主総会の適法な決議に反対の株主も拘束されるのが当然である。）、神戸大学（特別決議で決定されたことには、反対者も多数の意見によって拘束されるのが近代的観念である。）であり、他方で、廃止に反対の大学は、早稲田大学（企業の発展に伴う株主の地位の変化に対応する制度として存続させるべき。）、同志社大学（島本英夫教授。会社の根本的変更については、多数派株主の圧力に対し少数派株主を保護することが必要である。）、大阪大学（株主の地位を会社財産に対して一種の財産権を有するものとする考え方を徹底させるために存続すべき。）であった。

(23) 島本・前掲注(14)同志社法学一五巻四号一七頁参照。

(24) 議論の軸の大枠について、江頭憲治郎『株式会社法〔第二版〕』七五四頁注(1)（有斐閣、二〇〇八年）。具体的には、岸田雅雄「株式投資の回収」竹内昭夫＝龍田節『現代企業法講座　第三巻　企業運営』一一四―一四八頁（東京大学出版会、一九八五年）（多数決原理に反する。）、竹内昭夫＝松下満雄「企業の合併と分割」竹内昭夫＝龍田節編『現代企業法講座　第三巻　企業運営』四三一―四三七頁（東京大学出版会、一九八五年）など。

(25) 例えば、神田・前掲注(5)九九巻二号二五〇―二七六頁、竹内＝松下・前掲注(24)四三二―四三四頁、野田耕志「株式買取請求権の利用局面の再検討――アメリカ法における最近の理論状況について」法学六四巻四号九〇頁以下（二〇〇〇年）を参照。

(26) 竹内＝松下・前掲注(24)四三二頁。

(27) 同四三二頁。

(28) 神田秀樹「合併と株主間の利害調整の基準――アメリカ法」江頭憲治郎編（鴻常夫先生還暦記念）『八十年代商事

法の諸相』三五五頁（有斐閣、一九八五年）。また、Hideki Kanda & Saul Levmore, The Appraisal Remedy and the Goals of Corporate Law, 32 UCLA L. Rev. 429 (1985) も参照（この論文の主張と評価については、野田・前掲注（25）一一〇—一一二頁を参照）。

（29）木俣・前掲注（14）法学論叢一四一巻四号三一—三二頁参照。

（30）藤田・前掲注（３）二六四—二六七頁。以下の叙述も、この藤田論文に負うところが大きい。

（31）会社法における「公正な価格」の意義に関する議論については、例えば、柳明昌「株式買取請求権制度における『公正な価格』の意義——シナジー分配の問題を中心として」青柳幸一編『融合する法律学〔上巻〕』三五一頁（信山社、二〇〇六年）。

（32）以上につき、藤田・前掲注（３）二七六頁参照。

（33）石綿学「会社法と組織再編——交付金合併を中心に」法律時報七八巻五号六三—六四頁（二〇〇六年）

（34）藤田教授は、シナジーの公正な分配を裁判所の事後的介入という形で行うことについて、政策論のレベルの是非について、確定的な判断を留保されている（藤田・前掲注（３）二七六—二七七頁）。本章も、同様の立場から議論を進めるが、より根本的には、事前規制から事後救済への転換そのものに対する疑念を強く抱くものである。

（35）藤田・前掲注（３）二六五頁参照。株式買取請求権と議決権との関係については、山本真知子「新会社法における株主の株式買取請求権」山本為三郎編『新会社法の基本問題』六九頁（慶應義塾大学出版会、二〇〇六年）が詳しい。山本・前掲注（14）二四〇頁は、会社法制定前から、「立法論としては、……株式買取請求権と議決権とを区別して考え、真に『投下資本を回収して経済的救済を得る』必要のある者に株式買取請求権を認めていくということも可能であるのではないだろうか」と説いていた。なお、わが国においても、簡易合併等においては、株式買取請求権と議決権との分断が生じていた。

（36）日興コーディアルグループ「株式買取請求に関する一部報道について」二〇〇七年一〇月一九日付リリース。この状況について、前田昌孝「ニュースの理由——シティ株と交換巡り日興株急落」日本経済新聞二〇〇七年一一月八日夕刊において、「会社法に不備、株主混乱」と題して、「米住宅危機は日本の会社法の解釈問題まで浮上させている」とされる。

(37)　藤田・前掲注(3)は、明示的には述べていないようであるが、全体の趣旨から考えて、同様の結論を実質的には導くものではないかと推測される。また、以下の機会主義的行動に関する議論については、同二九五―二九六頁などを参照。反対に、基準日後に株式を取得した株主は、株式買取請求権を行使することができないと説くものとして、葉玉匡美「株式買取請求権と預託株券の取扱い」T&Amaster 二三六号四〇頁（二〇〇七年）。葉玉弁護士は、会社法七八五条二項一号イなどの要件が無意味になってしまうことなどを理由とされるが、本文で述べたように、具体的な計画が公表された後の株式を取得したものには、機会主義的な行動を認めないのであれば、懸念されているような状況は生じない。

(38)　合併等の計画が公表された後に株式を取得した株主にも、株式買取請求権が認められるか否かについての議論の概要は、藤田・前掲注(3)二九五―二九六頁のほか、竹中・前掲注(7)五頁、和座一清「株式買取請求権」鴻常夫ほか編『演習　商法（会社）中巻』三九六頁（青林書院、一九八六年）などを参照。おそらくは、株式買取請求権の行使を一律に否定するのではなく、権利の行使を認めつつも、公表後に取得された株式については、公表の内容に虚偽があった場合などを除いて、株式買取請求権を行使する実際上の意味がないように、公正な価格を決定することにするのが適切であろう。もっとも、藤田・前掲注(3)三〇二頁注(82)が示唆するように、株式買取請求権制度による経営者に対する牽制機能の向上と株主の機会主義的行動の制約とを両立させることは難しい。また、株式買取請求に会社が応えることは、自己株式取得に他ならないが、分配可能額の規制が設けられておらず、この点でも、上述の解釈論によって、株主への出資の払戻を実質的に制限すべきである。分配可能額の規制が存在しないことについて、江頭・前掲注(24)二四九頁は、「会社が当該行為（組織再編行為）を行う必要性の高さと反対株主の保護を両立させるためのやむを得ない措置」であると説明する。

(39)　以上につき、藤田・前掲注(3)二六五―二六六頁。

(40)　木俣・前掲注(9)商事法務一四六三号三四頁。同論文は、数々の魅力的な解釈論と立法論を提示しており、筆者も基本的な姿勢を同じくするものであるが、それらの個別的な考察は他日に期したい。

(41)　同三四頁。

(42)　中東正文「企業買収・組織再編と親会社・関係会社の法的責任」法律時報七九巻五号三六頁（二〇〇七年）。

(43)　河野正憲「株式買取価格の決定と憲法三二条、八二条〔判例研究〕」北九州大学法政論集二巻一号一四九頁（一九七四年）。
(44)　河野・前掲注(43)一四四頁。
(45)　同一四九—一五二頁。
(46)　藤田・前掲注(3)二八八—二九〇頁参照。
(47)　中東・前掲注(42)三六頁。今井宏「親子会社の合併と少数株主の保護」上柳克郎＝川又良也＝龍田節編『企業法の研究』（大隅健一郎先生古稀記念）二一四頁（有斐閣、一九七七年）ほか参照。
(48)　中東・前掲注(42)三八頁注(37)。
(49)　鹿子木＝山口・前掲注(7)二〇頁。
(50)　東京地決平成一九年一二月一九日金融・商事判例一二八三号二二頁。本稿は、その他の点や結論の当否を論じようとするものではない。なお、最高裁昭和四八年決定に関して、河野教授は、「例え非訟事件にしても、本件の審問は十分なものではなかった……。たとえば、本件で株価の算定の基礎にした『……相続税財産評価に関する基本通達』の当否についても、関係人の意見を聴する必要があったのではなかろうか」と説かれている。レックス・ホールディングスに関する前掲の東京地裁平成一九年決定では、このような批判を受けにくいであろう。
(51)　中東・前掲注(42)三六頁、三八頁注(37)。以上の検討に際しては、河野正憲教授から貴重なご教示をいただいた。この問題に限らず、河野教授からは、名古屋大学にご在職の間、親しくご指導をいただく機会を得た。心から感謝を申し上げる。叙述についての全ての責任は筆者に帰するものである。

あとがき

この論文集を上梓するにあたり、まずは、浜田道代名古屋大学教授にお礼を申し上げる。先生のお導きがなければ、私は研究生活を始めることもできなかったし、現在まで進めて来ることもできなかった。先生のご見解と違う考えを模索し続ける私のような素直にならない弟子に対しても、先生は大らかにかつ温かく見守って下さった。重ねて感謝の言葉を申し上げたい。

私が研究者として道を歩む上で、浜田先生のほかにも、お礼を申し上げるべき先生方は多い。学問は先達の蓄積の上に成り立つものであるから、お名前を掲げればきりがないのはもちろんである。

私が研究者として自分なりの基本的な姿勢を形成するにあたっては、学部と大学院において、名古屋大学の諸先生からご指導を賜った。何と言っても、会社法に強い関心を持ったのは、故北澤正啓博士の名古屋大学での最終講義を受講させていただいたからである。北澤先生のご講義がきっかけとなって、浜田先生の学部ゼミの門戸をたたくことになった。ほかにも、森嶌昭夫教授、徳田和幸教授、黒沼悦郎教授、太田勝造教授の演習に参加させていただいた。

当時の名古屋大学では、研究者志望の大学院生のために学外の先生方にお越しいただいて、直接ご指導を受ける機会が設けられていた。この制度を通しては、龍田節教授、上村達男教授、森田章教授、柴田和史教授、洲崎博史教授からご教授をいただいた。名古屋大学の助手時代には、カリフォルニア大学バークレー校で数か月の在外研究をお認めいただき、メルビン・アイゼンバーグ教授、宍戸善一教授、菅原郁夫教授、川濵昇教授、増井良啓教授にご指導いただく機会を得た。

期せずして、菅原先生とは、帰国後に名古屋大学で同僚となるという幸運に恵まれた。ほかにも、小林量教授、今井克典教授、加藤雅信教授、河野正憲教授、本間靖規教授、野口晃弘教授からは、多くを学ぶ機会をいただいた。

平成年間の研究活動は、これも社会経済状況の反映であろうか、課題設定型の研究会に入れていただき、他大学の先生方から学びつつ、自らの考えをまとめていくことが多くなったように感じられる。名古屋という地の利から、実力もないのに、東と西の研究会に参加させていただけるのは、私にとって何よりの幸せである。ご指導いただいている先生方のお名前を個々に記すことはしないが、心から感謝を申し上げたい。

研究者の先生方だけではなく、実務家の先生方からも、多くのご教示を得た。研究会のみならず、具体的な事件を通してといった形などでお教えを受けることも少なくないが、個々のお名前を掲げさせていただくことなく、多くの方々への謝辞を申し上げたい。理論と実践を架橋するという私なりの目標は、結論法学を標榜された北澤先生のお考えを遺伝したものであると自分では理解しているが、これが多少なりとも実現されているとするならば、実務家の先生方からいただいたご教示のおかげである。

比較法の対象として、カナダ法に関心を持ったのは、新婚旅行先がバンクーバーであったことも一因となっている。法学部の出身でもない妻を説得し、ビクトリア大学を新婚旅行中に訪問した。今にして思えば、これのみで離婚を宣告されても不思議ではない気もするが、カナダの風土を体感する絶好の機会であった。広大な大地を擁し、英連邦諸国の一員として、イギリス的な考え方とフランス的な考え方を両立してきた長い歴史があり、さらに、隣国アメリカの良い面を自国に適する形で、上手に受け入れてきているように感じられた。

このようなカナダの特徴は、企業法制についても妥当するものであり、諸大国の影響を受けながらも、自らの道を選択してきた姿は、私にとって、大いに知的な刺激を感じさせるものであり続けている。ビクトリア大学のマーク・ギレン教授、ブリティッシュ・コロンビア大学のジャニス・サラ教授とロナルド・デイビス准教授には、親しくお付き合いいただいており、私から出かけるだけではなく、名古屋大学にお越しいただいたりもする。

各章として所収した原論文の執筆にあたっても、多くの方々にご指導いただいている。単に何かの情報をいただいたというだけではなく、研究会等での議論に参加させていただくうちに、自分の考えがまとまっていくなど、具体的には表現が難しい影響を強く受けている。また、編集者の方々からもご示唆を頂戴することも少なくなかった。本書への所収を快くお許しいただいたこととあわせて、初出の書物や雑誌の出版社等に、感謝の意を表したい。

本書がなるにあたっては、駆け出しの研究者の頃から温かくご支援下さった信山社の袖山貴氏と今井守氏に心からお礼を申し上げたい。また、大学が多忙を極めるなか、資料の収集や整理、事務的な仕事の補助などを通して、研究環境の整備に尽力して下さった加藤明美さんにも、感謝の意を表したい。

最後に、私事に及ぶが、勝手気ままな私に振り回されながらも、私の研究活動を支えてきてくれている妻の吉代と娘の京香に、心から感謝の言葉を伝えたい。

二〇〇八年八月一七日

愛妻と愛娘とともに、盛夏のカナダにて

中東正文

〈初出・原題一覧〉

第一部　企業結合法制の展開と課題

第一章　企業形態
ジュリスト一一五五号一〇六頁（有斐閣、一九九九年）

第二章　企業再編法制の変遷と今後の課題
中京法学三五巻一・二号二五頁（中京大学法学会、二〇〇〇年）

第三章　株式交換・株式移転制度の目的
法学教室二四三号一五頁（有斐閣、二〇〇〇年）

第四章　株式交換・株式移転
金融・商事判例一一六〇号（経済法令研究会、二〇〇三年）

第五章　M&A法制の現代的課題
商事法務一六五八号一〇頁、一六五九号四八頁（商事法務、二〇〇三年）

第六章　企業組織再編法制の整備
商事法務一六七一号二〇頁（商事法務、二〇〇三年）

第七章　企業組織の国際的再編
商事法務一七〇六号二六頁（商事法務、二〇〇四年）

第八章　ボーダレス化時代のM&A法制
江頭憲治郎・増井良啓編『融ける境　超える法　3　市場と組織』九九頁（東京大学出版会、二〇〇五年）

第九章　合併、三角合併、株式交換・株式移転
川村正幸・布井千博編『別冊金融・商事判例・新しい会社法制の理論と実務』二二八頁（経済法令研究会、二〇〇六年）

第十章　会社支配市場に関わる法規制の再構築
江頭憲治郎・碓井光明編『法の再構築Ｉ　国家と社会』四一頁（東京大学出版会、二〇〇七年）

第十一章　敵対的買収に関する法規制
証券取引法研究会編『証券・会社法制の潮流』一七三頁（日本証券経済研究所、二〇〇七年）

第十二章　企業再編の自由は何をもたらすか
法学セミナー六二三号二八頁（日本評論社、二〇〇七年）

第十三章　組織再編――対価の柔軟化を中心として――
淺木愼一・小林量・中東正文・今井克典編『検証会社法――浜田道代先生還暦記念』五五七頁（信山社、二〇〇七年）

第二部　企業結合法制の個別的課題

第一章　資産譲渡における企業承継者責任 ── 製造物責任を中心として ──
『比較会社法研究　奥島孝康教授還暦記念第1巻』二〇一頁（成文堂、一九九九年）

第二章　企業結合と自己株式
「結合企業と自己株式」判例タイムズ一一二二号六七頁（判例タイムズ社、二〇〇三年）

第三章　改正法と敵対的買収防衛策
法学教室三〇四号六四頁（有斐閣、二〇〇六年）

第四章　企業買収・組織再編と親会社・関係会社の法的責任
法律時報七九巻五号三二頁（日本評論社、二〇〇七年）

第五章　株式買取請求権と非訟事件手続
名古屋大学法政編集二二三号〔河野正憲先生還暦記念〕二三三頁（名古屋大学大学院法学研究科、二〇〇八年）

【た行】

【な行】

【は行】

【ま行】

【ら行】

〔事項索引〕

〈著者紹介〉

中東正文（なかひがし　まさふみ）

1965年　三重県伊勢市に生まれる
1989年　名古屋大学法学部卒業
1991年　名古屋大学大学院法学研究科博士課程（前期課程）修了
　　　　名古屋大学法学部助手
1993年　中京大学法学部専任講師
1996年　名古屋大学法学部助教授
1997年　大隅健一郎賞
1999年　名古屋大学大学院法学研究科助教授（配置換え）
2000年　博士（法学）
2005年　名古屋大学大学院法学研究科教授

〈主要著作〉

『企業結合・企業統治・企業金融』（信山社・1999年）
『商法総則・商行為法』（共著、有斐閣・2001年）
『商法改正〔昭和25年・26年〕GHQ/SCAP 文書』（信山社・2003年）
『検証会社法 —— 浜田道代先生還暦記念』（共編著、信山社・2007年）

学術選書
17
会社法・金融商品取引法

企業結合法制の理論

2008（平成20）年11月23日　第1版第1刷発行
5417-4：P480　¥8800E-012：050-0150

著　者　中　東　正　文
発行者　今井　貴・渡辺左近
発行所　株式会社　信　山　社
〒113-0033　東京都文京区本郷 6-2-9-102
Tel 03-3818-1019　Fax 03-3818-0344
info@shinzansha.co.jp
エクレール後楽園編集部　〒113-0033　文京区本郷 1-30-18
笠間才木支店　〒309-1611　茨城県笠間市笠間 515-3
笠間来栖支店　〒309-1625　茨城県笠間市来栖 2345-1
Tel 0296-71-0215　Fax 0296-72-5410
Printed in Japan

印刷・製本／松澤印刷・渋谷文泉閣
ISBN978-4-7972-5417-4　C3332　分類325.200-a008
5417-0101：012-050-0150　会社法・金融商品取引法